삼례도집주 三禮圖集注

권20

【四】

삼례도집주【四】三禮圖集注 四

1판 1쇄 인쇄 2023년 6월 19일
1판 1쇄 발행 2023년 6월 27일

—

저 자 | 섭숭의
역주자 | 김용천
발행인 | 이방원

—

발행처 | 세창출판사
신고번호·제1990-000013호 | 주소·서울 서대문구 경기대로 58 경기빌딩 602호
전화·02-723-8660 | 팩스·02-720-4579
http: / /www.sechangpub.co.kr | e-mail: edit@sechangpub.co.kr

—

ISBN 979-11-6684-215-3 94380
979-11-6684-211-5 (세트)

—

·이 책은 한국연구재단의 지원으로 세창출판사가 출판, 유통합니다.
·잘못된 책은 구입하신 서점에서 바꾸어 드립니다.

—

이 번역서는 2019년 대한민국 교육부와 한국연구재단의 지원을 받아 수행된 연구임 (NRF-2019S1A5A7068295).

삼례도집주 三禮圖集注

권20 목록

The Translation and Annotation of "**Sanlitujizhu**"

【四】

섭숭의聶崇義 저

김용천 역주

세창출판사

옮긴이 해제

그림[圖]은 날실[經]이고, 글[書]은 씨실[緯]이니, 하나의 날실과 하나의 씨실이 서로 갈마들어 문장을 이룬다. 그림은 식물이고 글은 동물이니, 하나의 동물과 하나의 식물이 서로 필요로 하여 변화를 이룬다. 글만 보고 그림을 보지 않으면 그 소리를 들어도 그 형상을 보지 못하고, 그림만 보고 글을 보지 않으면 그 사람을 보아도 그 말을 듣지 못한다. 그림은 지극히 요약된 것이고 글은 지극히 넓은 것이니, 그림에 나아가서 쉬움을 구하고 글에 나아가서 어려움을 구한다. 옛날의 학자들은 학문하는 데 요점이 있었으니, 왼쪽에 그림을 두고 오른쪽에 글을 두고서, 그림에서 상징[象]을 찾고 글에서 이치[理]를 찾았다. 그러므로 옛사람들은 배우기가 쉬웠고 배우면 또한 공을 세우기 쉬웠으니, 들어서 시행하기만 하면 부절을 맞춘 듯이 일치하였다. 후세의 학자들은 그림에서 벗어나 글에만 나아가서 문사를 숭상하고 설명에 힘썼다. 그러므로 사람이 또한 배우기가 어려웠고 배워도 또한 공을 세우기 어려웠으니, 비록 평소 가슴속에 수많은 문장과 책을 통한 지식이 있더라도 일을 행해야 할 상황에 놓이게 되면, 망망히 향할 바를 알지 못했다. 진(秦)나라 사람도 비록 유학을 버렸지만, 또한 일찍이 도서(圖書)를 버린 적이 없었으니, 진실로 나라를 다스리는 도구는 하루라도 없어서는 안 되기 때문이었다. "圖, 經也, 書, 緯也, 一經一緯, 相錯而成文. 圖, 植物也, 書, 動物也, 一動一植, 相須而成變化. 見書不見圖, 聞其聲不見其形, 見圖不見書, 見其人不聞其語. 圖, 至約也, 書, 至博也, 即圖而求易, 即書而求難. 古之學者, 為學有要, 置圖於左, 置書於右, 索象於圖, 索理於書. 故人亦易為學, 學亦易為功, 舉而措之, 如執左契. 後之學者, 離圖即書,

尙辭務說, 故人亦難為學, 學亦難為功, 雖平日胷中有千章萬卷, 及寘之行事之間, 則茫茫然不知所向. 秦人雖棄儒學, 亦未嘗棄圖書, 誠以為國之具, 不可一日無也."(鄭樵, 『通志』 권72, 「圖譜略」)

각종 의례에 사용하는 수많은 명물(名物)에 대한 이해는 단지 문자의 설명만으로는 부족하며 도상의 도움을 필수로 한다. 남송시대 정초(鄭樵, 1104~1162)의 위 발언은 도상과 문자의 상보적 관계를 매우 적절하게 표현한 것이라 할 수 있다.

본서는 내부소장(內府所藏) 전증(錢曾) 야시원(也是園) 영송초본(影宋鈔本)에 의거하여 선록(繕錄)한 문연각(文淵閣) 사고전서본(四庫全書本) 섭숭의(聶崇義) 『삼례도집주(三禮圖集注)』를 저본으로 삼아 우리말로 옮기고 주해한 것이다. 섭숭의 『삼례도집주』는 이미 산일된 당대(唐代)까지의 각종 『삼례도』를 수집하고 고증을 가해 완성한 책으로, 예에 관한 도해 가운데 현존하는 가장 오래되고 완전한 형태의 삼례(三禮) 도상(圖像) 저작이다.

1. 섭숭의와 『삼례도집주』 편찬 과정

섭숭의라는 인물에 관해서는 주로 『송사』 권431 「섭숭의열전」에 기록되어 있으며, 『삼례도집주』 맨 앞에 부기된 두엄(竇儼, 921~963)의 원서(原序), 권11 「제옥도(祭玉圖)」의 서(序), 권20 「목록(目錄)」의 섭숭의 후서(後序) 및 『사고전서총목제요』 등을 통해서도 그와 관련한 정보를 얻을 수 있다. 하지만 "섭숭의가 세상에 이름을 떨친 것은 실로 『삼례도집주』 한 책으로 인한 것이다."라고 말해지듯이, 이들 문헌 자료의 내용은 대부분 『삼례도집주』에 관한 것이다. 섭숭의의 자(字)나 호(號),

가계는 물론 그의 생졸 연대조차 명확히 확인할 수 있는 기록은 현재로서는 존재하지 않는다.

이들 한정적인 문헌 자료에 의하면, 섭숭의는 하남(河南) 낙양(洛陽) 출신으로, 어린 시절부터 '삼례(三禮)'에 뜻을 두어 예경(禮經) 안에서 칼날을 자유자재로 움직일 만큼 예학(禮學)에 뛰어났으며 경의(經義)에 정통했다. 오대 후한 은제(隱帝) 건우(乾祐) 연간(948~950)에 승진하여 국자예기박사(國子禮記博士)에 이르렀는데, 이때 『공양춘추(公羊春秋)』를 교정하여 국학에서 판각으로 인행했다. 섭숭의가 예학과 함께 춘추학에도 조예가 깊었음을 알 수 있다. 이어서 후주 세종 현덕(顯德) 연간(954~960)에는 공적을 세워 관직이 국자사업겸태상박사(國子司業兼太常博士)에 이르렀다. 이리하여 섭숭의는 후한·후주·북송 등의 왕조를 거치면서 20년 동안 학관(學官)의 관직과 예전(禮典)의 일을 함께 관장했고, 세상 사람들은 그의 박학다식함을 칭송했다고 한다.[1]

섭숭의의 『삼례도집주』는 북송 태조 건륭 연간에 완성되어 세상에 유포되었지만, 그 찬술 작업은 이미 오대 후주 시대부터 시작되었다. 오대는 당 제국이 붕괴한 후 정치적으로 혼란한 분열의 시대였지만, 수·당 이래의 예악적 성세의 뒤를 이은 통치자들은 여전히 예악 제도를 국가 통치의 기본 작동 시스템으로 삼았다. 이는 예학에 정통한 섭숭의에게 재능을 꽃피울 수 있는 공간을 제공했다.[2]

오대 마지막 왕조인 후주 세종 현덕(顯德) 3년(956) 겨울 10월, 세종은 교(郊)·묘(廟)의 제사에 사용하는 제기(祭器)와 옥기(玉器) 제작에 법식

1 『宋史』 권431, 「聶崇義列傳」.
2 喬輝, 『歷代三禮圖文獻考索』, 165쪽.

으로 삼을 만한 바가 없다고 생각해 섭숭의에게 이를 검토하여 도상으로 그려서 보고하도록 명했다. 이에 섭숭의는 전민(田敏, 880~971) 등과 함께 『주례』「고공기·옥인(玉人)」 등의 예서(禮書)와 완심(阮諶)·정현(鄭玄, 127~200)의 예도(禮圖)(『삼례도』)에 기록된 제도를 검토하여 수십 건의 제기와 옥기를 도상으로 그렸고, 이듬해 현덕 4년(957) 봄에 그 성과를 상주했다. 이에 세종은 국자감과 태상예원(太常禮院)에 명하여 예관(禮官)과 박사를 소집하여 함께 상세하게 고증하도록 했는데, 전대의 제도와 부합하고 전례(典禮)에 의거하였으므로 모든 사람이 찬동하였다. 세종은 다시 소부감(少府監)에 명하여 섭숭의의 양식에 의거해서 이들 예기(禮器)를 제작하도록 했다. 이때 제작된 교(郊)·묘(廟)의 기물은 육준(六尊)·육이(六彝)·육뢰(六罍) 등 제기(祭器) 43개, 창벽(蒼璧)·황종(黃琮)·청규(青圭) 등 옥기(玉器) 10개로 총 53개였는데, 현덕 6년(959)의 교(郊)·묘(廟)의 제사에서 실제로 행용되었다.

이후 세종은 또다시 섭숭의에게 교·묘의 제사에 사용할 제옥(祭玉)의 제도를 참작하여 정하도록 조칙을 내렸고, 한림학사 두엄(竇儼)에게 이를 통괄하도록 했다. 이에 섭숭의는 다시 당시까지 전해지던 각종 『삼례도』를 수집하여 고증을 행했다. 그러나 이 작업은 그사이 왕조 교체가 이루어져 북송 태조 건륭(建隆) 2년(961)에 이르러 비로소 완성되었다. 이듬해 건륭 3년(962) 4월, 섭숭의는 표를 올려 상주했는데, 이때 두엄이 서문을 지었다.[3]

3 『宋史』 권431「聶崇義列傳」에는 '建隆三年四月表上之'라고 하여 섭숭의가 건륭 3년에 『삼례도』를 상주한 것으로 되어 있는데, 原田信은 『삼례도집주』 권20「목록」의 聶崇義序에 '至大宋建隆二年四月辛丑, 第叙既訖'이라고 하였고 『郡齋書錄解題』 권3과 『玉海』 권39 등에도 '建隆 2년'으로 되어 있는 것에 의거하여 『송사』「섭숭의열전」의 잘못이라고 하였다(「聶崇義『三禮圖』の編纂について」, 125쪽). 그러나 許雅惠는 송 태조 건륭 2년

태조는 이를 열람한 후 가상하게 여기면서 "섭숭의는 국상(國庠, 국자감)에서 직임을 맡아 충심으로 유업(儒業)에 힘썼고, 고실(故實)을 검토하여 찾고 의와(疑訛)를 바로잡아서 관직을 받들어 책임을 다했으니, 충분히 표창할 만하다. 숭의에게 마땅히 헤아려 포상해 주어야 할 것이며, 진헌한 『삼례도』는 태자첨사(太子詹事) 윤졸(尹拙)로 하여금 35인의 유학자를 모아 다시 함께 참작하여 의론하게 해야 할 것이다."(『宋史』 권431, 「聶崇義列傳」)라고 하였다. 이처럼 태조는 섭숭의의 고실(故實)에 바탕을 둔 고증적 예학의 방법론을 상찬하면서도, 윤졸에게 유학자들을 소집하여 참의(參議)를 통해 더욱 상세하고 정확하게 할 것을 요구했다.

이에 유학자들 사이에 『삼례도』의 내용에 대한 토론이 전개되었는데, 여기서 윤졸은 섭숭의에게 반박하는 의견을 제시했고, 이에 맞서 섭숭의는 다시 경문을 인용하여 해명했다. 태조는 두 사람의 의견을 공부상서 두의(竇儀, 914~976)에게 내려 보내 재정(裁定)하여 보고하게 했다. 두의는 윤졸의 박의(駁議)와 섭숭의의 답의(答義)를 검토하여 문장에 따라 조목조목 가부를 판단하여 정하고, 두 사람의 설에 주석을 덧붙여 각각 15권으로 만들어서 상주했다. 이에 태조는 조칙을 내려 섭숭의의 『삼례도』를 천하에 반포하여 시행하게 했다.

2. 『삼례도집주』의 판본과 전승

섭숭의 사후 『삼례도집주』는 세상에 크게 유행했을 뿐 아니라 국자

(961)에 완성했고, 그 이듬해에 조정에 표를 올려 상주한 것으로 해석하였다. 「元·宋<三禮圖>的版面形式與使用」(『臺灣歷史學報』 60, 2017), 64쪽 참조.

감 강당의 벽에 그림으로 그려졌다. 이 국자감 강당의 벽화본이 섭숭의 『삼례도집주』의 최초 전본(傳本)이다.[4] 북송 태종 때의 판국자감(判國子監) 이지(李至, 947~1001)가 찬한 「삼례도기(三禮圖記)」에 의하면, 태조의 명으로 국자감 선성전(宣聖殿) 뒤쪽의 북헌(北軒) 담장에 그려진 섭숭의 『삼례도』는 오랜 세월이 흘러 비바람에 습기가 차서 그림이 흐릿해진 상태였다. 이에 태종은 지도(至道) 2년(996)에 논당(論堂)(명륜당) 위에 벽화를 대신하여 판으로 개작할 것을 명하니, 며칠이 지나지 않아 완성되어 단청이 찬란하게 되었다. 이리하여 섭숭의 『삼례도집주』의 벽화가 판각으로 대체되어 비로소 『삼례도집주』 각본(刻本)이 출현하였다.

그러나 오늘날 섭숭의 『삼례도집주』는 초판본은 물론 국자감의 벽화도 남아 있지 않다. 현존하는 가장 오래된 판본은 남송 효종 순희(淳熙) 2년(1175) 진강부학각(鎭江府學刻) 공문지인본(公文紙印本)이다. 이 판본에는 근 400폭에 달하는 삽도(插圖)가 그려져 있는데, 그 삽도 전각(鐫刻)의 정밀함 및 판화의 수에 있어 송대 삽도본의 백미이자 중국 판화 역사상 기념비적인 걸작으로 꼽힌다.[5]

원대에 이르러 다시 『삼례도집주』의 각본이 출현했는데, 『사부총간 삼편(四部叢刊三編)』(商務印書館, 1936) '경부(經部)'에 『석성정씨중교삼례도(析城鄭氏重校三禮圖)』의 이름으로 수록되어 있다. 이 판본은 앞의 2권과 권9 끝부분은 모진(毛晉, 1599~1659)의 급고각(汲古閣)에서 송각본(宋刻本)에 의거하여 영초(影抄)한 것이고, 그 나머지 18권은 각본(刻本)

4 喬輝는 섭숭의의 졸년을 태조 乾德 3년(965)으로 비정하고, 따라서 이 벽화본은 북송 태조 건덕 연간(963~968)에 그려진 것으로 보았다(『歷代三禮圖文獻考索』, 174쪽 참조).

5 吉藝龍, 「何必衣冠定相襲－聶崇義<三禮圖>的版本與插圖」(『文津學志』. 2022年 第01期), 1쪽 참조.

이다. 모진과 하작(何焯, 1661~1722)은 이 판본의 각본 부분을 송각(宋刻)이라 하였고, 책 위쪽에는 모씨급고각(毛氏汲古閣)의 '송본(宋本)' '갑(甲)'이라는 장인(藏印)이 찍혀 있다.[6] 권20 뒤쪽에는 왕리(王履)가 찬술한 후서(後序)가 있는데, 이 판본의 출현 과정을 상세하게 기술하고 있다. 그러나 이 왕리의 후서에는 '병오'년의 이듬해 봄에 정후(鄭侯)에 의해 이 판본이 완성되었다고 기록할 뿐 그해의 연호가 없으며, 또 이 판본을 간각한 '정후'가 구체적으로 어떤 인물인지 밝히지 않아 간행 연도를 둘러싸고 오랜 동안 논쟁이 일었다.

왕국유(王國維, 1877~1927)는 '병오'는 몽고 정종(定宗) 원년(1246)이므로 이 책은 정종 2년(1247)의 간본(刊本)이고, '정후'는 그 이름을 알 수 없으며 따라서 그의 신분도 고찰할 수 없다고 하였다.[7] 장원제(張元濟, 1867~1959)도 상해 함분루(涵芬樓)에서 이 판본을 영인하여 『사부총간 삼편(四部叢刊三編)』에 수록하고 발문을 지을 때, 기본적으로 왕국유의 설을 따르면서 '석성'은 하남(河南) 등주(登州) 석천현(淅川縣)이며, 따라서 이 책은 하남에서 간각되었다고 하였다. 이는 이후 『사부총간』이 보급됨에 따라 통설이 되어 학자들에게 커다란 영향을 끼쳤다.[8] 화철(華喆)과 이명비(李鳴飛)는 이 판본을 주관하여 간각한 '정후'는 『원사』「정정전(鄭鼎傳)」에 기록된 정정(鄭鼎, 1215~1277)이며, 정정은 산서(山西) 양성(陽城)의 정씨(鄭氏) 일족 출신으로, '석성'은 양성현의 명승지인

6 吉藝龍, 「何必衣冠定相襲－聶崇義<三禮圖>的版本與揷圖」(『文津學志』. 2022年 第01期), 2쪽 참조.
7 王國維, 『傳書堂藏善本書志·經部·析城鄭氏家塾重校三禮圖』(『王國維先生遺書續篇』 7책, 臺北大通書局, 1976, 2674쪽); 華喆·李鳴飛, 「<析城鄭氏家塾重校三禮圖>與鄭鼎關係略考」(『文獻』, 2015年 第1期), 9쪽 참조.
8 陳高華, 「元代出版史槪述」(『歷史教學』 2004年, 第11期), 13쪽 참조.

석성산(析城山)을 가리키며, 따라서 이 책을 간각한 곳은 산서 지역이라고 하였다.[9]

청대에 이르면 각본(刻本)·사본(寫本)·초본(抄本) 등 섭숭의 『삼례도집주』 판본이 다수 등장한다. 그중 가장 대표적인 것이 강희 19년(1680)의 통지당장판본(通志堂藏板本)이다. 이 판본은 『통지당경해(通志堂經解)』에 수록되어 있는데, 이는 강희 연간에 선진부터 당·원·명대에 이르는 제유(諸儒)의 경설(經說) 138종과 납란성덕(納蘭成德, 1655～1685)의 자찬 2종 등 총 1,800권을 집각한 대형 총서이다. 이 총서는 서건학(徐乾學, 1631～1694)이 서적을 수집하고 납란성덕이 간각했다는 설, 그리고 서건학이 완각한 후 납란성덕의 아버지 납란명주(納蘭明珠, 1635～1708)에게 아부하고자 총서의 이름에 '통지당'이라는 글자를 붙였다는 설이 있다.

또한 청 건륭제 때 편찬한 대형 총서인 『사고전서』와 그에 앞서 건륭제가 생전에 『사고전서』의 완성을 보지 못할 것을 걱정하여 간행한 『사고전서회요(四庫全書薈要)』에서도 섭숭의 『삼례도집주(三禮圖集注)』를 수록하였다. 두 판본 모두 영초순희본(影鈔淳熙本)을 저본으로 한 송본(宋本) 계열에 속한다. 『사고전서』 총교관(總校官) 육비지(陸費墀, 1731～1790)는 회요본 『삼례도집주』에 대해 천록임랑(天祿琳琅) 명(明) 모진(毛晉) 영송초본(影宋鈔本)에 의거하여 선록(繕錄)하고, 통지당본에 의거하여 교감한 것이라고 하였다.[10]

9 華喆·李鳴飛, 「<析城鄭氏家塾重校三禮圖>與鄭鼎關係略考」(『文獻』, 2015年 第1期), 7~14쪽; 喬輝, 『歷代三禮圖文獻考索』, 175～176쪽 참조.

10 陸費墀, 『摛澡堂影印四庫全書薈要』(臺灣 世界書局, 1985), "宋國子司業兼太常博士 洛陽 聶崇義 撰. 今依天祿琳琅明毛晉影宋鈔本繕錄, 據通志堂本恭校"; 孫蘊, 「文淵閣<四庫全書>本<三禮圖集注>的版本學價值」(『歷史文獻研究』, 2022年 第2期), 91쪽 참조.

문연각(文淵閣) 『사고전서』 본은 ‘내부소장(內府所藏) 전증(錢曾) 야시원(也是園) 영송초본(影宋鈔本)’에 의거하여 선록한 것이다. 청대의 장서가인 전증(1629~1701)의 『독서민구기(讀書敏求記)』에 의하면, 송참본(宋槧本)은 본래 전증이 소장하고 있던 것인데, 후에 계우용(季寓庸)에게 전해진 뒤 다시 서건학에게 전해졌고, 후에 다시 전증이 서건학에게 빌려서 초록하고 영송초본으로 만들었다고 한다.[11]

『사고전서총목』 『삼례도집주』 20권의 제요(提要)에서는 통지당 간본과 영송초본의 판식(板式)을 다음과 같이 비교했다. 통지당본은 한쪽에 한 개 혹은 여러 개의 도상을 그려 넣고 도상의 네 귀퉁이에 이에 대한 설명을 붙여 놓아, 글자의 배열이 들쑥날쑥한 탓에 열람하기 어렵다. 이에 반해서 내부에 소장되어 있는 전증의 영송초본은 쪽마다 한 개의 도상을 그려 넣고 그 뒤에 설명을 붙여 놓아서 비교적 깔끔하게 정리되어 열람하기 쉽다. 이 때문에 영송초본에 의거하여 선록했다는 것이다.[12]

3. 『삼례도집주』의 체례 및 고증 방법

섭숭의 『삼례도집주』는 송대 이전까지 전해지던 각종 『삼례도』를 수집하고 고증을 가해서 완성한 책으로, 현존하는 가장 오래되고 완정한 형태를 갖춘 예도(禮圖)이다.

이 책의 가장 앞머리에는 북송 태조에게 헌상할 때 쓴 두엄(竇儼, 921~

11 孫蘊, 「文淵閣<四庫全書>本<三禮圖集注>的版本學價值」(『歷史文獻研究』, 2022年 第2期), 91쪽 참조.

12 『欽定四庫全書』 經部 4, 『三禮圖集注』 提要, “通志堂刋本, 或一頁一圖, 或一頁數圖, 而以說附載圖四隙, 行欵參差, 尋覽未便, 惟内府所藏錢曽也是園影宋抄本, 每頁自爲一圖, 而說附於後, 較為清整易觀, 今依仿繕録焉.”

963)의 원서(原序)가 첨부되어 있다. 이 서문에서는 후주 세종에서 북송 태조에 이르는 시기의 예악제도 진작의 분위기, 섭숭의 생애에 대한 간략한 소개, 『삼례도집주』 편찬 과정 및 집필의 원칙, 두엄 자신이 이 책의 편찬을 통령하고 서문을 짓게 된 경위 등을 기술하고 있다.

이어서 권1에서 권19까지는 『삼례도집주』의 본편으로, 행례에 동반하는 다양한 기물을 유형화하여 분류하고, 그 아래에 세부 항목을 설정하여 해당 기물의 연원과 제도 등을 기술하였다. 먼저 『주례』·『의례』·『예기』의 이른바 '삼례(三禮)'에서 언급한 복식·궁실·제기·옥기 등의 기물을 면복도(冕服圖)·후복도(后服圖)·관면도(冠冕圖)·궁실도(宮室圖)·투호도(投壺圖)·사후도(射侯圖)·궁시도(弓矢圖)·정기도(旌旗圖)·옥서도(玉瑞圖)·제옥도(祭玉圖)·포작도(匏爵圖)·정조도(鼎俎圖)·준이도(尊彝圖)·상복도(喪服圖)·습렴도(襲斂圖)·상기도(喪器圖)의 총 16개 유형으로 나누어 각각 한 권에 담아서 서술했다. 이 가운데 편폭이 많은 사후도·상복도·상기도는 상·하로 나누어 총 19권이 되게 하였다.

이 19권에서 오른쪽 부분에 행례 때 사용하는 기물의 형상을 도상으로 게시하여 시각적으로 이해할 수 있게 했을 뿐 아니라 왼쪽 부분에는 다양한 문헌 자료를 인용하여 해당 기물에 대해 문자로 고증과 해설을 가함으로써 그 기물의 연원과 제도의 변화를 알 수 있게 하였다. 이리하여 이 책은 '좌문우도(左文右圖)', '도문병거(圖文幷擧)' 체례의 전범을 보여 주었다.

권1「면복도」, 권2「후복도」, 권3「관면도」, 권5「투호도」, 권6「사후도 상」, 권9「정기도」, 권11「제옥도」, 권15「상복도 상」, 권16「상복도 하」의 앞머리에는 각각의 서序가 첨부되어 있다. 여기에서는 그 아래에서 설명하는 유형별 기물의 제도와 형태, 그 기물을 사용하는 의례에 대한 개념, 이와 관련한 문헌 기록, 그리고 행례 절차 등을 개괄적으로 소개하고 있다.

『삼례도집주』의 마지막 권20에는 별도의 「목록(目錄)」을 작성하여 수록했다. 이는 권19까지의 기물의 연혁과 제도 및 도상에 대한 미진한 설명을 보충한 것으로, 『삼례도집주』의 전체 내용을 총괄적으로 요약·정리한 부분이다. 따라서 이 「목록」의 한 권을 일별한다면, 『삼례도집주』 전체의 흐름과 맥락을 짚어 내기에 충분하다. 또한 「목록」의 앞머리에는 섭숭의 본인이 쓴 후서(後序)가 실려 있다. 여기에서 섭숭의는 북송 이전에 찬술된 각종 『삼례도』의 문제점, 섭숭의 자신이 새로운 『삼례도』를 찬술하는 과정, 자료의 수집 방법과 그 범위, 고증의 원칙 등을 언급함으로써 『삼례도』를 통해 그 자신이 도달하고자 하는 예제의 이상을 보여 주었다.

섭숭의는 『삼례도집주』 권20 「목록」의 '후서'에서 참고한 자료와 고증의 방법에 대해 다음과 같이 말했다.

> 무릇 수집한 주석[集注]은 모두 주공의 올바른 법도로서, 중니(공자)가 정한 것이고, 강성(康成)(정현)이 주를 단 것인데, (가공언의) 『주소(注疏)』와 (공영달의) 『정의(正義)』를 아울러 의거했습니다. 기물에 대해 명확하게 설명할 수 없는 부분이 있을 경우, 한나라 시대의 법을 인용하여 비유하였습니다. … 또 근래의 예제를 상세하게 살펴서 연혁을 두루 알도록 하였습니다.("凡所集注, 皆周公正經, 仲尼所定, 康成所注, 傍依『疏』『義』. 事有未達, 則引漢法以況之 … 或圖有未周, 則於目錄内詳證以補其闕. 又案詳近禮, 周知沿革.")

또 권1 「면복도」의 서(序)에서도 "이제 살펴보건대, '삼례'의 경문(經

文)과 주문(注文), 가공언의 『주소(注疏)』와 공영달의 『정의(正義)』 및 제가(諸家)의 예도(禮圖)에 근거하여 면관의 항목 아래에 별도로 각각 그 제도를 밝혀 놓았으니, 고금의 연혁에 관한 일을 알 수 있습니다."라고 하였듯이, 다음과 같은 방식으로 해당 기물을 고증하였다.

① 『주례』·『의례』·『예기』의 이른바 '삼례' 경문을 이용했다.
② 다음으로 '삼례' 경문에 대한 정현의 주와 가공언의 『주례주소』·『의례주소』 및 공영달의 『예기정의』를 이용했다.
③ 이상으로도 기물의 실체를 밝히기 어려울 경우 주대의 유풍이 강하게 남아 있던 한대의 제도를 인용하여 방증하였다.
④ 나아가서는 당대까지의 각종 『삼례도』 및 송대와 가까운 시대의 예제를 살펴서 해당 기물의 연혁까지 파악할 수 있도록 했다.

하라다 마코토(原田 信)에 의하면, 실제 『삼례도집주』 안에서 기물의 고증을 위해 인용한 문헌 자료의 사례는 총 1,213건에 달하는데, 이 가운데 『주례』에서 인용한 것이 482사례(경문 226, 정현의 주 181, 가공언의 소 75), 『의례』에서 인용한 것이 358사례(경문 149, 정현의 주 151, 가공언의 소 58), 『예기』에서 인용한 것이 214사례(경문 115, 정현의 주 54, 공영달의 정의 45)로, 이상이 전체의 약 90%를 차지한다.[13] 이처럼 섭숭의는 기물을 고증할 때 먼저 그 근거를 '삼례'에서 찾았음을 알 수 있다.

그러나 섭숭의는 이들 '삼례'의 경문, 정현의 주, 가공언과 공영달

13 原田信, 「聶崇義『三禮圖』の編纂について」(『早稲田大学大学院文学研究科紀要』 2分冊, 2010), 122쪽.

의 『주소』와 『정의』뿐 아니라 한대의 문헌을 비롯해서 당대에 이르는 다양한 문헌을 인용하여 기물을 고증하는 데 활용했다. 특히 채옹(蔡邕, 133～192)의 『독단(獨斷)』, 『숙손통(叔孫通, B.C.245?～B.C.190?)의 『한예기제도(漢禮器制度)』, 응소(應劭, 153～196)의 『한관의(漢官儀)』·『풍속통(風俗通)』뿐 아니라 『상옥서(相玉書)』·『구명결(鉤命決)』·『통괘험(通卦驗)』·『춘추위(春秋緯)』 등의 위서(緯書)에 이르기까지 한대에 저작되었거나 그와 관계된 수많은 문헌을 고증의 자료로 활용하였다.

이처럼 '삼례' 이외에 한대의 문헌 자료를 다수 인용한 것은, "숙손통이 예를 제정할 때 주나라의 법에 많이 의거하였다."[14]고 하였듯이 한나라의 제도 안에 주나라의 예법이 남아 있다는 인식 아래 '삼례'의 경문에 기물의 제도가 명확하게 기록되어 있지 않을 경우 한나라의 제도를 인용하여 추론함으로써[15] 새로운 도상을 만들어 내고자 했기 때문이다.

또 삼국시대 위나라 동파(董巴, ?～?)의 『한여복지(漢輿服志)』, 서진시대 사마표(司馬彪, ?~306)의 『속한서(續漢書)』, 남조 유송의 서광(徐廣, 352～425)의 『거복의주(车服仪注)』를 비롯해서 최영은(崔靈恩)의 『삼례의종(三禮義宗)』, 황간(皇侃, 488～545)·심중(沈重, 500～583)의 예설(禮說), 북주 웅안생(熊安生)의 예설 등 위진남북조 시대의 문헌도 인용하였다. 나아가서는 당대의 자료로서 위동(韋彤)의 『오례정의(五禮精義)』, 소숭(蕭嵩, ?～749)의 『개원의감(開元義鑑)』, 『개원례(開元禮)』 및 『당육전(唐六典)』

14 『三禮圖集注』 권3 「冠冕圖」, '四冕', "叔孫通制禮多依周法"; 같은 책, 권20 「目錄」 后服 제2, '首飾 副', "漢叔孫通制禮, 多依周法. 唯見冕板制度, 不見婦人首飾"; 같은 책, 권20 「目錄」 冠冕 제3, '四冕' 原注, "叔孫通法周制."

15 『三禮圖集注』 권20 「目錄」 '聶崇義 後序', "事有未達, 則引漢法以況之"; 같은 책, 권2 「后服圖」, '褘衣', "漢之步摇如周副之象, 故可以相類也."

을 인용하고 있으며, 권20 「목록」 '면복(冕服) 제1', '후복(后服) 제2', '면관(冠冕) 제3'에서는 각 명물의 제도와 관련하여 당 고조 무덕(武德) 연간(618~626)에 반포한 『무덕령(武德令)』의 「의복령(衣服令)」 규정을 인용하고 있어, 섭숭의가 면복·후복·면관 등의 도상을 제작할 때 이것들의 영향을 강하게 받았음을 보여 준다.[16]

이렇게 '삼례'의 경문, 정현의 주, 가공언과 공영달의 주소뿐 아니라 한대에서 당대에 이르는 다양한 문헌 자료를 인용하여 고증에 활용했다는 점에서, 섭숭의가 단순히 주대의 예제를 복원하는 데 그 목적을 둔 것이 아니라 시대에 따른 예제의 변화를 수용하여 송대라는 현실에 실질적으로 실행할 수 있는 실용적 측면까지 염두에 두었다고 할 수 있다. 또한 『송사』 「예문지」와 문연각 『사고전서』 본에서 이 책의 이름을 『삼례도집주(三禮圖集注)』라고 한 것은 이러한 섭숭의의 고증적 방법론에 비추어 볼 때 매우 적절한 표현이라 할 수 있다.

섭숭의 『삼례도집주』는 기물에 대한 문자적 설명과 더불어 총 380여 폭에 이르는 도상을 그려 넣어 문자와 도상이 서로 상응하게 함으로써 기물의 제도와 형태를 시각적으로 명료하게 이해할 수 있도록 하였다. 권3 「관면도」 '위모(委貌)' 항목에서 "고금의 제도가 혹 문헌에 나타나기도 하는데, 장일(張鎰)의 도상이 겨우 근사할 뿐이다. 이제 오른쪽에 도상을 함께 수록하여 후대 지혜로운 사람들이 선택하기를 기다린다."고 하였으며, 같은 권3 「관면도」 '모퇴(毋追)·장보(章甫)' 항목에서

16 原田信은 섭숭의는 당대뿐 아니라 송초 당시의 祭器에 대해서도 부분적으로 언급하고 있는데, 이는 송초의 禮樂制度가 당대의 영향을 강하게 받았으며, 양자의 관계성을 보여 주는 것이 고증의 중요한 근거 가운데 하나였을 것이라고 추론했다.(「聶崇義『三禮圖』の編纂について」, 『早稲田大学大学院文学研究科紀要』 2分冊, 2010, 123~124쪽 참조.)

"옛날의 법식은 알기 어려우니, 문(文, 문헌 기록)에 의거하고 상(象)을 살펴서 오른쪽에 도(圖, 도상)로 갖추어 나타낸다."고 하였듯이, 왼쪽의 문자 설명과 오른쪽의 도상으로 이루어진 '좌문우도(左文右圖)'의 형식을 취했다.

또 『삼례도집주』에서는 일반적으로 하나의 기물에 대한 문자 설명에 하나의 도상을 취하는 '1문(文) 1도(圖)'의 형식을 취했다. 이는 해당 기물의 제도에 대한 다양한 이설이 존재할 경우 그 가운데 하나의 설을 취하거나 여러 설을 종합해서 하나의 도상으로 만든 것으로, 그 도상은 행례 시에 필요한 기물을 직접 제작할 때의 표준이 되므로 통일성을 기하고자 한 것이다. 권4 「궁실도(宮室圖)」의 '명당' 항목에서 명당의 제도에 대한 『주례』 「고공기(考工記)·장인(匠人)」의 경문, 정현의 주 및 『주례』 「춘관(春官)·태사(太史)」 가공언의 소 등에 보이는 다양한 이설을 종합하여 5실(室)·12당(堂)·4문(門)의 명당 도상을 게시한 것이 그 대표적인 사례다.

하지만 때로 하나의 기물에 대해 2개의 도상 혹은 그 이상의 여러 도상을 게시한 경우도 있다.[17] 하나의 문자 설명에 2개의 도상, 즉 '1문 2도'의 형식은 이설이 존재하여 섭숭의 자신이 하나의 설로 확정할 수 없거나 혹은 잘못된 설을 분명히 밝혀 두고자 2개의 도상을 나란히 게시하여 양설을 병존시킨 것이다. 권3 「관면도」 '태고관(太古冠)' 항목에서 양정(梁正)은 "사설(師說)이 같지 않고, 오늘날의 『전(傳)』과 『소(疏)』에는 2개의 태고관의 상(象)이 있고, 또 아래에 진현관(進賢冠)이 있는데,

17 喬輝에 따르면 '一文二圖' 15사례, '一文三圖' 4사례, '一文四圖' 3사례, '一文五圖' 1사례, '一文六圖' 1사례, '二文二圖' 9사례, '二文三圖' 2사례, '三文三圖' 4사례, '四文四圖' 1사례, '有圖無文' 5사례가 있다고 한다.(『歷代三禮圖文獻考索』, 170쪽 참조.)

모두 옛날 치포관(緇布冠)의 유상(遺象)이라고 한다."고 하였고, 장일은 "구도(舊圖)에 이 세 기지 상이 있었다. 그 본래의 형태와 제도의 크기에 대해서는 들어 보지 못했다."고 하였다. 이에 대해서 섭숭의는 이들의 주장은 모두 경전의 뜻에 근본하지 않은 것이므로 법도가 실추되지 않도록 하기 위해 별도의 도상을 게시한다고 하였다.[18]

섭숭의는 북송 태조 건륭 3년(962), 한대 이후 당대까지 찬술된 6본의 『삼례도』를 기초로 이에 고증을 가해 『삼례도집주』를 완성하여 헌상하였고, 태조는 조칙을 통해 이 책을 반포하게 하였다. 또 섭숭의 사후에는 태조의 명으로 국자감 선성전(宣聖殿) 뒤쪽의 북헌(北軒)에 『삼례도집주』를 벽화로 그려 넣어 학생들이 열람할 수 있게 하였으며, 태종 지도(至道) 2년(996)에는 논당(論堂)(명륜당) 위에 판으로 벽화를 대신하여 개작하게 하였다. 이는 '지도(至道)의 고사(故事)'로서 이후 지방의 군현학(郡縣學)을 통해 『삼례도집주』를 전국으로 보급시키는 계기가 되어 그 영향력이 더욱 확대되었다.

그러나 『삼례도집주』의 영향력의 확대와 지식의 보급은 도리어 비난의 칼날이 되어 되돌아왔다. 북송 중기 이후 유창(劉敞)·구양수(歐陽修)·채양(蔡襄) 등에 의해서 금석학이 성행하게 되자, 이를 바탕으로 섭숭의 『삼례도집주』에 서술된 명물 제도에 대한 검증이 이루어져 모순점이 지적되면서 그 신뢰성은 급전직하했다. 그 비난은 휘종 시대에 극에 달했다. 적여문(翟汝文, 1076~1141)은 "섭숭의는 부유(腐儒)의 설을 수집하여 『삼례도』를 저술함으로써 후학을 잘못되게 만들었다."[19]고 맹

18 『三禮圖集注』 권3, 「冠冕圖」 '太古冠', "梁正又云, '師說不同, 今『傳』『疏』二冠之象, 又下有進賢, 皆云古之緇布冠之遺象.' 其張鎰重修亦云, '舊圖有此三象. 其本狀及制之大小, 未聞.' 此皆不本經義, 務在相沿, 疾速就事. 今別圖於左, 庶典法不墜."

비난했다. 또 정화(政和) 5년(1115), 휘종은 섭숭의 『삼례도』는 제유(諸儒)의 억설로서 경문에 근거가 없으며, 국자감과 군현학의 벽화는 학자들에게 보여 줄 만한 것이 못 된다는 교서랑(校書郎) 가안택(賈安宅, 1088~?)의 주장에 따라 조칙을 내려 국자감에 그려진 『삼례도』 벽화를 철거하게 했으며, 주현학(州縣學)에 그려진 벽화도 개정하였다.[20]

그러나 송 왕조가 항주로 남천한 후 조정의 의물(儀物)이 유실되고, 휘종 때 새로 만든 예기(禮器)도 대거 산일되자 섭숭의 『삼례도』의 전통이 일시적으로 회복되기도 하였다. 섭숭의 『삼례도』는 "고제(古制)에 부합하지 않으니, 극히 가소롭다."[21]고 비난하던 고종도 '지도의 고사'에 따라 섭숭의 『삼례도』를 강당의 벽에 그려 넣었다.[22] 또 『보우수창승(寶祐壽昌乘)』 '기복(器服)' 조목에 의하면, 휘종 정화 연간(1111~1118) 의례국(儀禮局)에서 제기(祭器)를 제조할 때 삼대(三代)의 법식에 따라 만들어 그 기물의 제도가 정밀하고 기상이 순고(淳古)하여 고종 소흥 연간(1131~1162)에 이미 반포했지만, 지방의 군현에서는 여전히 섭숭의 『삼례도』의 제도를 따르는 경우가 많았다고 한다. 이는 남송 시대에 이르러서도 섭숭의 『삼례도』의 영향력이 지속되고 있었음을 방증한다.

섭숭의 『삼례도집주』 이후 송대에는 예악제도 관련 도상 저작이 줄지어 등장하게 된다. 진상도(陳常道)의 『예서(禮書)』, 진양(陳暘)의 『악서

19 翟汝文, 『忠惠集』, 「孫繁重刊翟氏公巽埋銘」, "聶崇義集腐儒之說, 著『三禮圖』以誤後學."(『文淵閣四庫全書』 1129책, 附錄.)

20 王應麟, 『玉海』 권56, "政和五年六月丁巳, 校書郎賈安宅言, '崇義圖義皆諸儒臆說, 於經無據, 國子監三禮堂實存圖繪, 下至郡縣學間亦有之, 不足示學者. … 詔『三禮圖』及郡縣學繪畫圖象並改正, 舊所繪兩壁『三禮圖』並毀去."

21 熊克(宋), 『中興小紀』 권28, "紹興十年 … 甲子上曰, '近世禮器大不合古制, 如聶崇義『三禮圖』, 極可笑.'"

22 許雅惠, 「宋·元<三禮圖>的版面形式與使用－兼論新舊禮器變革」(『臺灣歷史學報』 60, 2017), 79쪽 참조.

(樂書)』, 양복(楊復)의 『의례도(儀禮圖)』, 양갑(楊甲)의 『육경도(六經圖)』가 그것인데, 섭숭의 『삼례도집주』는 이들 저작의 선구라고 할 수 있다. 그 영향은 이후에도 이어졌는데, 원대 한신동(韓信同)의 『한씨삼례도설(韓氏三禮圖說)』 2권, 명대 유적(劉績)의 『삼례도』 4권, 청대 손풍익(孫馮翼)의 『삼례도』 3권 등의 저작도 그 계발을 받아서 찬작된 것이다. 송대 이후 시대에 따른 예도(禮圖) 및 예제(禮制)의 변화와 전개과정을 고찰하고자 할 때 『삼례도집주』는 그 출발점이 된다고 할 수 있다. 또 송대 이전 대부분의 예도가 망실된 현 상황에서 이를 완정한 형태로 담고 있는 섭숭의 『삼례도집주』는 사료적 가치의 측면에서도 매우 귀중하다고 할 수 있다.

옮긴이들이 중국의 예제와 예학이라는 공동의 관심사로 모여 공부를 시작한 지도 벌써 20년 가까운 시간이 흘렀다. 새까맣던 머리카락이 이제 하나둘 허연색으로 변해 가는 서로의 모습을 바라보면서 시간의 덧없음을 느끼면서도 한편으론 학문의 내공도 그만큼 깊어졌으리라고 믿는다.

그동안 우리의 작업은 주로 중국 정사 예악지(禮樂志)와 『예기』·『의례』·『주례』 등 문헌 연구에 집중하여 몇 권의 책을 출간하는 등 나름의 성과를 얻었다. 하지만 복식·거마·기물·건축·음악 나아가서는 해당 시대의 제도와 사상 등 다방면에 걸친 지식을 요하는 '예학'이라는 연구영역의 특성상 문헌만으로는 해결되지 않는 어려움을 느끼곤 했다. 특히 행례의 의절마다 등장하는 옥기·궁시(弓矢)·거기(車旗) 등의 구체적 명물도수(名物度數)에 대한 지식의 필요성을 절감하면서 도상(圖像)과 도해(圖解)를 겸한 섭숭의 『삼례도집주』에 대한 공부를 시작했다.

다행히 2019년에 본서가 한국연구재단의 '명저번역과제'로 선정됨으로써 정기적인 모임을 갖고 작업에 집중할 수 있게 되었다. 과제로 선정해 주신 한국연구재단 관계자분들께 감사의 말씀을 드린다.

지금까지 섭숭의 『삼례도집주』에 관해서는 딩딩(丁鼎) 선생이 송(宋) 순희(淳熙) 2년(1175) 각본을 저본으로 삼고 석성정씨가숙 중교삼례도본과 문연각 사고전서본을 참교본(參校本)으로 삼아 점교(點校)·해설한 『신정삼례도(新定三禮圖)』(清華大學出版社, 2006)가 그 유일한 성과다. 이 문헌의 중요성에 비해 아직까지 전체 번역서가 등장하지 않았다는 것은 그만큼 이 문헌의 번역이 쉽지 않다는 방증이기도 하다. 그 어려움은 우리 번역 팀에도 똑같이 적용되었다. 기본적으로 『예기』·『의례』·『주례』 '삼례'의 전체 맥락을 이해해야 하는 것은 물론이지만, 『삼례도집주』 안에서 인용한 정현의 주, 가공언과 공영달의 『주소』와 『정의』가 정제되지 않은 채로 잘못 인용된 곳도 다수 발견될뿐더러 게시한 도상과 이를 설명하는 문장이 서로 일치하지 않는 등 텍스트 자체의 문제점이 번역을 더욱 어렵게 했다. 이를 역주로 처리하여 문장의 앞뒤 모순을 없애는 작업은 많은 시간을 필요로 했다. 또 수많은 기물의 명칭을 우리말로 표현하는 작업도 중요한 만큼 토론을 통해 최대한 통일성을 기하고자 했다. 덧붙이자면, 『삼례도집주』는 책은 섭숭의가 북송 태조의 명에 따라 찬정하여 올린 칙찬서이다. 따라서 우리말로 옮길 때 원칙적으로 경어체를 사용해야 하지만 문장의 간결성을 기하고자 평어체를 채용하였다. 다만 '신 숭의 안(臣 崇義案)' 등으로 시작하는 문장의 경우에 한 하여, 문맥을 자연스럽게 하고자 경어체로 번역하였다.

이제 지난한 번역의 모든 여정을 마치고 탈고를 앞두고 있다. 늘 그렇듯이 하나의 일을 마쳤다는 뿌듯한 성취감보다 생각지도 못한 '망문생의(望文生義)'의 잉뚱한 오역이 들통날까 하는 두려움이 앞선다. 그래도 본서가 예학과 예제의 연구자들에게 조그마한 보탬은 될 수 있을 것이라는 희망으로 위안을 삼아 본다.

공동작업의 성격상 늘 원고 제출 일정을 지키지 못하는 우리의 사정을 이해하고 기다려 주신 세창출판사 편집부 선생님들께 고마움을 전합니다. 꼼꼼한 교열과 윤문으로 책의 완성도를 높여 주신 임길남 선생님께 특히 감사의 말씀 드립니다.

2023년 5월 18일

막바지 봄꽃의 향기를 만끽하며 문원재(文園齋)에서

옮긴이를 대표하여 김용천 씀

차례

삼례도집주【四】

삼례도집주【一】

삼례도집주【二】

권8 궁시도弓矢圖 · 방향숙

권9 정기도旌旗圖 · 방향숙

권10 옥서도玉瑞圖 · 박윤미

권11 제옥도祭玉圖 · 박윤미

권12 포작도匏爵圖 · 최진묵

권13 정조도鼎俎圖 · 문정희

권14 준이도尊彝圖 · 문정희

삼례도집주【三】

目錄

권20

역주 김용천

【目錄 20: 序】

옛『삼례도』10권은 형태가 누락되고 문장이 간략하며, 명칭과 예수(禮數)의 법식이 위아래로 어긋나서, 이미 따를 수 있는 바가 없는데다 형상을 취하기도 어렵습니다. 대체로 전해진 지가 오래되면, 세속 사람들은 그 유래를 알지 못합니다. 신(臣) 숭의(崇義)는 앞서 현덕(顯德: 後周 世宗) 3년(956) 겨울, 명을 받들어 교묘(郊廟)의 옥기(器玉)를 헤아려 정하였는데, 이 기회를 이용하여 감히 삭제하거나 바꾸었습니다. 그 가운데 명칭과 예수는 비록 다르지만 제도가 구별되지 않는 경우, 그 명칭은 남겨 두고 그 형태를 생략하였으니, 호(瑚)·궤(簋)·거(車)·로(輅) 따위가 그러한 것입니다. 그 명칭과 함의가 많은데도 옛『삼례도』에서 그 강목만 대략적으로 언급하고 세목을 거론하지 않은 경우, 나아가서 그 의미를 추가하였으니, 사후(射侯)·상복(喪服) 따위가 그러한 것입니다. 그 명칭은 있지만 그 제도가 없는 경우, 또한 생략하고 도상을 만들지 않았습니다. 이어서 별도로 목록(目錄)을 서술하여 모두 20권으로 만들었습니다.

무릇 수집한 주석[集注]은 모두 주공(周公)의 올바른 법도로서, 중니(공자)가 정한 것이고, 강성(康成: 정현)이 주를 단 것인데, (가공언의)『주소(注疏)』와 (공영달의)『정의(正義)』를 아울러 의거했습니다. 기물에 대해 명확하게 설명할 수 없는 부분이 있을 경우, 한나라 시대의 법을 인용하여 비유하였습니다. 혹 (권1~권19까지 각각의) 도(圖)에서 주밀하게 설명하지 못한 부분이 있을 경우, 목록 안에서 상세히 논증하여 그 빠뜨린 것을 보충하였습니다. 또 근래의 예제를 상세하게 살펴서 연혁을 두루 알도록 하였습니다.

대송(大宋) 건륭(建隆: 태조) 2년(960) 4월 신축일에 이르러 서술을 이미 마쳤으니, 관면(冠冕)과 의복(衣服)은 길흉의 상(象)을 보여 주고, 궁실(宮室)과 거기(車旗)는 고금의 제도를 보여 주고, 궁시(弓矢)와 사후(射侯)는 존비의 구별을 보여 주고, 종고(鐘鼓)와 관경(管磬)은 법도의 균평함을 보여 주고, 제기(祭器)와 제옥(祭玉)은 대소의 수를 보여 주고, 규벽(圭璧)과 조자(繅藉)는 군신의 서열을 보여 주고, 상장(喪葬)과 식구(飾具)는 상하의 법도를 보여 주는 것입니다. 이를 들어서 시행하신다면, 상세히 열람하기에 쉬울 것입니다.

[舊『圖』十卷, 形制闕漏, 文字省略, 名數法式, 上下差違, 既無所從, 難以取象, 蓋久傳俗不知所自也. 臣崇義先於顯德三年冬奉命差定郊廟器玉, 因敢删改. 其或名數雖殊, 制度不別, 則存其名而略其制者, 瑚·簋·車·輅之類, 是也. 其名義多, 而舊『圖』略振其綱, 而目不擧者, 則就而增之, 射侯·喪服之類, 是也. 有其名而無其制者, 亦略而不圖. 仍別序目錄, 共爲二十卷. 凡所集注, 皆周公正經, 仲尼所定, 康成所注, 傍依『疏』『義』. 事有未達, 則引漢法以況之. 或圖有未周, 則於目錄內詳證以補其闕. 又案詳近禮, 周知沿革. 至大宋建隆二年四月辛丑, 第敘既訖, 冠冕·衣服, 見吉凶之象焉, 宮室·車旗, 見古今之制焉, 弓矢·射侯見尊卑之別焉, 鐘鼓·管磬, 見法度之均焉, 祭器·祭玉, 見大小之數焉, 圭璧·繅藉, 見君臣之序焉, 喪葬·飾具, 見上下之紀焉. 擧而行之, 易於詳覽.]

【目錄20: 冕服면복 제1】

[冕服圖01: 01-大裘冕]

* 저본에는 도상이 없으나, 독자의 편의를 위해 앞의 각 해당 항목에서 옮겨 놓았다(역자).

대구면(大裘冕) 류(旒: 오채색의 옥을 꿴 술)①가 없다. 면관[冕]의 너비는 8촌이고, 길이는 1척 6촌이며, 겉쪽은 현색(玄色: 검은색)이고, 안쪽은 훈색(纁色: 누런빛을 띠는 진홍색)이다.② 연(綖: 면판)③으로 덮어서 장식하는데, 그 판의 옆에는 금의 장식을 하지 않는다. 뉴(紐: 관의 테두리 양옆의 비녀를 꿰는 구멍)④가 있고, 옥으로 잠도(簪導: 머리카락을 고정하는 장식물. 비녀)⑤를 만들며, 비단 끈목으로 관끈[纓]을 만드는데 색은 수(綬: 허리에 걸어서 아래로 늘어뜨린 장식물)와 같다.

「의복령(衣服令)」⑥의 규정은 다음과 같다. "대구(大裘)는 흑색의 새끼 양 가죽으로 만드는데, 옷깃[領]·소맷부리[褾]⑦·가선장식[緣]을 현색으로 한다.【'褾'는 음이 必과 小의 반절(표)이니, 소매의 끝이다. 『예기』「옥조」에 "흑색의 새끼 양 가죽으로 만든 갖옷[羔裘]⑧에 표범의 가죽으로 소매를 만들어 입고[豹飾]⑨, 그 위에 짙은 검은색의 옷[緇衣]⑩을 석의(裼衣)로 덧입는다.⑪"고 하였고, 「시(詩)」「당풍(唐風)·고구(羔裘)」에 "흑색의 새끼 양 가죽으로 만든 갖옷[羔裘]에 표범의 가죽으로 소매를 만들어 입었네[羔裘豹袪]"라고 하였는데, 이곳 「의복령」에서는 "옷깃·소맷부리·가선장식을 모두 현색으로 한다."고 하였다.】 주색의 치마[朱裳]에 흰색 깁으로 만든 홑 속옷[白紗中單]⑫을 입는데, 옷깃[領]을 검은색으로 하고, 소맷부리[褾]·옷단[襈]·옷자락[裾]을 청색으로 한다.【'襈'의 음은 士와 眷의 반절(선)이니, 옷자락의 아래 끝이다.】 혁대(革帶)⑬를 두르는데, 옥으로 만든 고리 모양의 허리띠 장식[玉鉤鰈]⑭으로 양끝을 걸어 묶는다.【('鰈'의 음은) 日과 列의 반절이니,⑮ 고리[觖]⑯이다.】 대대(大帶)를 두른다.【천자의 경우, 흰색의 허리띠[素帶]를 두르는데 허리띠의 안쪽은 주색으로 한다. 또 위쪽은 주색으로 하고 아래쪽은 녹색으로 하여 허리띠 전체에 가선장식을 한다. '위쪽[上]'은 바깥쪽을 말한다. '주색[朱]'은 정색(正色)이다. 그러므로 바깥쪽 가장자리에 있는 것이다. '녹색[綠]'은 간색(間色)이다. 그러므로 아래쪽 가장자리에 있는 것이다. 제후의 대대는 흰색을 겹으로 하여 만드는데, 안쪽을 주색으로 하지 않지만 또한 주색과 녹색으로 허리띠 전체에 가선장식을 하여 천자와 동일하게 한다. 대부도 또한 흰색을 겹으로 하여 허리띠를 만들고 그 아래로 늘어뜨린 부분[垂: 紳]에 가선장식을 한다. 바깥쪽은 현색으로 하고, 안쪽은 화색[華] 곧 황색으로 한다. 사람에게서 먼 곳이 바깥쪽이 되고, 사람에게서 가까운 곳이 안쪽이 된다. '현색[玄: 검은색]'은 하늘의 색이다. 그러므로 바깥쪽에 있다. '황색[黃]'은 땅의 색이다. 그러므로 안쪽에 있다. 시(士) 이하의 경우는 또한 흰색의 누인 비단[素練]으로 허리띠를 만드는데, 모두 홑으로 하고 겹으로 하지 않는다. 다만 솔(繂: 바느질하여 꿰맨 허리띠의 가장자리 부분)의 아래에는 바깥쪽과 안쪽에 모두 짙은 검은색[緇]으로 가선장식을 한다. 그러므로 『의례』 「사관례」에서 그것을 '치대(緇帶)'라고 하였으니, 가선장식의 색깔에 의거하여 말한 것이다. 허리띠의 묶음부분을 고정하는 끈[紐約]은 모두 비단 끈목[組]을 사용한다. '뉴(紐)'는 허리띠의 교차하여 맺는 곳에서 그 이음새 매듭을 꿰매는 것을 말한다. '약(約)'은 물건으로 이음새 매듭을 꿰어서 그 허리띠를 묶어 연결시키는 것을 말한다. 천자 이하, 허리띠의 묶음부분을 고정하는 끈[紐約]의 물건은 모두 비단 끈목을 사용하여 만든다. 대대(大帶)는 너비가 4촌이다. 허리띠의 묶음부분을 고정하는 끈의 끈목은 너비가 3촌이며, 길이는 허리띠와 나란하니, 이음새 매듭을 묶은 나머지 길이는 3척으로 띠의 아래로 늘어뜨린 부분[紳]과 나란함을 말한다.】 폐슬[韍: 무릎가리개]을 착용한다.【'불(韍)'은 폐슬이다. 무릇 폐슬의 색은 모두 치마의 색을 따른다. 다른 복식의 경우 '필(韠)'이라고 칭하는데, 제복(祭服)의 경우는 '불(韍)'이라 한다. 살펴보건대, 『주역』 「곤괘(困卦)」 '구이(九二)'에 "붉은 폐슬이 바야흐로 오니, 제사를 올림이 이롭다.[朱韍方來, 利用享祀.]"고 하였으니, 이는 제복인데 '불(韍)'이라고 한 것이다. 살펴보건대, 『모시(毛詩)』 「소아(小雅)·사간(斯幹)」 정현의 전(箋)에 "('불(芾)'은) 천자의 경우 주색으로 가선장식을 하고, 제후의 경우 황색과 주색으로 가선장식을 한다."고 하였으니, (같은 붉은색이지만 제후는) 색이 옅은 것이다. 대부의 경우도 또한 붉은색으로 가선장식을 하지만 색이 더욱 옅은 것이다. 사의 경우 온색[緼]의 폐슬을 착용하니, '온(緼)'은 적색과 황색의 간색이다. 『의례』 「사관례」에 "작변복(爵弁服)에 적황색의 폐슬[韎韐]을 착용한다."고 하였으니, ('韎韐'은) 곧 온색의 폐슬이다.】 녹로(鹿盧)⑰의 형상을 조각한 옥구검(玉具劍)⑱을 차는데, 화주(火珠)⑲로 칼집의 꼬리부분과 칼자루의 끝부분을 장식한다.【'鏢'는 음이 '漂(표)'이니, 칼집의 꼬리부분 장식이다.】 백옥으로 만든 쌍패(雙珮)를 차는데, 현색의 비단 끈목으로 매단다. 쌍대수(雙大綬)⑳를 차는데, 6가지 채색으로 가선장식을 하니, 현색·황색·적색·백색·담청색·녹색이다. 바탕은 순수한 현색으로 한다.【『후한서』 「여복지(輿服志)」

에 "황제는 황적수(黃赤綬)를 차는데, 4가지 채색으로 가선장식을 하니, 황색·적색·감청색·담청색이다. 바탕은 순수한 황색으로 한다."고 하였다. 지금의 『삼례도』는 이에 의거하여 사용한다.】 (대수의) 길이는 2장 4척이고, 500수(首: 10,000올)[21]로 짜며, 너비는 1척이다.【『후한서』「여복지」에 "대수(大綬)는 4가지 채색으로 가선장식을 하고, 바탕은 순수한 황색으로 한다. 길이는 2장 9척 9촌 5분이며, 500수(首)로 짠다."고 하였으니, 『무덕령』「의복령」의 문장과 조금 다르다. 『무덕령』「의복령」에서는 또 "무릇 허리에 차는 수(綬)에는 또 소쌍수(小雙綬)가 있는데, 길이는 2척 6촌이고, 색은 대수(大綬)와 같지만 수(首)는 대수의 절반(250수: 5000올)으로 한다. 허리 사이에 3개의 옥환(玉環)을 찬다.[22] 1품의 신하는 2개의 옥환을 찬다."고 하였다. 이제 살펴보건대 소수(小綬)는 『후한서』「여복지」의 이른바 '역(縌: 패옥을 매다는 끈)'이다. 청수(青綬: 九卿·中二千石·二千石) 이상의 경우, '역'은 모두 길이가 3척 2촌이며, 수(綬)와 같은 색으로 하지만 수(首)는 그 절반으로 한다. '역(縌)'은 옛날 허리띠에 차는 수(璲: 서옥)이다.[23] 허리에 차는 수(綬)와 서로 마주하므로 '역(縌)'이라 한 것이다. 자수(紫綬: 公·侯·將軍) 이상의 경우, '역(縌)'과 '수(綬)' 사이에 옥환(玉環)을 걸 수 있는 걸쇠[鐍]를 단다.[24] 흑수(黑綬: 千石·六百石) 이하의 경우, '역'과 '수'는 모두 길이가 3척이다. '縌'은 음이 '逆(역)'이다.】 주말(朱襪: 주색의 버선)[25]과 적석(赤舄: 적색의 겹바닥 신발)[26]을 신는다. 천신(天神)과 지기(地祇)에게 제사 지낼 때 이 대구면을 착용한다."【당 고종 현경(顯慶) 원년(656), 수례관(修禮官) 장손무기(長孫無忌: 594~659)·허경종(許敬宗: 592~672) 등이 아뢰었습니다. "무덕 연간 초기에 찬정한 「의복령」에 준거한다면, 황제께서 하늘에 제사를 지낼 때는 대구면(大裘冕)을 착용하는데, 류(旒: 오채색의 옥을 꿴 술)가 없습니다. 비록 『주례』에 의거한 것이지만 이치가 극히 갖추어지지 못한 것입니다. 삼가 살펴보건대, 『예기』「교특생」에 '주(周)나라에서 처음 교제(郊祭)를 지낼 때, 그 (辛日이 되는) 날이 마침 동지였다. 제사 지내는 날, 왕은 곤면(袞冕)을 입어 하늘을 본떴다. 면관을 썼는데, 오채색의 옥을 꿰어 12류(旒)를 이루었다.'고 하였으니, (12는) 하늘의 수입니다. 이 『주례』와 『예기』에서 모두 주나라의 교제(郊祭)를 설명하였지만, 곤면과 대구면으로 차이가 있습니다. 또 살펴보건대, 『예기』「월령」에 '맹동(하력 10월), 천자는 비로소 갖옷을 착용한다.'고 하였으니, (갖옷은) 분명 추위를 방비하기 위한 것으로 이치상 더운 달에는 합당하지 않습니다. 입하(4월)에 여름의 기운을 맞이하여 제사를 지내고,㉗ 창룡성(蒼龍星)이 나타나면 우제(雩祭)를 지내는데,㉘ 만약 불꽃 더위가 바야흐로 치솟아 오른다면, 어떻게 (갖옷을) 입을 수 있겠습니까? 그러므로 역대로 오직 곤장(袞章: 곤면)을 착용했던 것입니다. 후한 명제 영평(永平) 2년(65)에 조칙을 내려 『주관』과 『예기』를 채록하여 비로소 천지에 제사 지낼 때 착용하는 복식을 제정하게 했으니, 오직 천자만이 12장(章)을 갖출 수 있었습니다. 위·진·송·북제·북주·수나라의 『예』와 『영』에서도 제복(祭服)은 모두 이와 같았습니다. 이때 대구면과 곤면을 제작하여 진상하였지만, 대구(大裘)는 소박한데다 또 면관에 류(오채색의 옥을 꿴 술)가 없어서 이미 추위와 더위에 통용할 수 없었으므로 곧바로 폐기하여 사용하지 않았습니다."라고 하였습니다.

신(臣) 숭의(崇義)가 삼가 살펴보건대, 주나라의 의복(대구면)에는 일·월·성신의 무늬가 없었습니다. 노(魯)나라는 주공으로 인해서 대구면을 착용하고, 또한 해와 달의 무늬를 넣었던 것입니다. 그러므로 정현은 『예기』「교특생」에 주를 달면서 "하늘에 교제(郊祭)를 지내는 달에 동지가 들어 있는 것은 노나라의 예(禮)이다. 하·은·주 삼대의 교제는 한결같이 하력(夏曆) 정월에 지냈다. 주나라가 쇠퇴하여 예가 폐기되자, 유자(儒者)들은 주나라의 예가 모두 노나라에 남아 있음을 보고, 이로 인해서 노나라의 예를 미루어 주나라의 일을 말했던 것이다."라고 하였으니, 서로 이어받은 잘못이 단지 이러한 이유 때문이었습니다. 공영달은 『예기정의』「교특생」의 소에서 유울지(庾蔚之)·웅안생(熊安生)의 설을 인용하였는데, 모두가 "육면(六冕)에는 모두 흑색의 새끼 양 가죽으로 만든 갖옷을 착용한다. 그러므로 『주례』「춘관·사복(司服)」에서 왕이 호천(昊天)에 제사를 지낼 때는 대구(大裘)를 착용한다고 하였는데, 대구면 이하 오면(五冕)에 대해서는 모두 '갖옷[裘]'이라고 말하지 않았지만, 이는 모두 흑색의 새끼 양 가죽으로 만든 갖옷[羔

裘]을 착용하는 것이다."라고 하였습니다. 또 『주례』「천관·사구(司裘)」에 "(사구는) 대구(大裘)[29]의 제작을 관장하여 왕이 호천에 제사 지낼 때의 의복으로 공급한다. 중추(8월)에, 양구(良裘: 질 좋은 갖옷)[30]를 진헌한다."고 하였는데, 정현은 "'양구(良裘)'는 『예기』「옥조」에서 말한 '보구(黼裘: 도끼 문양을 수놓은 갖옷)'이다."라고 하였습니다. '보구'는 흑색의 새끼 양 가죽과 백색의 여우 가죽을 섞어서 도끼 문양을 수놓아 만든 것으로, 사냥을 시찰하면서 입는 것입니다.[31] 『주례』「천관·사구」에서 또 "계추(9월)에 공구(功裘)를 진헌한다."고 하였는데, 정현은 "'공구(功裘)'는 인공을 가한 것이 조금 거친 것이니, 『예기』「옥조」에서 말한 '호청구(狐青裘)' 따위이다."라고 하였습니다. 『예기』「옥조」에 "(군자는) 여우의 청색 모피로 만든 갖옷[狐青裘]에 표범의 모피로 소매를 하여 입고, 그 위에 현색의 비단으로 만든 겉옷[玄綃衣]을 석의(裼衣)로 덧입는다."고 하였는데, 정현의 주에서는 "'초(綃)'는 비단[綺]의 일종으로, 거기에 현색으로 물을 들여 겉옷으로 입으면 여우의 청색 모피 갖옷과 서로 어울린다."고 하였으니, (호청구는) 대체로 현색의 겉옷[玄衣]을 덧입은 갖옷입니다. 이 '호청구(狐青裘)'를 『주례』「천관·사구」에서 '공구(功裘)'라고 한 것은, 위로 대구(大裘)에 대한 설명을 이어받아서 면복(冕服) 안에 포함시켰지만 인공을 가한 것이 조금 거칠어 대구처럼 질 좋은 갖옷[良裘]의 아름다움만 못하기 때문입니다. 정중(鄭衆)은 "'대구(大裘)'는 흑색의 새끼 양 가죽으로 만든 갖옷[羔裘]"이라고 하였는데, 『예기』「옥조」에서는 "흑색의 새끼 양 가죽으로 만든 갖옷[羔裘]에 치의(緇衣)를 석의(裼衣)로 덧입는다."고 하였고, 『논어』「향당」에서는 "치의(緇衣)에 흑색의 새끼 양 가죽으로 만든 갖옷[羔裘]을 입는다."라고 하였습니다.

살펴보건대, 정소동(鄭小同)의 『정지(鄭志)』에 "대구(大裘)의 위에 다시 현의(玄衣: 현색의 겉옷)를 걸쳐 입는데, 대구와 색이 같다. 다만 무늬만 없을 뿐이다."라고 하였으니, 곤면(袞冕) 이하의 옷에는 모두 무늬가 있음이 분명합니다. 그렇다면 치의(緇衣) 이하 모두 갖옷 위에 겉옷이 있으며, 갖옷은 또한 흑색의 새끼 양 가죽으로 만드는 것임이 분명합니다. 이 대구면은 '갖옷[裘]'으로 명칭을 삼았고, 이하 오면(五冕)은 모두 '겉옷

[衣]'으로 명칭을 삼았습니다. '겉옷[衣]'과 '갖옷[裘]'을 번갈아 들어서 명칭으로 삼았으니, 분명 (갖옷과 겉옷이) 모두 있는 것입니다. 그러나 총괄하여 겉옷[衣]으로 면복의 명칭을 삼지 않은 것은, 대구(大裘)에는 겉에 현의(玄衣: 현색의 겉옷)를 덧입지만 질박하여 무늬가 없으니, 만약 또 겉옷으로 면복의 명칭을 삼는다면 마땅히 '현면(玄冕)'이라고 해야 하는데, 그렇게 되면 각종 소사(小祀)를 제사 지낼 때 착용하는 면복과 어떻게 구별되겠습니까?

또 면복에 현의(玄衣: 현색의 윗옷)와 훈상(纁裳: 누런빛을 띠는 진홍색의 치마)을 착용하는 것은 그 유래가 오래되었습니다. 『주역』「계사 하전(繫辭下傳)」에 "황제와 요순이 의상(衣裳)을 드리우자 천하가 다스려졌으니, 대체로 건괘(乾卦: 하늘)와 곤괘(坤卦: 땅)에서 취한 것이다."라고 하였으니, 현의(玄衣: 현색의 윗옷)는 하늘을 본받고, 황상(黃裳: 황색의 치마)은 땅을 본받은 것입니다. (그곳의) 정현의 주에서 "땅은 (正位가 없어서) 남방[火·赤]에 방위를 가탁하니, 색은 황색인데 적색을 띤다. 그러므로 훈색[纁: 누런빛을 띤 진홍색]이 된다."고 하였습니다.

이제 「의복령」에는 단지 "대구는 옷깃·소맷부리·가선장식을 현색으로 한다."고 하였고, 아래에서는 '주색의 치마[朱裳]'라고 하여 갖옷 위에 겉옷을 덧입는다고 말하지 않았습니다. 그러므로 수례관(修禮者)들이 의론하였지만, 중도에 폐기했습니다. 당 현종 개원 14년(726)에 이르러 집현원학사(集賢院學士) 장열(張說: 667~730)[32]이 아뢰어 태종 시대에 개찬했던 구의(舊儀)를 바탕으로 『오례(五禮)』 총 130편을 편찬했습니다. 고종 시대를 거치면서 이미 두 차례 증수했지만,[33] 자못 (앞뒤로) 같지 않은 것이 있었습니다. (장열이) 학사들과 다시 고금을 토론하여 삭제하고 개정하여 행용할 것을 청하니, 현종이 이를 허락했습니다. 마침내 서견(徐堅: 660~729)[34] 등으로 하여금 검토하여 찬정하게 하였으나, 몇 년 지나도록 완성하지 못했습니다. 장열이 죽은 후, 소숭(蕭嵩: ?~749)[35]이 대신 집현원 학사가 되어 비로소 기거사인(起居舍人) 왕중구(王仲丘: ?~?)[36]와 함께 수찬할 것을 아뢰었습니다. 개원 29년(741), 신례(新禮)가 비로소 완성되니 『개원례(開

元禮)』라 이름하였습니다. 그 대구면(大裘冕)은 호천상제를 제사 지낼 때 다시 착용하여 사용하게 되었습니다.】

[大裘冕. 無旒, 冕廣八寸, 長一尺六寸. 上玄下纁, 以綖覆飾之, 其板側則不用金飾. 有紐, 玉簪導, 以組爲纓, 色如綬. 「衣服令」云, "大裘, 以黑羔皮爲之, 玄領·褾·緣[1]."【'褾', 音必小反, 袖端也. 「玉藻」云, "羔裘豹飾, 緇衣以裼之", 『詩』「唐風」云, "羔裘豹袪", 此則云"領褾及緣皆以玄."】朱裳, 白紗中單, 皂領, 青褾·襈·裾.【'襈', 士眷切, 垂裾也.】革帶, 玉鉤韘.【日列切, 觖也.】大帶.【天子素帶朱裏. 又上以朱, 下以綠, 終純之. 上, 外也. 朱, 正色, 故在外畔, 綠, 間色, 故在下畔. 諸侯大帶以素合之, 不朱裏, 亦朱綠終純, 與天子同. 大夫亦合素爲帶, 純其垂. 外以玄, 內以華, 即黃也. 遠人爲外, 近人爲內, 玄, 天色, 故在外. 黃, 地色, 故在內. 士已下, 亦素練爲帶, 皆單而不合. 惟綷下外內皆用緇紕之. 故「士冠禮」謂之緇帶, 據所純而言也. 紐約並用組. '紐'謂帶之交結之處, 以屬其紐. '約'者, 謂以物穿紐, 約結其帶. 天子以下, 紐約之物, 並用組爲之也. 大帶濶四寸. 紐約之組濶三寸, 長齊於帶, 言約紐餘長三尺, 與帶垂齊者.】韍.【'韍', 蔽膝也. 凡韍, 皆隨裳色. 他服謂之韠, 祭服謂之韍. 案『易』困卦九二, "朱韍方來, 利用享祀", 是祭服謂韍也. 案『毛詩』(傳)[箋][2]云, "天子純朱, 諸侯黃朱", 色淺. 大夫亦赤韍, 色又淺矣. 士緼韍, '緼', 赤黃之間色. 「士冠禮」"爵弁, 韎韐", 即緼韍也.】鹿盧玉具劒, 火珠鏢首.【'鏢', 音漂, 劒飾】白玉雙珮, 玄組, 雙大綬, 六采, 玄·黃·赤·白·縹·綠, 純玄質.【『漢志』, "乘輿黃赤綬, 四采, 黃·赤·紺·(鏢)[縹][3], 淳黃[圭][4]." 今『圖』依用.】長二丈四尺, 五百首, 廣一尺.【『漢志』, "大綬, 四

1 緣: 『舊唐書』 권45, 「輿服志」에는 '緣'이 '襟緣' 즉 윗옷 앞부분 옷깃의 가선장식으로 되어 있다.
2 (傳)[箋]: 저본에는 '傳'으로 되어 있으나, 아래의 문장은 毛亨의 傳이 아니라 鄭玄의 箋이므로 '箋'으로 교감하였다.
3 (鏢)[縹]: 저본에는 '鏢'로 되어 있으나, 『後漢書』 권40, 「輿服志 下」에 의거하여 '縹'로 교감하였다. 앞의 '鏢首'로 인해서 잘못된 것이다.
4 黃[圭]: 저본에는 '黃'으로 되어 있으나, 『後漢書』 권40, 「輿服志 下」에 의거하여 '圭'를 보충

采, [淳黃]圭, 長二丈九尺九寸五分, 五百首.[5]" 與「令」文稍異. 「令」又云, "凡佩綬, 又有小雙綬, 長二尺六寸, 色同大綬, 而首半之, 間施三玉環. 諸臣一品者, 施二玉環." 今詳小綬, 『漢志』所謂'縌'也. 自靑綬已上, 縌皆長三尺二寸, 與綬同采而半之. '縌(綬)'[6], 古珮璲也. (與)[7]佩綬相迎受, 故曰'縌'也. 紫綬已上, 縌綬之間得施玉環(瑀)[鐍][8]. 黑綬已下, 縌綬皆長三尺. '縌', 音逆.】 朱襪·赤舃, 祀天神地祇則服之.【唐顯慶元年, 修禮官長孫無忌·許敬宗等言, "准武德初撰「衣服令」, 乘輿祀天服大裘冕, 無旒, 雖憑『周禮』, 理極未備. 謹案「郊特牲」云, '周之始郊, 日以至. 祭之日, 被袞以象天, 戴冕藻十有二旒', 則天數也. 此二『禮』俱說周郊, 袞與大裘異. 又案「月令」, '[孟]冬[9], 天子始裘', 明以禦寒, 理非當暑. 若立夏迎氣, 龍見而雩, 炎熾方隆, 如何可服? 故歷代唯服袞章. 漢明帝永平二年, 詔採『周官』·『禮記』, 始制祀天地之服, 唯天子備十二章. 魏·晉·宋·齊·周·隋『禮』·『令』, 祭服悉同, 是時造二冕呈進上, 以大裘樸略, 冕又無旒, 旣不可通用於寒暑, 乃廢不用." 臣崇義謹案, 周之衣服無日月星辰. 魯以周公故, 裘冕亦有日月之章. 故鄭玄「郊特牲」注云, "郊天之月而日至, 魯禮也. 三王之郊, 一用夏正, 以周衰禮廢, 儒者見周禮盡在魯, 因推魯禮以言周事", 相承之誤, 職此之由. 孔『疏』中引庾蔚之·熊安生說, 並云"六冕皆用羔裘. 故「司服」說王祭昊天服大裘, 而冕已下五冕皆不言裘, 是皆用羔裘也." 又「司裘」, "掌爲大裘, 以供王祀昊天之服, 仲秋獻良裘." 後鄭云, "'良裘', 「玉藻」所

하였다.

5 大綬, 四采, [淳黃]圭, 長二丈九尺九寸五分, 五百首: 이 문장은 금본 『후한서』에는 보이지 않는다. 이 문장은 앞의 [后服圖02: 序]에서 이미 언급한 것인데, 그곳에는 "乘輿黃赤綬, 四采, 黃赤縹紺, 淳黃圭, 長二丈九尺九寸五分, 五百首."로 되어 있다. 이에 의거하여 '圭' 앞에 '淳黃' 두 글자를 보충하여 번역했다.

6 縌(綬): 저본에는 '縌綬'로 되어 있지만, 『後漢書』 권40, 「輿服志 下」에 의거하여 '綬'를 衍字로 처리하였다.

7 (與): 저본에는 '與'가 있으나, 『後漢書』 권40, 「輿服志 下」에 의거하여 衍字로 처리하였다.

8 (瑀)[鐍]: 저본에는 '瑀'로 되어 있으나, 『後漢書』 권40, 「輿服志 下」에 의거하여 '鐍'로 교감하였다.

9 [孟]冬: 저본에는 '孟'이 없으나, 『新唐書』 권24, 「車服志」에 의거하여 보충하였다.

謂黼裘", (與)[10]'黼裘'以黑羔與狐白雜爲黼文, 視獮田以服之.「司裘」又云, "季秋獻功裘", 後鄭云, "功裘, 人功微麤也, 所謂狐青裘之屬."「玉藻」云, "狐青裘·豹褎·玄綃衣以裼之", 注云, "'綃', 綺屬, 染之以玄, 狐青裘", 蓋玄衣之裘也. 此狐青裘,『周禮』「司裘」謂之功裘者, 以其上承大裘, 在冕服之內, 人功微麤, 不如大裘良裘之美也. 鄭司農云, "大裘, 黑羔裘",「玉藻」云, "羔裘·緇衣以裼之."『論語』曰, "緇衣·羔裘." 案『鄭志』說, "大裘之上, 又有玄衣, 與裘同色, 但無文彩耳", 明袞冕以下之衣, 皆有文彩也. 然則自緇衣以下, 皆明裘上有衣, 裘亦黑羔皮爲之也. 此大裘冕, 以裘爲名, 已下五冕, 皆以衣爲名. 衣裘互擧, 明皆有也. 然不總以衣爲冕名者, 大裘上有玄衣, 質無文彩, 若又以衣爲冕名, 當云'玄冕', 則與祭羣小祀之冕, 何以別乎? 又冕服玄衣纁裳, 其來遠矣.『易』「繫辭」云, "黃帝堯舜垂衣裳而天下治, 蓋取諸乾坤", 玄衣法天, 黃裳法地. 鄭注云, "土託位南方, 色黃而兼赤, 故爲纁也." 今「衣服令」唯云, "大裘玄領·褾·緣", 下云"朱裳", 不言裘上有衣. 故修禮者議之, 中廢. 及開元十四年, 集賢院學士張說奏以太宗朝所改舊儀, 著爲五禮, 總百三十篇. 歷高宗世已兩度增修, 頗有不同. 請與學士等更討論古今, 刪改行用. 制從之. 遂令徐堅等檢撰, 歷年不就. 說卒後, 蕭嵩代爲集賢院學士, 始奏起居舍人王仲丘共修之. 二十九年, 新禮始成, 目爲『開元禮』. 其大裘冕, 祀昊天上帝再見服用.】]

10 (與): 저본에는 '與'가 있으나, 뒤의 '與'로 인해서 잘못 들어간 것이므로 衍字로 처리하였다.

역주

① 류(旒: 오채색의 옥을 꿴 술): 면판의 앞뒤로 매달아 아래로 늘어뜨린 오채색의 옥을 꿴 술을 말한다. 오채색의 비단실을 꼬아서 줄을 만들고, 그것으로 오채색의 옥을 꿰어 술을 만든다. 『주례』「하관·변사(弁師)」 정현의 주에 "'조(繅)'는 여러 문양을 섞은 것의 명칭이다. 오채색의 비단실을 합해서 줄을 만들고, 면판[延]의 앞뒤로 내려뜨리는데 (앞쪽과 뒤쪽으로) 각각 12류이니, 이른바 '수연(邃延)'이다. 줄을 만들어 한 번 매듭을 두를 때마다 오채색의 옥을 꿴다. 12류라면 (류마다) 12개의 옥을 사용한다.['繅', 雜文之名也. 合五采絲, 爲之繩, 垂於延之前后, 各十二, 所謂邃延也. 繩之, 每一帀而貫五采玉. 十二, 斿則十二玉也.]"고 하였다. '류'는 아름다운 장식의 기능뿐 아니라 관을 쓴 사람의 신분을 나타낸다. 황제만이 12류를 하고, 신분이 낮을수록 9류·7류·5류·3류 등으로 그 수가 줄어든다. '류'는 주나라 때 출현했지만, 주나라가 쇠퇴하면서 면관도 그에 따라 쇠락했는데, 후한 명제 때 다시 새롭게 회복되었다. 후한 시대에는 주대의 제도를 준용하여 육면(六冕)의 제도를 채용했지만, 천자의 12류(旒)·12옥(玉) 이외에 나머지 신하들의 류와 옥의 수는 주대와 달랐다. 또 이후 역대로 류를 신분의 지표로 삼았지만, 천자가 12류·12옥을 사용하는 것 이외에 신하들이 사용하는 류의 수는 시대마다 달랐으며, 류의 길이도 일정하지 않았다. 한대에 천자는 백옥의 구슬을 사용하였고, 줄도 순색으로 개정하였다. 조위(曹魏) 시대에는 산호를 사용하여 류를 만들었고, 동진시대에는 비취를 사용했으며, 남조에서는

다시 백옥의 구술을 사용하고 북조에서도 이를 따랐다. 송대에는 진주를 사용하여 류를 만들었고, 명대에 다시 오채색의 옥구슬을 사용하여 류를 만드는 전통을 회복했다.(孫晨陽·張珂, 『中國古代服飾辭典』, 86~87쪽 참조.)

② 겉쪽은 현색(玄色: 검은색)이고, 안쪽은 훈색(纁色: 누런빛을 띠는 진홍색)이다: 『주례』「고공기·종씨(鍾氏)」에서 새의 깃털을 물들이는 법을 설명하면서 "(새의 깃털을) 세 차례 염료에 담가 물들이면 '훈(纁)'이 되고, 다섯 차례 물들이면 '추(緅: 검붉은색)'가 되고, 일곱 차례 물들이면 '치(緇: 짙은 검은색)'가 된다.[三入爲纁, 五入爲緅, 七入爲緇.]"고 하였다. 정현의 주에서는 "무릇 현색(玄色)은 추(緅)와 치(緇)의 사이에 있으니, 아마도 여섯 차례 물들인 것인 듯하다. [凡玄色者, 在緅緇之間, 其六入者與?]"라고 하여 '현색(玄: 검은색)'을 여섯 차례 물들인 '추(緅: 검붉은색)'와 일곱 차례 물들인 '치(緇: 짙은 검은색)'의 중간색으로 추정하였다. 또 『이아(爾雅)』「석기(釋器)」에서는 "한 번 물들인 것을 '전(縓: 분홍색)'이라 하고, 두 번 물들인 것을 '정(赬: 옅은 적색)'이라 하며, 세 번 물들인 것을 '훈(纁)'이라고 한다.[一染謂之縓, 再染謂之赬, 三染謂之纁.]"고 하였다. 이에 대해 곽박(郭璞)은 "훈(纁)은 강(絳: 진홍색)이다.[纁, 絳也.]"라고 하였고, 이순(李巡)도 "그 색을 세 차례 물들이면 이미 완성되어 강(絳: 진홍색)이 된다. 훈(纁)과 강(絳)은 동일한 명칭이다.[三染其色已成爲絳, 纁·絳一名.]"라고 하여 '훈(纁)'을 진홍색으로 해석하였다.(『爾雅注疏』 邢昺의 疏) 그러나 정현은 『의례』「사관례」의 주에서 "훈상(纁裳)은 천강(淺絳)의 치마이다.[纁裳, 淺絳裳.]"라고 하여 '훈'을 '천강(淺絳)' 즉 옅은 진홍색으로 해석하였고, 또 호배휘도 이를 풀이하면서, "강(絳)은 짙은 적색인데, 훈(纁)은 적색에 황색을 띠는 것이다. 그러므로 (정현이) '옅은 진홍

색의 치마'라고 한 것이다.[絳是大赤, 纁則赤而有黃, 故云'淺絳裳'也.]" 라고 하였다. 정현과 호배휘에 의하면, '훈(纁)'은 '강(絳: 진홍색)'과 유사하지만 농도가 조금 옅은 누런빛을 띠는 진홍색이다.

③ 연(綖: 면판): '연(延)'으로도 쓰는데, 면관 위의 덮개 판으로, 바깥을 현색의 베로 싼다. 『주례』「하관·변사(弁師)」 가공언의 소에 "'연(延)'은 면관의 덮개로 위쪽에 있다. 살펴보건대, 『예기』「옥조」 정현의 주에 '연(延)은 면관 위의 덮개이다.'라고 하였다. 표현은 비록 같지 않지만 의미는 다르지 않다. 모두 겉을 현색으로 하여 덮으니, 면관 위쪽에 있다.['延', 冕之覆, 在上. 按[玉藻]注, '延, 冕上覆', 言雖不同, 義則不異, 皆以玄表覆之, 在冕上也.]"고 하였다.

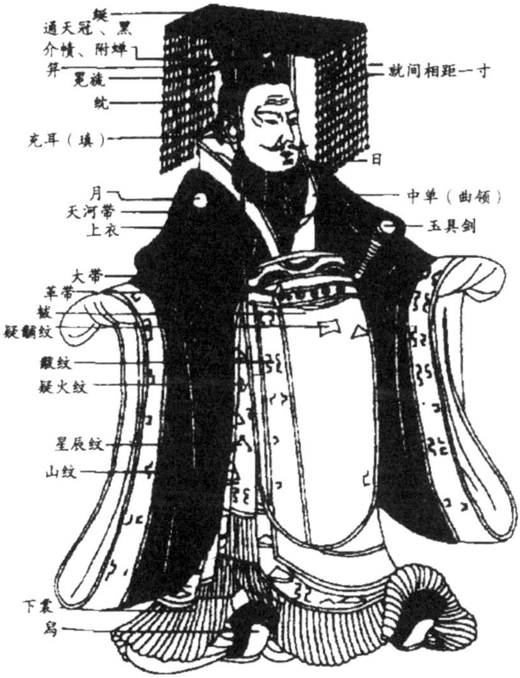

면복의 명칭도
孫晨陽·張珂, 『中國古代服飾辭典』

④ 뉴(紐: 관의 테두리 양옆의 비녀를 꿰는 구멍): 면관의 꼭대기에 면판[綖]이 있고, 면판의 좌우로 아래로 늘어뜨린 곳에 비녀를 꿰는 작은 구멍이 있는데, 이를 '뉴(紐)'라고 한다. 『주례』「하관·변사(弁師)」 정현의 주에 "뉴(紐)는 작은 구멍으로 관 테두리 위에 있는데, 비녀를 꿰는 곳이다.[小鼻在武上, 笄所貫也.]"라고 하였다. 손이양(孫詒讓)은 "무릇 기물에 구멍이 있어서 끈을 꿸 수 있는 것은 모두 '비(鼻: 구멍)'라고 칭할 수 있다. 면관의 구멍을 '뉴'라고 하니, 인장의 꼭지[印鼻]를 '뉴'라고 하는 것과 같은 것이다.[凡器物之有孔竅可穿糸者, 並得稱鼻. 冕鼻謂之紐, 猶印鼻謂之紐也.]"라고 하였다.(孫詒讓, 『周禮正義』 권60, 2525~2526쪽 및 白玉林·遲鐸, 『三禮文化辭典』, 778쪽 '紐' 항목 참조.)

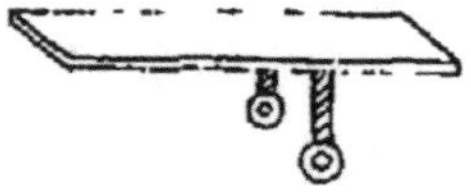

뉴(紐)
陳常道, 『禮書』(송)

⑤ 잠도(簪導: 머리카락을 고정하는 장식물. 비녀): 간략히 '도(導)'라고도 칭하고 또 '계도(笄導)' 혹은 '낙빈(掠鬢)'이라고도 한다. 남자가 머리카락을 묶거나 관을 고정할 때 사용한다. 옥이나 돌[玉石]·무소의 뿔[犀角]·상아 혹은 대모(玳瑁) 등으로 만든다. 그 형태가 비녀[簪]와 유사한데, 비녀에 비해 납작하고 평평하다. 수건으로 머리카락을 묶은 후, 남은 머리카락이 있으면 잠도로 끌어당겨 수건 안으로 넣고, 사용을 마치면 머리카락 사이에 꽂는다. 후한 이후 일반적으로 사용되었으며, 관리의 등급을 나타내는 용도로 사용되었다. 남북조 시대에 크게 유행했지만, 당대 이후 그 명칭만 남아 있었고 상용되지는 못했다. 유희(劉熙)의 『석명(釋名)』「석수

식(釋首飾)」에 "'잠(簪)'은 세운다[建]는 뜻이니, 머리카락에 관을 세우는 도구이다. … '도(導)'는 귀밑털을 다듬어서 두건의 안으로 들이가게 하는 도구이다.[簪, 建也, 所以建冠於髮也…導,所以導擽鬢髮, 使入巾幘之裏也.]"라고 하였다.(孫晨陽·張珂,『中國古代服飾辭典』, 327쪽 '簪導' 항목 참조)

⑥「의복령(衣服令)」: 당 고조 무덕(武德: 618~626) 연간에 반포한『무덕령(武德令)』의「의복령(衣服令)」을 말한다.『구당서』권45,「여복지(輿服志)」에 이곳 '衣服令' 이하의 문장이『무덕령』의 규정으로 전재되어 있는데, 사실은 앞의 '大裘冕~上玄下纁'의 문장도『무덕령』의 규정에 보인다.『구당서』권45,「여복지」의 본문은 다음과 같다. "大裘冕, 無旒, 廣八寸, 長一尺六寸, 玄裘纁裏, 已下廣狹准此. 金飾, 玉簪導, 以組爲纓, 色如其綬. 裘以黑羔皮爲之, 玄領·褾·襟緣. 硃裳, 白紗中單, 皁領, 青褾·襈·裾·革帶玉鉤·韠, 大帶, 素帶硃裏, 紕其外, 上以硃, 下以綠, 紐用組也. 韍漆隨裳. 鹿盧玉具劍, 火珠鏢首. 白玉雙珮, 玄組雙大綬, 六彩, 玄·黃·赤·白·縹·綠·純玄質, 長二丈四尺, 五百首, 廣一尺. 小雙綬長二尺一寸, 色同大綬而首半之, 間施三玉環. 硃韈, 赤舄. 祀天神地祇則服之." 니이다 노부루(仁井田陞),『당령습유(唐令拾遺)』(東京大出版會, 1964)에 무덕 연간의「의복령」이 집일되어 있다.

⑦ 소맷부리[褾]: '褾'는 소매의 끝, 즉 소맷부리를 말한다. 진팽년(陳彭年)의『광운(廣韻)』에 "'褾'는 소매 끝이다. (음은) 方과 小의 반절(표)이다.['褾', 袖端. 方小切.]"라고 하였다.

⑧ 흑색의 새끼 양 가죽으로 만든 갖옷[羔裘]: '고구(羔裘)'는 옅은 흑색의 새끼 양[紫羔] 가죽으로 만든 갖옷을 말한다. 주대에는 제후·경·대부가 이 고구를 조복(朝服)으로 입었는데, 치의(緇衣)를 겉옷으로 걸쳐 입었다. 새끼 양이 젖을 먹을 때 무릎을 꿇는 자세를 취하므로, 겸손의 뜻

이 있다. 때문에 경·대부가 이 고구를 예복으로 입었다고 한다. '자고(紫羔)'는 양의 일종으로 그 털빛이 옅은 흑색으로, 털의 뿌리가 자색이기 때문에 붙은 명칭이다.

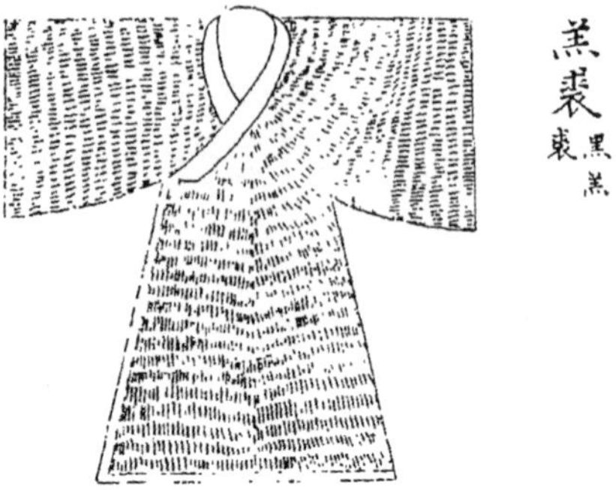

고구(羔裘)
陳常道, 『禮書』(송)

⑨ 飾: 『예기』 「옥조」 정현의 주에 "'식(飾)'은 소매[褎]의 뜻과 같다.[飾, 猶褎也.]"고 하였다.

⑩ 짙은 검은색의 옷[緇衣]: 이곳의 '치의(緇衣)'는 갖옷 밖에 덧입는 짙은 검은색의 겉옷을 말한다.

⑪ 흑색의 새끼 양 가죽으로 만든 갖옷에~덧입는다: 겨울철에는 갖옷[裘]을 입고, 갖옷 위에 석의(裼衣: 中衣)를 입고, 석의 위에 또 겉옷[上衣]을 입는데, 예(禮)를 행할 때는 겉옷[上衣]의 왼쪽 소매를 벗어서 비단으로 만든 석의(중의)의 아름다움을 밖으로 드러낸다. 이를 '석(裼)'이라고 한다. '석(裼)'을 하지 않음으로써 아름다움을 가리는 것을 '습(襲)'이라 한다. '석'과 '습'은 문(文)과 질(質)을 구별하는 것으로, 질(質)의 일에는 습(襲)을 하고, 문(文)의 일에는 석(裼)을 한다.(胡培翬, 『儀禮正義』 권16, 1011쪽 참조.) '석의(裼衣)'는 갖옷 위에 덧입는 중의(中衣)를 말한다. 갖옷은 설

의(褻衣: 속옷)이므로 겉에 석의(중의)를 덧입는 것이다. 『예기정의』「단궁 상」 공영달의 소에 "'석(裼)'은 갖옷 겉에 또 옷을 덧입는 것을 말한다.[裼謂裘上又加衣也.]"고 하였다.

⑫ 흰색 깁으로 만든 홑 속옷[白紗中單]: '사(紗: 깁)'는 날실 2올을 꼬아서 짜는 직물로, 공간이 생겨 얇으면서 비친다. '단(單)'은 '단(襌)' 즉 홑옷의 뜻이다. '중단(中襌)'은 조복(朝服)이나 제복(祭服)의 안에 입는 홑 속옷을 뜻한다. 처음에는 '중의(中衣)'라고 했는데, 위진·남북조 시대를 전후하여 '중단(中單)'으로 그 명칭이 바뀌었다. 옷은 가장 안쪽에 갖옷[裘]을 입고 그 위에 겉옷[上衣]을 덧입는데, 갖옷과 겉옷 사이에 입기 때문에 '중의'라고 한 것이다. '중단'은 일반적으로 흰색 깁[白紗]으로 만드는데, 목 부분의 옷깃[領], 소매[袖], 윗옷 앞부분의 옷깃[襟], 옷자락[裾]을 모두 검은색으로 가선장식을 하고, 허리 부분은 꿰매지 않고, 겨드랑이 아래쪽은 터서 위아래로 통하게 하고, 허리띠로 묶는다. 『수서』 권11, 「예의지(6)」에 "공·경 이하의 제복은 안에 중의를 입으니, 곧 오늘날의 '중단'이다.[公卿以下祭服, 裏有中衣, 即今'中單'也.]"라고 하였다.(孫晨陽·張珂, 『中國古代服飾辭典』, 475쪽 '中單' 항목 참조.)

중단(中單) 복원도
孫晨陽·張珂, 『中國古代服飾辭典』

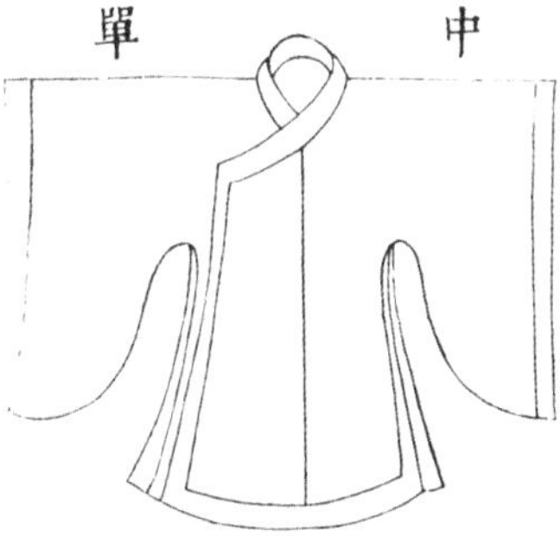

중단(中單)
王圻, 『三才圖會』(명)

⑬ 혁대(革帶): 패옥을 차는 허리띠로 너비가 2촌이고, 아래의 '대대(大帶)'는 옷을 묶는 허리띠로 너비가 4촌인데, 혁대 위에 찬다. 혁대에는 한쪽 끝에 고리 모양의 장식이 붙어 있어 다른 한쪽 끝을 그 안에 넣고서 묶는다. 즉 아래에서 말하는 '구철(鉤鰈)'이다.

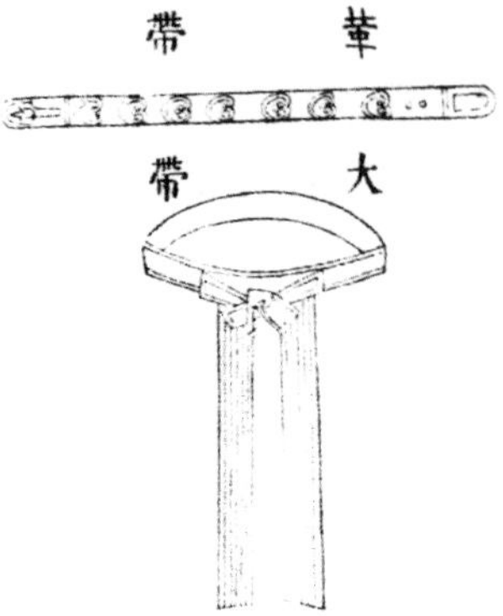

혁대와 대대
王圻, 『三才圖會』(명)

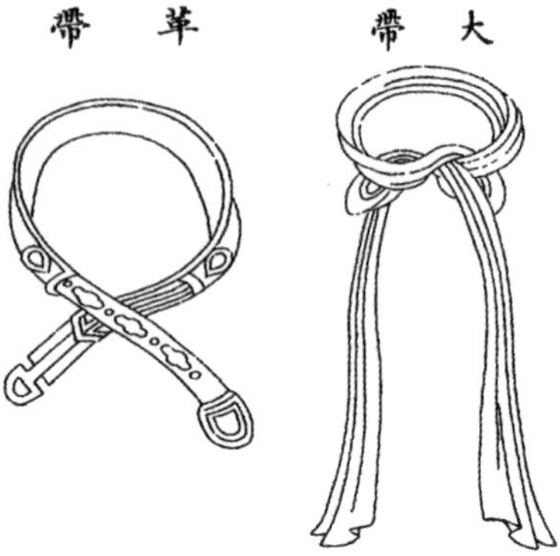

혁대와 대대
『欽定儀禮義疏』(청)

⑭ 옥으로 만든 고리 모양의 허리띠 장식[玉鉤鰈]: '구철(鉤鰈)'은 곧 대구(帶鉤)로서, 허리띠의 두 끝을 끼워 맞추어서 고정시키는 고리모양의 장식이다. 금이나 옥으로 만들어 허리띠의 끝머리에 연결하여 묶는데, 방형이나 원형 등 다양한 형태가 있다. 『당육전』 권26에 "진홍색 깁으로 만든 홑 속옷을 입고, 흰색의 치마와 저고리를 입으며, 혁대를 차는데 금으로 만든 구철(鉤鰈) 장식을 한다.[絳紗單衣, 白裙襦, 革帶金鉤鰈.]"고 하였다.(孫晨陽·張珂, 『中國古代服飾辭典』, 529쪽 '鉤鰈' 항목 참조.)

⑮ ('鰈'의 음은) 日과 列의 반절이니: 정정(丁鼎)에 의하면, 대부분의 『삼례도』 판본에 '日列切'로 되어 있으나 마땅히 '丑列切'이 되어야 하는데, '日'과 '丑'의 글자 형태가 유사하여 잘못된 것이다. (丁鼎, 『新定三禮圖』,

618쪽 참조.)

⑯ 고리[觖]: 정정(丁鼎)은 '觖'을 '缺'와 통하는 글자라고 하였다. '缺'는 '규항(缺項)'으로서 정현과 호배휘 등에 의하면 치포관을 머리에 고정시키는 작용을 하는 치포관의 부속물이다. 양자 모두 고정시키는 기능을 하므로 통하는 글자로 본 듯하다.(丁鼎, 『新定三禮圖』, 618쪽 참조.)

⑰ 녹로(鹿盧): '轆轤'로도 쓰는데, 하관을 하거나 우물가에 두어서 물을 긷는 용도로 사용하는 도르래 혹은 닻사슬 같은 것을 말한다. 칼자루의 끝부분에 옥으로 녹로(轆轤)의 형태를 장식했기 때문에 '녹로검(鹿盧劍)'이라는 명칭이 생겼다. 『한서』 권71, 「준불의전(雋不疑傳)」 안사고의 주에 "옛날에 장검은 칼자루의 끝부분에 우물에서 물을 긷는 녹로의 형상을 장식했다. 위쪽에 나무를 조각하여 산의 형태를 만드는데, 연꽃이 처음 생겨나지만 아직 활짝 피지 못한 때와 유사하다. 오늘날 대검(大劍)의 칼자루 끝부분을 나무로 만드는데, 그 형상이 이와 유사하다.[古長劒首以玉作井鹿盧形, 上刻木作山形, 如似蓮花初生未敷 時. 今大劒木首, 其狀似此.] "는 진작(晉灼)의 말을 인용하고 있다. 『수서』 권11 「예의지」에 의하면, 동진(東晉) 시대에 황제가 녹로검(鹿盧劍)을 찼으며[帶鹿盧劍], 진(陳) 무제(武帝) 때는 황태자가 화주(火珠)로 칼자루의 끝부분을 장식한 녹로검(鹿盧劍)을 찼으며[帶鹿盧劍, 火珠首.], 수(隋) 양제(煬帝) 때는 황제의 곤면복(袞冕服)에 "녹로의 형상을 조각한 옥구검(玉具劍)을 차는데, 화주(火珠)로 칼집의 꼬리부분과 칼자루의 끝부분을 장식한다.[鹿盧玉具劍, 火珠鏢首.]"고 하였다. 이렇게 본다면 수대에 이르러 녹로검과 옥구검이 결합되어 하나의 칼의 형태가 되고 장식이 더욱 화려해진 것으로 보인다.

⑱ 옥구검(玉具劍): 칼집의 꼬리부분[摽]·칼자루의 끝부분[首]·칼자루에 끼워 손을 보호하는 날밑[鐔]·칼집의 코 부분[衛, 璏]을 모두 백옥으로 장식하여 만든 장검으로, 고대 중국에서 가장 화려한 검 가운데 하나이다. 『한서』 권94하, 「흉노전 하(匈奴傳下)」에 흉노의 호한야 선우가 조회하러 오자 금새(金璽: 황금 인장)·여수(盭綬: 초록빛 인끈)·옥구검(玉具劍) 등을 하사하였다고 하였다. '옥구검(玉具劍)에 대해서, 맹강(孟康)은 "표(摽: 칼집의 꼬리부분)·수(首: 칼자루의 끝부분)·심(鐔: 날밑)·위(衛: 칼집의 코)를 모두 옥으로 만든 것이다."라고 하였고, 안사고(顔師古)는 "'심(鐔)'은 칼집의 입구에서 옆으로 튀어나온 부분이다. '위(衛)'는 칼집의 코 부분이다."라고 하였다.[孟康曰, '摽首鐔衛, 盡用玉爲之也.' 師古曰, '鐔, 劍口, 旁橫出者也. 衛, 劍鼻也.]

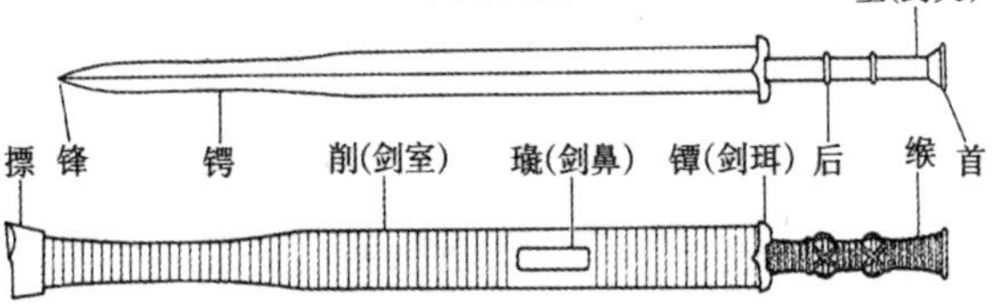

도의비(刀衣鼻)
孫機, 『漢代物質文化資料圖說』

⑲ 화주(火珠): 구슬의 빛이 마치 불이 치솟아 오르는 듯 밝기 때문에 '화주'라고 한다. 『통감절요(通鑑節要)』 권36 「당기(唐紀)」 두주(頭註)에 "(화주는) 크기가 계란만 한데, 둥글고 희며 깨끗하다. 빛이 수척이나 떨어진 곳까지 환하게 비춘다. 모양은 마치 수정과도 같은데, 한낮에 쑥을 구슬 밑에 깔아 놓으면 쑥에 불이 붙어 치솟아 오른다.[大如鷄卵, 圓白皎潔. 光照數尺, 狀如水精, 日中, 以艾藉珠, 火燃.]"고 하였다.

⑳ 쌍대수(雙大綬): '수(綬)'는 예복의 뒤쪽 허리에 걸어서 아래로 늘어뜨린 장식물이다. '수(綬)'에 두 가닥의 비단 끈이 매달려 있기 때문에 '쌍수(雙綬)'라고 하는데, 쌍대수(雙大綬: 大雙綬)와 쌍소수(雙小綬: 小雙綬)가 있다. '대수'는 바탕[質]이 세밀한 수(綬)로서 거칠고 성긴 소수(小綬)와 구별한다. '수'는 진한 시대에 인장을 허리에 매는 데 사용한 인끈[綬]에서 변한 것으로, 남북조 이후 유행하였다. 당대에는 5품 이상 관원의 조복에 찼다. 『수서』 권12, 「예의지」에 "천자는 쌍수(雙綬)를 차는데, 6가지 채색으로 가선장식을 하니, 현색·황색·적색·백색·담청색·녹색이다. 바탕은 순수한 현색으로 한다. 길이는 2장 4척이고, 500수[10,000올]의 올로 짜며, 너비는 1척이다. 쌍소수(雙小綬)를 차는데, 길이는 2척 6촌이고, 색은 대수와 같지만 수(首)는 그 절반[250수 : 5,000올]으로 한다. 허리 사이에 4개의 옥환을 찬다.[天子以雙綬, 六采, 玄黃赤白縹綠, 純玄質, 長二丈四尺, 五百首, 闊一尺. 雙小綬, 長二尺六寸, 色同大綬, 而首半之, 間施四玉環.]"고 하였다. 『통전』 권6 「예(禮)8」 '천자제후옥패검수새인(天子諸侯玉佩劍綬璽印)' 조에는 수나라의 제도로서 "왕공 이하 모두 소쌍수를 차는데, 길이는 2척 6촌이다. 색은 대수와 같은데, 수는 그 절반으로 한다.[自王公以下, 皆有小雙綬, 長二尺六寸, 色同大綬而首半之.]"고 하였고, 『신당서』 권24, 「여복지」에는 당 고조 무덕(武德) 4년의 거복의복(車輿衣服)의 영(令)으로서, "흑색 비단 끈을 매단 대쌍수(大雙綬)를 찬다. 흑색 바탕에 흑색·황색·적색·백색·담청색·녹색으로 가선장식을 하여 천지사방의 색을 갖춘다. 너비는 1척이고, 길이는 2장 4척이며, 500수(10,000올)로 짠다.… 또 소쌍수(小雙綬)를 차는데, 길이는 2척 6촌이고, 색은 대수(大綬)와 같지만 수(首)는 그 절반(250수: 5000올)으로 한다. 허리 사이에 3개의 옥환을 찬다.[黑組大雙綬, 黑質, 黑·黃·赤·

白·縹·綠爲純, 爲備天地四方之色. 廣一尺, 長二丈四尺, 五百首.…又有小雙綬, 長二尺六寸, 色如大綬, 而首半之, 間施三玉環.]”고 하였다.

쌍수를 찬 문리[佩雙綬的文吏]
(敦煌莫高窟唐代壁画)

孫晨陽·張珂, 『中國古代服飾辭典』

대수(大綬)(明刻本《明会典》插图)

孫晨陽·張珂, 『中國古代服飾辭典』

㉑ 500수(首: 10,000올): ‘수(首)’는 인끈[綬]이나 끈목[組]의 올을 세는 단위이다. 『설문해자』에 “비단의 실올의 수는 ‘조(絩)’라 하고, 베의 경우는 ‘총(總)’이라 하며, 인끈[綬]이나 끈목[組]의 경우는 ‘수(首)’라고 한다.[綺絲數謂之絩, 布謂之總, 綬·組謂之首.]”고 하였다. 한대의 인끈[綬]은 모든 신분이 너비를 같게 하지만, 그 ‘수’는 신분에 따라 차별화시켜서 신분이 높으면 ‘수’가 많고 신분이 낮으면 수가 적었다. 같은 너비 안에서 ‘수’의 올을 달리하므로, ‘수’가 높으면 밀도가 높아져 실올이 가늘고 수가 낮으면 밀도가 낮아져 실올이 굵다. 즉 신분이 높으면 가늘고 고운 실로 인끈[綬]을 짠 것이다. ‘수(首)’는 견사 20올을 말한다. 1올의 실이 1계(系)이고, 4계를 1부(扶)라 하며, 5부가 1수(首)가 된다.[『後漢書』 권

40, 「輿服志 下」, "凡先合單紡爲一系. 四系爲一扶, 五扶爲一首."] 한대에 황제와 황후는 가장 높은 등급의 인끈[綬]을 썼는데 1척 6촌(37㎝. 1漢尺=23.1㎝)의 너비 안에 500수 즉 10,000올의 실을 썼다.

㉒ 또 소쌍수(小雙綬)가 있는데~찬다: 이 문장은 『신당서』 권24, 「여복지」에는 당 고조 무덕(武德) 4년의 거여의복(車輿衣服)의 영(令)으로 기록되어 있다. 이에 따르면 대수(大綬)는 흑색·황색·적색·백색·담청색·녹색의 6가지 채색으로 가선장식을 하고, 500수(10,000올)로 짠다. 소수(小綬)는 색을 대수(大綬)와 같이 하므로 6가지 채색을 사용하고, 수를 그 절반으로 하므로 500수(首: 10000올)로 짜는 것이다. 『후한서』에서는 대수의 색이 4가지라고 하였으므로 『무덕령』「의복령」의 규정과 다르다. 앞의 역주 ⑳ 참조. 또 '옥환(玉環)'은 옥으로 만든 고리 모양의 장식물로, 선진(先秦) 시대에는 왕과 백관 등이 조회의 예견(禮見) 때 찼다. 보통 형(珩)·황(璜) 등의 노리개와 짝을 이루어 사용했다. 채색 실로 짠 끈목으로 묶어서 허리춤에 차는데, 걸어갈 때 옥기(玉器)가 서로 부딪혀서 아름다운 소리를 낸다. 한대 이후에는 옥패의 형태가 점차 간소화됨에 따라 항상 수(綬)의 끈과 함께 묶어서 허리에 차는데 끈의 색으로 신분의 존비를 변별하였다.(孫晨陽·張珂, 『中國古代服飾辭典』, 165쪽 '玉環' 항목 참조) 『예기』「경해(經解)」에 "조정에 있을 때는 인성(仁聖)과 예의(禮義)의 차서를 말하고, 집에 한가롭게 있을 때는 「아(雅)」와 「송(頌)」의 음을 듣는다. 걸어다닐 때는 환패(環佩)의 소리가 들린다.[其在朝廷, 則道仁聖禮義之序, 燕處則聽「雅」·「頌」之音, 行步則有環佩之聲.]"고 하였는데, 정현의 주에 "'환패(環佩)'는 패환(佩環)과 패옥(佩玉)으로, 그것으로 걸어갈 때의 절도로 삼는다.['環佩', 佩環·佩玉也, 所以爲行節也.]"고 하였다.

孫晨陽·張珂, 『中國古代服飾辭典』

㉓ ‘역(綖)’은 옛날 허리띠에 차는 수(襚: 서옥)이다: ‘역(綖)’은 채색의 끈으로, 그것으로 인장이나 패옥을 매단다. 또 이로 인해서 패옥을 지칭하기도 하는데, 이때는 ‘수(襚: 서옥)’의 의미가 된다. 『후한서』「여복지 하」에 “‘역’은 허리띠에 차는 수(襚: 서옥)이다. 허리에 차는 수(綬)와 서로 마주하므로 ‘역(綖)’이라고 한 것이다.[‘綖’者. 古佩襚也. 佩綬相迎受, 故曰‘綖.’]”라고 하였다. ‘수(襚)’에 대해서 서광(徐廣)은 “오늘날 수(襚)를 수(綬)라고 칭한다.[今名襚爲綖]”고 하였고(『후한서』 [여복지] 이현의 주), 『모시(毛詩)』「소아(小雅)·대동(大東)」 정현의 전(箋)에는 “‘패수(佩襚)’는 서옥(瑞玉)을 허리띠에 찬다는 뜻이다.[佩襚者, 以瑞玉爲佩.]”라고 하였다.

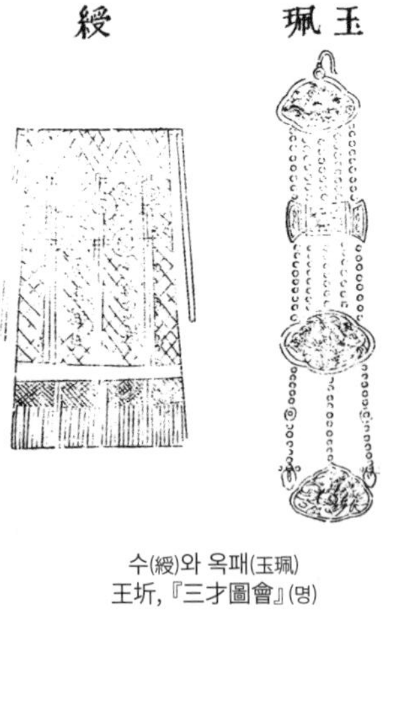

수(綬)와 옥패(玉珮)
王圻, 『三才圖會』(명)

㉔ 청수(靑綬: 九卿·中二千石·二千石) 이상의 경우~걸쇠[鐍]를 단다: 『후한서』 권40, 「여복지 하」의 문장이다.

㉕ 주말(朱襪: 주색의 버선): '말(襪)'은 발 위에 신는 물건, 곧 버선을 뜻한다. 상고시대에는 가죽으로 만들고 띠로 묶었는데, 한위 시대에 비단이나 베로 만들었다. 후대에는 대부분 비단, 목화, 털 등을 이용하여 섬세하게 바느질하여 만들었다.

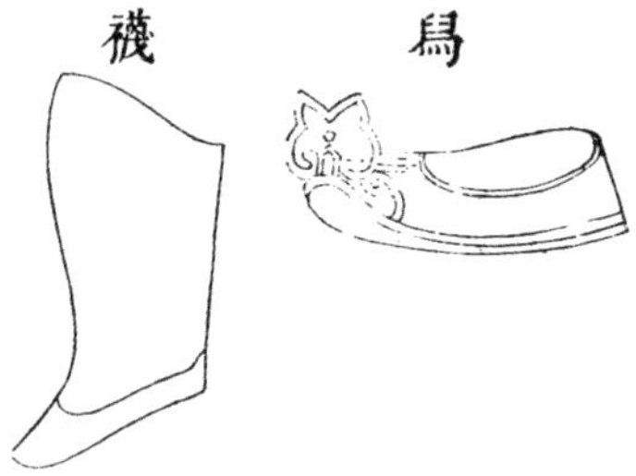

말(襪)과 석(舃)
王圻, 『三才圖會』(명)

㉖ 적석(赤舃: 적색의 겹바닥 신발): '석(舃)'은 밑바닥을 두 겹으로 만든 신발로, 가죽으로 밑바닥을 만들고 그 위에 나무로 만든 이중의 밑바닥을 덧입힌다. 밑바닥이 홑으로 되어 있는 신발을 '구(屨)'라고 한다. '적석'은 '금석(金舃)'이라고도 하는데, 밑바닥이 이중으로 되어 있는 붉은색의 신발로서, 왕이나 제후가 면복을 착용할 때 신는 가장 존귀한 신발이다. 『주례』 「천관·구인(屨人)」 정현의 주에 "왕의 길복에는 9가지가 있고, 석(舃)에는 3등급이 있는데, '적석'이 상등급으로 면복을 착용할 때 신는 신발이다[王吉服有九, 舃有三等, 赤舃爲上, 冕服之舃.]"라고 하였다. 『주례』 「천관(天官)·구인(屨人)」 정현의 주에 "바닥을 겹으로 만든 신발을 '석(舃)'이라 하고, 바닥을 홑으로 만든 신발을 '구(屨)'라고 한

다.[複下曰舃, 禪下曰屨.]"고 하였다.

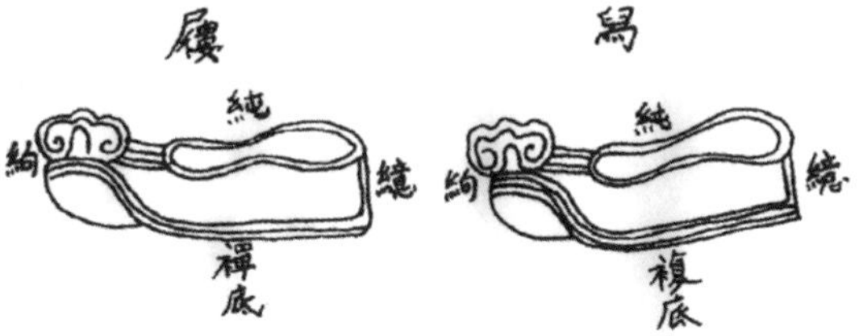

구(屨)와 석(舃)
黃以周, 『禮書通故』(청)

㉗ 입하(4월)에~제사를 지내고: 『예기』「월령」'맹하(하력 4월)' 조에 "입하의 날에 천자는 직접 삼공·구경·대부를 이끌고 남교에서 여름을 맞이하여 제사를 지낸다.[立夏之日, 天子親帥三公·九卿·大夫, 以迎夏於南郊.]"고 하였다.

㉘ 창룡성(蒼龍星)이 나타나면 우제(雩祭)를 지내는데: 『춘추좌전』 환공(桓公) 5년 조에 "무릇 제사는 계칩(정월)이 되면 교제(郊祭)를 지내고, 창용성(蒼龍星)이 나타나면(4월) 우제(雩祭)를 지내고, 가을의 쌀쌀한 기운이 처음 일어나면(8월) 상제(嘗祭)를 지내고, 벌레가 땅속으로 들어가면(10월) 증제(烝祭)를 지낸다.[凡祀啓蟄而郊, 龍見而雩, 始殺而嘗, 閉蟄而烝.]"고 하였다. 『예기』「월령」'중하(5월)' 조의 정현 주에는 "『춘추전』에 '창룡성이 나타나면 우제를 지낸다.'고 하였으니, 우제의 정식 제사는 4월에 지내야 한다. 주나라는 가을 3개월 동안에 가뭄이 들어도 또한 우제의 예를 갖추어 비를 기원하였기 때문에, (「월령」을 기록한 이가) 이를 이용해 정식 우제를 이달(중하 5월)에 지내는 것으로 나타냈으니, 잘못된 것이다.[『春秋傳』曰, '龍見而雩', 雩之正當以四月. 凡周之秋三月之中而旱, 亦脩雩禮以求雨, 因著正雩此月, 失之矣.]"라고 하였다.

㉙ 대구(大裘): 정중(鄭衆)은 "대구(大裘)는 흑색의 새끼 양 가죽으로 만든 갖옷이니, 이를 착용하고서 하늘에 제사 지내는 것은 실박함을 보여 주는 것이다.['大裘', 黑羔裘, 服以祀天, 示質.]"라고 하였고, 가공언은 "'구(裘)'에 '대(大)'의 글자를 붙인 것은 천지에 제사 지낼 때 착용하는 옷이기 때문이다. 그러므로 '대(大)'를 붙여서 말한 것이지, 갖옷의 몸체가 크다는 뜻은 아니다.['裘'言'大'者, 以其祭天地之服, 故以'大'言之, 非謂裘體侈大.]"라고 하였다.(『주례주소』「천관·사구」 정현의 주 및 가공언의 소 참조.)

㉚ 양구(良裘: 질 좋은 갖옷): 손이양에 의하면, 왕이 착용하는 옷이므로 털이 순수한 무늬를 가진 것을 골라서 정밀하게 만들어 진헌하기 때문에 '양구(良裘)'라 칭한 것이다.(孫詒讓, 『周禮正義』 권13, 494쪽 참조.)

㉛ '보구'는~입는 것입니다: 『예기』「옥조」에 "군주만이 도끼 문양을 수놓은 갖옷[黼裘]을 입고서 출정을 선포하고 경작을 살피고 추수를 살필 수 있다.[唯君有黼裘以誓省]"라고 하였는데, 정현의 주에는 "'보구(黼裘)'는 검은 새끼 양과 여우의 흰 가죽을 섞어서 도끼 문양을 수놓아 만든 것이다. 국군에게는 보구를 입고 가을 사냥을 선포하는 의례가 있다.['黼裘', 以羔與狐白雜爲黼文也. 國君有黼裘誓獮田之禮.]"고 하였다.

㉜ 장열(張說: 667~730): 자는 도제(道濟), 범양(范陽) 방성(方城: 오늘날 하북성 固安縣) 사람이다. 당 초기 재상이자 정치가 문학가로서, 서진 시대 사공(司空) 장화(張華)의 후예이다. 『삼교주영(三教珠英)』 편찬에 참여하여 완성시켰으며(701), 현종에게 태산에서 봉선을 거행할 것을 건의하였다(724). 전후 3차례에 걸쳐 재상이 되었다. 725년에 집현원학사(集賢院學士)에 임명되었다. 30년 동안 문단을 주도하여 개원 전기 문종(文宗)이 되어 허소정(許蘇頲)과 명성을 나란히 하여 '연허대수필(燕許大手筆)'로 칭해졌다.

㉝ 고종 시대를 거치면서 이미 두 차례 증수하였지만: 태종의 『정관례(貞觀禮)』와 고종의 『현경례(顯慶禮)』를 가리킨다. 『정관례』는 중서령 방현령·비서감 위징 등이 예관학사들과 함께 칙명으로 완성한 예전이다. 이는 수나라의 『개황례(開皇禮)』를 기초로 개수한 것으로, 길례 61편, 빈례 4편, 군례 20편, 가례 42편, 흉례 6편, 국휼 5편 등 총 138편을 100권으로 나누어 편찬했다. 처음에는 『대당의례(大唐儀禮)』로 칭했으나 『개원례』에서 『현경례』를 '대당후례(大唐後禮)'로 칭한 것에 대비하여 '대당전례(大唐前禮)'로 칭했다. 고종 초에 『정관례』가 '절문미진(節文未盡)'하다는 의론이 일자, 태위 장손무기·중서령 두정륜(杜正倫)·이의부(李義府) 등에게 명하여 다시 개수하도록 함으로써 130권을 칙성하였다. 현경 3년(658)에 상주하였는데, 구례(舊禮)를 증감하고 아울러 영식(令式)을 참조하여 개정하였고, 고종이 직접 서문을 지었다. 그러나 당시 허경종·이의부 등이 세력을 떨치고 있었는데 증감한 예제가 황제의 뜻에 아부한 것이며, 고례의 정신을 상실했다는 비판을 받았다. 행용한 이후에도 학자들의 의론이 분분하여 오례에 대해서는 주례에 의거하여 거행하였으며, 대사가 있을 때마다 고금의 예문을 참작하고 일에 따라서 임시적으로 찬정했다.

㉞ 서견(徐堅: 660~729): 자는 원고(元固), 절강 장흥(長興) 사람이다. 현종 때의 중신으로 문장으로 세상에 이름을 떨쳤다. 『측천실록』, 『초학기(初學記)』 등의 책을 칙찬했다.

㉟ 소숭(蕭嵩: ?~749): 자는 교보(喬甫), 호는 체준(體竣), 남난릉군(南蘭陵郡) 사람이다. 양 무제 소연(蕭衍)의 후예이며, 양 명제 소규(蕭巋)의 현손이다. 서국공(徐國公)에 봉해졌다.

㊱ 왕중구(王仲丘: ?~?): 당나라 시대의 예학가로, 낭야(琅琊) 사람이다. 개원

연간에 집현수찬(集賢修撰)·기거사인(起居舍人)을 역임했다. 당시 전장제도에 대한 논쟁이 있었을 때 정관·현경의 두 예전을 절충하고자 하였으며, 『대당개원례』 150권을 찬정하였다. 여기서 당대 오례의 예문이 갖추어졌으며, 후세에 큰 영향을 끼쳤다.

[冕服圖01: 02-袞冕]

곤면(袞冕)【백색 구슬[白珠]을 꿴 12개의 류(旒: 오채색의 옥을 꿴 술)를 아래로 늘어뜨려 드리운다. 비단 끈목으로 관끈[纓]을 만드는데, 색은 수(綬: 허리에 걸어서 아래로 늘어뜨린 장식물)와 같다. 주광(黈纊: 누런 솜으로 만든 귀막이)으로 귀를 가린다.① 옥으로 잠도(簪導: 머리카락을 고정하는 장식물. 비녀)를 만든다. 면판[綖] 옆에는 금으로 장식을 한다. 주나라 제도에는 면관에 뉴(紐: 관의 테두리 양옆의 비녀를 꿰는 구멍)가 있다. 『예위(禮緯)』에 "류(旒)는 눈을 아래로 내려뜨리는 것이며, 광(纊)은 귀를 막는 것이다."라고 하였는데, '광(纊)'은 곧 충이(充耳: 귀막이)이다. 『모시(毛詩)』「위풍(衛風)·기욱(淇奧)에 "충이는 수영(琇瑩)으로 만들었다네."라고 하였는데, 모형(毛亨)의 전(傳)에 "'수영'은 아름다운 돌이다."라고 하였다. 천자는 순수한 옥으로 귀막이[瑱]를 만들고, 제후는 아름다운 돌로 만드니, 옥에 다음가는 것이다.】 윗옷을 현색(검은색)으로 하고, 치마를 훈색(누런빛을 띠는 진홍색)으로 하는데[玄衣纁裳], 12가지 무늬[十二

章]이다.【8가지 무늬는 윗옷에 있으니, 일(日: 해)·월(月: 달)·성신(星辰: 별)·산(山)·용(龍)·화충(華蟲: 산꿩)·화(火: 불)·종이(宗彝: 호랑이와 꼬리가 긴 원숭이)입니다. 4가지 무늬는 치마에 있으니, 조(藻: 마·풀)·분미(粉米: 흰쌀)·보(黼: 도끼 문양)·불(黻: 두 개의 己 글자가 서로 등지고 있는 문양)입니다.② 그 윗옷의 옷깃[領]과 소맷부리[褾]에는 올라가는 용[升龍]이니, 모두 실을 자아서 직조하여 만듭니다.

신(臣) 숭의는 살펴보건대, 『상서』「우서(虞書)·익직(益稷)」에 "내(순임금) 옛사람의 법상(法象)이 되는 복식제도를 보이고자 하여 일(日)·월(月)·성신(星辰)·산(山)·용(龍)·화충(華蟲)을 오채색으로 그렸다."③고 하였습니다. 이 6가지 무늬[六章]는 모두 윗옷에 그리므로 '오채색으로 그렸다[作繪]'라고 했던 것입니다. 그 수를 6으로 한 것은 하늘의 양기(陽氣)와 육율(六律)을 본뜬 것입니다. (또) "종이(宗彝)·조(藻)·화(火)·분미(粉米)·보(黼)·불(黻)을 바느질하여 수놓았다."라고 하였습니다. 이 6가지 무늬[六章]는 모두 치마에 수를 놓는 것이므로 '치수(絺繡)'라고 했던 것입니다. '치(絺)'에 대해서 정현은 '치(黹: 바느질)'의 뜻으로 읽는다고 하였으니,④ 비단 실로 바느질하여 화려한 무늬를 만드는 것입니다. 치마는 땅을 본뜬 것입니다. 그러므로 이 6가지 무늬를 치마에 수놓아서 땅이 음기(陰氣)와 육려(六呂)를 제어하는 것을 본뜬 것입니다. 주나라에 이르러서는 일·월·성신을 깃발에 그려 넣었고, 면복에는 9가지 무늬로 하였으니, 5가지 무늬는 윗옷에 있고, 4가지 무늬는 치마에 있게 되었습니다. 윗옷은 하늘을 본뜬 것이므로 무늬의 수를 홀수로 하였으며, 치마는 땅을 본뜬 것이므로 무늬의 수를 짝수로 하였습니다. 별면(鷩冕)은 7가지 무늬인데 화충(華蟲: 산꿩)을 우두머리 무늬로 삼았고, 취면(毳冕)은 5가지 무늬인데 종이(宗彝: 호랑이와 꼬리가 긴 원숭이)를 우두머리 무늬로 삼았으며, 별의(鷩衣)와 취의(毳衣)는 모두 3가지 무늬이고, 치의(絺衣)는 1가지 무늬로 하였습니다. 이하 그 수가 점차 적어져서 치마의 무늬가 점차 윗옷으로 올라가게 되었으니, 사태의 흐름이 그렇게 된 것이지 특별한 의의가 있는 것은 아닙니다. 또 육면복(六冕服)의 윗옷과 치마는, 대부 이상의 경우 모두 물들인 명주실을 직조하여 만들었습니다. 그러므로 『예기』

「옥조」에 "(사는) 명주실에 물을 들인 옷을 입지 못한다."고 하였는데, 정현의 주에서는 "'직(織)'은 명주실에 물을 들여 직조하는 것이다."라고 하였습니다. 먼저 물을 들인 후에 직조를 하면 일손이 많이 들고 색이 무겁습니다. 그러므로 사 이하는 모두 비단에 물을 들여 옷을 만들었습니다. 또한 면복에서도 윗옷을 현색으로 하고 치마를 훈색으로 하는데 모두 비단에 물을 들여서 만드는 것을 뜻합니다. 산·용 이하의 무늬는 무늬마다 한 줄을 이루어서 두 줄로 나란히 넣으니, 줄마다 12가지 무늬가 됩니다.】 흰색 깁으로 만든 홑 속옷[白紗中單]을 입는데 옷깃을 흑색과 청색으로 하고[黻領], 소맷부리[褾]·옷단[襈]·옷자락[裾]은 청색으로 하며, 폐슬[韍: 무릎가리개]을 착용한다.【곤면은 폐슬에 산(山)·용(龍)·화(火)의 3가지 무늬를 넣습니다. 취면(毳冕) 이상(별면과 취면)에는 산·화의 2가지 무늬를 넣습니다. 치면(絺冕)도 마찬가지인데, 겹바닥 신발[舄]에 금으로 장식을 합니다. 치면(絺冕)에는 산의 1가지 무늬를 넣습니다. 현면(玄冕)에는 폐슬을 착용하는데 무늬는 없습니다. 혁대(革帶)·검(劍)·옥패(玉佩)·수(綬)·버선[襪]은 대구면과 동일합니다. 겹바닥 신발[舄]에는 금으로 장식을 합니다. 향묘(享廟)·알묘(謁廟) 및 파견한 상장군이 돌아와 음주의 예를 행할 때·즉위·원복(元服)·납후(納后)·원일(元日)의 조회를 받을 때 및 황제가 친히 정전에 납시어 왕공(王公)을 책봉할 때 이 곤면복을 착용합니다. 역대의 연혁과 제도가 다르기도 하므로 예령(禮令)을 갖추어 실어서 구별이 있기를 바라나이다. 다른 조목도 모두 이와 마찬가지입니다.

또 살펴보건대, 당 고종 의봉(儀鳳) 2년(676), 태상박사(太常博士) 소지기(蘇知機)가 상언하여 "용삭(龍朔: 661~663) 연간에 사례소상(司禮少常) 백손무(伯孫茂)는 '영(令)에 의하면, 신하들은 9가지 무늬[九章]의 복식을 착용합니다. 군주와 신하가 착용하는 면복에 무늬의 수가 비록 다르더라도 용을 장식하고 '곤(袞)'이라 칭한다면 존비가 서로 혼란하게 될 것입니다. 청컨대, 신하들이 착용하는 9가지 무늬의 옷에 구름[雲] 및 기린[麒]으로 용을 대신하고, 산을 올려 우두머리 무늬로 삼고, 이에 따라서 면(冕)으로 명칭을 바꾸도록 하소서.'라고 하였습니다. 당시에 의론이 분분하여 정해지지 못해서 끝내 시행되지 못했습니다. 이제 청컨대, 12가지 무늬[十二章]의 면복을 제정하여 황제께서 착용하도록 하소서."라고 하였습니다. (고종은) 유사들에게 조칙을 내려 상세히 의론하도록 하였습니다. 숭문관학사(崇文舘學士) 양형(楊炯)이 상주하여 "삼가 살펴보건대, 『상서』 「우서·익직」에 '내(순임금) 옛사람의 법상(法象)이 되는 복식제도를 보이고자 하여 일(日)·월(月)·성신(星辰)·산(山)·용(龍)·화충(華蟲)을 오채색으로 그려 넣었고, 종이(宗彝)·조(藻)·화(火)·분미(粉米)·보(黼)·불(黻)을 바느질하여 수를 놓았다.'고 하였습니다. 주나라에 이르러서는 일·월·성신을 깃발의 장식으로 삼았습니다. 또 용을 산보다 위의 무늬로 하였고, 화를 종이보다 위의 무늬로 하였습니다. 이에 곤면(袞冕)을 제정하여 선왕을 제사 지냈습니다. 9가지 무늬[九章]는 양의 수를 본받은 것이니, 용으로 우두머리 무늬를 삼은 것은, '곤(袞: 곤룡)'은 말아 올린 용의 뜻이기 때문입니다. 용의 덕은 신이하여 변화에 응하고 잠겼다 나타나니, 성왕(聖王)이 침잠을 깊이하고 지혜를 멀리하여 신비로운 변화를 말고 펼치고 함을 표현한 것입니다. 또 별면(鷩冕)을 제작하여 선공(先公)을 제사 지냈습니다. '별(鷩)'은 꿩의 뜻으로, 꿩에게는 굳센 뜻이 있으니, 공(公)에게 어진 재주와 능력이 있어 굳센 절개를 지킬 수 있음을 표현한 것입니다. 무릇 주공은 재주가 많았으므로 다스림이 안정되어 예를 제정하고 공이 이루어져 음악을 제작하였던 것입니다. 무릇 공자는 성인이 될 자질이 있었으므로 하나라의 역법을 시행하고 주나라의 면복을 착용하고자 했던 것입니다.⑤ 선왕의 법복(法服)은 바로 여기에서 나온 것입니다. 천하의 능사는 또 여기에서 끝나는 것입니다. 예(禮)는 오직 시속을 따른다는 점에서 말한다면, 명(命)을 '제(制)'라고 하고, 영(令)을 '조(詔)'라고 한 것은 바로 진시황의 고사(故事)이지만 오히려 오늘날에도 적용할 수 있습니다. 의(義)는 때에 따라서 취한다는 점에서 말한다면, 나갈 때는 '경(警)'이라 칭하고 들어올 때는 '필(蹕)'이라 칭한 것은⑥ 바로 한나라 시대의 구의(舊儀)이지만 오히려 오늘날에 행할 수 있는 것입니다. 또한 어찌 감히 주공의 준칙을 변화시키고, 공자의 법도를 바꿀 수 있겠습니까!"라고 아뢰었습니다. 이로 말미암아 마침내 소지기(蘇知機)가 청한 바가 수용되었습니다.】

[袞冕.【垂白珠十有二旒, 以組爲纓, 色如綬, 黈纊充耳, 玉簪導, 板側, 金飾. 周制, 冕有紐. 『禮緯』曰, "旒, 垂曰纊[1]", 纊, 即充耳也. 『詩』云, "充耳琇瑩", 毛傳云, "琇瑩, 美石也." 天子用純玉爲瑱, 諸侯用美石, 次玉者也.】 玄衣纁裳, 十二章.【八章在衣, 日·月·星辰·山·龍·華蟲·火·宗彝, 四章在裳, 藻·粉米·黼·黻. 其衣領褾爲升龍, 皆織成爲之. 臣崇義案『尚書』「(皐陶謨)[益稷][2]」云, "予欲觀古人之象, 日·月·星辰·山·龍·華蟲, 作繪." 此六章, 皆畫於衣, 故言'作繪.' 其數六者, 法天之陽氣六律也. "宗彝·藻·火·粉米·黼·黻, 絺繡." 此六章, 皆刺繡於裳, 故言絺繡. '絺', 鄭讀爲黹. 紩刺以爲繡文. 裳法地, 故繡此六章於裳, 以法地制陰氣六呂也. 至周以日·月·星辰畫於旌旗, 而冕服九章, 五章在衣, 四章在裳. 衣法天, 故章數奇, 裳法地, 故章數偶. 鷩冕七章, 華蟲爲首. 毳冕五章, 宗彝爲首. 鷩衣·毳衣皆三章, 絺衣一章. 已下其數漸少, 裳上之章漸騰於衣, 事勢須然, 非有義意. 又六冕衣裳, 大夫已上, 皆織染絲爲之. 故「玉藻」云, "士不衣織", 注云, "'織', 染絲織之也." 以其前染後織, 功多色重, 故士已下皆染繒爲之, 亦謂冕服玄上纁下, 皆染繒也. 山·龍已下, 每章一行, 重以爲等, 每行十二.】 白紗中單, 黻領, 青褾·襈·裾, 黻.【袞冕, 黻加山·龍·火三章. 毳冕以上, 山·火二章. 絺冕同, 舄加金(餙)[飾]. 絺冕, 山一章. 玄冕, 黻, 無章. 革帶·劍·玉佩·綬·襪與大裘冕同. 舄加金飾. 享廟·謁廟及遣上將征還飮至踐位·加元服·納后·元日受朝及臨軒册拜王公, 則服之. 歷代沿革制度或殊, 故備載禮令, 庶有區別, 他皆類此. 又案儀鳳二年, 太常博士蘇知機上言曰, "於龍朔中, 司禮少常伯孫茂道奏, '准「令」諸臣九章服, 君臣冕服, 章數雖殊, 飾龍名袞, 尊卑相亂. 請諸臣九章衣以雲及麒代龍, [昇山爲上][3], 仍改冕名.' 當時紛議不定, 竟未施

1 『禮緯』曰, "旒, 垂曰纊": 이 문장은 오탈자가 있는 듯하다. 『後漢書』 권40, 「輿服志 下」의 注, 陳常道의 『禮書』 권5, '禮書圖'에는 『禮緯』를 인용하면서 모두 "『禮緯』曰, '旒垂目, 纊塞耳, 示不聽讒不視非也."(『예위』에 '旒는 눈을 아래로 내려뜨리는 것이며, 纊은 귀를 막는 것이니, 왕자가 참소하는 말을 듣지 않고 잘못된 것을 보지 않는다는 뜻을 나타내는 것이다.)로 되어 있다. 이에 따라 번역한다.

2 (皐陶謨)[益稷]: 저본에는 '皐陶謨'로 되어 있으나, 뒤의 '予欲觀古人之象' 이하의 문장은 『尚書』의 「皐陶謨」가 아니라 「虞書·益稷」의 문장이다.

行. 今請(依而)[4]制冕服十二章, 乘輿服之.” 詔下有司詳議. 崇文舘學士楊炯奏議曰, “謹案「虞書」曰, ‘予欲觀古人之象日·月·星辰·山·龍·華蟲, 作繪. 宗彝·藻·火·粉米·黼·黻·絺繡.’ 逮及有周, 乃以日·月·星辰爲旌旗之飾. 又登龍於山, 登火於宗彝, 於是制袞冕以祀先王也. 九章者, 法陽[數][5]也, 以龍爲[首][6]章者, 袞, 卷也, 龍德神異, 應變潛見, 表聖王深沈遠智, 卷舒神化也. 又製鷩冕[以祭先公也](者)[7], 鷩, 雉也, 雉有耿介[之志][8], 表公有賢才能, (中)[能守][9]耿介之節也. 夫以周公之多才也, 故治定制禮, 功成作樂. 夫以孔宣尼之將聖也, 故行夏之時, 服周之冕. 先王之法服, 乃其所自出也. 天下之能事, 又於是乎畢矣. 若夫禮唯從俗, 則命爲制, 令爲詔, 乃秦皇之故事, 猶可適於今矣. 若夫義取隨時, 則出稱警, 入稱蹕, 乃漢朝之舊儀, 猶可以行於世矣. 亦何敢變於周公之軌物, 改宣尼之法度者哉.” 由是竟寢知機所請.】]

3 昇山爲上: 저본에는 ‘昇山爲上’의 4글자 없으나 『通典』 권57 「嘉禮2」에 의거하여 보충하였다.
4 (依而): 저본에는 ‘依而’ 2글자가 있으나 『通典』 권57 「嘉禮2」에 의거하여 연문으로 처리하였다.
5 陽[數]: 저본에는 ‘陽’ 다음에 ‘數’가 없으나 『通典』 권57 「嘉禮2」에 의거하여 보충하였다.
6 爲[首]: 저본에는 ‘爲’ 다음에 ‘首’가 없으나 『通典』 권57 「嘉禮2」에 의거하여 보충하였다.
7 鷩冕[以祭先公也](者): 저본에는 ‘鷩冕’ 다음에 ‘以祭先公也’의 5글자가 없고, ‘者’가 있으나 『通典』 권57 「嘉禮2」에 의거하여 교감하였다.
8 介[之志]: 저본에는 ‘介’ 다음에 ‘之志’ 2글자가 없으나, 『通典』 권57 「嘉禮2」에 의거하여 보충하였다.
9 (中)[能守]: 저본에는 ‘中’으로 되어 있으나, 『通典』 권57 「嘉禮2」에 의거하여 ‘能守’로 교감하였다.

역주

① 주광(黈纊: 누런 솜으로 만든 귀막이)으로 귀를 가린다: '주광'은 누런 새 솜으로 만든 작은 구슬 모양의 귀막이로, 면관의 양옆으로 늘어뜨려서 귀를 가린다. 귀를 가려 함부로 듣고 말하지 않겠다는 뜻을 보이는 것이다. 채옹(蔡邕)의 『독단(獨斷)』 권하에 "천자의 면관은 앞뒤로 면판[延]을 드리운다. … 옆으로 주광(黈纊)을 드리워 귀에 이르게 한다. 하늘과 땅에 교제를 지내고 종묘에서 제사하고 명당에서 제사할 때 면관을 쓴다.[天子冕前後垂延…旁垂黈纊當耳. 郊天地·祠宗廟·祀明堂, 則冠之.]"고 하였다. 『한서』 권65, 「동방삭전(東方朔傳)」에는 "물이 너무 맑으면 물고기가 없고, 사람이 지나치게 살피면 따르는 무리가 없다. 면관을 쓰고 류(旒)를 앞으로 드리우는 것은 눈 밝음을 가리는 까닭이고, 주광(黈纊)을 드리워 귀를 가리는 것은 귀 밝음을 막는 까닭이다.[水至清則無魚, 人至察則無徒. 冕而前旒, 所以蔽明. 黈纊充耳, 所以塞聰.]"라고 하였다. 안사고(顔師古)의 주에서는 "'주(黈)'는 황색이고, '광(纊)'은 솜이다. 황색 솜으로 둥그런 모양을 만들고 비단 끈목으로 면관에 매달아서 아래로 양쪽 귀 옆으로 드리운다.['黈', 黄色也, '纊', 綿也. 以黄綿爲丸, 用組懸之, 於冕垂兩耳旁.]"고 하였다. 한편, 이곳 원문의 "黈纊充耳"에서 '充耳'는 단독으로 쓰이면 동사가 아니라 명사로서 '귀막이'의 뜻이 된다. 곧 면관의 옥형(玉衡)에 매단 후 아래로 내려뜨린 장식이다. 비단 줄과 아래쪽의 둥그런 모양의 장식물로 구성되는데, 아래로 귀에까지 이르니, 귀를 막아 함부로 듣지 않겠다는 뜻을 상징한다. 『모시(毛詩)』

「위풍(衛風)·기욱(淇奧)」 모형(毛亨)의 전(傳)에 “귀를 막는 것을 ‘전(瑱: 귀막이)’이라 한다. ‘수영(琇瑩)’은 아름다운 돌이다. 천자는 옥으로 ‘전’을 만들고, 제후는 돌로 만든다.[充耳謂之瑱, 琇瑩, 美石也. 天子玉瑱, 諸侯以石.]”고 하였다. 이곳 ‘黈纊充耳’에서의 ‘充耳’는 ‘塞耳(귀를 막다)’의 뜻으로 동사로 쓰인 것이다.

② 8가지 무늬는 윗옷에 있으니~불(黻: 두 개의 己 글자가 서로 등지고 있는 문양)입니다: 『수서』 권11, 「예의지」에 의하면, 윗옷의 8가지 무늬는 그림을 그려 넣어 장식하고, 치마의 4가지 무늬는 수를 놓아 장식한다. “윗옷에는 그림을 그려 넣고, 치마에는 수를 놓는다. 윗옷에는 일(日: 해)·월(月: 달)·성신(星辰: 별)·산(山)·용(龍)·화충(華蟲: 산꿩)·화(火: 불)·종이(宗彝: 호랑이와 꼬리가 긴 원숭이) (의 8가지 무늬를) 그림으로 그려서 채색으로 칠을 하고, 치마에는 조(藻: 마름풀)·분미(粉米: 흰쌀)·보(黼: 도끼 문양)·불(黻: 두 개의 己 글자가 서로 등지고 있는 문양) (의 4가지 무늬를) 바느질하여 수를 놓으니, 모두 12가지 무늬이다.[衣畫而裳繡. 衣則日·月·星辰·山·龍·華蟲·火·宗彝, 畫以爲績, 裳則藻·粉米·黼·黻以爲繡, 凡十二章.]” ‘곤면 12장(章)’은 『상서』 「우서(虞書)·익직(益稷)」에 의거한 것으로, 『주례』 「춘관·대행인(大行人)」에는 “면복은 9장이다.[冕服九章]”라고 하였다. 정현은 『주례』 「춘관·사복(司服)」의 주에서 “9장은, 첫째는 ‘용’이고, 다음 둘째는 ‘산’이고, 다음 셋째는 ‘화충’이고, 다음 넷째는 ‘화’이고, 다음 다섯 번째는 ‘종이’이니, 모두 그림을 그려서 채색으로 칠을 한다. 다음 여섯째는 ‘조’이고, 다음 일곱째는 ‘분미’이고, 다음 여덟째는 ‘보’이고, 다음 아홉째는 ‘불’이니 모두 바느질하여 수를 놓는다. 그렇다면 곤면복의 윗옷에는 5가지 무늬이고, 치마에는 4가지 무늬이니, 모두 9가지이다.[九章, 初一曰龍, 次二曰山, 次三曰華蟲, 次四曰火, 次五曰

宗彝, 皆畫以爲繢, 次六曰藻, 次七曰粉米, 次八曰黼, 次九曰黻, 皆希以爲繡, 則袞之衣五章裳四章, 凡九也.]"라고 하였다. 한편, 청대의 황이주(黃以周)는 대구면(大裘冕)에는 무늬가 없다는 설을 비판하고, 대구면에는 윗옷에 일·월·성·용·산·화충의 6가지 무늬를 그려 넣고, 치마에 종이·조·화·분미·보·불의 6가지 무늬를 수놓는 등 12장이 있으며, 곤면복은 일·월·성을 제외한 9장이라고 주장했다.(天子大裘冕十二章, 一曰日, 二曰月, 三曰星, 四曰龍, 五曰山, 六曰華蟲, 六者繪之於衣, 七曰宗彝, 八曰藻, 九曰火, 十曰粉米, 十一曰黼, 十二曰黻, 六者繡之於裳. 袞冕九章, 山龍以下.)

곤면(袞冕)
聶崇義 『三禮圖』(송)

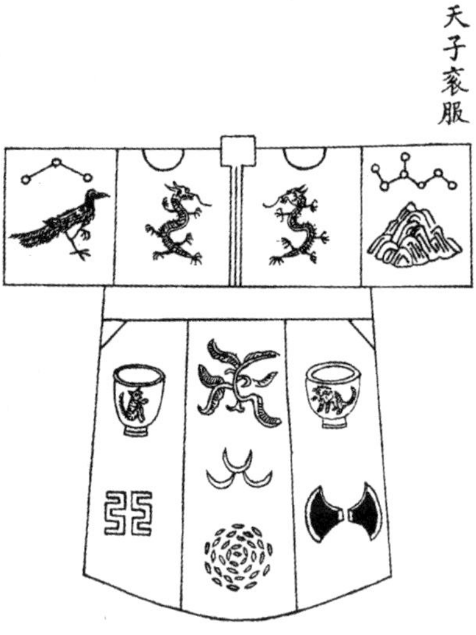

천자곤면(天子袞冕)
黃以周, 『禮書通故』(청)

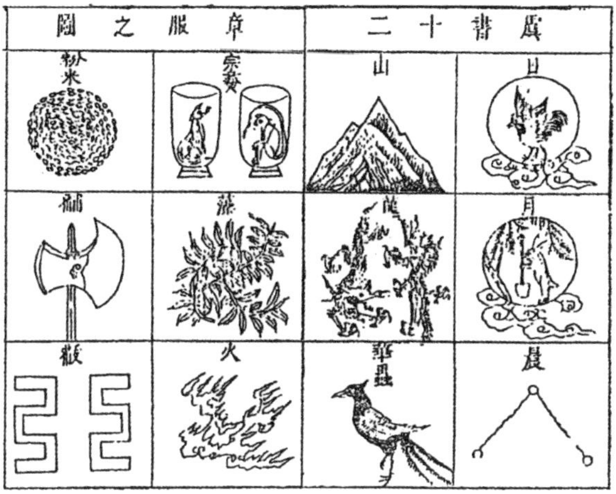

십이장복도(十二章服圖)
王圻, 『三才圖會』(명)

③ 『상서』「우서(虞書)·익직(益稷)」에~오채색으로 그렸다: 『상서』「익직」 공안국(孔安國)의 전(傳)에서는 '상(象)'을 법상(法象)의 복제(服制), 즉 본보기가 되는 복식의 제도로 해석하였고, '회(繪)'는 오채색으로 그림을 그린다는 뜻으로 해석하였다. "법상의 복식제도를 보이고자 한 것이다. '회'는 오채색의 뜻이니, 오채색으로 이 그림을 이루는 것이다.[欲觀示法象之服制. '會', 五采也, 以五采成此畫焉.]"

④ '치(絺)'에 대해서 정현은~하였으니: 『주례』「춘관·사복(司服)」'希冕'에 대한 정현의 주에 "'希'는 '絺'의 뜻으로 읽는다. 어떤 본에는 '黹'로 되어 있기도 한데, 글자가 잘못된 것이다.[希讀爲絺, 或作黹, 字之誤也.]" 라고 하였다. 정현은 '希'를 바느질하여 수를 놓는다는 뜻의 '絺'로 해석하면서 '黹'로 쓰는 것은 잘못이라고 하였는데, 섭숭의는 이곳의 '絺繡' 에서의 '絺'를 '바느질하여 수를 놓는다.'는 뜻으로 보기 위해서 정현의 뜻을 자의적으로 해석한 것이다.

⑤ 하나라의 역법을~것입니다: 안연이 나라를 다스리는 방법을 물었을 때 공자가 한 말이다. 『논어』「안연(顏淵)」에 "안연이 나라를 다스리는 방법을 물었다. 공자는 '하나라의 역법을 시행할 것이며, 은나라의 수레를 탈 것이며, 주나라의 면복을 입을 것이다.'라고 말했다.[顏淵問爲邦. 子曰, '行夏之時, 乘殷之輅, 服周之冕.']"고 하였다.

⑥ 나갈 때는 '경(警)'이라 칭하고 들어올 때는 '필(蹕)'이라 칭한 것은: 제왕이 출입을 할 때 거쳐 지나가는 길에 시위(侍衛)들이 주위를 경계시키고, 통행을 금지시켜 길을 깨끗이 하는 것을 '경필(警蹕)'이라고 한다. '경(警)'은 경계시키는 것이고, '필(蹕)'은 통행을 금지하는 것을 말한다. 최표(崔豹)의 『고금주(古今注)』「여복(輿服)」에 "'경필(警蹕)'은 길가의 무리들을 경계시키는 것이다. 주나라의 예제에서는 통행을 금지시키지만 경계시키지는 않았다. 진나라의 제도에서는 나아갈 때 경계시키고, 들어올 때 통행을 금지시켰으니, 군대를 출병시킬 때는 모두 경계를 시키고, 귀국할 때는 모두 통행을 금지시켰음을 말한다. 그러므로 '출경입필(出警入蹕: 나아갈 때 경계시키고, 들어올 때 통행을 금지시키는 것)'이라 한 것이다. (한나라 이래로 천자가 나아갈 때 '통행금지요!'라고 칭했는데), 한나라 양효왕 때 이르러 왕이 나아갈 때 '경계하시오!'라고 칭하고, 들어올 때 '통행금지요!'라고 칭하여 천자보다 한 등급 낮추었다. 일설에는 '필(蹕)은 길[路]의 뜻이다.'라고 하였는데, 길을 가는 자가 모두 도로에서 경계하는 것을 말한다.[警蹕, 所以戒行徒也. 周禮蹕而不警. 秦制出警入蹕, 謂出軍者皆警戒, 入國者皆蹕止也, 故云'出警入蹕'也. 至漢朝梁孝王, 王出稱警, 入稱蹕, 降天子一等焉. 一曰, '蹕, 路也', 謂行者皆警於塗路也.]"라고 하였다.

[冕服圖01: 03-鷩冕]

[冕服圖01: 04-毳冕]

[冕服圖01: 05-絺冕]

[冕服圖01: 06-玄冕]

[冕服圖01: 07-韋弁服]

[冕服圖01: 08-皮弁服]

[冕服圖01: 09-冠弁服]

[冕服圖01: 10-玄端]

별면(鷩冕)【면 조상의 신주에 제사 지낼 때 착용한다. 주나라에서는 향례(饗禮)를 거행하거나 선공(先公)에 제사 지낼 때 별면을 착용하였다.①】

[鷩冕.【有事于遠主則服之. 周則饗先公.】]

취면(毳冕)【바다와 큰 산에 제사 지낼 때 착용한다. 주나라에서는 사방의 산천에 망제(望祭)를 지낼 때[②] 취면을 착용하였다.[③] '취의(毳衣)'는 호랑이와 꼬리가 긴 원숭이를 그려 넣은 것이니, 곧 종이(宗彝)이다. 호랑이와 꼬리가 긴 원숭이는 산림에 사는 동물이다. 이 때문에 상(象)을 취한 것이다.】

[毳冕.【祭海嶽則服之. 周則四望山川. '毳衣', 畫虎蜼, 即宗彝也. 虎蜼, 山林之物, 是以取象.】]

치면(絺冕)【'치면'은 3가지 무늬[三章]이다. 분미(粉米: 흰쌀) 한 무늬가 윗옷에 있는데, 또한 수를 놓아 장식한다.[④] 곤의(袞衣)·별의(鷩衣)·취의(毳衣)는 모두 그림을 그려 넣는데, 치의(絺衣)만 홀로 수를 놓는 것은 분미(흰쌀)의 곡물은 사람을 길러 주는 것이기 때문이니, 이를 착용하고서 사직(社稷)에 제사를 지낸다. '사직'은 토지와 곡물의 신이다. '분미'는 이로 말미암아 완성되므로 그 (사직의) 공을 취하여 본뜬 것이니, 또한 음의 부류이다.】

[絺冕.【絺冕三章, 粉米一章, 在衣亦繡焉. 袞衣·鷩衣·毳衣, 皆畫, 絺衣獨繡者, 粉米之物, 以其養人, 服之以祭社稷. '社稷', 土穀之神, 粉米由成, 取象其功, 亦陰之類也.】]

현면(玄冕)【온갖 신들에게 납향의 제사[蜡祭]를 지내거나[⑤] 조일(朝日)[⑥]·석월(夕月)[⑦]의 제사를 거행할 때 착용한다. 온갖 신들은 형태를 달리하여 하나하나 제사 지내기가 어려우니, 단지 두 개의 '기(己)' 글자가 서로 등지고 있는 불(黻)의 문양[⑧]을 취하여 달리할 뿐이다. 육면복을 착용하고서 제사 지낼 때는 면복의 선후에 의거하여 신의 존비에 제사 지낸다. 대구면은 질박하므로 이를 착용하고서 하늘에 제사를 지낸다. 곤면복 이하는 모두 화려하므로 이를 착용하고서 선왕·선공·사망(四望)에 제사 지낸다. 치면은 음의 부류이므로 이를 착용하고서 사직에 제사 지낸다. 현면 또한 질박하므로 이를 착용하고서 각종 소사(小祀)에 제사 지낸다. 일·월은 비록 천신(天神)의 주인이지만 질박함을 따르므로 또한 현면을 착용하고서 제사 지낸다.】

[玄冕.【蜡祭百神·朝日·夕月則服之. 百神異形, 難可遍祭, 但取黻之兩己相背異之也. 其六冕所祭, 依冕之先後祭神之尊卑. 大裘冕質, 故服以祭天. 衮冕服已下, 皆華, 故服以祭先王·先公·四望. 絺冕陰類, 故祭社稷. 玄冕亦質, 故祭羣小祀. 日月雖爲天神之主, 從質, 故亦玄冕.】]

위변(韋弁)【「의복령(衣服令)」에는 "무신(武臣)은 마땅히 위변을 착용해야 한다."고 하였고, 『주례』「춘관·사복」 정현의 주에서는 "변(弁: 관)과 의상(衣裳: 윗옷과 치마)을 모두 적황색의 다룸가죽[韎韋]으로 만든다."⑨고 하였다. 어떤 이는 흰색 비단으로 치마를 만드는 것이라고 주장한다.】

[韋弁.【「衣服令」, "武臣當服韋弁." 「司服」鄭注, "弁與衣裳, 皆韎韋爲之." 或說爲素裳者.】]

관변(冠弁)【곧 '위모(委貌)'이다.⑩】

[冠弁.【即委貌也.】]

현단(玄端)【관변복(冠弁服)에는 흰색의 홑 바닥 신발[素屨]을 신는데, 신발의 코 장식[絇]⑪·신발의 솔기장식[繶]⑫·신발의 가선장식[純]⑬을 청색으로 한다. 현단복(玄端服)에는 곧 현관(玄冠: 검은색 비단으로 만든 관)을 쓴다. 겹바닥 신발[舃]·신발의 코 장식[絇]·신발의 솔기 장식[繶]·신발의 가선장식[純]을 흑색으로 한다. 윗옷과 치마[衣裳]는 모두 현색으로 한다. 식사를 마치거나 한가로이 거처할 때는 치마를 주색으로 한다.】

[冠弁.【冠弁, 素屨, 青絇·繶·純. 玄端即玄冠也. 黒舄·絇·繶·純. 衣裳皆玄. 卒食·燕居則朱裳.】]

역주

① 주나라에서는~별면을 착용하였다: 『주례』「춘관·사복(司服)」에 "선공에게 제사를 지내거나 향례(饗禮)와 사례(射禮)를 거행할 때 별면을 착용한다.[享先公, 饗·射則鷩冕.]"고 하였다. 정현은 이곳의 '선공(先公)'은 주나라의 후직(后稷) 이후 태왕(大王) 이전, 즉 불줄(不窋)에서 제주(諸盩)까지를 지칭하며('先公', 謂后稷之後, 大王之前, 不窋至諸盩.), 또 '향(饗)'은 빈객에게 향례(饗禮)와 사례(食禮)를 베푸는 것으로, '사(射)'는 제후와 활쏘기를 하는 대사례(大射禮)로 해석하였다.('饗射', 饗食賓客與諸侯射也.) 가공언은 빈객에게 향례(饗禮)와 사례(食禮)를 베풀 때는 묘(廟)에서 하기 때문에 별면을 착용하며(但饗食在廟, 故亦服鷩冕也.), 제후와 함께 활쏘기를 하는 대사(大射)는 서쪽 교외의 우상(虞庠: 주나라 때의 小學) 안에서 거행하는데 또한 별면을 착용하는 것이라고 하였다.(與諸侯射者, 此大射在西郊虞庠中, 亦服鷩冕也.) 또 정현에 의하면, '별면(鷩冕)'은 7가지 무늬의 면복으로, 9가지 무늬의 곤복(袞服)에서 용과 산의 무늬를 제거한 것이며, 아울러 치(雉: 꿩)를 그려 넣는데 그것을 화충(華蟲: 산꿩)으로 불렀다고 한다.(袞之衣五章裳四章, 凡九也. 鷩, 畫以雉, 謂華蟲也. 其衣三章, 裳四章, 凡七也.) (『주례주소』「춘관·사복」 정현의 주 및 가공언의 소 참조.)

② 사방의 산천에 망제(望祭)를 지낼 때: 천자가 사방을 향하여 멀리 산천을 바라보면서 제사 지내는 것을 말한다. 『주례주소』「춘관·대종백(大宗伯)」에서 "나라에 커다란 변고가 있으면 상제에게 여제(旅祭)를 지내고 사방의 산천에 망사(望祀)를 지낸다.[國有大故, 則旅上帝及四望.]"고

하였는데, 가공언의 소에서는 “하나하나 직접 가서 제사를 지낼 수 없기 때문에 사방을 향해 바라보면서 제단을 쌓고 멀리서 제사 지낸다. 그러므로 ‘사망’이라고 한다.[不可一往就祭, 當四向望而爲壇遙祭之 故云四望也.]”고 하였다. 손이양(孫詒讓)은 ‘사망(四望)’이라는 것은 방향을 나누어 바라보면서 제사 지내는 것에 대한 명칭이다. 통칭하면 모든 산천의 제사는 모두 ‘망(望)’이라 한다고 하였다.(四望者 分方望祭之名, 通言之, 凡山川之祭皆曰望.)(孫詒讓, 『周禮正義』 권35, 1417쪽 참조.)

③ 주나라에서는~취면을 착용하였다: 『주례』「춘관·사복」에 “사방의 산천에 망제를 지낼 때 취면을 착용한다.[祀四望山川則毳冕]”고 하였다. 정현에 의하면 ‘취면’은 5가지의 무늬로 별면의 7가지 무늬에서 화충(華蟲)과 화(火)를 제거한 것이다.(毳畫虎蜼, 謂宗彝也, 其衣三章, 裳二章, 凡五也.)

④ ‘치면’은~또한 수를 놓아 장식한다: 『주례』「춘관·사복」에는 “사직과 오사에 제사를 지낼 때는 ‘希冕’을 착용한다.[祭社稷·五祀則希冕.]”고 하여 ‘絺’가 ‘希’로 되어 있다. 정현은 ‘希’는 ‘絺’ 즉 ‘바느질하여 수를 놓는다[刺]의 뜻으로 읽고, “希는 바느질하여 수를 놓는다는 뜻이니, 분미는 그림으로 그리지 않는다.[希刺, 粉米無畫也.]”라고 하였다.(앞의 ‘곤면(袞冕)’ 조목의 역주 [4] 참조) 또 정현에 의하면 ‘치면’은 3가지 무늬[三章]의 면복으로, 취면(毳冕)의 5가지 무늬에서 종이(宗彝)와 화(火)를 제거한 것이다.(其衣一章, 裳二章, 凡三也.)

⑤ 온갖 신들에게 납향의 제사[蜡祭]를 지내거나: ‘납제(蜡祭)’는 연말에 온갖 신을 모아 놓고 합제(合祭)로 지내는 제사를 말한다. 『예기』「교특생」에 “납향의 제사에서는 선색(先嗇)을 주신으로 삼으면서 사색(司嗇)에게 제사를 지낸다. 백종(百種)에게 제사를 지내어 농사에 공로가 있는

것에 보답한다.[蜡之祭也, 主先嗇而祭司嗇也. 祭百種, 以報嗇也.]"고 하였다. 정현은 '선색(先嗇)'은 신농(神農)과 같은 경우를 가리키고, '사색(司嗇)'은 후직(后稷)이 그에 해당한다고 하였다.('先嗇', 若神農者. '司嗇', 后稷, 是也.) 『신당서』 권12, 「예악지(2)」에서는 "납향의 제사에서는 신농씨와 이기씨를 제사 지내는데, 소뢰의 희생을 사용한다.[蠟祭, 神農氏·伊耆氏, 少牢.]"고 하였다.

⑥ 조일(朝日): 춘분에 해를 배알하여 제사 지내는 의례를 말한다. 『주례』 「천관·장차(掌次)」에 "해를 제사 지내거나 오제에게 제사를 지낼 때, (장차는) 대차(大次)와 소차(小次)를 펼친다.[朝日·祀五帝, 則張大次小次.]"고 하였다. '차(次)'는 왕이 제사 등을 위해 출궁했을 때 잠시 머물며 쉬는 휘장 등을 설치한 장소로, 행사 전에 머무는 곳을 '대차', 행례 후에 물러나서 다음 행례를 대기하는 곳을 '소차'라고 한다.(『주례』 「천관·장차」 경문 및 정현의 주 참조.) 정현은 "'조일(朝日)'은 춘분에 동문 밖에서 해를 배알하는 것이다.['朝日', 春分拜日於東門之外.]"라고 하였다. 또 『한서』 「교상지 상」 안사고(顏師古)의 주에는 "아침에 해를 배알하기 때문에 '조'라고 한다.[以朝旦拜日爲朝.]"고 하였다.

⑦ 석월(夕月): 추분에 달을 제사 지내는 의례를 말한다. 『국어』 「주어 상(周語上)」 위소(韋昭)의 주에 "『예』(『주례』 「천관·전서(典瑞)」)에 '천자는 허리에 대규를 꽂고 손에 진규를 잡는데, 오채색으로 다섯 번 둘러서 장식한 옥 받침대에 올려놓고서, 춘분에는 해를 배알하여 제사 지내고, 추분에는 달을 맞이하여 제사 지낸다.'고 하였다. 동문 밖에서 해를 배알하여 제사 지내니, 그렇다면 달을 제사 지내는 것은 서문 밖에서 하는 것이다.["『禮』, 天子搢大圭、執鎭圭, 繅藉五采五就, 以春分朝日, 秋分夕月, 拜日於東門之外, 然則夕月在西門之外也.]"라고 하였고, 『주례』

「천관·전서(典瑞)」 정현의 주에서도 "춘분에 해를 배알하여 제사 지내고, 추분에 달을 맞이하여 제사 지낸다.[春分朝日, 秋分夕月.]"고 하였다. '석(夕)'이라고 한 것은 저녁에 달을 맞이하여 제사 지내기 때문이다.

⑧ 두 개의 '기(己)' 글자가 서로 등지고 있는 불(黻)의 문양: '불(黻)'의 문양에 대해서 『상서정의』「우서·익직」 공안국(孔安國)의 전(傳)에 "'불'은 두 개의 '己'가 서로 등지고 있는 것이다.['黻', 爲兩己相背.]"라고 하였고, 공영달의 소(疏)에서도 "'불'은 두 개의 '己'가 서로 등지고 있는 것이니, 수를 놓아서 '己'의 글자를 만드는데 두 개의 '己'의 글자가 서로 등지고 있는 것을 말한다. 「고공기(考工記)」에 '흑색과 청색(으로 바느질하여 수를 놓은 것)을 불이라 한다.'고 하였는데, 바느질하여 수를 놓아서 '己'의 글자를 만드는데 청색과 흑색의 실로 수를 놓는다.[黻謂兩己相背, 謂刺繡爲己字, 兩己字相背也. 「考工記」云, '黑與青謂之黻', 刺繡爲兩己字, 以青黑線繡.]"고 하였고, 『구당서』「문원전(文苑傳)」 '양형(楊炯)'의 조목에서도 "'불'은 두 개의 '己'가 등지고 있는 것이니, 군주와 신하가 서로 이루어 줄 수 있는가를 본뜬 것이다.['黻'者, 兩己相背, 象君臣可否相濟也.]"라고 하여 모두 '불(黻)'을 두 개의 '己' 글자가 등지고 있는 문양으로 해석하였다. 다만 '亞'의 글자로 수를 놓는다는 설, 두 개의 '弓'의 글자를 서로 등지게 수놓는다는 설 등 분분하다. 섭숭의의 『삼례도집주』에는 두 개의 '弓'의 글자가 서로 등진 형태로 수놓아져 있다.([冕服圖01: 02-袞冕] 도상 참조)

⑨ 변(弁: 관)과 의상(衣裳: 윗옷과 치마)을 모두 적황색의 다룸가죽[韎韋]으로 만든다: 『주례』「춘관·사복」 정현의 주에 "'위변복'은 매위(韎韋)로 변(弁)을 만들고, 또 그것으로 윗옷과 치마[衣裳]를 만든다.['韋弁', 以韎韋

爲弁, 又以爲衣裳.]"고 하였다. '매위(韎韋)'는 꼭두서니로 물들인 가죽으로, 적황색의 가죽을 말한다. 『설문해자』「위부(韋部)」에 "(韎는) 꼭두서니로 물들인 가죽이니, 한 번 물들인 것을 '매(韎)'라고 한다.[茅蒐染韋也, 一入曰韎.]"고 하였다. 『예기』「옥조(玉藻)」 정현의 주에는 "'온(縕)'은 적색과 황색의 간색이니, 이른바 '매(韎)'이다.[縕, 赤黃之間色, 所謂韎也.]"라고 하였다. '변(弁)'은 관(冠)에 이어지는 수복(首服)의 두 번째로, 그 형태는 후대의 과피모(瓜皮帽)와 유사하다. '위변(韋弁)'은 '변(관)'뿐 아니라 상의와 하의까지를 포함하는 '위변복' 일습을 의미하는데, 천자·제후·대부가 병사가 일어났을 때 착용하는 의복이다. 융복(戎服)을 가죽으로 만드는 것은 위(韋)와 혁(革)은 같은 종류로서 그것을 착용하고서 군사에 임하는 것은 그 견고함의 뜻을 취한 것이다. 『진서(晉書)』「예지(禮志)」에 의하면, '위변(韋弁)'의 제도는 피변(皮弁)과 유사한데, 위 끝부분이 뾰족하고, 꼭두서니 띠풀로 물을 들였는데, 색깔은 옅은 진홍색이다.(韋弁爲天子·諸侯·大夫兵事之服. 戎服用韋者, 以革韋同類, 服以臨軍, 取其堅也. 『晉志』韋弁制似皮弁, 頂上尖, 韎草染之, 色如淺絳.)(孫詒讓, 『周禮正義』 권40, 1635쪽 참조.)

⑩ 곧 위모(委貌)이다: 사냥을 할 때는 관변복(冠弁服)을 입는다. '관변복'은 검은 비단으로 만든 관[玄冠]을 쓰고, 검은 베로 만든 윗옷[緇布]에 흰색 비단의 치마[素裳]를 착용한다. 『주례』「춘관·사복」 정현의 주에 "'관변(冠弁)'은 위모(委貌)이다.['冠弁', 委貌.]"라고 하였다. '위(委)'는 편안하다[安]는 뜻이다. 이것을 입어서 용모를 단정히 한다는 의미이다. 색깔로 말하자면 '현관(玄冠)'이라고 한다.([冕服圖01: 09-冠弁服] 참조.)

⑪ 신발의 코 장식[絇]: 신발의 앞머리에 부착해서 걸을 때의 경계로 삼는 둥근 고리 모양의 장식을 말한다.

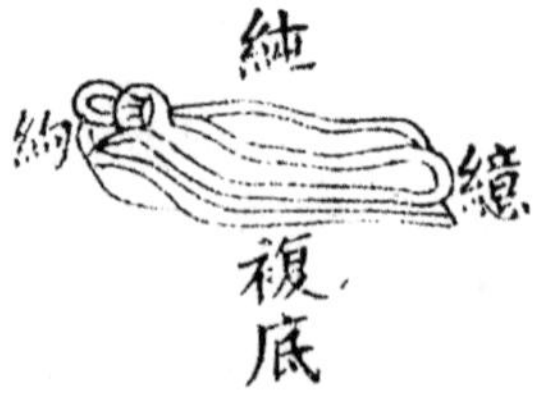

구(絇)·억(繶)·준(純)
張惠言, 『儀禮圖』(청)

⑫ 신발의 솔기 장식[繶]: 신발의 몸통과 밑창이 맞닿는 부분의 솔기에 끈으로 가선장식을 한 것을 말한다.

⑬ 신발의 가선장식[純]: 끈으로 신발 입구의 둘레에 가선장식을 한 것을 말한다.

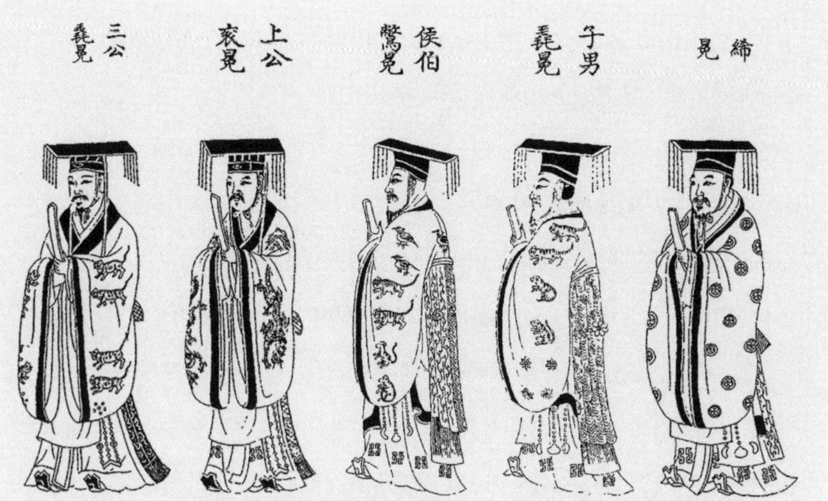

[冕服圖01: 11-三公毳冕] [冕服圖01: 12-三公袞冕] [冕服圖01: 13-侯伯鷩冕] [冕服圖01: 14-子男毳冕] [冕服圖01: 15-孤卿絺冕]

삼공취면(三公毳冕)【(삼공의 취면은) 8류(旒)이다. 『후한서』「여복지」에 "자수(紫綬: 公侯 · 將軍)를 차는데 3가지의 채색으로 가선장식을 하니, 자색·황색·흰색이다. 바탕은 순수한 자색으로 한다.[淳紫圭①] 길이는 1장 7척이며, 180수(首: 3,600올)로 짠다."고 하였다. 『무덕령』의 「의복령」에서는 "수(首)의 너비는 8촌이다."라고 하였다.】

[三公毳冕.【八旒. 『漢志』云, "紫綬, 三采, 紫·黃·白, 淳紫圭, 長一丈七尺一百八十首." 「令」云, "首廣八寸."】]

삼공곤면(三公袞冕)【(삼공의 곤면은) 9류(旒)이니, 자수(紫綬)를 차는 것은 삼공의 (취면과) 동일하다. 『무덕령』「의복령」의 규정은 다음과 같다. "황태자의 (곤면은) 백색 구슬[玉珠]을 꿴 9류(旒)를 아래로 늘어뜨려 드리운다. 청색의 솜으로 충이(充耳: 귀막이)를 만들고, 무소뿔로 잠도(簪導: 머리카락을 고정하는 장식물. 비녀)를 만든다. 윗옷을 현색(검은색)으로 하고 치마를 훈색(누런빛을 띠는 진홍색)으로 하는데[玄衣纁裳], 9가지 무늬[九章]이다. 무늬마다 1줄을 이루는데 겹쳐서 나란히 넣는다. 줄마다 9가지 무늬이니, 또한 류의 숫자에 따른 것이다. 산(山)·용(龍)·화충(華蟲: 산꿩)·화(火)·종이(宗彝: 호랑이와 꼬리가 긴 원숭이)의 이 5가지 무늬는 윗옷에 있고, 조(藻: 마름풀)·분미(粉米: 흰쌀)·보(黼: 도끼문양)·불(黻: 己 글자가 서로 등지고 있는 문양)의 이 4가지 무늬는 치마에 있는데, 직물[織成]로 만든다.② 흰색 깁으로 만든 홑 속옷[白紗中單]을 입는데 옷깃을 백색과 흑색으로 하고[黼領], 소맷부리[褾]·옷단[襈]·옷자락[裾]은 청색으로 한다. 혁대(革帶)를 두르는데, 금으로 만든 고리 모양의 허리띠 장식[金鉤鰈]으로 양끝을 걸어 묶는다. 대대(大帶)를 두르는데, 겉쪽은 소색(흰색)으로 하고 안쪽은 주색으로 하며, 적색으로 가선장식을 하고, 주색과 녹색으로 허리띠의 이음새 매듭[紐]을 만드는데, 비단 끈목을 사용하여 묶는다. 신하들 가운데 2품 이상은 이와 같이 한다. 5품 이하는 소색의 대대를 두르는데, 아래로 늘어뜨린 부분[紳]에 가선장식을 하며, 바깥쪽은 현색으로 하고 안쪽은 황색으로 한다. 허리띠의 묶음부분을 고정시키는 끈[紐約]은 모두 청색의 비단 끈목을 사용한다."】 폐슬[黻: 무릎가리개]을 착용한다.【(『무덕령』의 「의복령」에는) "(폐슬은) 치마의 색에 따르는데, 화(火)와 산(山)의 2가지 무늬를 넣는다. 취면(毳冕)의 폐슬은 치면(絺冕)의 제도와 동일한데, 산(山)의 1가지 무늬를 넣는다. 현면(玄冕)의 폐슬에는 무늬가 없다."고 하였다.】 옥구검(玉具劍)을 찬다.【황금과 보옥으로 만든 검에 칼집의 꼬리 부분과 칼자루 끝부분을 옥으로 장식한 것이다. 유옥(瑜玉)③으로 장식한 쌍패(雙珮)를 차는데, 적색의 비단 끈목으로 매단다. 쌍대수(雙大綬)를 차는데 4가지 채색으로 가선장식을 하니, 적색[赤]·백색[白]·담청색[縹]·감청색[紺]이다. 바탕은 순수한 주색으로 한다. 길이는 1장 8척이며, 320수(6,400올)로 짜는데, (수의) 너비는 9촌이다. 백색의 버선[白襪]과 적색의 겹바닥 신발[赤舃]을 신는데, 신발에는 금으로 장식을 한다. 황제의 제사 및 알묘(謁廟)·원복(元服)·납비(納妃)의 예에 시종할 때 이 상공의 곤면을 착용한다. 일반 신하들은 (면관 아래로) 청색 구슬[青珠]을 드리우고, 청색 윗옷에 훈색 치마를 착용하며, 뿔로 만든 잠도(簪導: 머리카락을 고정하는 장식물. 비녀)를 관에 꽂으며, 또한 무소뿔로 만든 검을 통용할 수 있는데, 금으로 장식을 한다. 3품 이상은 (상공과 마찬가지로) 그대로 옥으로 장식한 검을 통용할 수 있지만 보옥으로 장식할 수는 없다. 무릇 허리에 차는 수(綬)는 모두 쌍수(雙綬: 두 가닥의 끈을 매단 수)로 한다. 친왕(親王)④은 훈주수(纁朱綬)를 차는데 4가지 채색으로 가선장식을 하니, 적색·황색·담청색·감청색이며, 바탕은 순수한 주색으로 하는데, 무늬를 직접 짜 넣은 훈색의 원단으로 만든다. 길이는 1장 8척이며, 240수(8,400올)로 짜는데, (수의) 너비는 9촌이니, 『후한서』「여복지」의 제후왕의 규정과 같다.⑤ 1품은 녹수(綠綬)를 차는데 4가지 채색으로 가선장식을 하니, 녹색·자색·황색·적색이다. 바탕은 순수한 녹색으로 한다. 길이 1장 8척이며, 수(首)의 너비는 친왕(9촌)과 동일하다. 2품과 3품은 모두 자수(紫綬)를 차는데 3가지 채색으로 가선장식을 하니, 자색·황색·적색이다. 바탕은 순수한 자색으로 한다. 길이는 1장 6척이며, 180수(3,600올)로 짜는데 (수의) 너비는 8촌이다. 『후한서』「여복지」에는 "후(侯)·장군(將軍)은 적자수(赤紫綬)를 차는데, 3가지 채색으로 가선장식을 한다."⑥고 하였는데, 백색은 있고 적색은 없다. 4품은 청수(青綬)를 차는데 3가지 채색으로 가선장식을 하니, 청색·백색·홍색이다. 바탕은 순수한 청색으로 한다. 길이는 1장 4척이며, 140수(2,800올)로 짜는데 (수의) 너비는 7촌이다. 『후한서』「여복지」에서 "구경·중이천석·이천석은 청수(青綬)를 차는데, 3가지 채색으로 가선장식을 한다."⑦고 한 것과 동일하다. 5품은 흑수(黑綬)를 차는데 2가지 채색으로 가선장식을 하니, 청색[青]·감청색[紺]이다. 바탕은 순수한 감청색으로 한다. 길이는 1장 2척이며, 100수(2,000올)로 짜는데 (수의) 너비는 6촌이다. 『후한서』「여복지」에 "천석·육백석은 적흑수(赤黑綬)를 차는데, 3가지 채색으로 가선장식을 하니, 청색·적색·감청색이며, 바탕은 청색으로 한다."고 하였다. 또 『후한서』「여복지」에서는 모든 수(綬)의 수(首)는 모두 너비가 1척 6촌이라고 하였는데, 오늘날의 장척(丈尺)에 비하면 또 길다. (관리 가운데) 수(綬)를 차는 자들은 분(紛: 수건)을 차는데, 모두 길이 6척 4촌 너비 2촌 4분이고, (분의 색은) 각기 수(綬)의 색에 따르며,⑧ 옥환(玉環)의 걸쇠[鐍]에 묶는다.】

[上公衮冕.【九旒, 紫珮綬, 同三公.「令」云, "皇太子垂白玉珠九旒. 青纊充耳, 犀簪

導, 玄衣纁裳, 九章. 每章一行, 重以爲等, 每行九, 亦依旒數. 山·龍·華蟲·火·宗彝, 此五章在衣. 藻·粉米·黼·黻, 此四章在裳. 織成爲之. 白紗中單, 黼領, 青褾·襈·裾. 革帶金鉤鰈, 大帶, 素衣朱裏, 赤紕, 以朱綠紐, 約用組. 諸臣二品已上同. 五品已下素帶, 紕其垂, 外以玄, 内以黃. 紐約皆用青組."】 黻.【"隨裳色, 加火·山二章. 毳冕同絺冕之黻, 山一章. 玄冕無章."】 玉具劒.【金寶飾玉鏢首. 瑜玉雙珮, 朱組. 雙大綬, 四采, 赤·白·縹·紺, 純朱質, 一丈八尺, 三百二十首, 廣九寸. 白襪, 赤舄, 舄加金飾. 侍從皇帝祭祀及謁廟·加元服·納妃服之. 諸臣則垂青珠, 青衣纁裳, 角簪導. 亦可通用犀劒, 以金飾. 三品已上, 仍通用玉, 不得加珠寶. 凡佩綬, 皆雙綬. 親王纁朱綬, 四采, 赤·黃·縹·紺, 純朱質, 纁文織, 長一丈八尺, 二百四十首, 廣九寸. 與『漢志』諸侯王同. 一品綠綬, 四采, 綠·紫·黃·赤, 純綠質, 丈[八]尺[1], 首廣與親王同. 二品·三品皆紫綬, 三采, 紫·黃·赤, 純紫質, 長一丈六尺, 一百八十首, 廣八寸. 『漢志』云, "侯·將軍赤紫綬, 三采", 有白而無赤. 四品青綬, 三采, 青·白·紅, 純青質, 長一丈四尺一百四十首, 廣七寸, 與『漢志』"九卿·中二千石·二千石青綬三采"同. 五品黑綬, 二采, 青·紺, 純紺質, 長一丈二尺一百首, 廣六寸, 『漢志』"千石·六百石, 赤黑綬而三采, 青·赤·紺, 淳青[圭][2]." 又『漢志』諸綬首皆廣一尺六寸, 比今丈尺又長. 諸有綬者則有紛, 皆長六尺四寸, 廣二寸四分, 各隨綬色, 以結環璲.】]

백후별면(伯侯鷩冕)【(백·후의 별면은) 5류(旒)이다. 『무덕령』의 「의복령」에는 "(백·후의 별면은) 8류이니, 2품이 착용한다."고 하였다. 『후한서』 「여복지」에는 "후(侯)는 자수(紫綬)를 찬다."고 하여 백(伯)에 대한 규정을 언급하지 않았으니, 백(伯)은 마땅히 청수(青綬)를 차야 한다.⑨ 오늘날의 「영(令)」에는 2품과 3품이 모두 자수(紫綬)를

1 丈[八]尺: 저본에는 '丈尺'으로 되어 있으나, 首의 너비가 親王과 동일하므로, 길이 역시 친왕과 마찬가지로 1장 8척이 되어야 한다.
2 [圭]: 저본에는 '圭'가 없으나, 『後漢書』 권40, 「輿服志 下」에 의거하여 보충하였다.

찬다.】

[伯侯鷩冕.【五旒.「令」云, "八旒. 二品服之."『漢志』, "侯紫綬", 不及伯, 伯宜青綬. 今「令」二品·三品, 皆紫綬.】]

자남취면(子男毳冕)【(자·남의 취면은) 5류(旒)이다.『무덕령』의「의복령」에 "(자·남의 취면은) 7류이니, 3품의 관리들이 착용한다."고 하였다.『후한서』「여복지」에는 "구경·군수·국상·하남윤이 모두 청수(青綬)를 찬다."고 하였다.】

[子男毳冕.【五旒.「令」云, "七旒. 三品者服之."『漢志』, "九卿·郡守·國相·河南尹皆青綬.】]

고경치면(孤卿絺冕)【(고경의 치면은) 4류(旒)이다.『무덕령』의「의복령」에 "(공경의 치면은) 6류이니, 4품이 착용하는데, 모두 청수(青綬)를 찬다."고 하였다.】

[孤卿絺冕.【四旒.「令」云, "六旒. 四品服之, 皆青綬."】]

① 淳紫圭: 문연각 『사고전서』본 최표(崔豹)의 『고금주(古今注)』에 "乘輿, 黄赤綬, 四采, 黄赤縹紺, 淳黄爲圭."라 하여 '圭' 앞에 '爲'자가 있고, "千石·六百石, 黑綬, 三采, 青赤紺, 純青圭."라고 하여 '淳'이 '純'으로 되어 있다. 또 『수서』 권11 「예의지」에는 '純玄質', '純青質.' 등이라 하여 '圭'가 '質'로 되어 있다. 앞의 '대구면' 조목에서도 "雙大綬 …純玄質"로 되어 있다. 이를 종합해서 보면, '淳'은 '純' 즉 '순수한 한가지의 색', '圭'는 '質' 즉 바탕의 뜻으로 해석된다. 즉 수(綬)를 만들 때, 바탕은 한 가지의 단일한 색으로 짜고, 가선부분에는 채색으로 짠다는 의미가 된다.

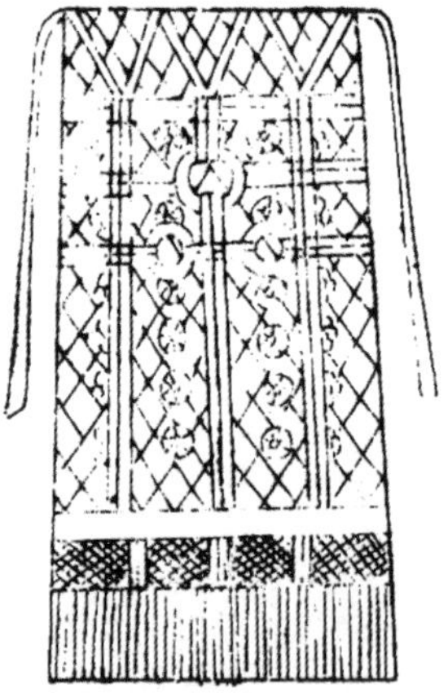

수(綬)
王圻, 『三才圖會』(명)

② 직물[織成]로 만든다: 원문의 '직성(織成)'은 채색의 명주실이나 금빛 실을 교직하여 문양을 만드는 것인데, 한대 이후에는 일반적으로 제왕과 공경 대신들만 사용하였다. 옷을 완성했을 때의 모양을 고려하여 무늬를 직접 짜 넣은 원단을 말하는데, 직성료(織成料) 혹은 직성필료(織成匹料)라고도 한다. '직성'은 이미 옷의 모양대로 짰기 때문에 시접만 남기고 잘라 꿰매면 옷이 완성된다. 『후한서』 권40, 「여복지 하」에 "공후·구경 이하는 모두 직물[織成]로 만드는데, 진류군 양읍현에서 이를 헌상하였다고 한다.[公侯·九卿以下, 皆織成, 陳留襄邑獻之云.]"고 하였다.

③ 유옥(瑜玉): 아름다운 옥을 말한다. 『예기정의』 「옥조」에 "세자는 유옥을 찬다.[世子佩瑜玉]"고 하였는데, 공영달의 소에서는 "'유'는 옥 가운데 아름다운 것이다.[瑜是玉之美者]"라고 하였다. 『진서(晉書)』 권25, 「여복지(輿服志)」에는 "(황태자는) 유옥(瑜玉)을 차고, 끈을 드리운다.[瑜瑜玉, 垂組.]"고 하였다. 『수서(隋書)』 「예의지(禮儀志)」에서는 "천자는 백옥, 태자는 유옥, 왕은 산현옥을 찬다. 공 이하는 모두 수창옥을 찬다.[天子白玉, 太子瑜玉, 王山玄玉. 自公已下, 皆水蒼玉.]"고 하였다.

④ 친왕(親王): 황제 혹은 국왕의 친족들 가운데 왕으로 봉해진 사람을 말한다. 수대에는 황제의 백숙 형제와 황자(皇子)를 '친왕'이라 하였고, 당대에는 황제의 형제와 황자를 '친왕'이라 하였다. 『수서』 「백관지 하」에 "황제의 백숙 곤제와 황자를 친왕이라 한다.[皇伯叔昆弟, 皇子爲親王.]"고 하였고, 『신당서』 권34, 「백관지1」에서는 "황제의 형제·황자는 모두 국을 분봉 받으면 친왕이 된다.[皇兄弟·皇子, 皆封國爲親王.]"고 하였다.

⑤ 『후한서』 「여복지」의 제후왕의 규정과 같다: 금본 『후한서』 권40, 「여복지 하」에는 이 규정이 보이지 않는다. 다만 후한 시대의 제도를 전

하는 『수서』 권12, 「예의지」에 “제왕(諸王)은 훈주수(纁朱綬)를 차는데 4가지 채색으로 가선장식을 하니, 적색·황색·담청색·감청색이다. 바탕은 순수한 주색으로 한다. 무늬를 직접 짜 넣은 훈색의 원단으로 만든다. 길이는 1장 8척이며, 240수(8,400올)로 짜는데, (수의) 너비는 9촌이다.[諸王, 纁朱綬, 四采, 赤黃縹紺, 純朱質, 纁文織之, 長一丈八尺, 二百四十首, 闊九寸.]”라고 하였다.

⑥ 후(侯)·장군(將軍)은~가선장식을 한다: 금본 『후한서』 권40, 「여복지 하」에는 “공·후·장군은 자수(紫綬)를 차는데, 2가지 채색으로 가선장식을 하니, 자색과 백색이다.[公·侯·將軍紫綬, 二采, 紫白.]”라고 하여 자색과 백색의 자수(紫綬)를 차는 것으로 되어 있다.

⑦ 구경·중이천석~가선장식을 한다: 『후한서』 권40, 「여복지 하」에는 “구경·중이천석·이천석은 청수(青綬)를 차는데, 3가지 채색으로 가선장식을 하니, 청색·백색·홍색이다.[九卿·中二千石·二千石青綬, 三采, 青·白·紅.]”라고 하였다.

⑧ 수(綬)를 차는 자들은~수(綬)의 색에 따르며: ‘분(紛)’은 수당시대에 관리들의 조복 위에 차는 수건을 말한다. 『수서』 권11, 「예의지(6)」에 “(諸王의) 관리들 가운데 수(綬)를 차는 자들은 분(紛)을 차는데, 모두 길이 8척에 너비는 3촌으로, 각기 수(綬)의 색에 따른다. 만약 조복을 착용하면 수(綬)를 차고, 공복을 착용하면 분(紛)을 찬다. 관리 가운데 수(綬)를 차지 못하는 자들은 분(紛)을 찰 수 없다.[官有綬者, 則有紛, 皆長八尺, 廣三寸, 各隨綬色. 若服朝服則佩綬, 服公服則佩紛. 官無綬者, 不合佩紛.]”고 하였다. 또 『수서』 권12, 「예의지(7)」에는 “(王公 이하 가운데) 수(綬)를 차는 자는 분(紛)을 차는데, 모두 길이는 6척 4촌에 너비는 2촌 4분으로, 각기 수(綬)의 색에 따른다.[其有綬者則有紛, 皆長六尺四寸, 廣二

寸四分, 各隨其綬色.]"고 하였다. 따라서 이곳에서 섭승의가 '길이 6척 4촌, 너비 2촌 4분의 분(紛)을 찬다.'고 한 것은 '왕공' 이하 관리들의 경우를 말한 것이다.

분세(紛帨)
陳常道, 『禮書』(송)

⑨ 『후한서』 「여복지」에는~청수(靑綬)를 차야 한다: 『후한서』 권40, 「여복지 하」에 "공·후·장군은 자수(紫綬)를 차는데, 2가지 채색으로 가선장식을 하니, 자색과 백색이다. 바탕은 순수한 자색으로 한다. 길이는 1장 7척이며, 180수로 짠다.[公·侯·將軍紫綬, 二采, 紫·白, 淳紫圭, 長丈七尺, 百八十首.]"고 하여 '백'에 대한 규정이 없다. 한편 「여복지 하」에서 '청수(靑綬)'는 구경·중이천석·이천석이 사용하는 것으로 규정하는데, "3가지 채색으로 가선장식을 하는데, 청색·백색·홍색이다. 바탕은 순수한 청색으로 한다. 길이는 1장 7척이며, 120수로 짠다.[九卿·中二千石·二千石靑綬, 三采, 靑·白·紅, 淳靑圭, 長丈七尺, 百二十首.]"고 하였다.

[冕服圖01: 17-爵弁]

[冕服圖01: 18-皮弁]

[冕服圖01: 19-諸侯朝服]

[冕服圖01: 20-士玄端]

작변(爵弁)【청색의 비단 끈목으로 관끈을 만든다.[青纓] 『무덕령』의 「의복령(衣服令)」에 "현색의 비단 끈목으로 관끈을 만든다. 청색 윗옷과 훈색 치마[青衣纁裳]에 흰색 깁으로 만든 홑 속옷[白紗中單]을 입는데, 옷깃[領]·소맷부리[褾]·옷단[襈]·옷자락[裾]을 청색으로 한다. 혁대(革帶)를 두르는데, 고리 모양의 허리띠 장식[鉤艓]으로 양끝을 걸어 묶는다. 대대(大帶)를 두르는데, 누인 비단으로 그 늘어뜨린 부분[紳]에 가선장식을 하고, 안쪽과 바깥쪽을 짙은 검은색[緇]으로 하며, 이음새 매듭을 묶을 때는 청색의 비단 끈목을 사용한다. 적황색의 버선과 홑 바닥 신발을 신는다. 9품 이상은 작변복을 착용한다. 무릇 면복(冕服)의 제도는 비단[羅][1]으로 관을 만들고 그 윗옷과 치마는 명주[紬][2]로 만드는데, 작변복(爵弁服)은 명주로 관을 만들고 그 윗옷과 치마는 비단[繒]으로 만든다."고 하였다. 이는 또한 『삼례도』와 다른 것이다.】

[爵弁.【青纓. 「令」云, "玄纓, 青衣纁裳, 白紗中單, 青領·褾·襈·裾. 革帶, 鉤艓. 大帶, 練紕其垂, 内外以緇. 約紐用青組. 爵赤襪履. 九品已上服之. 凡冕制, 以羅爲之, 其服以紬, 爵弁用紬爲之, 其服以繒爲之." 此亦與『圖』異也.】]

피변(皮弁)【『무덕령』의 「의복령」에 "(피변은) 사슴가죽으로 만든다. 잠도(簪導: 머리카락을 고정하는 장식물. 비녀)는 무소뿔로 만들기도 하고 상아로 만들기도 한다. 진홍색 비단[絳紗]의 윗옷에 흰색 비단의 치마를 입는다. 혁대를 두르고, 반낭(鞶囊: 綬를 담는 가죽 주머니)③를 찬다. 소수(小綬)와 쌍패(雙珮)를 찬다. 흰색 버선[白襪]에 검은색 가죽신발[烏皮履]을 신는다. 매달 초하루 청삭(聽朔)의 예를 행하거나 매일 조회를 볼 때 모두 이를 겸해서 착용한다. 1품은 피변의 솔기에 9개의 옥 장식[琪]④을 하고, 2품은 8개의 옥 장식을 하고, 3품은 7개의 옥 장식을 하고, 4품은 6개의 옥 장식을 하고, 5품은 5개의 옥 장식을 하고, 6품 이하는 옥 장식을 제거한다."고 하였다.】

[皮弁.【「令」云, "以鹿皮爲之. 簪導, 或犀或牙. 絳紗衣素裳. 革帶, 鞶囊. 小綬雙珮. 白襪, 烏皮履. 朔月及視事, 則兼服之. 一品九琪, 二品八琪, 三品七琪, 四品六琪, 五品五琪, 六品已下去琪."】]

제후조복(諸侯朝服)【『예기』「옥조」 정현의 주에 "(조복은) 현단(玄端: 검은색의 베로 짠 윗옷)에 소상(素裳: 흰색 치마)을 입는 것이다."⑤라고 하였다. 『예기정의』「옥조」 공영달의 소에서 인용한 『예기』「왕제」의 "현의(玄衣)를 입고서 양로(養老)의 예를 거행한다."에 대한 정현의 주에서는 "현의(玄衣: 검은색 윗옷)에 소상(素裳: 흰색 치마)을 입는 것이다."라고 하였다. 『예』에 준거한다면, 천자와 제후가 붉은색 치마[朱裳]를 입을 경우 그것을 '현단복(玄端服)'이라고 하니, '조복(朝服)'이라고 말할 수 없다.⑥ 제후는 현단복으로 제복을 삼는다. 천자는 현단(현의)에 주상(朱裳: 붉은색 치마)이나 소상(素裳: 흰색 치마)을 착용하고서 편안히 휴식을 취한다.】

[諸侯朝服.【「玉藻」注云, "玄端, 素裳也." 孔『義』引「王制」"玄衣而養老"下注云, "[玄][1]衣, 素裳也." 准『禮』, 天子·諸侯以朱爲裳者, 則曰'玄端', 不得云'朝服.' 諸侯玄端

1 [玄]: 저본에는 '玄'이 없으나, 『예기』「옥조」 정현의 주에 의거하여 보충하였다.

爲祭服. 天子玄端朱裳或素裳以燕居."】]

사현단(士玄端)【소(疏)에 "현단은 피변보다 천하므로 (피변에) 이어서 설명한 것이다. 상사는 현단(검은색 윗옷)에 검은색 치마를 입고, 중사는 황색 치마를 입고, 하사는 잡색 치마[雜裳: 치마의 앞쪽은 검은색, 뒤쪽은 황색]를 입는다."⑦고 하였다.】

[士玄端.【疏云, "玄端賤於皮弁, 故次之. 上士玄端玄裳, 中士黃裳, 下士雜裳."】]

① 비단[羅]: '라(羅)'는 날실 4올을 함께 꼬아서 짜는 직물로, 직물에 구멍이 많다. 꼬이는 날실과 꼬이지 않는 날실이 하나씩 날틀에 걸린 상태에서 규칙적으로 꼬이는 날실 2올과 꼬이지 않는 날실 2올을 꼬아서 결국 날실 4올을 함께 꼰다.(심연옥, 『한국직물 오천년』, 2002, 고대직물연구소 출판부, 160쪽 참조.)

② 명주[紬]: '주(紬)'는 견(絹)과 같은 평직물(平織物)이지만 '주'는 견에 비해 광택이 없고 표면이 매끄럽지 못하다. 토주(吐紬), 면주(綿紬), 정주(鼎紬), 수주(水紬) 등 다양한 명칭이 있으며, 명주(明紬)는 주꼬임이 없는 가장 대표적인 평직물이다.

③ 반낭(鞶囊: 綬를 담는 가죽 주머니): 가죽 등으로 만든 작은 주머니로, 고례(古禮)에서는 여기에 수건 등 소소한 물품을 담았는데, 한대에는 관인들의 인끈[印綬]을 담았으며, 위진남북조 이후에는 관리들이 허리에 차서 아래로 늘어뜨리는 장식물인 수(綬)를 담는 용도로 사용되었다. 한대에 '반낭(鞶囊)'은 '방낭(傍囊)' 혹은 '수낭(綬囊)'이라고도 하고, '반(鞶)'으로 간칭하기도 하였다. 가죽으로 만든 장방형으로 위쪽에는 짐승의 머리 문양을 장식하고, 사방 테두리에 가선장식을 하였다. 관리들이 허리띠 위에 차서 인끈을 담는 주머니인데, 예를 행할 때는 인끈을 풀어놓았다가 예를 마치면 다시 반낭 안에 담았다. 이 제도는 한대에 처음 출현했는데, 위진 시대에 이를 계승하면서 정제(定制)가 있었고, 수대에 이르러 3등급으로 구분하였다. 당대 이후 그 제도가 점차 소멸하였다. 『진

서(晉書)』 권25, 「여복지」에 "한대에는 반낭을 찰 경우, 허리춤에 옆으로 기울여 찼으니, 이를 '방낭'으로 칭하기도 하고 '수낭'이라 칭하기도 했다. 그렇다면 이 주머니에 인끈을 담는 것이다. 인끈을 주머니에 담아 넣기도 하고 풀어놓기도 하는데, 각각 그 때가 있는 것이다.[漢世著鞶囊者, 側在腰間, 或謂之傍囊, 或謂之綬囊, 然則以此囊盛綬也. 或盛或散, 各有其時.]"라고 하였다. 『수서』 「예의지」에 "수(綬: 허리에 걸어서 아래로 늘어뜨린 장식물)를 차는 사람은 모두 반낭을 찰 수 있고, 수(綬)가 없는 사람은 반낭도 찰 수 없다. 이제 양(梁)·진(陳)·북제(北齊)의 제도를 채용하여 관품이 지극히 높은 사람은 금실로 직조하여 만드는데, 2품 이상이 이것을 찬다. 다음은 은실로 직조하여 만드는데 3품 이상이 찬다. 아래 신분은 실로 직조하여 만드는데, 5품 이상이 찬다. 이렇게 세 등급으로 나눈다.[鞶囊…有佩綬者, 通得佩之, 無佩則不. 今採梁·陳·東齊制, 品極尊者, 以金織成, 二品以上服之. 次以銀織成, 三品已上服之. 下以綖織成, 五品已上服之, 分爲三等.]"고 하였다. 수대에 이르면 관리들이 허리에 인끈을 차는 관례가 사라졌지만, '반낭'의 제도를 존속시켜 여기에 수(綬: 허리에 걸어서 아래로 늘어뜨린 장식물)를 담게 되었는데, 관품에 따라 3등급으로 나누어 반낭을 만드는 재료를 달리했던 것이다. 이 '반낭'은 본래 수건 등 소소한 물품을 담는 가죽이나 비단으로 만든 작은 주머니였다. 『예기』 「내칙」 정현의 주에 "'반(鞶)'은 작은 주머니로, 차고 다니는 수건을 담는 것이다. 남자는 가죽으로 만들고, 여자는 비단으로 만드는데, 가선장식을 하면 이것이 반열(鞶裂: 수건의 가선장식)일 것이다.[小囊, 盛帨巾者. 男用韋, 女用繒, 有飾緣之, 則是鞶裂與.]"라고 하였고, 『의례』 「사혼례」 정현의 주에서도 "'반'은 주머니이다. 남자의 주머니는 가죽으로 만들고 여자의 주머니는 비단으로 만드는데, 차고 다니는 수건 따위를 담는 것이니, 삼가고 공경하기 위함이다.[‘鞶’, 鞶囊也. 男鞶革, 女鞶絲, 所以盛帨巾之屬, 爲謹敬.]”라고 하였다.(孫晨陽·張珂, 『中國古代服飾辭典』, 265~266 ‘鞶囊’ 항목 참조)

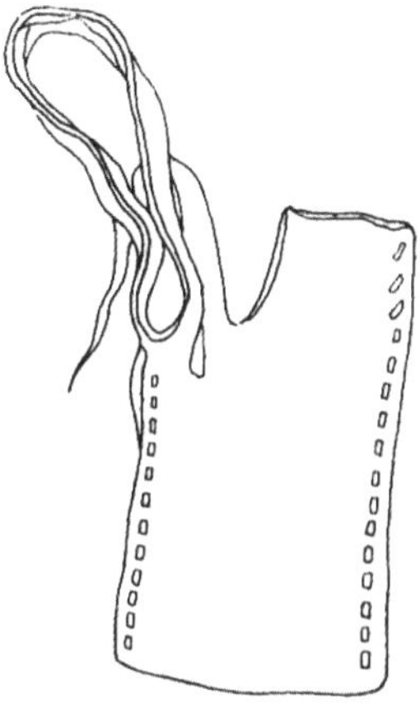

반낭(鞶囊)
新疆 鄯善 蘇巴什 古墓 출토
孫晨陽·張珂, 『中國古代服飾辭典』

수낭(綬囊)
安徽 亳縣 董園村 漢墓 출토 화상석
孫晨陽·張珂, 『中國古代服飾辭典』

④ 솔기의 옥 장식[琪]: ‘琪’는 ‘璂’ 혹은 ‘綦’로도 쓴다. 피변 위에 옥을 꿰어서 만든 관의 장식을 말한다. 『주례』「하관·변사(弁師)」에 “왕의 피변은 솔기에 오채색의 옥을 꿰어서 기(璂)의 장식을 한다.[王之皮弁, 會五采玉璂.]”고 하였다. 정현의 주에는 “‘회(會)’는 솔기[縫中]이다.… 피변의 솔기마다 오채색의 옥 12개를 꿰어서 장식을 삼으니, 이를 ‘기(綦)’라고 한다.[‘會’, 縫中也.…皮弁之縫中, 每貫結五采玉十二以爲飾, 謂之綦.]”고 하였다. 피변은 12장의 흰 사슴 가죽을 합쳐서 만드는데, 두 장의 가죽을 합쳐 꿰매어 잇는 부분의 솔기를 ‘회(會)’라고 한다. 그 솔기 부분

에 비단 실로 오채색의 옥구슬 12개를 꿰어서 장식을 삼는데, 이를 '기(琪)'라고 한다.

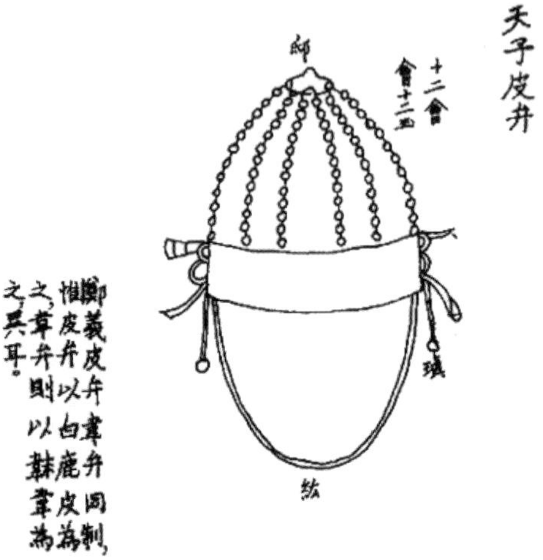

천자 피변
黃以周,『禮書通故』(청)

⑤『예기』「옥조」 정현의 주에~것이다:『예기』「옥조」에 "조복(朝服)을 착용하고서 매일 내조(內朝)에서 조회를 본다.[朝服以日視朝於內朝]"고 하였는데, 정현의 주에 "'조복'은 현관(玄冠)에 현단(玄端: 玄衣)과 소상(素裳)을 하는 것이다.['朝服', 冠玄端素裳也.]"라고 하였다. '현단(玄端)'은 검은색의 베로 짠 옷[緇布衣]으로, 조복의 윗옷을 말한다.(「사관례」 정현의 주, "玄端, 即朝服之衣.") 즉 「옥조」에 대한 정현의 해석은 제후의 '조복'은 현관(玄冠: 검은색의 관)-현단(玄端: 검은색의 윗옷, 緇布衣)-소상(素裳: 흰색의 치마)으로 이루어진다는 뜻이다. '조복(朝服)'은 제후가 신하들과 조회를 볼 때 착용하는 예복으로, 중요한 전례를 거행할 때도 착용한다.

⑥ '현단복(玄端服)'이라고 하니, '조복(朝服)'이라고 말할 수 없다: 호배휘는

'현관(玄冠: 검은색 관)-현단(玄端: 검은색 윗옷)-현상(玄裳: 검은색 치마)·황상(黃裳: 누런색 치마)·잡상(雜裳: 치마의 앞쪽과 뒤쪽의 색이 다른 치마)-치대(緇帶: 검은색 허리띠)·작필(爵韠: 적황색 무릎가리개)-흑구(黑屨: 검은색 신발)'를 일습으로 하는 의복을 '현단복(玄端服)', '현관(玄冠)-현의(玄衣: 검은색 윗옷)-치대(緇帶)-소상(素裳: 흰색 치마)-소필(素韠: 흰색 무릎가리개)-백구(白屨: 흰색 신발)'를 일습으로 하는 의복을 '조복'으로 구분하였다.(胡培翬, 『儀禮正義』 권12, 765쪽 참조)

⑦ 현단은~입는다: 이 문장은 금본 『예기』와 『의례』에 대한 공영달이나 가공언의 소에 보이지 않는다. 다만 『예기정의』「옥조」 공영달의 소에 "(정현이) '端은 또한 마땅히 冕이 되어야 한다.'고 한 것은 현단은 피변보다 천하기 때문이다. 아래 문장에서 '피변을 착용하고서 태묘에서 청삭(聽朔)의 예를 거행한다.'고 하였으니, 현단복을 입고서 선군(先君)에 제사를 지낼 수 없는 것이다.['端, 亦當爲冕'者, 以玄端賤於皮弁, 下文'皮弁聽朔於大廟', 不應玄端以祭先君.]"라고 했을 뿐이다.

【目錄20: 后服후복 제2】

머리장식[首飾] 부(副)【『시』「용풍(鄘風)·군자해로(君子偕老)」에 "부(副)에 비녀[笄]①를 꽂고, 아름다운 옥 장식[珈] 6개를 드리웠네.②"라고 하였다. 계(笄: 비녀)는 길이가 1척 2촌인데, 옥으로 비녀의 머리 부분을 만든다. 아름다운 옥[衡璜]을 머금고 있는데, 구슬 6알을 아래로 드리운다. 한나라의 숙손통(叔孫通)이 예를 제정할 때 주나라의 법에 의거한 것이 많았다. 다만 면판(冕板)의 제도만 보고 부인의 머리장식은 보지 못했다. 그런데 정현은 "'부계(副笄)'는 오늘날의 보요(步搖)③가 이것이다."라고 하였고, 후한 시대에 이르러 비로소 그 법을 제정하였다. 이에 의거하여 말한다면, 주나라의 부계(副笄)는 한나라의 보요(步搖)로서, 이른바 '궤계(蔮紒)④'이다. 머리 위에 봉관(鳳冠: 옥으로 봉황의 형상을 장식한 예모)⑤을 쓰는데, (봉황이) 아래로 내려뜨린 구슬을 머금고 있는 형상을 장식하고, 비녀를 꽂고 귀막이를 하는데, 걸으면 흔들리게 된다. 그러므로 '보요(步搖)'라고 한 것이다. 한대 이후에는 또 산제(山題)⑥·금전(金鈿)⑦·8개의 술잔과 9개의 꽃을 장식한 전채(鈿釵)⑧가 있었으니, 6가지 황후의 의복[六翟]⑨ 이외의 머리장식이다. 지금의 『무덕령』「의복령」에 의하면, 황후의 머리장식은 꽃이 12개인데, 소화(小花: 작은 꽃무늬)의 수는 대화(大花: 큰 꽃무늬)의 수와 같으며, 모두 양쪽에 박빈(博鬢: 귀밑머리 꾸미개)을 한다.⑩】

[首飾副.【『詩』云, "副笄六珈." '笄', 長一尺二寸, 玉爲笄首. 銜衡璜, 垂珠六道. 漢叔孫通制禮, 多依周法. 唯見冕板制度, 不見婦人首飾. 而後鄭云, "副笄若今步摇, 是", 至後漢始有其法也. 以此而言, 周之副笄, 漢之步摇, 所謂蔮紒, 上加鳳冠, 銜垂珠及有笄瑱, 步則摇, 故曰'步搖'. 自漢以降, 又有山題·金鈿·八爵九華鈿釵. 六翟之外首飾也. 今「令」皇后首飾花十二樹, 小花如大花之數, 并兩博鬢.】]

[后服圖02: 01-褘衣]

[后服圖02: 02-揄翟]

[后服圖02: 03-闕翟]

송(宋) 신종왕후(神宗皇后) 초상(휘의)
『中國織繡全集3』, 437쪽

휘의(褘衣)[11]【『무덕령』「의복령」의 규정은 다음과 같다. “(휘의는) 짙은 청색 직물로 만든다. 무늬를 내어 휘적(翬翟: 흰색 바탕에 오채색이 어우러진 꿩)[12]의 형태를 만들고, 흰색 바탕에 다섯 가지 채색으로 칠을 하여 그려 넣는데, 12줄로 한다. 흰색 깁으로 만든 홑 속옷[素紗中單]을 입는데, 백색과 흑색으로 옷깃을 만들고[黼領], 성긴 비단[羅縠][13]으로 소맷부리[褾]와 옷단[襈]을 만드는데 모두 주색으로 가선장식을 한다. 폐슬(무릎가리개)을 착용하는데, 색은 치마의 색을 따른다. 검붉은색[緅]으로 깃을 만들고, 흰색 바탕에 오채색이 어우러진 꿩[翬雉]의 무늬를 그려 넣는데 3줄로 한다. 대대(大帶: 허리띠)를 두르는데, 색은 윗옷의 색을 따른다. 안쪽은 주색으로 하고 그 바깥쪽에 가선장식을 하며, 위쪽은 주색의 비단으로 하고 아래쪽은 녹색의 비단으로 한다. 허리띠의 묶음부분을 고정시키는 끈[紐約]은 청색 비단 끈목을 사용한다. 청색 윗옷[靑衣]을 입고, 혁대(革帶)를 두르고, 청색 버선[襪]에 겹바닥 신발[舃]을 신는데, 겹바닥 신발에는 금으로 장식을 한다. 백옥의 쌍패(雙珮)를 차고, 현색 비단 끈목으로 매단 쌍대수(雙大綬)를 차는데, 무늬의 채색과 길이는 황제의 수(綬)와 동일하다. 수책(受冊)·조제(助祭)·조회(朝會)

등의 대사에 이 휘의를 착용한다."】

[褘衣.【「令」云, "深青織成爲之. 文爲翬翟之形, 素質, 五色十二等. 素紗中單, 黼領, 羅縠褾·襈, 皆用朱色. 蔽膝, 隨裳色, 以緅爲領, 用翬翟爲章, 三等. 大帶, 隨衣色, 朱裏, 紕其外, 上以朱(緜)[錦][1], 下以綠(緜)[錦]. 紐約用青組. 以青衣, 革帶, 青襪·舃. 舃加金飾. 白玉雙珮, 玄組雙大綬. 章綵尺寸與乘輿同. 受策·助祭·朝會諸大事, 則服之也.[2]"】]

요적(揄翟)⑭【(요적은) 청색 직물로 만든다. 무늬를 내어 요적(搖翟: 청색 바탕에 오채색이 어우러진 꿩)의 형태를 만들고, 청색 바탕에 다섯 가지 채색으로 칠을 하여 그려 넣는데, 9줄로 한다. 폐슬(무릎가리개)을 착용하니, 청색 바탕에 오채색이 어우러진 꿩[搖雉]의 무늬를 그려 넣는데 2줄로 한다. 대대(大帶: 허리띠)를 두르니, 안쪽을 주색으로 한다. 이상은 모두 휘의와 동일하다. 또 유옥(瑜玉)으로 장식한 쌍패(雙珮)를 찬다. 바탕을 순수한 주색으로 하는 쌍대수(雙大綬)를 차는데, 무늬의 색채와 길이는 황태자비와 동일하다. 머리에는 대화(大花: 큰 꽃무늬)와 소화(小花: 작은 꽃무늬)를 꾸미는데, 모두 9개씩이며, 아울러 박빈(博鬢: 귀밑머리 꾸미개)을 한다. 황태자비의 수책(受冊)·조제(助祭)·조회(朝會) 등의 대사에 이 요적을 착용한다. (당나라의 예에서는) 황후의 요적은 제정하지 않았다.】

[揄翟.【青織成爲之. 文爲搖翟, 青質, 五色, 九等. 蔽膝, 搖雉爲章, 二等. 大帶, (不)[3] 朱裏. 已上皆同褘衣. 又瑜玉雙珮. 純朱雙大綬, 章綵尺寸與皇太子妃同. 首飾大花·小

1 (緜)[錦]: 저본에는 '緜'으로 되어 있으나 『舊唐書』 권45, 「輿服志」에 의거하여 '錦'으로 교감하였다.

2 深青織成~則服之也: 이 문장은 『舊唐書』 권45, 「輿服志」에 '무덕령'으로 그대로 전재되어 있다. 그 원문은 다음과 같다. "『武德令』. 皇后服有褘衣·鞠衣·鈿釵禮衣三等. 褘衣, 首飾花十二樹, 並兩博鬢. 其衣以深青織成爲之, 文爲翬翟之形. 素質, 五色, 十二等. 素紗中單, 黼領, 羅縠褾·襈, 褾·襈皆用硃色也. 蔽膝, 隨裳色, 以緅爲領, 用翟爲章, 三等. 大帶, 隨衣色, 硃裏, 紕其外, 上以硃錦,下以綠錦, 紐約用青組. 以青衣, 革帶, 青襪、舃, 舃加金飾. 白玉雙珮, 玄組雙大綬. 章彩尺寸與乘輿同. 受冊·助祭·朝會諸大事, 則服之."

3 (不): 저본에는 '不'이 있지만, 『舊唐書』 권45, 「輿服志」에 의거하여 衍文으로 처리하였다.

花, 皆九樹, 并博鬢. 皇太子妃受策·助祭·朝會諸大事則服之. 皇后不制此服.】]

궐적(闕翟)[15]【당나라의 예에서는 궐적의 제도를 제정하지 않았다.】

[闕翟.【唐禮不制.】]

[后服圖02: 04-鞠衣]

[后服圖02: 05-展衣]

[后服圖02: 06-褖衣]

송(宋) 선조소헌황후(宣祖昭憲皇后) 초상(국의), 『中國織繡全集3』 434쪽

국의(鞠衣)[16]【(국의는) 황색 비단[黃羅]으로 만든다. 국의의 폐슬(蔽膝: 무릎가리개)·대대(大帶: 허리띠) 및 윗옷[衣]·혁대(革帶)·버선[襪]·신발[舃]의 색은 윗옷의 색을 따른다. 나머지는 휘의(褘衣)와 동일한데, 다만 꿩의 무늬가 없다. 황후가 친잠(親蠶)을 할 때 이 국의를 착용한다. 이상은 모두 당나라의 예(禮)와 영(令)에 나오는데, 오늘날에 보존하여 옛 제도의 뜻을 드러내고자 한다.】

[鞠衣.【黃羅爲之. 其蔽膝·大帶及衣·革帶·襪·舃, 隨衣色. 餘與褘衣同. 唯無雉. 皇后親蠶則服之. 此上皆出唐禮令, 存今以見古.】]

전의(**展衣**)[17]【('展'은) 또 '襢'으로 되어 있기도 하다.】

[展衣.【又作'襢'.】]

단의(**緣衣**)[18]【('緣'은) 또 '褖'으로 되어 있기도 하다.】

[緣衣.【又作'褖'】]

[后服圖02: 09-墨車]

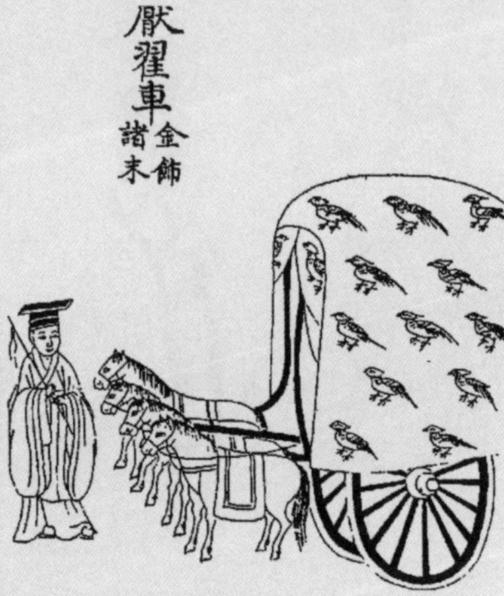

[后服圖02: 10-厭翟車]

[后服圖02: 11-笄]

[后服圖02: 12-橋]

묵거(墨車)⑲ 등 2가지 수레【'묵거(墨車)'는 대부가 타는 수레이다. 아래에 엽적거(厭翟車)가 있는데, 이는 천자의 딸[王姬]이 제후에게 시집갈 때 타는 수레이다. 제후의 아들은 혁로(革路)⑳를 함께 타고, 왕자(王者)의 후손에게 시집갈 때는 금로(金路)㉑를 탄다. 여기서 묵거를 그린 것은 사의 아들이 친영할 때는 귀하고 성대하게 하여 대부의 수레를 탈 수 있으니, 대부 이상도 친영할 경우 모두 귀하고 성대하게 할 수 있음을 밝히고자 한 것이다. 고금의 수레의 멍에는 같지 않으니, 말에 멍에를 씌우는 법도 달랐다. 그러므로 2가지 수레를 도상으로 그려서 밝혔다.】

[墨車 二.【墨車, 大夫之車也. 下有厭翟, 是王姬下嫁於諸侯所乘之車也. 諸侯之子合乘革路, 嫁於王者之後, 則乘金路. 此爲墨車者, 以士之子親迎, 攝盛而乘大夫之車, 欲明大夫已上親迎皆得攝盛也. 古今車軛不同, 駕馬法異, 故圖二車以曉之.】]

엽적거(厭翟車)㉒【살펴보건대, 『주례』「춘관·건거(巾車)」에 의하면, 왕후의 오로(五路)㉓는 첫째가 '중적(重翟)'이고, 다음이 '엽적(厭翟)'이다. 천자의 딸[王姬]이 제후에게 시집갈 때 거복(車服)은 그 남편에게 얽매이지 않고 왕후보다 한 등급을 낮추므로 엽적거(厭翟車)를 타는데, 금으로 수레의 끝부분을 장식한다.㉔】

[厭翟車.【案「巾車」, 王后之五路, 一曰重翟, 次曰厭翟. 以王姬下嫁於諸侯, 車服不繫其夫, 降王后一等, 故乘厭翟車, 以金飾諸末.】]

번(笲: 폐백 바구니)㉕【음은 '煩(번)'으로, 대나무로 만든 기물이다.】

[笲.【音煩, 竹器】]

교(橋: 가름대나무)㉖【폐백 바구니를 올려놓는 기구이다.】

[橋.【抗笲之具.】]

역주

① 비녀[笄]: '계(笄)'는 머리장식물로서, '발계(髮笄)', '두계(頭笄)' 혹은 '잠자(簪子)'라고도 한다. 그 용도로 말하면 두 가지가 있다. 하나는 괄계(髻笄)·쇄계(纚笄)처럼 머리카락을 묶는 비녀로서, 남녀가 모두 사용한다. 다른 하나는 옥계(玉笄) 등 관을 고정하는 비녀로서, 남자만이 사용한다. 만드는 재질은 목제, 옥제, 상아제의 구별이 있다. 사용하는 경우로 말하면 길계(吉笄)와 악계(惡笄)의 구분이 있다.

② 부(副)에~옥 장식[珈] 6개를 드리웠네: 부인들이 제사에 참여하여 예를 거행할 때 사용하는 머리장식을 말한 것이다. '부(副)'는 왕후(王后)와 제후의 부인(夫人)이 가발로 자신의 머리카락을 덮어서 장식한 것으로, 정현 당시의 '보요(步搖)'에 그 모습이 남아 있었다고 한다. 부(副)에 6개의 비녀[笄]를 꽂고, 비녀 위에 옥으로 6가지 짐승 모양을 조각하여 장식하는데, 이 장식을 '가(珈)'라고 한다. '가'의 개수로 신분의 존비를 구별하는데, 6가(珈)는 후·백 부인의 머리장식이다. 『모시(毛詩)』「용풍(鄘風)·군자해로(君子偕老)」에 "군자와 함께 늙어가니, 부(副)에 비녀[笄]를 꽂고, 아름다운 옥 장식[珈] 6개를 드리웠네.[君子偕老, 副笄六珈.]"라고 하였다. 모형(毛亨)의 전(傳)에는 "'부(副)'는 왕후와 부인의 머리 장식이니, 머리카락을 엮어서 만든다. '계(笄)'는 형계(衡笄)이다. '가(珈)'는 계를 꾸미는 것 가운데 가장 성대한 것이니, 그것으로 존귀함과 비천함을 구별한다.['副'者, 后·夫人之首飾, 編髮爲之. '笄', 衡笄也. '珈', 笄飾之最盛者, 所以別尊卑.]"고 하였고, 정현의 전(箋)에는 "'가(珈)'라는 글자는 더

한다[加]는 뜻이니, 부(副)에 계(筓)를 꽂고 장식을 더하는 것이다. 오늘날의 보요(步搖) 위의 장식과 같다.[‘珈’之言, 加也, 副旣笄而加飾, 如今步搖上飾.]”고 하였다.(孫晨陽·張珂, 『中國古代服飾辭典』, 43쪽 ; 錢玄, 『三禮辭典』, 705쪽 ‘副’ 항목 참조.)

③ 보요(步搖): 부인들이 비녀 위에 부착하는 머리장식의 일종으로, 걸어갈 때 흔들리기 때문에 붙은 명칭이다. 유희(劉熙)의 『석명(釋名)』 「석수식(釋首飾)」에 “보요 위에 드리우는 구슬이 있는데, 걸어가면 흔들린다.[步搖上有垂珠, 步則搖動也.]”고 하였다. 『후한서』 권40, 「여복지 하」에는 “보요는 황금으로 산 모양의 받침대[山題]를 만들고, 흰 구슬을 꿰어서 계수나무의 가지가 서로 얽어 있는 모양의 장식을 하고, 하나의 술잔과 아홉 개의 꽃, 곰·호랑이·붉은 곰·천록·벽사·남산풍대특(南山豐大特: 전설 속에 豐水에서 출현하는 牛神) 등 6가지 짐승의 모양을 조각하여 장식한다.[步搖以黃金爲山題, 貫白珠爲桂枝相繆, 一爵九華, 熊·虎·赤羆·天鹿·辟邪·南山豐大特六獸.]”고 하였다.

④ 궤계(簂紒): ‘簂’는 ‘幗’로도 쓰는데, 머리카락 위를 덮는 부인들의 머리장식을 말한다. 『주례』 「천관·퇴사(追師)」 정현의 주에서는 한대의 ‘가계(假紒)’와 같은 것이라고 하였다. ‘가계’는 철사로 테두리를 만들고 밖으로 머리카락으로 엮은 것이다. 한대에는 ‘簂’를 ‘簂’으로 썼다. 『후한서』 권40, 「여복지 하」에 의하면 태황태후·황태후가 종묘에 들어갈 때 이 머리장식을 하였다. 『후한서』 권40, 「여복지 하」에 “전리궤(翦氂簂)를 장식하고 비녀와 귀고리를 한다. … 좌우로 하나씩 비녀를 옆으로 꽂아 궤결(簂結: 簂紒, 가채)을 안정시킨다.[翦氂簂, 簪珥……左右一横簪之, 以安簂結.]”고 하였다.

⑤ 봉관(鳳冠: 옥으로 봉황의 형상을 장식한 예모): 황후·비빈 및 황친과 귀족 부

녀자들이 머리 위에 쓰는 예모(禮帽)로서, 위에 금이나 옥으로 봉황의 형상을 장식한다. 한나라 때는 태황태후·황태후·황후가 종묘에서 예를 행할 때만 썼다. 역대로 그 제도에 변화가 일어나서 귀족의 부인과 조정의 명부(命婦)들도 이 봉관을 쓰게 되었다. 일반 부인들도 혼례를 거행할 때 이러한 장식을 하였다.

⑥ 산제(山題): 부인들의 머리장식인 보요(步搖)의 받침대를 말한다. 그 모양이 산을 본떠서 이마 앞에 붙이기 때문에 '산제'라 한 것이다. 사용할 때는 머리카락 사이에 삽입하고 비녀로 고정한다. 『후한서』 권40, 「여복지 하」에 "보요는 황금으로 산 모양의 받침대[山題]를 만들고, 흰 구슬을 꿰어서 계수나무가 서로 얽혀 있는 모양의 장식을 한다.[步搖, 以黃金爲山題, 貫白珠爲桂枝相繆.]"고 하였다. 청대 임이산(林頤山)의 『경술(經述)』 「석왕후수복(釋王后首服)」에는 "보요는 위쪽에 아래로 늘어뜨린 구슬이 있는데, 걸어가면 흔들린다. 흰 구슬을 꿰어서 계수나무가 서로 얽혀 있는 장식을 한다. 그러므로 8가지의 술잔·9가지의 꽃·6가지의 동물을 황금으로 만든 산제 위에 나열하는데, 걸어가면 흔들린다.[步搖上, 有垂珠, 步則搖, 因其貫白珠爲桂枝相繆, 故八爵·九華·六獸列於黃金山題之上, 行步則搖.]"고 하였다.

보요관(步搖冠)
孫晨陽·張珂, 『中國古代服飾辭典』

⑦ 금전(金鈿): 금화(金花)를 새겨 넣은 부인들의 머리장식을 말한다. 금 조각으로 꽃을 만들어 비녀에 붙여서 머리카락 끝에 꽂아서 장식으로 삼는다. 당대에 부녀들 사이에 크게 유행함에 따라 금전(金鈿)의 제작도 더욱 정교해졌다.

⑧ 전채(鈿釵): 금화(金花)·금채(金釵) 등 부인의 머리장식을 말한다.

⑨ 6가지 황후의 의복[六翟]: '육적(六翟)'은 휘의(褘衣)·요적(揄翟)·궐적(闕翟)·국의(鞠衣)·전의(展衣)·단의(緣衣)의 6가지 황후의 의복을 말한다.

⑩ 지금의~박빈(博鬢: 귀밑머리 꾸미개)을 한다: 『구당서』 권45, 「여복지(輿服志)」에 "『무덕령』. 황후의 의복으로는 휘의·국의·전채례의(鈿釵禮衣)의 3등급이 있다. '휘의'는 머리에 꽃 12가지를 꾸미는데, 모두 양쪽에 박빈(귀밑머리 꾸미개)을 한다.[『武德令』. 皇后服有褘衣·鞠衣·鈿釵禮衣三等. 褘衣, 首飾花十二樹, 並兩博鬢.]"고 하였다.

⑪ 휘의(褘衣): 왕후의 육복(六服) 가운데 가장 존귀한 의복으로, 왕후가 왕을 따라 선왕(先王)에게 제사 지낼 때 착용한다. 『주례주소』 「천관·내사복」 정현의 주와 가공언의 소에 의하면, '휘의'는 현색(玄色)의 옷으로, 현석(玄舃: 현색의 겹바닥 신발)을 신는데, 구(絇: 신발의 코 장식)·억(繶: 신발의 솔기 장식)·준(純: 신발의 가선장식)을 황색으로 한다. 머리에 부(副)를 장식한다. 『구당서』 권45, 「여복지(輿服志)」에 『무덕령』 황후의 '휘의(褘衣)' 규정을 인용하여 "그 옷(휘의)은 짙은 청색의 직물로 만드는데, 무늬를 내어 휘적(翬翟: 흰색 바탕에 오채색이 어우러진 꿩)의 형태를 만든다.[其衣以深青織成爲之, 文爲翬翟之形.]"고 하였다.

⑫ 휘적(翬翟: 흰색 바탕에 오채색이 어우러진 꿩): '휘의(褘衣)'에서의 '褘'는 '翬'와 통하는 글자로, '휘(翬)'는 흰색 바탕에 오채색이 어우러진 꿩의 명칭이다. 『예기』 「옥조(玉藻)」 정현의 주에 "'褘'는 '翬'와 같은 뜻으로 읽

고, '揄'는 '揺'와 같은 뜻으로 읽으니, '翬'와 '搖'는 모두 꿩의 이름이다.[褘讀如翬, 揄讀如搖, 翬搖皆翟雉名也.]"라고 하였고, 『주례』「천관·내사복(內司服)」 정현의 주에서는 "'이수(伊水)와 낙수(雒水) 이남 지역에서는 흰색 바탕에 다섯 가지 채색을 모두 갖추어 무늬를 이룬 꿩을 '휘(翬)'라고 하고, 강수와 회수 이남 지역에서는 푸른색 바탕에 다섯 가지 채색을 모두 갖추어 무늬를 이룬 꿩을 '요(搖)'라고 한다.…'휘의(褘衣)'는 휘(翬: 흰 바탕에 오채색이 어우러진 꿩)의 무늬를 채색으로 칠한 옷이고, '요적(揄翟)'은 요(搖: 푸른색 바탕에 오채색이 어우러진 꿩)의 무늬를 채색으로 칠한 옷이다.[伊雒而南, 素質, 五色皆備成章曰翬. 江淮而南, 青質, 五色皆備成章曰搖.…褘衣畫翬者, 揄翟畫搖者.]"라고 하였다.

⑬ 성긴 비단[羅縠]: 당나라 현응(玄應)의 『일체경음의(一切經音義)』 권10에 "나곡(羅縠)은 비단과 유사하지만 성글고, 깁과 유사하지만 촘촘하다.[似羅而疏, 似紗纱而密者也.]"라고 하였다.

⑭ 요적(揄翟): '揄狄', '搖翟', '褕狄' 등으로도 쓴다. 비단에 요치(搖雉: 푸른 바탕에 오채색이 아로새겨진 꿩)의 형태를 조각한 후 채색으로 칠을 하여 옷에 꿰맨 것으로, 왕후의 6복 가운데 하나이다. 왕후가 왕을 따라 선공(先公)에게 제사 지낼 때 착용한다. 『주례주소』「천관·내사복」 정현의 주와 가공언의 소에 의하면, '요적'은 청색의 옷으로, 청석(青舄: 청색의 겹바닥 신발)을 신는데 구(絇: 신발의 코 장식)·억(繶: 신발의 솔기 장식)·준(純: 신발의 가선장식)을 백색으로 하며, 머리에 부(副)를 장식한다.

⑮ 궐적(闕翟): 왕후(王后)의 육복(六服) 가운데 하나로, 『주례』「천관·내사복(內司服)」에 의하면, 왕후가 왕을 따라 각종 소사(小祀)에 제사 지낼 때 착용한다. 휘의(褘衣)와 요적(揄狄)은 모두 비단에 꿩의 형태를 조각한 후 다섯 가지 채색으로 칠을 해서 옷에 꿰매어 장식으로 삼는다. 그러

나 '궐적'은 비단에 꿩의 형태를 조각하기는 하지만 다섯 가지 채색으로 칠을 하는 과정을 빠뜨리므로 '궐적(闕翟)'이라 한 것이다. 『주례주소』「천관·내사복(內司服)」 정현의 주와 가공언의 소에 의하면, '궐적'은 적색의 옷으로, 적석(赤舃: 적색의 겹바닥 신발)을 신는데 구(絇: 신발의 코 장식)·억(繶: 신발의 솔기 장식)·준(純: 신발의 가선장식)을 흑색으로 하며, 머리에 부(副)를 장식한다.

⑯ 국의(鞠衣): 옅은 황색의 의복으로, 왕후의 6복 가운데 하나이다. 황후가 계춘 3월에 선왕에게 채상(採桑)과 양잠(養蠶)을 기원하는 고상(告桑)의 예를 행할 때 착용하는 의복이다. 후·백·자·남의 부인 및 경의 처도 이 의복을 착용한다. 『주례』「천관·내사복(內司服)」 정현의 주에 "'국의(鞠衣)'는 황상(黃桑)의 옷(누런 뽕잎 색깔을 본뜬 옷)이다. 색은 국진(鞠塵: 누룩곰팡이, 담황색)과 유사하니, 뽕잎이 처음 자라나는 것을 본떴다. 『예기』「월령」에 '3월에 (천자는) 선제(先帝)의 신위에 국의(鞠衣)를 바치고, (후비는) 상사(桑事)를 고한다'고 하였다.['鞠衣', 黃桑服也. 色如鞠塵, 象桑葉始生.「月令」'三月, 薦鞠衣于上帝, 告桑事.']"라고 하였다.

⑰ 전의(展衣): 흰옷으로, 왕후의 6복 가운데 하나이다. 왕후가 천자를 알현하거나 빈객을 맞이할 때 착용하는 예복이며, 또한 세부(世婦) 및 자(子)·남(男)의 경·대부의 처의 명복(命服)이기도 하다. 『주례』「천관·내사복(內司服)」 정현의 주에 "'전의(展衣)'는 예를 갖추어 왕을 알현하거나 빈객을 맞이할 때 착용하는 의복이다.['展衣', 以禮見王及賓客之服.]"라고 하였다. '展'은 '襢'으로도 쓴다.「천관·내사복」 정현의 주에 "(展의) 글자는 마땅히 '襢'이 되어야 하니, '襢'이라는 글자는 '亶'의 뜻이니, '亶'은 진실하다[誠]는 뜻이다.['展衣', 以禮見王及賓客之服. 字當爲'襢', '襢'之言, '亶', '亶', 誠也.]"라고 하였다. '展'의 음에 대해서 육덕명(陸德

明)은 『경전석문(經典釋文)』 권5, 「모시음의(毛詩音義)」에서 "'展衣'에서의 ('展'의 음은) '知'와 '彦'의 반절(전)이다. 글자는 또한 '襢'으로 되어 있기도 한데, 음은 동일하다.['展衣', 知彦反. 字亦作'襢', 音同.]"고 하였고, 『경전석문』 권8, 「주례음의(周禮音義)」에서도 "'展衣'에서의 ('展'의 음은) 또 '張'과 '彦'의 반절(전)이다.[展衣, 又張彦.]"라고 하였다. 육덕명의 설에 따라서 '展衣'를 '전의'로 표기한다.

⑱ 단의(緣衣): 검은색의 옷으로, 왕후의 6복 가운데 하나이다. 왕후가 왕을 모시거나 편안히 휴식을 취할 때 입는 의복이다. 『주례』 「천관·내사복(內司服)」 정현의 주에 "『예기』 「상대기(喪大記)」에 '사의 처(의 喪에서 復을 할 때는) 褖衣를 사용한다.'고 하였으니, '褖'으로 말한 것이 매우 많은데, 글자가 혹 '稅'로 되어 있기도 하다. 이곳 경문의 '緣衣'는 실은 '褖衣'로 되어 있었다. '褖衣'는 왕을 모실 때 입는 옷이니, 또한 이 옷을 입고서 한가로이 거처한다.[喪大記曰, '士妻以褖衣', 言褖者甚衆, 字或作稅. 此緣衣者, 實作褖衣也, 褖衣, 御于王之服, 亦以燕居.]"라고 하였다. '緣'의 음에 대해서 육덕명은 『경전석문』 권8, 「주례음의」에서 "'緣衣'(에서의 '緣'은) 혹 '褖'으로 되어 있기도 한데, 똑같이 음은 '吐'와 '亂'의 반절(단)이다.['緣衣'或作'褖', 同吐亂反.]"라고 하였다.

⑲ 묵거(墨車): 수레 몸체에 검은 칠을 하고 문식을 내지 않은 수레이다. 대부가 타는데, 오복거(五服車) 가운데 하나이다. 사(士)가 혼례에서 친영할 때, 제후가 천자를 조근할 때도 이 수레를 탄다. 사는 본래 잔거(棧車)를 타야 하지만, 친영할 때 묵거를 타서 한 등급을 뛰어넘음으로써 귀하고 성대함을 보여 준다. 『의례』 「사혼례」 정현의 주에 "'묵거'는 검은 칠을 한 수레이다. 사(士)인데도 묵거를 타는 것은 한 등급을 올려서 귀하고 성대함을 보이는 것이다.['墨車', 漆車. 士而乘墨車, 攝盛也.]"

라고 하였다. 동성의 제후는 본국에서 금로(金路)를 타고, 이성의 제후는 본국에서 상로(象路)를 타는데, '금로'는 천자의 오로(五路)를 본뜬 것이다. 그런데 천자를 알현할 때는 거복(車服)을 천자와 동일하게 할 수 없으므로 스스로 굽혀서 대부의 수레인 묵거를 타는 것이다.(白玉林·遲鐸, 『三禮文化辭典』, 215쪽 '墨車' 항목 참조.)

⑳ 혁로(革路): 수레를 가죽으로 덮고 검은 칠을 한 수레로서, 천자의 오로(五路) 가운데 하나이다.

㉑ 금로(金路): 금으로 수레 위쪽의 끝 부분을 장식한 수레로서, 천자의 오로(五路) 가운데 하나이다. 천자가 빈객을 접대하거나 조(朝)·근(覲)·종(宗)·우(遇), 향례(饗禮)·사례(食禮) 및 동성의 제후를 봉할 때 타는 수레이다.

㉒ 엽적거(厭翟車): 꿩의 깃을 수레의 양옆에 빼곡히 그려 넣어서 가리개로 삼은 수레로, 왕후가 타는 오로(五路) 가운데 하나이다. 『주례』「춘관·건거(巾車)」 정현의 주에 "'엽적'은 꿩의 깃을 차례로 배열하여 서로서로 압박하게 하는 것이다.…'엽적'은 왕후가 왕을 따라서 빈객을 접대하거나 제후에게 향례를 베풀 때 타는 수레이다.['厭翟', 次其羽, 使相迫也. …'厭翟', 后從王賓饗諸侯所乘.]"라고 하였다. 육덕명은 『경전석문』 권8, 「주례음의(周禮音義)」에서 "'厭翟'에서의 '厭'은 '於'와 '涉'의 반절이다.[厭翟, 於涉反.]"라고 하였고, 또 『경전석문』 권5, 「모시음의(毛詩音義)」에서도 "'厭'은 '於'와 '葉'의 반절이다. '翟'은 '庭'과 '歷'의 반절이다. '厭翟'은 왕후의 오로 가운데 두 번째이다. '翟'은 꿩[雉]의 뜻이다. 그 깃을 차례로 배열하여 서로 압박하게 하므로 '厭(억누르다)'이라고 한 것이다.[厭, 於葉反, 翟, 庭歷反. '厭翟', 王后五路之第二者也. '翟', 雉也, 次其羽相迫, 故曰'厭'也.]"라고 하였다.

㉓ 왕후의 오로(五路): 『주례』「춘관·건거(巾車)」에 의하면 왕후의 오로는 중적(重翟)·염적(厭翟)·안거(安車)·적거(翟車)·연거(輦車)이다. '중적'은 수레 상자 양옆으로 2중의 꿩 깃을 그려 넣어서 가리개로 삼은 수레로서, 왕후가 왕을 따라 제사를 거행할 때 타는 수레이다.

㉔ 금으로 수레의 끝부분을 장식한다: 수레의 끌채[輈]·바퀴통[轂]·몸체[箱] 등의 끝부분에 모두 금으로 장식을 한다는 뜻이다.

㉕ 번(笲: 폐백 바구니): 물건을 담는 둥근 형태의 상자로, 갈대나 대나무로 엮어 만드는데, 바깥쪽을 청색 비단으로 입힌다. 대추·밤·말린 고기·비단 및 목욕 수건 등을 담는다. 『예기집설(禮記集說)』「혼의(昏義)」 진호(陳澔)의 주에 "번(笲)'은 그릇 생김새가 광주리[筥]와 비슷한데, 대나무나 갈대로 만들어 청색 비단을 입히고, 여기에 대추·밤·생강이나 계피를 넣어 말린 고기 등의 폐백을 담는다.['笲'之爲器似筥, 以竹或葦爲之, 衣以青繒, 以盛此棗栗段脩之贄.]"고 하였다.

㉖ 교(橋: 가름대나무): 기물을 올려놓는 가름대나무를 말한다. 『의례』「사혼례」 정현의 주에는 "'교(橋)'는 폐백바구니를 올려놓는 기구인데, 그것의 제도에 대해서는 들어 본 적이 없다.['橋', 所以庪笲, 其制未聞.]"고 하였다. [后服圖02: 12-橋]에서 인용한 옛 『삼례도』에는 "('橋'는) '橋擧'라고 할 때의 '橋(들어 올리다)'의 뜻으로 읽는다. 나무로 만드는데, 오늘날의 보안(步案)과 같다. 높이는 5척이고, 아래 발등 부분은 종횡으로 교차되어 있고, 폐백 바구니를 들어 올리는 부분도 역시 종횡으로 교차되어 있다.[讀如'橋擧'之'橋', 以木爲之, 似今之'步案'. 高五尺, 下跗午貫, 擧笲處亦午爲之.]"고 하였다. 성세좌(盛世佐)는 '교(橋)'의 제도는 한대에 이미 상고할 수 없게 되었는데, 『구도(舊圖)』에서 설명한 '교(橋)'는 한대의 제도라고 하였다. 이에 반하여 학경(郝敬)은 '橋'는 폐백바구니의 덮

개[笄蓋]로서, 다리처럼 높게 구부러져 있는데 그것으로 폐백바구니의 위를 덮고 받들어서 올린다고 하면서, 『예기』「곡례 상」에서 “자리[席]를 받들 때는 다리처럼 높게, 저울대처럼 평평하게 든다.[奉席如橋衡.]” 고 한 것을 예로 들었다. 그러나 호배휘(胡培翬)는 『의례』「사혼례」에서 “교(橋) 위에 올려놓는다.[加于橋]”라고 하였으므로 폐백바구니의 덮개[笄蓋]로 보는 것은 잘못이라고 비판하고, ‘橋’의 글자 자체가 ‘木’변이므로 이 기구는 나무로 만든 것임이 분명하므로 『구도』의 설명에 따라야 한다고 하였다.(胡培翬, 『儀禮正義』 권3, 210쪽 참조.)

【目錄20: 冠冕관면 제3】

[冠冕圖03: 01-童子服]

동자복(童子服)【장차 관례를 치르려는 자가 입는다.①】

[童子服.【將冠者】]

[冠冕圖03 : 02-緇布冠(三制)]

치포관(緇布冠)②【『예기』「옥조」에 의하면, 제후의 관례(冠禮)에서 첫 번째 관을 씌울 때는 모두 청색 끈목으로 관끈[纓]을 만드는데 채색으로 장식을 하고, 대부와 사의 경우는 청색 끈목으로 관끈을 만들지만 채색의 장식이 없다.③ '관끈[纓]'은 턱 아래에서 묶어 관을 고정하는 끈이다. 묶은 나머지는 흩어서 아래로 늘어뜨리는데, 이를 '유(緌: 관끈 장식)'라고 한다.④】

[緇布冠.【「玉藻」, 諸侯始加, 皆青組纓, 繢緌. 大夫·士青組纓, 無緌. '纓', 結於頷下以固冠者. 結之餘者, 散而下垂, 謂之緌.】]

[冠冕圖03 :03-太古冠((新增)]

태고관(太古冠)【신증(新增). 또한 검은색 베로 짠 관[緇布冠]이다. 『예기』「교특생(郊特牲)」에 "태고시대에는 (흰) 베로 관을 만들었는데, 재계할 때는 검은색으로 물을 들였다.⑤"고 하였다. 다만 세로로 꿰매고 주름[襵]이 적은 것이 주나라의 제도와 다를 뿐이다.】

[太古冠.【新增. 亦緇布冠. 『禮記』云, "太古冠布, 齊則緇之." 但直縫少襵與周爲異耳.】]

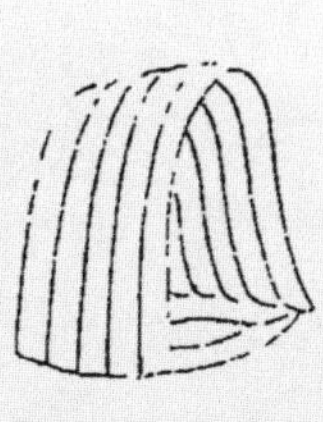

[冠冕圖03 :05-周制(橫縫者)]

치포관(緇布冠)【신증(新增). 주나라의 제도는 문식을 숭상했으니, 주름[辟襵]이 많

고 가로로 꿰맸다.】

[緇布冠.【新增. 周制尚文, 辟襀多而橫縫.】]

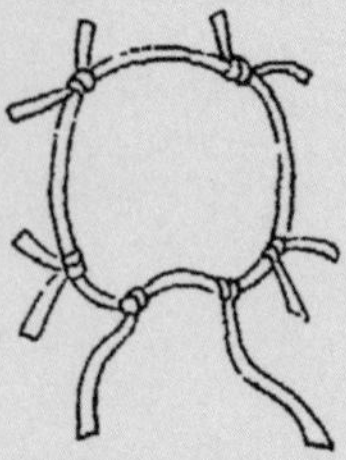

[冠冕圖03 :06-頍項]

규항(頍項)⑥【옛날에는 '缺'로 썼다. 음은 '丘'와 '蘂'의 반절(규)이다.】

[頍項.【古作缺. 音丘蘂反.】]

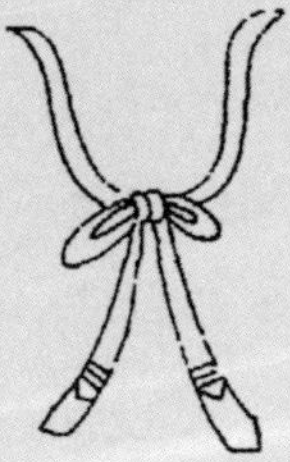

[冠冕圖03 :07-青組纓]

청조영(青組纓: 푸른색 끈목으로 만든 두 가닥의 관끈)【제후의 경우를 보이고자 한 것이다. 그러므로 또한 관끈 장식에 그림을 그려 넣었다.】

[青組纓.【欲見諸侯, 故亦繢綏.】]

[冠冕圖03 :08-纚]

쇄(纚: 머리싸개)⑦【머리카락을 갈무리하여 상투를 트는 것이다. 노식(盧植: ?~192)은 "상투를 싸매서 관을 떠받드는 도구이니, 온폭을 접어서 사용한다."고 하였다.】

[纚.【韜髮爲紒. 盧植云, "所以裹髻承冠, 全幅疊而用之."】]

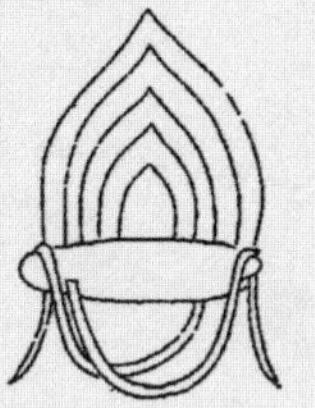

[冠冕圖03 :09-皮弁]

피변(皮弁)⑧【(관례에서) 두 번째로 피변(皮弁)을 씌운다. 황제(黃帝) 이전에는 새의 깃털이나 짐승의 가죽으로 관(冠)과 변(弁)⑨을 만들었는데, 황제 이후에 비로소 베나 비단을 사용하여 만들었다. 그러므로 삼대(三代)에서 피변(皮弁)을 함께 사용했던 것은 옛날의 제도를 중시했기 때문이다.】

[皮弁.【次加皮弁. 黃帝已前, 則以羽皮爲冠弁, 黃帝之後, 乃用布帛, 故三王共皮弁者, 重古也.】]

[冠冕圖03 :10-爵弁]

작변(爵弁)⑩【(관례에서) 세 번째로 작변(爵弁)을 씌운다.】

[爵弁.【三加爵弁.】]

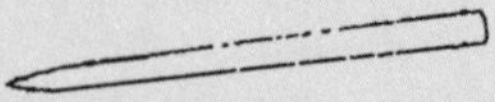

[冠冕圖03 :11-笄]

계(**笄**: 비녀)⑪【피변(皮弁)·작변(爵弁)에 모두 비녀[笄]가 있으므로, 이어서 배치하여 도상으로 만들었다.】

[笄.【皮弁·爵弁, 皆有笄, 故設之.】]

[冠冕圖03 :12-紘]

굉(**紘**: 한 가닥의 관끈)⑫【피변과 작변에 모두 굉(紘)이 있다.】

[紘.【二弁, 皆有紘.】]

[冠冕圖03 :13-篋]

협(**篋**: 장방형의 상자)⑬【치포관 이하 및 비녀[笄]·한 가닥의 관끈[紘] 등의 물건을 담아 둔다.】

[篋.【盛緇布冠已下及笄紘等物.】]

[冠冕圖03 :14-簞]

단(簞: 둥근 대광주리)[14]【빗을 담아 둔다.】

[簞.【盛櫛.】]

[冠冕圖03 :15-匴]

산(匴: 관 상자)[15]【('匴'의 음은) '蘇'와 '管'의 반절(산)이니, 관을 넣어 두는 상자[冠箱]이다.】

[匴.【蘇管反, 冠箱.】]

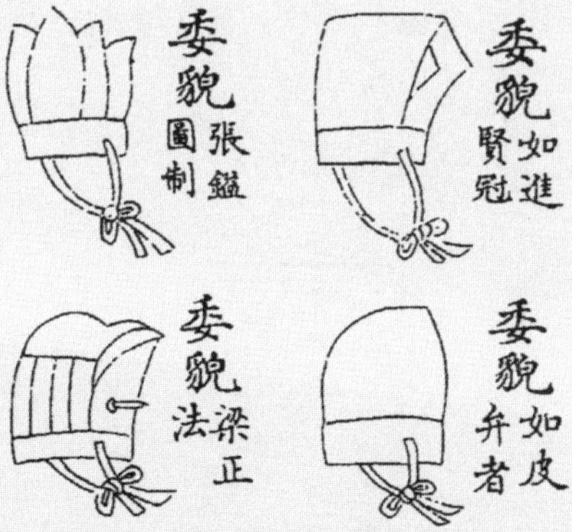

[冠冕圖03 :16-委貌]

위모(委貌)[16]【형태에 4가지가 있다.[17]】

[委貌.【形制有四】]

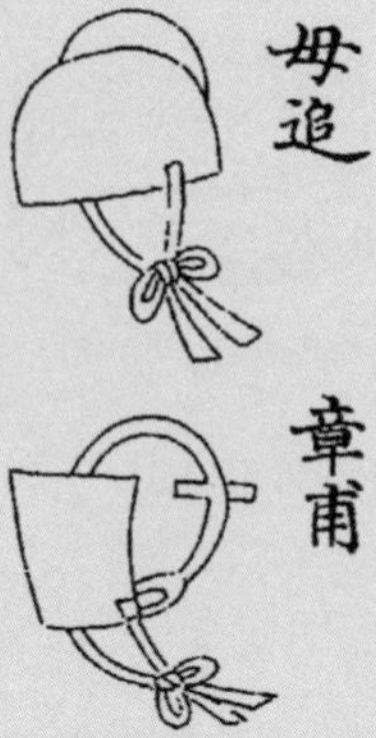

[冠冕圖03 : 17-毋追·章甫]

모퇴(毋追)[18]【음은 '堆(퇴)'이다.】

[毋追.【音堆.】]

장보(章甫)[19]【앞쪽은 너비가 4촌이고 높이가 5촌이며, 뒤쪽은 너비가 4촌이고 높이가 3촌이다. 아래로 기울어진 관의 정수리 부분은 길이와 높이를 알맞게 맞추는데 너비는 2촌이고, 네모진 수건은 3촌이다. 그 아래쪽으로 점점 좁아져서 가장자리에서 묶는다.】

[章甫.【前廣四寸高五寸, 後廣四寸高三寸. 落頂, 長短高下取稱, 廣二寸, 方帔三寸. 其下漸狹屬於紞.】]

[冠冕圖03 : 18-周弁]

주변(周弁)[20]【은나라의 후(冔)·하나라의 수(收)와 제도가 서로 유사하다.】

[周弁.【與殷冔·夏收, 制相類.】]

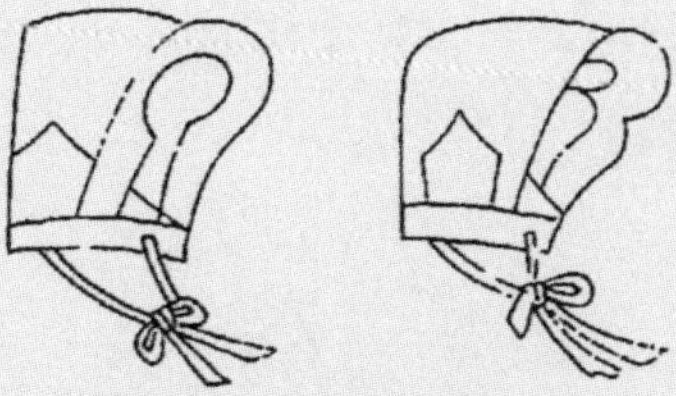

[冠冕圖03 :19-通天冠]

통천관(通天冠)㉑【『무덕령』「의복령」의 규정은 다음과 같다. "(통천관에는) 금박산(金博山)㉒을 장식하고, 부선(附蟬)㉓ 12개를 장식하며, 진주와 비취로 장식을 한다. (통천관 안에는) 검은색 개책(介幘)㉔을 쓰고, 비단 끈목으로 만든 관끈에 비취색의 관끈 장식을 하며[組纓翠緌], 옥이나 무소뿔로 만든 잠도(簪導: 관을 고정하는 장식물)㉕를 꽂는다. 강사포(絳紗袍: 진홍색의 깁으로 만든 핫옷)㉖에 흰색 깁으로 만든 홑 속옷[白紗中單]을 입는데 옷깃[領]·소맷부리[褾]·옷단[襈]·옷자락[裾]에 주색으로 가선장식을 한다. 흰색의 치마와 저고리[裙襦]를 입는데, 또한 치마·소매 없는 짧은 윗옷[裙衫]을 입기도 한다. 진홍색 깁으로 만든 폐슬(무릎가리개)을 착용하고, 흰색 가대(假帶)㉗를 두르고, 방심곡령(方心曲領)㉘을 한다. 그 혁대(革帶)·검·패옥[珮]·수(綬)의 제도는 대구복(大裘服)과 동일하다. 흰색 버선[白襪]에 검은색 신발[黑舃]을 신는다. 만약 아직 원복(元服: 冠禮)을 할 나이가 되지 못했다면 쌍동계(雙童髻)㉙를 틀고, 덮개가 없는 검은색 개책(介幘)을 쓰고, 한 쌍의 옥으로 만든 잠도(簪導: 관을 고정하는 머리장식)를 꽂는데 보옥으로 장식을 한다. 제사 지내고 환궁할 때, 동지와 매달 초하루에 조회를 받을 때, 정월 초하루의 조하를 받을 때[元會], 겨울에 제후의 조근으로 회동을 할 때[冬會], 이 통천관(通天冠)을 쓴다."】

[通天冠.【「衣服令」云, "加金博山, 附蟬十二首, 施珠翠, 黑介幘, 組纓翠緌, 簪導若玉犀, 絳紗袍, 白紗中單, 朱領·褾·襈·裾. 白裙襦, 亦裙衫也. 絳紗蔽膝, 白假帶, 方心曲領, 其革帶·劍·珮·綬與大裘服同. 白襪黑舃. 若未加元服, 則雙童髻, 空頂黑介幘, 雙玉

簪加寶飾. 祭還及冬至·[朔日][1]受朝·元會·冬會則服之.”】]

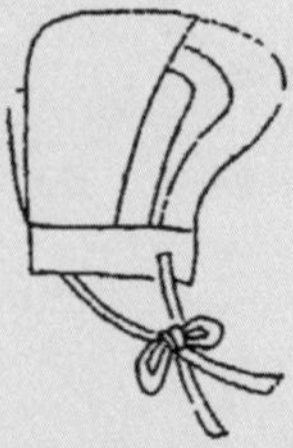

[冠冕圖03 :20-遠遊冠]

원유관(遠遊冠)㉚【『무덕령』「의복령」의 규정은 다음과 같다. “구복(具服: 朝服)㉛을 입고, 3량(梁)㉜의 원유관을 쓰는데, 금부선(金附蟬) 9개를 붙이고, 진주와 비취로 장식을 한다. 검은색 개책(介幘)을 쓰는데, 머리카락을 묶은 관끈에 비취색의 관끈장식을 하고[髮纓翠緌], 무소뿔로 만든 잠도(簪導: 관을 고정하는 머리장식)를 꽂는다. 강사포(絳紗袍: 진홍색의 깁으로 만든 핫옷)를 입는데, 치마는 홍색으로 한다. 흰색 깁으로 만든 홑 속옷[白紗中單]을 입는데, 옷깃[領]·소맷부리[褾]·옷단[襈]·옷자락[裾]에 검은색으로 가선장식을 한다. 흰색의 치마와 저고리[裙襦]를 입는데, 흰색 가대(假帶)를 두르고, 방심곡령(方心曲領)을 한다. 진홍색 깁으로 만든 폐슬(蔽膝: 무릎가리개)을 착용한다. 혁대를 두르는데, 금으로 만든 고리 모양의 허리띠 장식[鉤䚢]으로 양끝을 걸어 묶는다. 대대(大帶)를 두르는데, 흰색 비단으로 만들고 안쪽을 주색으로 하지 않으며, 또한 주색과 녹색으로 끈목을 만들고, 끈목으로 허리띠의 묶음부분을 고정시킨다. 옥구검(玉具劍)을 차는데, 황금과 보옥으로 만든 검에 칼집의 꼬리 부분과 칼자루 끝부분을 옥으로 장식한다. 유옥(瑜玉: 아름다운 옥)으로 장식한 쌍패(雙珮)를 찬다. 주색 끈목으로 매단 쌍대수(雙

1 冬至[朔日]: 저본에는 ‘冬至’ 다음에 ‘朔日’이 없지만 『舊唐書』 권45, 「輿服志」에 의거하여 보충하였다.

大綬)를 찬다. 4가지 채색으로 가선장식을 하는데 적색[赤]·백색[白]·담청색[縹]·녹색[綠]이며, 바탕은 순수한 주색으로 한다. (대수의) 길이는 1장 8척이며, 320수(首: 6,400올)로 짜는데, (수의) 너비는 9촌이다. 소수(小綬) 또한 쌍으로 차는데, 길이는 2척 6촌이며, 색은 대수(大綬)와 같은데 수(首)는 그 절반(180수)으로 한다. 허리 사이에 2개의 옥환(玉環)을 찬다. 흰색 버선[白襪]에 흑색 신발[黑舃]을 신는다. 아직 관례를 치르지 않았다면, 쌍동계(雙童髻)를 틀고, 덮개가 없는 검은색 개책(介幘)을 쓰는데, 쌍옥으로 만든 잠도(簪導)를 꽂고 보옥으로 문식을 한다. 종묘를 알현했다가 환궁할 때[謁廟還宮], 정월 초하루·동지·매달 초하루에 입조할 때, 석전(釋奠)의 예를 행할 때 이 원유관을 쓴다. 매달 초하루와 보름에 입조할 때는 고습(袴褶)[33]을 통용해서 입는다. 5일마다 정기적으로 입조할 때의 의복도 마땅히 이에 준해서 입는다. 공복(公服)을 착용할 경우에는 원유관과 잠도 이상은 모두 앞의 규정과 동일하다. 진홍색 깁으로 만든 홑 속옷[絳紗單衣]을 입고, 흰색의 치마와 저고리[裙襦]를 입는다. 혁대(革帶)를 두르는데, 금으로 만든 고리 모양의 허리띠 장식[鉤艓]으로 양끝을 걸어 묶는다. 가대(假帶)를 두른다. 유옥(瑜玉)으로 장식한 쌍패(雙珮)를 찬다. 방심곡령(方心曲領)을 하고, 수건[紛]과 수(綬)를 담는 가죽 주머니[鞶囊]를 찬다. 흰색 버선[白襪]에 검은색 가죽 신발[烏皮履]을 신는다. 5일마다 정기적으로 입조를 할 때, 정월 초하루와 동지에 궁신(宮臣)의 조하를 받을 때, 이 원유관을 쓴다. 여러 가죽 주머니[鞶囊]는 2품 이상은 금실로 만들고, 3품은 금은실로 만들고, 4품은 은실로 만들고, 5품은 비단실로 만든다. 여러 패옥[珮]의 경우 1품의 패옥은 현옥(玄玉: 검은 옥)으로 산의 문양을 만들고, 2품 이하에서 5품까지의 패옥은 창옥(蒼玉: 푸른 옥)으로 물의 문양을 만든다. 또 문관 7품 이상으로 조복을 착용하는 경우에는 잠도(비녀)를 꽂고 흰 붓을 잡으며, 무관 및 작위를 갖고 있는 경우에는 잠도를 꽂지 않는다."】

[遠遊冠.【「令」云, "具服, 遠遊三梁冠, 加金附蟬九首, 施珠翠. 黑介幘, 髮纓翠緌.

犀簪導. 絳紗[袍, 紅裳, 白紗]2中單, 皂領·褾·襈·裾. 白裾襦. 白假帶, 方心曲領, 絳紗蔽膝. 革帶金鉤鰈. 大帶素不朱裏, 亦組以朱綠, 紐約用組. 玉具劍, 金飾玉鏢首. 瑜玉雙珮, 朱組雙大綬, 四采, 赤·白·縹·綠, 純朱質, 長一丈八尺, 三百二十首, 廣九寸. 小綬亦雙, 長二尺六寸, 色同大綬而首半之, 間施二玉環. 白襪黑舄. 未冠則雙童髻, 空頂黑介幘, 雙玉導加寶飾. 謁廟還宮, 元日·冬至·朔日入朝, 釋奠則服之. 朔望日入朝, 通服袴褶. 五日常服當准此. 若公服, 遠遊冠簪導已上並同前. 絳紗單衣, 白裾襦. 革帶金鉤鰈, 假帶, 瑜玉雙珮, 方心, 紛, 鞶囊, 白襪, 烏皮履. 五日常朝, 元日·冬至受宮臣朝, 則服之. 諸鞶囊, 二品已上金縷, 三品金銀縷, 四品銀縷, 五品綵縷, 諸珮, 一品珮山玄玉, 二品已下五品已上珮水蒼玉. 又文官七品已上服朝服者, 簪·白筆, 武官及有爵者不簪."】

[冠冕圖03:21-高山冠]

고산관(高山冠)㉞【또한 '측주(側注)'라고도 한다.】

[高山冠.【亦曰'側注'.】]

2 [袍紅裳白紗]: 저본에는 '袍紅裳白紗'의 5글자가 없으나 『新唐書』 권24, 「車服志」에 의거하여 보충하였다.

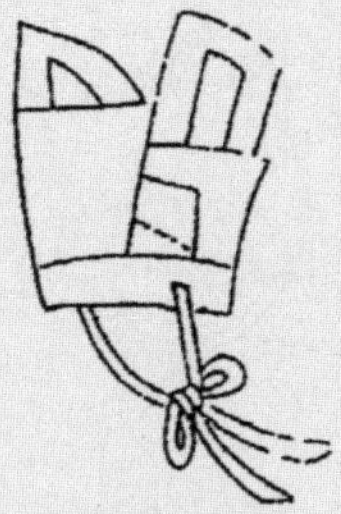

[冠冕圖03 :22-長冠]

장관(長冠)㉟【한나라 고조가 천명을 받고 나라를 세웠을 때 처음 장관(長冠)을 제정하였고, 이 관을 쓰고서 종묘에 들어갔다.】

[長冠.【漢祖受命創業, 始制長冠, 以入宗廟.】]

[冠冕圖03 :23-法冠]

법관(法冠)㊱【'해치관(獬豸冠)'이라고도 한다. 관이 처음 만들어졌을 때는 뿔이 하나였으니, 오늘날과 혹 다른 듯하다.】

[法冠.【一曰'獬豸冠', 冠制作一角, 與今或異.】]

[冠冕圖03 :24-建華冠]

건화관(建華冠)㊲

[建華冠.]

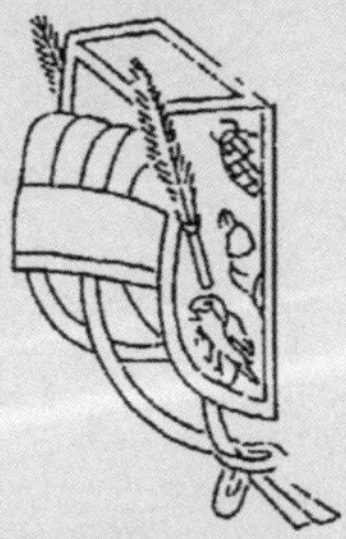

[冠冕圖03 :25-武弁大冠]

무변(武弁)㊳

[武弁.]

대관(大冠)㊴

[大冠.]

[冠冕圖03 :26-術氏冠]

술씨관(術氏冠)⑩

[術氏冠.]

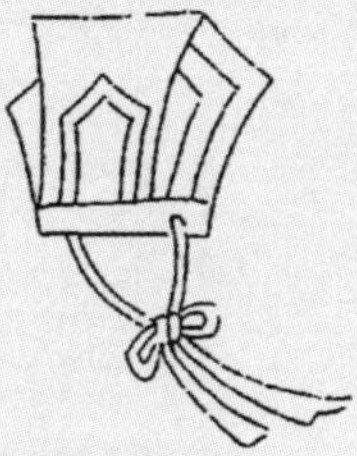

[冠冕圖03 :27-方山冠]

방산관(方山冠)⑪

[方山冠.]

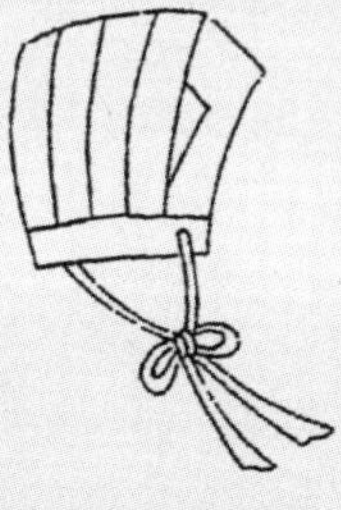

[冠冕圖03 :28-巧士冠]

교사관(巧士冠)⑫

[巧士冠.]

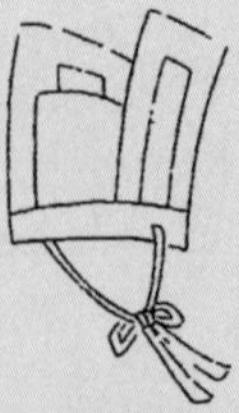

[冠冕圖03 :29-㕁非冠]

각비관(㕁非冠)[43]

[㕁非冠.]

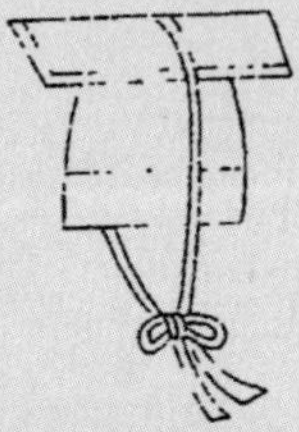

[冠冕圖03 :30-樊噲冠]

번쾌관(樊噲冠)[44]

[樊噲冠.]

[冠冕圖03 :31-㕁敵冠]

각적관(㕁敵冠)[45]

[㕁敵冠.]

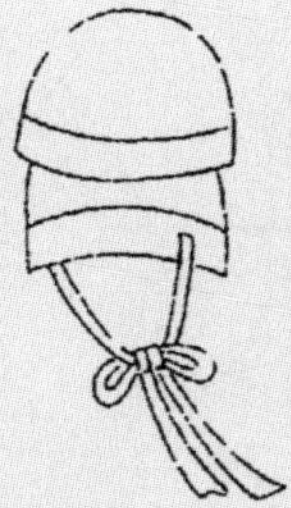

[冠冕圖03 :32-章甫冠]

장보관(章甫冠)【(이 장보관은 은나라의 冔와) 별도로 만든 것이므로 거듭 도상으로 나타내었다.㊻】

[章甫冠.【制別重出.】]

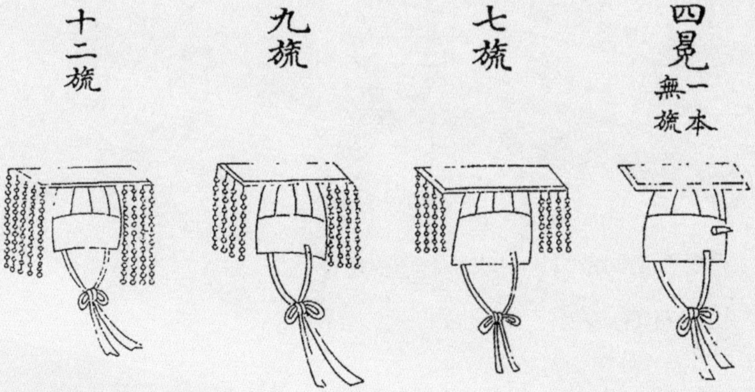

[冠冕圖03 :33-四冕]

사면(四冕)㊼【숙손통이 주나라 제도를 본받아서 만든 것이다.】

[四冕.【叔孫通法周制.】]

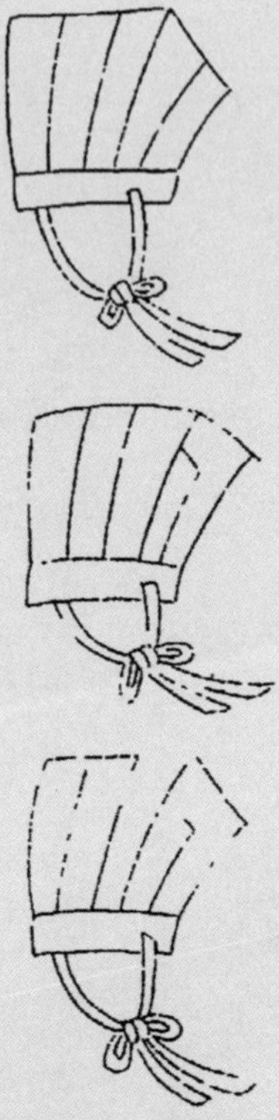

[冠冕圖03 :34-進賢冠]

진현관(進賢冠)[48]【3가지의 형태가 있다.】

[進賢冠.【有三制】]

역주

① 장차 관례를 치르려는 자가 입는다: 『의례』「사관례」에 "장차 관을 쓸 사람은 채의(采衣)를 입고, 머리를 땋아 묶어 상투를 틀고[紒] 방 안에서 남쪽을 향해 선다.[將冠者采衣, 紒, 在房中, 南面.]"고 하였다. 정현의 주에는 "'채의'는 아직 관례를 치르지 않은 미성년자가 입는 옷이다. 『예기』「옥조」에 '동자(미성년자)의 예절에서는 검은 베로 만든 윗옷에 화려한 무늬 비단[錦]으로 가선을 두르고, 허리띠[紳] 및 허리띠의 묶음부분을 고정하는 끈[紐約]을 화려한 무늬 비단으로 만들며, 화려한 무늬 비단으로 머리카락을 묶는데, 이때 모두 붉은색의 비단을 사용한다.'고 하였다.['采衣', 未冠者所服. 「玉藻」曰, '童子之節也, 緇布衣, 錦緣, 錦紳, 并紐, 錦束髮, 皆朱錦也.']"라고 하였다. '채의(采衣)'는 관례를 치르지 않은 미성년자의 복장이다. 검은색 베로 만든 옷에 비단으로 가선을 둘러 문식을 한 것이다. 따라서 문식하였다는 의미로 '채의(彩衣)'라고도 한다.

동자복(채의)
『欽定儀禮義疏』(청)

② 치포관(緇布冠): 검은색 베로 짠 관으로, 관례를 행할 때 첫 번째 씌워 주는 관이며, 또한 서인들이 평소 쓰는 관이다. 치포관에는 비녀를 사용하지 않고, 규항(缺項)으로 관을 고정한다. 관례에서는 세 차례 관을 씌워 주는데, 이를 '삼가(三加)'라고 한다. 첫 번째는 치포관(緇布冠)을 씌워 주고, 두 번째는 피변(皮弁)을 씌워 주고, 세 번째는 작변(爵弁)을 씌워 준다. 피변은 치포관보다 존귀하고, 작변은 또 피변보다 존귀하다.(『의례』「사관례」 참조.)

③ 제후의 관례(冠禮)에서~장식이 없다: 『예기』「옥조」에 "치포관에 채색으로 관끈 장식을 하는 것은 제후의 관이다.[緇布冠繢緌, 諸侯之冠也.]"라고 하였다. 정현의 주에는 "제후의 치포관에는 관끈 장식[緌]이 있

는데 존귀한 자의 문식이다.[諸侯緇布冠有緌, 尊者飾也.]"라고 하였다. 『예기집설』「옥조」 진호(陳澔)의 주에는 "제후는 비록 치포관이지만 오히려 여러 색채를 넣은 수를 사용하여 관끈의 장식을 만드는데, 이것은 존귀한 자를 위한 문식일 뿐이지 옛 제도는 아니다.[諸侯雖是緇布冠, 却用雜采之繢爲纓緌, 爲尊者飾耳, 非古制也.]"라고 하였다.

④ '관끈(纓)'은~'유(緌: 관끈 장식)'라고 한다: '緌'는 '蕤'라고도 하는데, 관끈이 아래로 늘어뜨려진 부분을 가리킨다. 『예기정의』「내칙(內則)」 정현의 주에 "'유(緌)'는 관끈의 문식이다.['緌', 纓之飾也.]"라고 하였는데, 공영달의 소에는 "관끈을 묶고 턱 아래로 내려서 관을 고정시키면, 묶은 나머지는 흩어져 아래로 늘어뜨려지는데, 이것을 '유(緌)'라고 한다.[結纓頷下, 以固冠, 結之餘者, 散而下垂, 謂之緌.]"고 하였다. 치포관에는 관의 테두리가 있는데 이를 '무(武)'라고 하고, 관의 테두리[武] 위에 정수리를 덮는 부분이 있는데 앞쪽에서 뒤쪽으로 머리를 가로지른다. 관의 테두리 양측에 관을 묶는 2개의 끈이 있는데, 턱 아래에서 묶어서 관을 고정한다. 이를 '영(纓: 관끈)'이라 한다. 영(纓)을 묶고 난 나머지 끈은 아래로 늘어뜨리는데, 이를 '유(緌: 관끈 장식)'라고 한다.

⑤ 태고시대에는~물을 들였다: 같은 문장이 『의례』「사관례·기(記)」에도 보이는데(大古冠布, 齊則緇之.), 정현은 "옛날을 중시하기 때문에 첫 번째 관을 씌울 때는 재계할 때의 관을 씌운다.[重古, 始冠冠其齊冠.]"고 하였다. 검은 베로 만든 관, 즉 '치포관'은 옛날에 재계할 때 쓰던 관인데, 이를 중시하기 때문에 관례(冠禮)에서 첫 번째 관을 씌울 때 현관(玄冠)을 사용하지 않고 치포관을 사용한다는 뜻이다.

⑥ 규항(頍項): '頍'는 본래 『의례』「사관례」에는 '缺'로 되어 있는데, 정현은 '缺'는 『시』「소아·규변(頍弁)」에서 "頍를 장식한 피변이여, 이는 무

엇을 하려고 썼는가?[有頍者弁, 實維伊何.]"라고 할 때의 '頍'의 뜻으로 읽는다고 하였다. 호배휘(胡培翬)는 '규(頍)의 형상이 권책(卷幘)에서 생겨났다'는 전제에서 '규(頍)'를 '비녀가 없는 치포관[䌖]'으로 보았다.(『儀禮正義』 권1, 46쪽 참조.) 한편 '규항(缺項)'이 정확히 무엇을 의미하는가에 대해서는 정설이 없다. 정현과 호배휘의 설명에 따르면, '규항'은 치포관을 머리에 고정하는 작용을 하는 치포관의 부속물이다. 치포관에는 관을 고정하는 비녀[笄]가 따로 없고, 관을 묶을 수 있는 관끈[紘]도 없다. 이 때문에 규항으로 관을 고정한다. 규항의 네 귀퉁이마다 두 갈래로 된 작은 끈[緌]이 있어 치포관을 쓸 때 이 끈을 관의 테두리[武]에 묶어서 규항을 관과 연결한다. 또한 규항의 양끝에 매듭을 하나씩 맺고, 이 매듭에 조그만 끈[纓]을 꿴다. 그리고 머리에 규항을 두른 후 끈[纓]을 목 뒤에서 턱 앞으로 오게 하여 묶어서 치포관을 머리에 고정한다. '규항'을 둘러싼 매우 복잡하고 기나긴 역대 논쟁에 대해서는 호배휘의 『의례정의』 권1, 45~48쪽 참조.

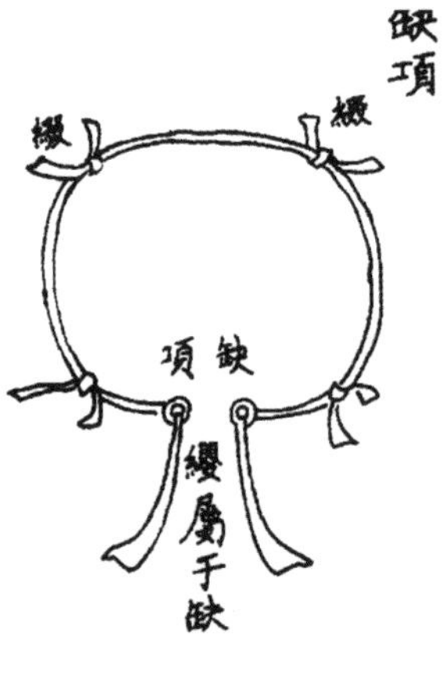

규항(頍項)
黃以周,『禮書通故』(청)

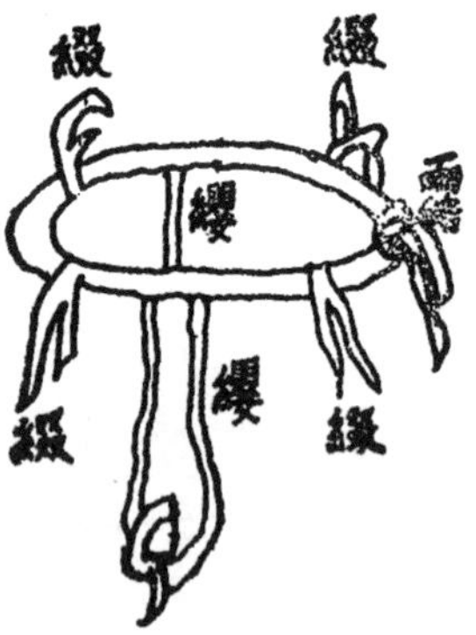

규항(頍項)
楊天宇,『儀禮譯注』

⑦ 쇄(纚: 머리싸개): 머리카락을 싸서 묶는 비단, 즉 '머리싸개'이다. 정현에 의하면, 머리를 싸매는 두건인 한대의 책량(幘梁)과 같은 것으로, 너비는 온폭으로 하고, 길이는 6척이다.('纚', 今之幘梁也. 纚一幅, 長六尺, 足以韜髮而結之矣.) '纚'의 음에 대해서 육덕명(陸德明)은 '所'와 '買'의 반절(反切)이며, 또 '所'와 '綺'의 반절(反切)이라고 하였다.(『經典釋文』 권8, 「周禮音義上·天官冢宰下 '追師'」)

쇄(纚)
黃以周, 『禮書通故』(청)

⑧ 피변(皮弁): 흰 사슴의 가죽으로 만든 관의 명칭으로, 제후가 천자에게 조회를 할 때, 제후들이 서로 빙문을 할 때, 제후가 신하들과 시삭(視朔)을 할 때, 그리고 사(士)의 관례(冠禮)에서 두 번째 관을 씌울 때 이 피변을 씌운다.

⑨ 관(冠)과 변(弁): '변(弁)'은 주나라 귀족들의 수복(首服)의 명칭으로, 하나라 때는 '수(收)'라고 칭했고, 은나라 때는 '후(冔)'라고 칭했다. 나누어서 말하면 수복에는 면(冕)·관(冠)·변(弁)의 구분이 있는데, 통언하면 면(冕)

과 변(弁)도 모두 관(冠)이라 한다. '변'의 제도는 위쪽은 뾰족하고 아래쪽은 넓어서 원추형이 된다.(白玉林·遲鐸, 『三禮文化辭典』, 222쪽 '弁' 항목 참조.)

⑩ 작변(爵弁): 예관(禮冠)의 일종으로 면(冕: 면관은 작변에서 유래함)보다 한 등급 아래이다. 형태는 면관과 같은데, 류(旒: 오채색의 옥을 꿴 술)가 없으며, 검붉은색을 띠는 30승(升)의 베나 비단으로 만든다. '爵'은 '雀'과 통하는 글자로, 관의 색이 '雀' 즉 참새의 머리처럼 검붉은색이기 때문에 '작변'이라 칭한 것이다. 대부가 가묘에서 제사 지내거나, 사가 군주를 위해 조제(助祭)를 하거나, 사의 혼례에서 친영을 할 때, 그리고 관례에서 세 번째로 관을 씌울 때 이 작변을 쓴다. 『후한서』「여복지 하」에 "작변(雀弁)은 일명 '면(冕)'이라고도 한다. 너비는 8촌, 길이는 1척 2촌으로 형태는 참새와 같으며, 앞쪽은 작고 뒤쪽은 크며, 위쪽을 비단으로 덮는데 참새 머리의 색과 유사하고, 수(收)가 있어 비녀를 지탱한다. 이른바 하나라의 수(收)·은나라의 후(冔)이다. 천지(天地)·오사(五祀)·오교(五郊)·명당(明堂)에서 제사 지낼 때 운교무(雲翹舞)를 추는 악인들이 작변을 쓴다.[爵弁, 一名冕. 廣八寸, 長尺二寸, 如爵形, 前小後大, 繒其上似爵頭色, 有收持笄, 所謂夏收殷冔者也. 祠天地五郊明堂, 雲翹舞樂人服之.]"고 하였다.

⑪ 계(笄: 비녀): 머리장식의 일종으로, 그 용도로 말하면 두 가지가 있다. 하나는 괄계(髻笄)·쇄계(纚笄) 등 묶은 머리카락을 안정시키기 위한 비녀로서, 남녀 모두 사용한다. 다른 하나는 옥계(玉笄)처럼 관을 고정시키기 위한 비녀로서, 남자만 사용한다. 재질로 말하면, 나무로 만든 것, 옥으로 만든 것, 상아로 만든 것 등이 있다.(白玉林·遲鐸, 『三禮文化辭典』, 702쪽 '笄' 항목 참조.)

⑫ 굉(紘: 한 가닥의 관끈): 관을 매다는 비단 끈을 말한다. 면(冕)·변(弁)·현

관(玄冠) 등 비녀를 꽂는 관의 경우에는, 한쪽 끝을 비녀의 왼쪽 끝에 걸고, 다른 한쪽 끝을 아래로 내려뜨렸다가 턱 아래에서 다시 위쪽으로 구부려 올려서 비녀의 오른쪽 끝에 매달아 묶고, 남는 부분은 아래로 내려뜨려 장식물로 삼는다. 이 한 가닥의 관끈을 '굉(紘)'이라고 한다. 비녀를 꽂지 않는 치포관(緇布冠)의 경우, 두 가닥의 끈을 관의 테두리 양측에 묶고, 양쪽 옆으로 내려서 턱 아래에서 두 가닥을 묶는데, 이 두 가닥의 관끈을 '영(纓)'이라 한다.

굉(紘)
黃以周, 『禮書通故』(청)

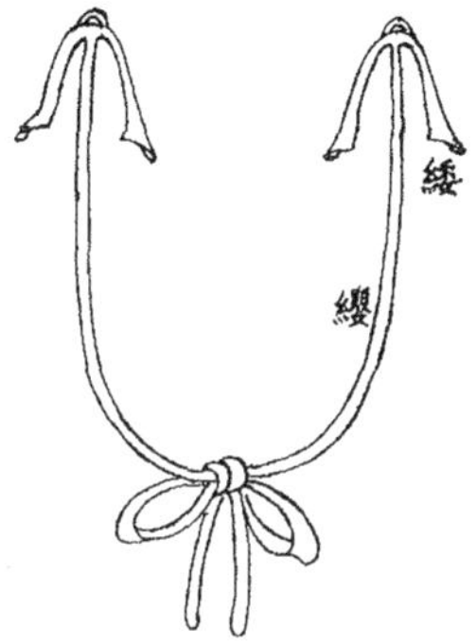

유영(緌纓)
黃以周, 『禮書通故』(청)

규항(頍項)
楊天宇, 『儀禮譯注』

⑬ 협(篋: 장방형의 상자): 장방형의 작은 상자를 말한다. 『의례』「사관례」 정현의 주에 "장방형의 상자를 '협(篋)'이라고 한다.[隨方曰'篋']"고 하였다. 또 『의례』「사관례」의 경문에는 치포관(緇布冠)·규항(缺項)·청색의 끈목으로 만든 두 가닥의 관끈[靑組纓]·검은색의 머리싸개[緇纚]·비녀[笄]·검은색의 끈목으로 만든 한 가닥의 관끈[緇組紘] 등 6가지 종류의 물건들을 이 장방형의 상자[篋]에 함께 넣어 둔다고 하였다.(緇布冠缺項, 靑組纓屬于缺. 緇纚, 廣終幅, 長六尺. 皮弁笄, 爵弁笄, 緇組紘, 纁邊. 同篋.)

⑭ 단(簞: 둥근 대광주리): 『의례』「사관례」에 "빗[櫛]은 단(簞) 안에 넣어 둔다.[櫛實于簞]"고 하였는데, 정현의 주에는 "'단(簞)'은 둥근 대광주리이다.['簞', 笥也.]"라고 하였다. 『예기』「곡례 상」 정현의 주에는 "'단사(簞笥)'는 밥을 담는 대광주리로, 둥근 것을 '단(簞)'이라고 하고, 네모난 것을 '사(笥)'라고 한다.['簞笥', 盛飯食者, 圜曰簞, 方曰笥.]"고 하였다.

⑮ 산(匴: 관 상자): 『의례』「사관례」 정현의 주에 "산(匴)'은 대나무로 만든 그릇의 명칭으로, 오늘날의 관상(冠箱)이다.['匴', 竹器名, 今之冠箱也.]"라고 하였다.

⑯ 위모(委貌): 곧 현관(玄冠)으로서, 검은색 비단으로 만든다. 『후한서』, 「여복지 하」에 위모의 제도에 대해서 "길이는 7촌이고, 높이는 4촌으로, 모양은 엎어 놓은 술잔과 같은데 앞쪽은 높고 넓으며, 뒤쪽은 낮고 뾰족하다. 이른바 하나라의 모퇴(毋追)·은나라의 장보(章甫)라는 것이다. '위모'는 검은색 비단으로 만들고, 피변은 사슴 가죽으로 만든다. 벽옹에서 대사례를 행할 때 공경·제후·대부로서 예를 행하는 사람은 관으로 위모(委貌)를 쓰고, 검은 윗옷[玄端]에 흰색 치마[素裳]를 착용한다.[長七寸, 高四寸, 制如覆杯, 前高廣, 後卑銳, 所謂夏之毋追, 殷之章甫者也. 委貌以皁絹爲之, 皮弁以鹿皮爲之. 行大射禮於辟雍, 公卿·諸侯·大夫行禮者, 冠委貌, 衣玄端素裳.]"고 하였다.

⑰ 형태에 4가지가 있다: 진현관(進賢冠)의 형식·피변(皮弁)의 형식·장일(張鎰)과 양정(梁正)의 『삼례도』의 법식 등의 4가지 형태를 말한다. 상세한 것은 [冠冕圖03: 16-委貌] 참조.

⑱ 모퇴(毋追): 하나라 시대 현관(玄冠)의 명칭으로 검은색의 베로 만든다. 『의례』「사관례」 정현의 주에 "'모(毋)'는 발성조사이다. '퇴(追)'는 높이 쌓는다[堆]는 뜻과 같다. 하후씨는 질박하니, 그 형태를 가지고 명칭

을 삼은 것이다.[‘毋’, 發聲也. ‘追’猶堆也. 夏后氏質, 以其形名之.]”라고 하였다. 『예기집설(禮記集說)』「교특생(郊特牲)」 진호(陳澔)의 주에 “위모(委貌)·장보(章甫)·모퇴(毋追) 등은 모두 치포관(緇布冠)이다. 다만 삼대(三代)에 명칭을 바꾼 것이 달랐으니, 그 형태 또한 응당 달랐을 것이다.[委貌·章甫·毋追, 皆緇布冠, 但三代之易名不同, 而其形制亦應異耳.]”라고 하였다.

⑲ 장보(章甫): 은나라 때의 관의 명칭으로 주나라 때의 현관(玄冠)에 상당한다. 『예기정의』「교특생」 공영달의 소에 “삼대에는 모두 검은색의 베[緇布]를 사용하여 관을 만들었는데, 그 형태는 스스로 달리하여 주나라에서는 위모의 형태를 만들었고, 은나라에서는 장보의 형태를 만들었고, 하나라에서는 모퇴의 형태를 만들었다.[三代乃俱用緇布, 而其形自殊, 周爲委貌之形, 殷則爲章甫之形, 夏則爲毋追之形.]”고 하였다. 즉 하나라의 모퇴, 은나라의 장보, 주나라의 위모는 모두 검은색의 현관이라는 점에서 본다면 동물(同物)의 이칭(異稱)이라 할 수 있다.

⑳ 주변(周弁): 『예기』「왕제」에 주나라에서는 ‘변(弁)’, 은나라에서는 ‘후(冔)’, 하나라에서는 ‘수(收)’의 관을 썼다고 하였는데(周弁, 殷冔, 夏收), 정현은 재계할 때 쓰던 관이라고 하였고(齊所服而祭也), 진호(陳澔)는 하·은·주 각 시대에 관례를 거행할 때 세 번째 씌우는 관이라고 하였다.(周之弁·殷之冔·夏之收, 各是時王所制, 以爲三加之冠.) 또 섭숭의에 의하면, 이 세 가지 관은 그 형태가 대체로 유사하며 모두 30승의 베로 만드는데, 너비는 8촌 길이는 1척 6촌, 앞쪽은 둥글고 뒤쪽은 네모지며, 류(旒)가 없고, 검붉은색이다. 상세한 것은 [冠冕圖03: 18-周弁] 참조.

㉑ 통천관(通天冠): 진(秦)에서 유래한 관으로, 진이 전국을 통일한 후 본래 자신들이 쓰던 통천관을 황제의 평상복에 쓰는 관으로 사용하였다. 한

대에도 역시 진나라를 따랐고, 위진·남북조 시기의 각 왕조도 통천관을 계속 사용했다. 다만 처음에는 평상시에 쓰던 관이었는데 후에는 점차 조복(朝服)에 쓰는 관으로 변했다. 즉 통천관은 상관(常冠)에서 조관(朝冠)으로 등급이 높아진 것이다. 통천관을 조복에 쓰는 경향은 이미 한대부터 나타났다. 단 이때는 조복에도 쓰고 상복에도 썼다. 위진·남북조 시기의 각 왕조도 이와 마찬가지였다. 통천관복이 상복으로 착용되지 않고 조복으로만 규정된 것은 북제(北齊) 때부터다.(『後漢書』 권40, 「輿服志 下」, "通天冠…乘輿所常服." ; 『獨斷』 卷下, "通天冠, 天子常服, 漢受之秦." ; 『晉書』 권25, 「輿服志」, "通天冠, 本秦制.…乘輿所常服也." ; 『南齊書』 「輿服志」 : "通天冠, 黑介幘,…乘輿常·朝所服.")

㉒ 금박산(金博山): 통천관의 이마 정중앙에 금으로 산 모양을 새겨서 장식한 장식물을 말한다. 『진서(晉書)』 권25, 「여복지」에 "조복에 통천관을 쓰는데 높이 9촌이며, 관의 앞부분에 금박산을 장식한다.[其朝服, 通天冠高九寸, 金博山顏.]"고 하였다.

㉓ 부선(附蟬): 관의 앞쪽에 매미의 형상을 조각하여 붙인 장식물을 말한다. '매미[蟬]'를 장식하는 것은 매미가 높은 곳에 살면서 이슬처럼 깨끗한 것을 먹는 뜻을 취한 것이다. 최표(崔豹)의 『고금주(古今注)』 「여복(輿服)」에 "매미는 그 맑고 비움으로 변화를 인식하는 뜻을 취한 것이다. 높은 지위에 있는 자는 문식이 있으면서도 스스로 빛내지 않고, 무력이 있으면서도 남에게 과시하지 않으니, 맑고 비움으로 스스로를 다스려서 때를 알고 움직인다.[蟬取其清虛識變也. 在位者, 有文而不自耀, 有武而不示人, 清虛自牧, 識時而動也.]"고 하였다. 『한서』 「연날왕유단전(燕剌王劉旦傳)」에 "낭중으로 시종을 하는 자로서 초우(貂羽)와 황금부선(黃金附蟬)을 착용하는 자를 모두 '시중'이라 칭한다.[郎中侍從者, 著貂羽,

黃金附蟬, 皆號侍中.]"고 하였는데, 안사고(顏師古)의 주에 "'부선(附蟬)은 황금 매미를 만들어 관 앞쪽에 부친 것이다. … 초우와 부선은 또 천자의 시중이 관에 장식하는 것이다.[附蟬, 爲金蟬以附冠前也. … 而貂羽附蟬, 又天子侍中之飾.]"라고 하였다.

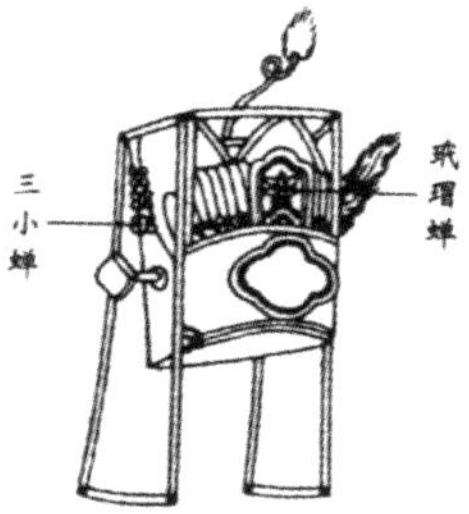

부선(附蟬)
孫晨陽·張珂, 『中國古代服飾辭典』

㉔ 개책(介幘): '책'은 머리를 감싸는 두건으로, 주로 문리(文吏)들이 쓰는데, 한당시대에 크게 유행하였다. 채옹(蔡邕)의 『독단(獨斷)』 권하에 "'책'은 옛날의 비천한 자들이나 일을 집행할 때 관을 쓰지 못하는 자들이 착용하던 것이다[幘者, 古之卑賤執事不冠者之所服也.]"라고 하였다. 『진서』 권25, 「여복지」에 "'책'은 옛날 천한 사람이나 관을 쓰지 못하는 자들이 쓰던 관이다. … 『한주(漢注)』에 '진현관을 쓰는 자는 이(耳: 책의 후반 부분)를 길게 해야 하니, 오늘날의 개책(介幘)이다. 혜문관을 쓰는 자는 이(耳)를 짧게 해야 하니, 오늘날의 평상책(平上幘)이다.' 라고 하였다. … '개책'은 문리들이 쓰고, '평상책'은 무관들이 쓴다.[幘者, 古賤人不冠者之服也. … 『漢注』曰, '冠進賢者, 宜長耳, 今介幘也. 冠惠文者, 宜短耳, 今平上幘也. … 介幘服文吏, 平上幘服武官也.]"고 하였다. 『수서』 권11, 「예의지(6)」에서는 "'책'은 존비와 귀천이 모두 착용

한다. 문관은 이(耳)를 길게 하니 이를 '개책(介幘)'이라 하고, 무관은 이(耳)를 짧게 하니 이를 '상책(上幘)'이라 한다.['幘', 尊卑貴賤皆服之. 文者長耳, 謂之介幘, 武者短耳, 謂之平上幘.]"고 하였다.

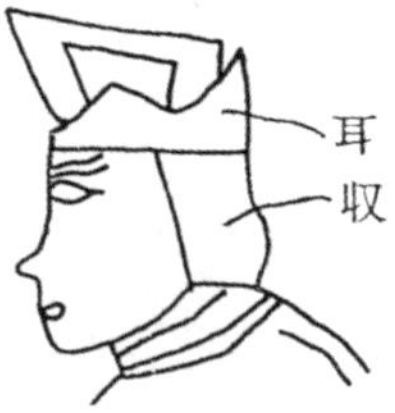

책(幘)-이(耳)
『史適』8, 1987, (『독단의 연구(7)』)

㉕ 잠도(簪導: 관을 고정하는 장식물): 간략히 '도(導)'라고도 칭하고 또 '계도(笄導)' 혹은 '낙빈(掠鬢)'이라고도 한다. 남자가 머리카락을 묶거나 관을 고정할 때 사용한다. 옥이나 돌[玉石]·무소의 뿔[犀角]·상아 혹은 대모(玳瑁) 등으로 만든다. 그 형태가 비녀[簪]와 유사한데, 비녀에 비해 납작하고 평평하다. 수건으로 머리카락을 묶은 후, 남은 머리카락이 있으면 잠도로 끌어당겨 수건 안으로 넣고, 사용을 마치면 머리카락 사이에 꽂는다. 후한 이후 일반적으로 사용되었으며, 관직의 등급을 나타내는 용도로 사용되었다. 남북조 시대에 크게 유행했지만, 당대 이후 그 명칭만 남아 있고 상용되지는 못했다. 유희(劉熙)의 『석명(釋名)』「석수식(釋首飾)」에 "잠(簪)은 세운다[建]는 뜻이니, 머리카락에 관을 세우는 기구이다. … '도(導)'는 귀밑털을 다듬어서 두건의 안으로 들어가게 하는 기구이다.[簪, 建也, 所以建冠於髮也…導,所以導擽鬢髮, 使入巾幘之裏也.]"라고 하였다.(孫晨陽·張珂, 『中國古代服飾辭典』, 327쪽 '簪導' 항목 참조)

㉖ 강사포(絳紗袍: 진홍색의 깁으로 만든 홑옷): '주사포(朱紗袍)'라고도 하는데,

진홍색 깁으로 만든 핫옷을 말한다. 황제·황태자가 조회·제사·책봉 등 중대한 전례를 행할 때 착용하는 의복이다. 진홍색의 깁으로 만들며, 안쪽은 붉은색, 옷깃·소매·옷자락에 모두 검은색의 가선장식을 한다. 일반적으로 통천관을 쓰고, 흰색 깁으로 만든 홑 속옷[白紗中單], 흰색의 치마와 저고리[白裙襦], 진홍색 깁으로 만든 폐슬[絳紗蔽膝]을 일습으로 착용한다. 진대(晉代)에 처음 출현했는데, 황제는 조회를 볼 때 통천관을 쓰고 강사포를 입으며, 황태자와 제왕(諸王)은 조복으로 원유관(遠遊冠)을 쓰고 강사포를 입었다. 당대에도 이와 같았지만 제왕의 경우 강사포를 입지 않았다. 『수서』 권11, 「예의지(6)」에 "또 통천관이 있는데, 높이 9촌이고, 앞쪽에는 금박산·술(述: 도요새 문양)의 장식을 하고, 검은색 개책(黑介幘)을 쓰며, 강사포(絳紗袍 : 진홍색의 깁으로 만든 포)에 검은색으로 가선장식을 한 중의(中衣)를 입고, 검은색 신발[黑舃]을 신으니, 이것으로 조복(朝服)을 삼는다.[又有通天冠, 高九寸, 前加金博山·述, 黑介幘, 絳紗袍, 皁緣中衣, 黑舃, 是爲朝服.]"고 하였다.(孫晨陽·張珂, 『中國古代服飾辭典』, 398쪽 '絳紗布' 항목 참조.)

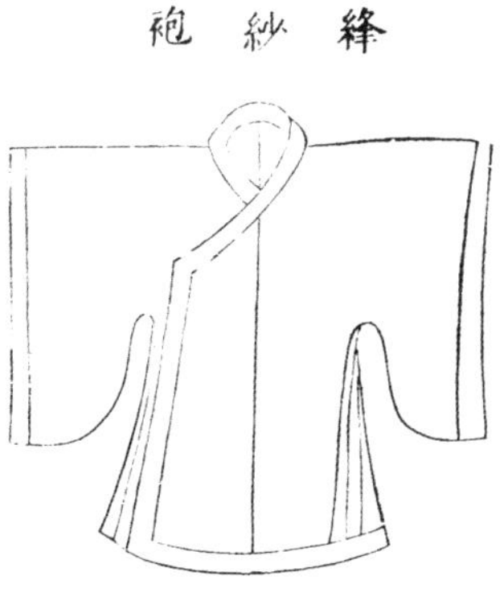

강사포(絳紗袍)
王圻, 『三才圖會』(명)

㉗ 가대(假帶): '가대(假帶)'의 실체는 분명하지 않다. '가(假)'는 '대(大)'의 뜻이므로 대대(大帶)를 의미하는 것으로 보이며, 왕기(王圻)의 『삼재도회』에도 가대(假帶: 大帶)를 혁대(革帶)와 한 묶음으로 그려 넣었는데, 그 모양이 '대대'와 유사하다. 하지만 아래 '원유관'의 규정에서 '가대'에 이어 '대대'에 관한 규정이 별도로 언급되어 있으므로 '가대'가 '대대'라고 단정하기는 어렵다.

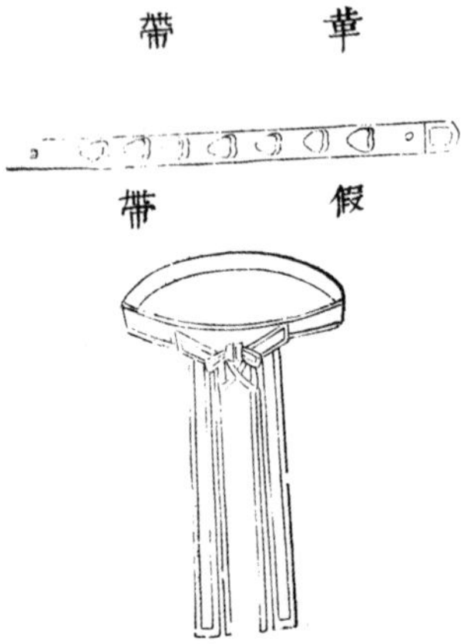

혁대(革帶)와 가대(假帶)
王圻, 『三才圖會』(명)

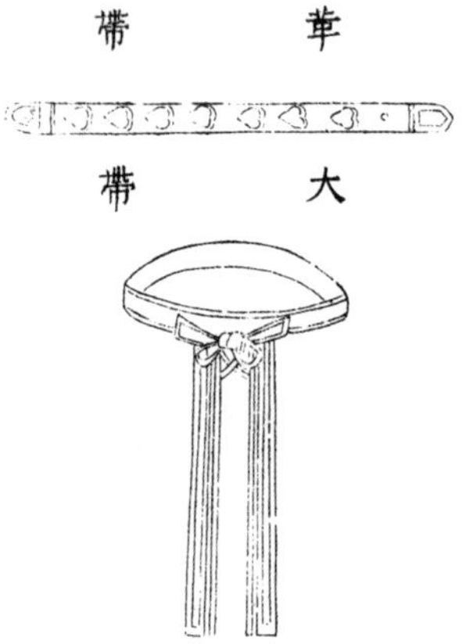

혁대(革帶)와 가대(假帶: 大帶)
王圻, 『三才圖會』(명)

㉘ 방심곡령(方心曲領): 황제나 관리들이 조복을 입을 때 내의의 가슴 앞·목 아래에 부착한 둥근 깃 장식을 말한다. 황제 및 7품 이상의 관리들이 사용하였다. 한대에서 수당시대에 유행하였다. 그 제도는 상원하방(上圓下方)의 형식으로 흰 비단으로 만든다.

방심곡령(方心曲領)
王圻, 『三才圖會』(명)

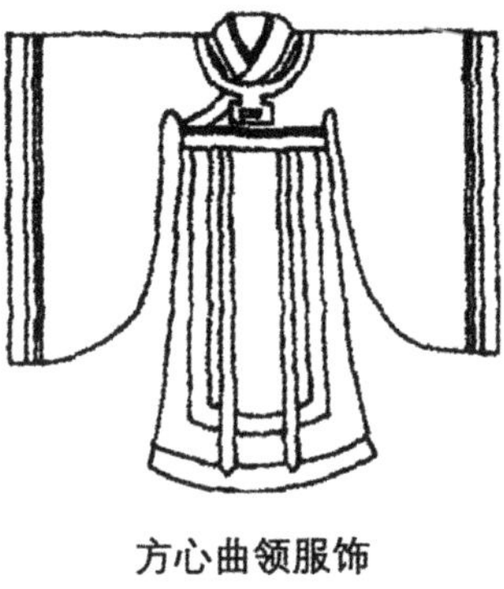

방심곡령(方心曲領)
孫晨陽·張珂, 『中國古代服飾辭典』

㉙ 쌍동계(雙童髻) : 관례를 치르기 전의 어린아이 머리 위 양쪽에 틀어 올리는 두 개의 동그란 상투이다. '총각(總角)'이라고도 한다. 그 모양이 짐승의 뿔[角]과 같고, 상투의 밑동을 끈[總]으로 묶기 때문에 붙여진 명칭이다. 상투가 두 개이므로, 덮개가 없는 검은 개책을 쓸 때 두 개의 비녀를 꽂는다.

㉚ 원유관(遠遊冠): 제후왕이나 황태자, 친왕 등이 쓰는 관이다. 『후한서』 권40, 「여복지 하」에 "원유관은 형태는 통천관과 같다. 관의 앞면에 전통(展筩: 관 앞면의 뿔 모양 장식물)을 가로로 장식하지만, 박산(博山: 이마 정중앙의 산 문양 장식)과 술(述: 도요새 문양 장식)의 장식은 없다. 제왕(諸王)이 쓰는 관이다.[遠遊冠, 制如通天, 有展筩橫之於前, 無山述, 諸王所服也.]"라고 하였다. 또 『통전』 권57, 「군신관면건책등제도(君臣冠冕巾幘等制度)」에는 "(수나라에서 원유관은) 3량(梁)이다. 금부선(金附蟬)을 붙이고 진주와 비취로 장식을 한다. 검은색의 개책(介幘)을 쓰는데, 비취색의 관끈장식을 한다. 무소뿔로 만든 잠도(簪導: 관을 고정하는 머리장식)를 꽂는

다. 황태자가 정월 초하루와 매달 초하루에 종묘로 들어갈 때, 석전의 예를 거행할 때 이 원유관을 쓴다. 대당에도 이를 계승했는데, 그 제도가 『개원례』의 서례(序例)에 갖추어져 있다.[加九首, 施珠翠, 黑介幘, 翠緌, 犀簪導. 皇太子元朔入廟, 釋奠則服之. 大唐因之, 其制具『開元禮』序例.]"고 하였고, 『통전』 108, 「군신면복관의제도(君臣冕服冠衣制度)」에는 "원유관은 3량이다. 검은색의 개책을 쓰는데, 푸른색의 관끈장식을 한다. 제왕(諸王)이 쓴다. 친왕(親王)의 경우라면 금부선을 붙인다.[遠遊冠三梁, 黑幘, 青緌, 諸王服之. 親王即加金附蟬.]"고 하였다.

㉛ 구복(具服: 朝服): '조복(朝服)'을 가리킨다. 『신당서』 권24, 「거복지(車服志)」에 "'구복(具服)'은 5품 이상으로 제사·조향(朝饗)·배표(拜表) 등의 대사를 거행할 때 착용하는 의복이니, 또한 '조복(朝服)'이라고도 한다.['具服'者, 五品以上陪祭·朝饗·拜表大事之服也, 亦曰'朝服'.]"고 하였다.

㉜ 양(梁): 관 테두리[武]의 앞쪽[額]에서부터 덮어서 관의 뒤쪽[項]까지 이르는 부분을 말하는데, 간단히 '관(冠)'이라고도 한다. '양(梁)'은 관 앞쪽 등뼈 위에 금동의 이파리를 얹어 놓은 것으로, 그 모양이 마치 집의

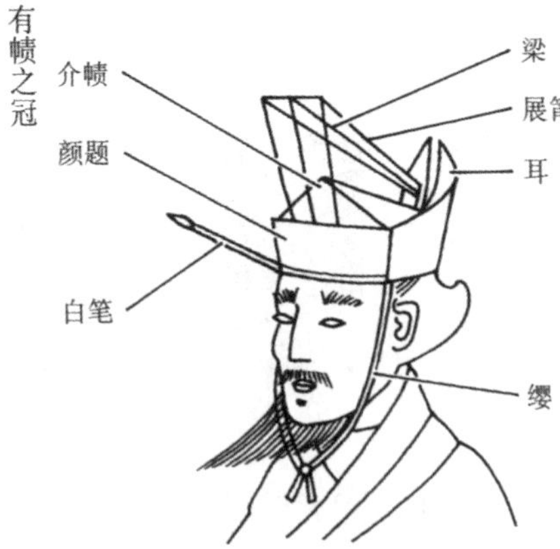

孫機, 『漢代物質文化資料圖說』

들보와 같기 때문에 '양(梁: 들보)'이라고 한 것이다. 이것은 관계(官階)를 구분하는 관의 장식이다. 『후한서』 권40, 「여복지 하」에 "공과 후는 3개의 양을 만들고, 중이천석에서 박사까지는 2개의 양을 만들어 쓴다. 박사 이하 소사와 사학의 제자들은 모두 양을 하나로 한다.[公侯三梁, 中二千石以下至博士兩梁. 自博士以下至小史·私學弟子皆一梁.]"고 하였다.

㉝ 고습(袴褶): 고(袴)와 습(褶)을 조합하여 만든 의복으로, 본래 북방 유목 민족의 복식이었다. '고(袴)'는 바지로서 발꿈치까지 내려오는 긴 옷이다. '습(褶)'은 추울 때 위에 덧입는 겹옷이다. 전국시대 조(趙)나라 무령왕(武靈王)이 호복기사(胡服騎射)의 군제 및 복제 개혁을 실시할 때 중원 지역에 들어왔다고 한다. 위진·남북조 시대에는 광범위하게 유행하여 황제·왕·관리에서 일반 백성들까지 평상복으로 입었으며, 여자들도 대부분 착용했으며, 또한 조복(朝服)으로도 사용되었다. 수나라 때부터 관리의 공복이 되었으며, 당대에는 평건책(平巾幘)을 쓸 때 이 옷을 입었다. '고습'이라는 명칭은 후한 말년에 시작되었다.(孫晨陽·張珂, 『中國古代服飾辭典』, 409쪽 '袴褶' 항목 참조.)

대구고습(大口袴褶)
(河南洛阳北魏元邵墓出土陶俑)
孫晨陽·張珂, 『中國古代服飾辭典』

소구고습(小口袴褶)
(唐孙位《高逸图》)
孫晨陽·張珂, 『中國古代服飾辭典』

㉞ 고산관(高山冠): '측주(側注)'라고도 한다. 진한시대에 알자(謁者)·복야(僕射)·사자(使者)가 쓰던 관이다. 본래 춘추·전국시대 제(齊)나라 왕이 쓰던 예관(禮冠)이었는데, 진나라가 제나라를 멸망시킨 후 진왕이 이를 알자(謁者)에게 하사했다고 한다.(『후한서』 권40, 「여복지 하」) 이후 황제들이 출행할 때도 이 관을 썼다. 채옹의 『독단(獨斷)』 권하에 "고산관은 제나라 왕의 관이었다. '측주'라고도 한다. 높이는 9촌이다. 철로 권(卷: 관 테두리)과 양(梁: 관 위쪽의 중앙 부분)을 만들지만, 전통(展筩: 관 앞면의 뿔 모양 장식물)도 없고, 박산(博山: 이마 정중앙의 산 문양 장식)도 없다. 진나라의 제도에서는 행인(行人: 외교관)과 사관(使官)이 쓰던 것이었다. 오늘날에는 알자(謁者)가 쓴다. 『예』에는 명문규정이 없다. 태부(太傅) 호광(胡廣)은 '고산관은 제나라 왕의 관이었다. 진나라가 제나라를 멸망시킨 후 그 군주의 관을 알자에게 하사하였다.'고 설명하였다.[高山冠, 齊冠也, 一曰側注. 高九寸. 鐵爲卷·梁, 不展筩, 無山. 秦制, 行人·使官所冠, 今謁者服之. 『禮』無文. 太傅胡公說曰, '高山冠, 蓋齊王冠也. 秦滅齊, 以其君冠賜謁者.']"고 하였다.

㉟ 장관(長冠): '재관(齋冠)', '제관(齊冠)', '죽피관(竹皮冠)', '작미관(鵲尾冠)' 등으로 칭하며, 종묘에 제사할 때나 각종 제사를 지낼 때 쓴다. 한 고조 유방이 거병하기 이전에 만든 관으로, 후에 종묘제사 때의 제복(祭服)이 되었으며, 작위가 공승(公乘) 이상이 되는 사람만 쓸 수 있었다. 이후 수대에 이르러 폐지되어 사용하지 않았다. 채옹(蔡邕)의 『독단』 권하에 "'재관(齋冠)'이라고도 한다. 대나무 껍질을 엮어서 만드는데, 촘촘한 견직물로 입힌다. 높이는 7촌, 너비는 3촌으로, 형태는 판과 같다. 고조 유방은 관을 대나무껍질로 만들었는데, 이를 '유씨관(劉氏冠)'이라 하니, 초나라의 제도이다. 『예』에는 명문규정이 없다. 시골사람들이 이를 알

지 못하고 '작미관'이라고 하였다.['齊冠', 或曰'長冠'. 竹裏以纚. 高七寸, 廣三寸, 形制如板. 高祖冠以竹皮爲之, 謂之劉氏冠, 楚制. 『禮』無文. 鄙人不識謂之鵲尾冠.]"고 하였다.

㊱ 법관(法冠): '주후(柱後)' 또는 '해치관(獬豸冠)'이라고도 하며, 법을 집행하는 자들이 쓴다. 본래 초나라 왕의 관이었는데, 진(秦)의 어사(御史) 및 한(漢)의 사절(使節)·법 집행관들이 썼다. 채옹(蔡邕)의 『독단(獨斷)』 권하에 "'법관'은 초나라의 관이니, '주후혜문관(柱後惠文冠)'이라고도 한다. 높이는 5촌으로, 촘촘한 견직물로 입힌다. 철로 주(柱: 관 위의 양쪽에 위로 돌출한 부분)와 권(卷: 관 테두리)을 만든다. 진나라의 제도에서는 법을 집행하는 사람들이 이 관을 썼는데, 오늘날에는 어사(御史)·정위감평(廷尉監平)이 이 관을 쓴다. '해치관(獬豸冠)'이라고도 하는데, 해치는 들짐승의 이름으로, 뿔이 하나이다. 오늘날의 관은 뿔이 두 개이니, '해치관'으로 칭하는 것은 잘못이다.[法冠, 楚冠也, 一曰'柱後惠文冠.' 高五寸, 以纚裹, 鐵柱卷. 秦制, 執法服之, 今御史·廷尉·監平服之. 謂之'獬豸', 獬豸, 獸名, 蓋一角. 今冠兩角, 以獬豸爲名, 非也.]"라고 하였다.

해치(獬豸)

孫晨陽·張珂, 『中國古代服飾辭典』

남북조해치관(南北朝獬豸冠)
(敦煌莫高窟第 285 窟)

孫晨陽·張珂, 『中國古代服飾辭典』

㊲ 건화관(建華冠): 철로 주(柱: 관 위의 양쪽에 위로 돌출한 부분)와 권(卷: 관 테두리)을 만들고, 구슬 9매를 꿴 관으로, 천지·오교·명당에서 제사 지낼 때 육명무(育命舞)를 추는 악인들이 이 관을 쓴다.(『후한서』 권40, 「여복지 하」) 채옹의 『독단』 권하에 "'건화관'은 철로 주와 권을 만드는데, (그 권에) 커다란 구슬 9매를 꿴다. 오늘날에는 구리로 구슬을 만드니, 형태가 대오리로 짠 상자와 유사하다. … 천지·오교(五郊)의 제사와 명당(明堂)에서 연중 행사를 거행할 때 악무를 추는 사람이 이 관을 쓴다.[建華冠, 以鐵爲柱·卷, 貫大珠九枚. 今以銅爲珠, 形制似縷簏. … 天地·五郊·明堂月令舞者服之.]"고 하였다.

㊳ 무변(武弁): '무관(武冠)' 혹은 '무변대관(武弁大冠)', 또는 '조혜문관(趙惠文冠)'이라고도 하며, 모두 무관들이 쓴다.(『후한서』 권40, 「여복지 하」) 채옹의 『독단』 권하에 "'무관(武冠)'은 '번관(繁冠)'이라고도 하는데 오늘날에는 '대관(大冠)'이라고 하니, 무관들이 이 관을 쓴다. 시중(侍中)·중상시(中常侍)는 황금당(黃金璫: 관의 앞쪽 정면의 황금 장식)을 장식하고, 담비나 매미의 형상을 조각하여 붙인다. 태부 호광(胡廣)은 '조나라 무령왕이 호복(胡服)을 배워서 처음으로 담비와 매미 꼬리의 형상을 조각하여 붙였다. 진나라가 조나라를 멸망시킨 후 그 군주의 관을 시중에게 하사하였다.'고 하였다.['武冠', 或曰'繁冠', 今謂之大冠, 武官服之. 侍中·中常侍加黃金, 附貂蟬之飾. 太傅胡公說曰, '趙武靈王效胡服, 始施貂蟬鼠尾之飾. 秦蔑趙, 以其君冠賜侍中.']"라고 하였다.

㊴ 대관(大冠): 『후한서』와 『독단』에 의하면 이 '대관'은 후한시대 무관(武冠)의 별칭이다. 무관이 커다란 관이므로 '대관'이라 한 것으로 보인다. 『독단』 권하에서 "무관(武冠)'은 '번관(繁冠)'이라고도 하는데 오늘날에는 '대관(大冠)'이라고 하니, 무관들이 이 관을 쓴다.['武冠', 或曰'繁冠',

今謂之大冠, 武官服之.]"고 하였고, 『후한서』 권40, 「여복지 하」에서는 "'무관(武官)'은 민간에서는 '대관(大冠)'이라고 부른다. 둥근 관끈을 둘러 늘어뜨리는 끈 장식은 없고, 청색 실로 띠를 만들고, 2개의 산꿩의 꼬리를 덧붙여 좌우에 세우고, '할관(鶡冠)'이라고 하였다.[武冠, 俗謂之大冠, 環纓無蕤, 以青系爲緄, 加雙鶡尾, 豎左右, 爲鶡冠.]"고 하였다.

㊵ 술씨관(術氏冠): 앞쪽이 둥근 형태의 관으로, 4층으로 만들었다고 한다. 『후한서』 「여복지」와 『진서(晉書)』 「여복지」 및 이곳 섭숭의의 『삼례도』에는 모두 '술씨관(術氏冠)'으로 되어 있지만, 『옥해(玉海)』 「거복(車服)」과 채옹의 『독단』에는 '술사관(術士冠)'으로 되어 있다. 『한서』 「오행지」 안사고(顔師古)의 주에는 휼관(鷸冠: 도요새 깃으로 장식한 관)을 '술씨관'으로 비정하였다.("鷸冠. 禮圖謂之術氏冠, 鷸, 音聿, 又音術.") 채옹의 『독단』 권하에 "'술사관'은 앞쪽을 둥글게 만드니, 오나라의 제도이다. 제비가 날갯짓을 하듯이 4층으로 이루어져 있다. 조나라 무령왕이 이 관을 즐겨 썼는데, 오늘날에는 사용하지 않는다.["'術士冠', 前圓, 吳制. 邐迤四重. 趙武靈王好服之, 今者不用."]고 하였다.

㊶ 방산관(方山冠): 진현관(進賢冠)과 형태가 비슷하며, 오채색의 주름비단으로 만든다. 채옹의 『독단』 권하에 "'방산관'은 오채색의 주름비단으로 만든다. 한나라에서는 종묘에 제사를 지낸 후 대향(大享)의 예를 행할 때, 팔일(八佾)의 음악을 연주하는 사람과 오행(五行)의 악무를 추는 사람이 이 방산관을 쓴다. 이들의 의관은 각기 오행에 해당하는 색에 따르고, 오방에 해당하는 색에 따라서 착용하고서 춤을 춘다.['方山冠', 以五采縠爲之. 漢祀宗廟大享·八佾樂·五行舞人服之. 衣冠各從其行之色如其方色而舞焉.]"고 하였다.

㊷ 교사관(巧士冠): 고산관(高山冠)과 유사한 형태이지만 작은 관으로, 관의

높이는 5촌과 7촌의 설이 있다. 교제(郊祭)를 지낼 때만 쓰고 평상시에는 쓰지 않던 관이다. 예서에는 명문규정이 없으며, 또 후대에는 사용하지 않았다.(『수서』 권12, 「예의지」.) 채옹의 『독단』 권하에 "'교사관'은 높이가 5촌으로, 중간 부분과 뒤쪽이 서로 통해 있다. 황제의 수레 앞에서 벽제를 하는 시종관이 이 관을 쓴다. 『예』에는 명문규정이 없다.['巧士冠', 高五寸, 要後相通. 埽除從官服之. 『禮』無文.]"고 하였다.

㊸ 각비관(卻非冠): 『후한서』 「여복지 하」, 『진서』 「여복지」, 『통전』 등에는 모두 '각비관'은 그 형태가 '장관(長冠)'과 유사하다고 하였다. 관의 높이에 대해서는 5촌(섭숭의 『삼례도』)과 3촌(『初學記』 冠 제1)의 설이 있다. 『후한서』 권40, 「여복지 하」와 채옹의 『독단』 권하에는 궁전문리복야(宮殿門吏僕射) 혹은 궁문복야(宮門僕射)가 쓰는 관이라고 하였다. '궁문복야'는 광록훈(光祿勳)에 속하는 관직으로, 궁전의 문을 숙위한다.

㊹ 번쾌관(樊噲冠): 한의 번쾌가 홍문연의 만남에서 이 관을 만들어 쓰고서 항우 진영으로 들어갔다고 한다. 『후한서』 「여복지 하」와 동파(董巴)의 『한여복지(漢輿服志)』 등에 의하면 면류관과 그 형태가 유사하다고 한다. 채옹의 『독단』 권하에 "'번쾌관'은 한의 장군 번쾌가 잠깐 사이에 만든 관으로, 이 관을 쓰고서 항우의 진영으로 들어갔다. 너비는 7촌으로, 앞쪽으로 4촌을 내었다. 사마전문(司馬展門)을 지키는 대수장(大誰長)과 대수졸(大誰卒)의 임무를 맡은 위사(衛士)가 이 관을 쓴다.['樊噲冠', 漢將軍樊噲造次所冠, 以入項籍營. 廣七寸, 前出四寸. 司馬殿門大護衛士服之.]"고 하였다. '대수(大誰)'는 한대의 관직명으로 궁문을 수위하는 일을 맡는다. 『한서』 「오행지」 안사고의 주에 의하면, '대수'는 수상한 사람을 신문하는 일을 맡은 관직으로, 수상한 사람의 이름이 누구인지를 묻기 때문에 그것으로 관명으로 삼았다고 한다. 우두머리를 '대수장'이

라 하고, 그 우두머리가 통솔하는 사졸을 '대수졸'이라 한다.(顔師古注, "大誰者, 主問非常之人, 云姓名是誰也.…大誰, 本以誰何稱, 因用官名, 有大誰長. 今此卒者, 長所領士卒也.")

㊺ 각적관(郤敵冠): 『후한서』「여복지 하」와 동파(董巴)의 『한여복지(漢輿服志)』 등에 의하면 그 형태가 진현관(進賢冠)과 유사하며, 위사(衛士)들이 쓰는 관이다. 채옹의 『독단』 권하에 "'각적관'은 앞쪽의 높이가 4촌이고, 앞뒤의 길이는 4촌이며, 뒤쪽의 높이는 3촌이다. 궁문을 지키는 위사(衛士)들이 이 관을 쓴다. 『예』에는 명문규정이 없다.['却敵冠', 前高四寸, 通長四寸, 後高三寸. 監門衛士服之. 『禮』無文.]"고 하였다.

㊻ (이 장보관은 은나라의 冔와) 별도로 만든 것이므로 거듭 도상으로 나타낸 것이다: 일반적으로 하나라의 '모퇴', 은나라의 '장보', 주나라의 '위모'는 모두 검은색의 현관으로서 동물(同物)의 이칭(異稱)이며, 또 '장보(章甫)'는 '후(冔)'의 별칭이라고 해석하였다. 이 때문에 양정(梁正)의 『삼례도』에서도 "장보는 은나라의 관인데, '후'라고도 칭한다.[章甫, 殷冠, 亦名冔.]"고 하였다. 그러나 섭숭의는 '장보'는 은나라의 조복(朝服)이고 '후'는 은나라의 제복(祭服)으로서, 두 관은 구분해야 한다는 입장을 취하기 때문에 앞의 '장보'와 별도로 '장보관'의 도상을 설정한 것이다. [冠冕圖03: 17-毋追·章甫]와 [冠冕圖03: 32-章甫冠] 참조.

㊼ 사면(四冕): '사면(四冕)' 즉 4가지 면관은 류(旒)가 없는 면관, 7류의 면관, 9류의 면관, 12류의 면관으로, 숙손통이 한나라 초기에 주나라의 제도에 의거하여 만들었다고 한다. 자세한 것은[冠冕圖03: 33-四冕] 참조.

㊽ 진현관(進賢冠): 옛 치포관(緇布冠)에서 변화된 것으로, 후한 이후 주로 문관들이 쓰던 관이다.(『후한서』「여복지」; 『진서』「여복지」) 채옹의 『독

단』 등에 의하면 천자는 통천관을 쓰고, 제후왕은 원유관을 쓰고, 공·후는 진현관을 썼는데(天子冠通天冠, 諸侯王冠遠遊冠, 公·侯冠進賢冠.), 한대의 진현관에는 1량(梁)에서 3량(梁)까지 3가지가 있었다. 관의 양(梁: 관 테두리의 앞쪽에서부터 덮어서 관의 뒤쪽까지 이르는 부분)으로 관직의 고하를 나타내는 것은 한대부터 시작되었는데, 『한관의(漢官儀)』에 의하면 전한 평제 원시 5년(5)에 공·경·열후는 3량의 관, 이천석은 2량의 관, 천석 이하는 1량의 관을 쓰게 하였다고 한다. 다만 문헌에 따라 양의 수와 관질의 상응 관계에 약간씩의 차이가 보인다. 섭숭의는 각종 기록을 검토한 후, 진현관의 경우 삼공과 제후는 3량, 경·대부·상서(尙書)·이천석·박사는 2량, 천석 이하 소리(小吏)까지는 1량의 관을 쓰는 것으로 확정하고, 이를 도상으로 나타냈다. 상세한 것은 [冠冕圖03: 34-進賢冠] 참조.

【目錄20: 宮室궁실 제4】

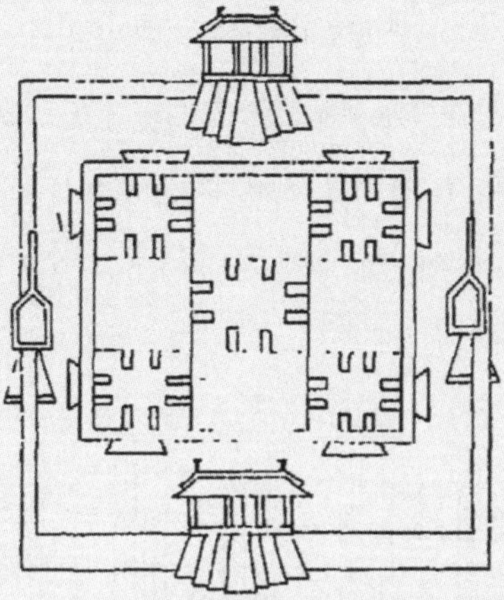

[宮室圖04 :01-明堂]

명당(明堂)【정교(政敎)를 밝히는 건축물이다. 후한의 동평왕(東平王) 창(蒼)[①]은 의론하여 "명당과 종묘는 (상단부를) 원형으로 만드니, 그것으로 하늘을 본받다는 뜻을 밝히는 것이다. (하단부를) 방형의 당으로 만드니, 그것으로 땅을 본받는 것이다.[②]"라고 하였다.】

[明堂.【明政教之堂. 漢東平王蒼議曰, "明堂·宗廟圓, 明以法天, 方堂以法地."】]

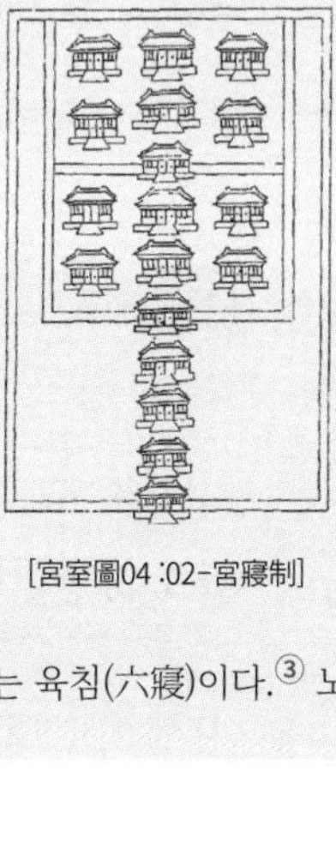

[宮室圖04 :02-宮寢制]

궁침제(宮寢制)【왕의 경우는 육침(六寢)이다.[③] 노침(路寢)이 앞쪽에 있는데, 이를 정침(正寢)이라 한다. 5개의 궁침은 뒤쪽에 있는데, 오행의 방위에 의거하여 세운다. 왕은 계절에 따라서 거처한다.④ 옛날에는 왕태자의 궁이 있었다. 『시』와 『예』에는 '동궁(東宮)'이라는 명칭이 보이지만,⑤ 별도의 제도는 없다. 그러므로 생략했다.】

[宮寢制.【王六寢. 路寢在前, 是謂正寢. 五在後, 依五行位處之. 王隨時而居焉. 舊有王太子之宮. 『詩』·『禮』有東宮之名, 別無制度. 故略之.】]

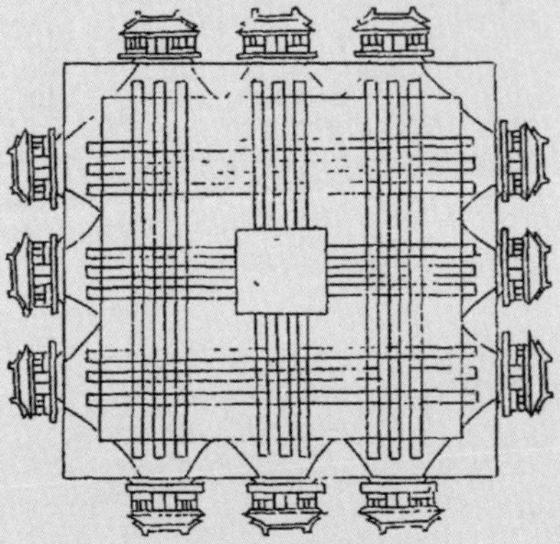

[宮室圖04 :03-王城]

왕성(王城)【(왕성을 조영하는데) 사방 9리로 한다. 『주례』「천관」의 서관(序官)에 "왕은 도성을 세운다.[惟王建國]"라고 하였는데, 정현의 주에 "주공이 섭정의 자리에 있을 때 육전(六典)⑥의 관직을 만들어 이를 『주례(周禮)』라고 하였고, 천하의 중앙[土中]에 읍을 조영하였다."고 하였고, 정사농(鄭司農: ?~83. 鄭衆)⑦은 "왕성을 조영하는데 사방 9리로 하니, 성 안에는 남북으로 9개 동서로 9개의 길을 낸다."고 하였다. 또 정현은 『상서대전(尙書大傳)』에 주를 달면서 "『주례』「고공기·장인(匠人)」에서 '도성을 조영하는데 사방 9리로 한다.'고 한 것은 천자의 왕성을 가리킨다."고 하였다. 어떤 사람은 "천자는 실제로는 사방 12리로 왕성을 조영한다."고 하였으니,⑧ 『주례』의 경문·정현 주와 차이가 있다. 그러므로 양쪽의 설을 남겨 둔다.】

[王城.【方九里. 「天官」序云, “惟王建國”, 注云, “周公居攝而作六典之職, 謂之『周禮』, 營邑於土中.” 鄭司農(注)[1]云, “營國方九里, 九經九緯.” 又鄭注『尚書大傳』云, “『周禮』「匠人」‘營國方九里’, 謂天子城也.” 或云“天子實十二里城”, 與『周禮』經注有異, 故兩存焉.】]

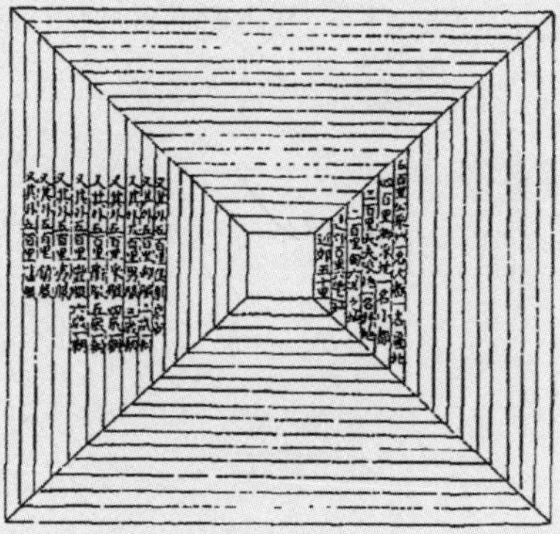

[宮室圖04 :04-九服]

구복(九服)⑨【왕기(王畿)를 포함하여 총 사방 만리가 된다.】

[九服.【與王畿共方萬里.】]

1 (注): 저본에는 ‘注’가 있으나, 이하 문장은 정현의 주에 인용된 정사농(정중)의 말이므로 ‘注’의 글자는 불필요하다. 따라서 衍文으로 처리하였다.

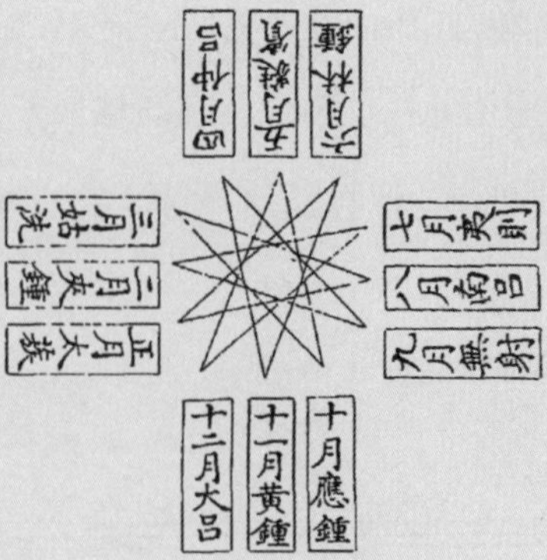

[宮室圖04 :05-律呂相生之圖]

율려(律呂)【상생의 법이다.⑩】

[律呂.【相生法.】]

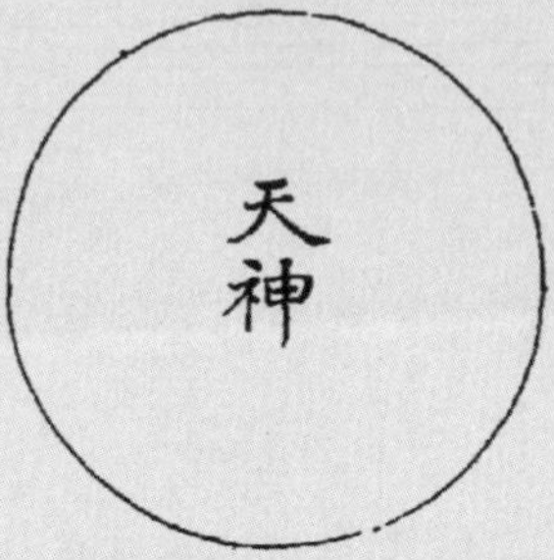

[宮室圖04 :06-圜丘樂]

원구악(圜丘樂)⑪【협종(夾鍾: 圜鍾)⑫으로 궁(宮)⑬의 음을 삼고, 황종(黃鍾)⑭으로 각(角)의 음을 삼고, 태주(太蔟)⑮로 치(徵)의 음을 삼고, 고선(姑洗)⑯으로 우(羽)의 음을 삼는다.⑰】

[圜丘樂.【夾鍾宮, 黃鍾角, 太蔟徵, 姑洗羽.】]

[宮室圖04 :07-方丘樂]

방구악(方丘樂)[18]【임종(林鍾)[19]으로 궁(宮)의 음을 삼고, 태주(太蔟)로 각(角)의 음을 삼고, 고선(姑洗)으로 치(徵)의 음을 삼고, 남려(南呂)[20]로 우(羽)의 음을 삼는다.[21]】

[方丘樂.【林鍾宮, 太蔟角, 姑洗徵, 南呂羽.】]

[宮室圖04 :08-禘祫樂]

체협악(禘祫樂)[22]【황종(黃鍾)으로 궁(宮)의 음을 삼고, 태려(大呂)[23]로 각(角)의 음을 삼고, 태주(太蔟)로 치(徵)의 음을 삼고, 응종(應鍾)[24]으로 우(羽)의 음을 삼는다.[25]】

[禘祫樂.【黃鍾宮, 大呂角, 太蔟徵, 應鍾羽.】]

[宮室圖04 :09-大宗子]

대종자(大宗子)㉖

[大宗子.]

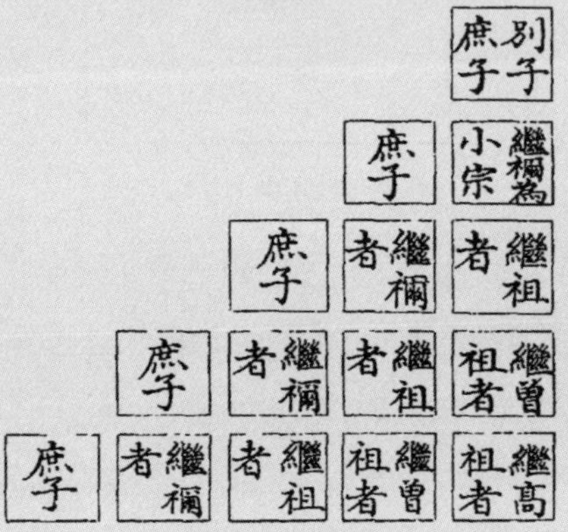

[宮室圖04 :10-小宗子]

소종자(小宗子)

[小宗子.]

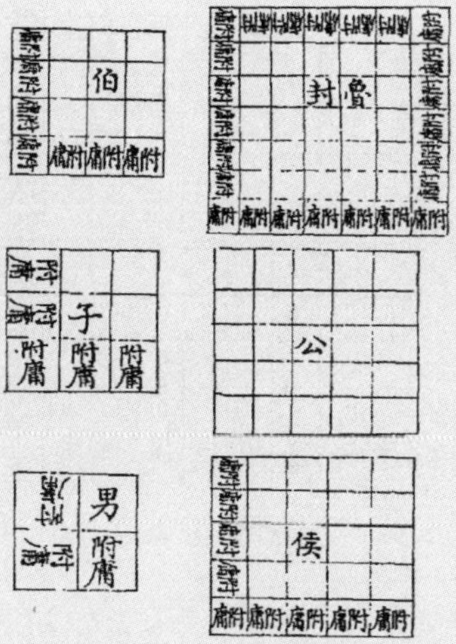

[宮室圖04 :11-四等附庸]

4등급의 부용(四等附庸)【『주례』「지관·대사도(大司徒)」의 문장이다.[27]】

[四等附庸.【「大司徒職」文.】]

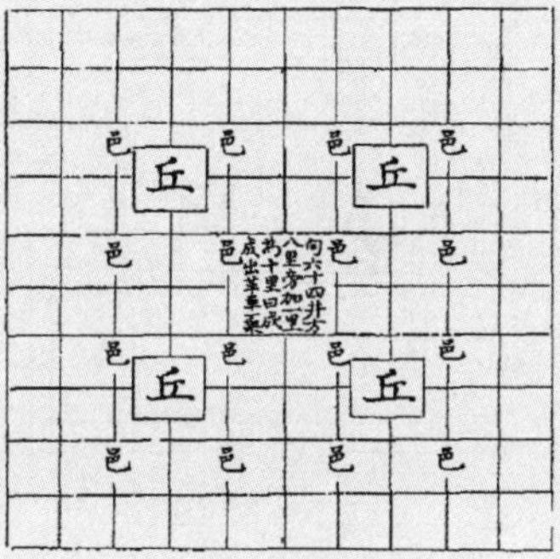

[宮室圖04 :12-正田]

정전(井田)【『주례』「지관·소사도(小司徒)」의 문장이다.[28]】

[井田.【「小司徒職」文.】]

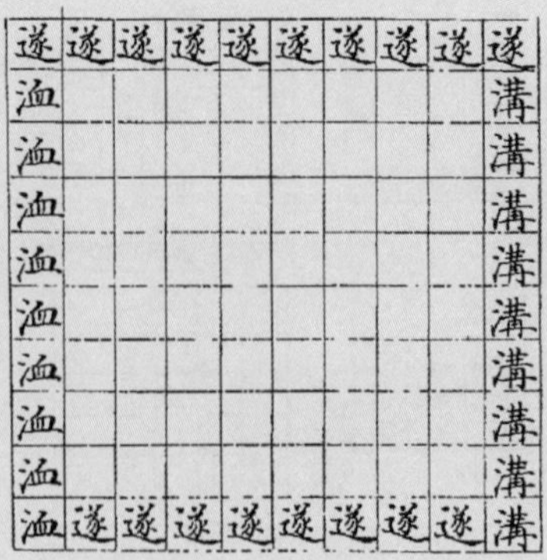

[宮室圖04 :13-遂]

구혁(溝洫)【『주례』「지관·수인(遂人)의 문장이다.[29]】

[溝洫.【「遂人職」文.】]

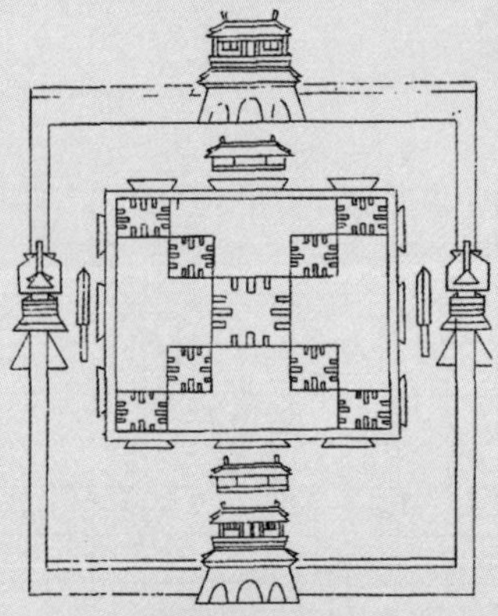

[宮室圖04 :14-明堂]

명당(明堂)【진(秦)나라에서 만든 법이므로, 거듭 도상으로 나타내었다.[30]】

[明堂.【秦法重出.】]

역주

① 후한의 동평왕(東平王) 창(蒼): 후한 광무제와 광열황후(光烈皇后) 음씨(陰氏) 소생으로, 명제(明帝)의 동복 동생이다. 건무 15년(39)에 동평공(東平公)에 봉해졌고, 17년(41)에 황자들을 왕으로 봉하는 조치에 따라 동평왕(東平王)이 되었다. 명제 영평(永平) 원년(58), 동평왕 창은 공경들과 남북교(南北郊)·면관(冕冠)·거복(車服)의 제도 및 광무묘(光武廟)의 등가(登歌)·팔일무(八佾舞)의 수(數)를 함께 의론하여 정하고, 이를 상언하였다. 이듬해 영평 2년 정월, 명제는 이 의론에 따라 명당(明堂)에서 광무제를 상제(上帝)에 배향하여 종사(宗祀)하였다. 본래 광무제 건무 2년(26)에 남교(南郊), 중원 원년(56)에는 낙양에 북교(北郊)를 세웠는데, 영평 원년에 이르러 남교와 북교에 제사 지낼 때 착용하는 관면과 거복의 제도를 확정했던 것이다. 응소(應劭: 153~196)의 『한관의(漢官儀)』에 따르면 북교단(北郊壇)은 성과 1리 떨어진 성의 서북쪽 모퉁이에 있었다고 한다. 천자의 악무는 팔일(八佾)로 하는데, '일(佾)'은 악무의 행렬로서, '팔일'은 행렬에 8인씩 모두 64인이 악무를 추는 것이다. 또 3월에는 벽옹(辟雍)에 친림하여 처음으로 대사례(大射禮)를 거행했으며, 겨울 10월에는 벽옹에서 처음으로 양로(養老)의 예를 거행했다. 이리하여 유교의 이념에 따른 후한시대의 국가의례가 본격적으로 정착되기 시작한 것이다.(『후한서』「광무십왕열전(光武十王列傳)」 제32, '동평헌왕창(東平獻王蒼)' ; 『자치통감』, 「한기(漢紀)」 36 참조.)

② 명당과 종묘는~본받는 것이다: 동평왕 창의 이 말은 현존 문헌에는 보

이지 않는다. 『후한서』 「광무십왕열전(光武十王列傳)」 제32, '동평헌왕창(東平獻王蒼)'에 의하면 남·북교의 제사 등과 관련한 동평왕과 공·경 사이의 의론이 「예악지」와 「여복지」에 실려 있다고 하였지만("與公·卿共議定南北郊·冠冕·車服制度及光武廟登歌·八佾舞數, 語在「禮樂」·「輿服志」."), 오늘날 『후한서』의 「예악지」와 「여복지」에는 그 내용이 보이지 않는다. 아마도 현행본 『후한서』에 수록된 사마표(司馬彪)의 30지(志) 이외에 별도의 지(志)에는 그 논의의 구체적 내용이 수록되었을 테지만 오늘날에는 망실되어 그 실상을 알 수 없다. 한편 수나라의 우문개(宇文愷: 555~612)는 후한 건무 30년(54)에 만들어진 명당도(明堂圖)를 토대로, "하단부에는 방형의 당[方堂]을 만드는데 당에는 5개의 실(室)이 있고, 상단부에는 원형의 관[圓觀]을 만드는데 관에는 4개의 문이 있는[下爲方堂, 堂有五室, 上爲圓觀, 觀有四門.]" 새로운 명당도를 작성하고, 이를 건설하도록 문제(文帝)에게 상주하여 허락을 받았지만, 그 건설은 실현되지 못했다. 우문개는 『동도도기(東都圖記)』 20권, 『명당도의(明堂圖議)』 2권, 『석의(釋疑)』 1권을 찬술하였다.(『수서』 권68, 「우문개열전」 제33)

③ 왕의 경우는 육침(六寢)이다: 1개의 노침(路寢)과 5개의 소침(小寢)을 말한다. '노침'은 정침(正寢) 혹은 대침(大寢)이라고도 하는데 정무를 처리할 때, 재계(齋戒)를 할 때 또는 병환 중에 거처하는 궁실이다. '소침'은 연침(燕寢)이라고도 하는데 평소 휴식을 취하는 궁실이다. 『주례』 「천관·궁인(宮人)」 정현의 주에 "육침은 하나의 노침과 다섯 개의 소침으로 구성한다.… '노침'에서 정사를 처리하고, '소침'에서 계절에 따라서 편안히 휴식을 취한다.[六寢者, 路寢一, 小寢五. … 路寢以治事, 小寢以時燕息焉.]"고 하였다.

④ 5개의 궁침은~거처한다: 섭숭의는 공영달의 설에 따라 왕은 봄에는 동

북쪽의 궁침에, 가을에는 서남쪽의 궁침에, 여름에는 동남쪽의 궁침에, 겨울에는 서북쪽의 궁침에, 계하(6월)에는 중앙의 궁침에 거처하는 것으로 해석하였다. 즉 5개의 소침(연침)은 오행의 방위에 따라 중앙-동북-서남-동남-서북-중앙에 각각 세운다. 상세한 것은 [宮室圖04: 02-宮寢制] 참조.

⑤ 『시』와 『예』에는~보이지만: 『시』에는 '동궁'의 명칭이 한 번 등장한다. 『주례』 『의례』 『예기』의 삼례서의 경문에는 '동궁'이 보이지 않으며, 「상복」편의 전문(傳文)에만 한 차례 보일 뿐이다. 『모시(毛詩)』 「위풍(衛風)·석인(碩人)」에 "제나라 군주의 딸이요, 위나라 군주의 처로다. 동궁의 누이요, 형나라 군주의 처제로다.[齊侯之子, 衛侯之妻. 東宮之妹, 邢侯之姨.]"라고 하였다. 모형(毛亨)의 전(傳)에 의하면, '동궁'은 태자가 거처하는 궁으로서, 이곳의 동궁은 제나라 태자 득신(得臣)을 가리킨다.(東宮, 太子所居之宮, 齊太子得臣也.) 『의례』 「상복」에 "아들이 아버지를 사사로이 하지 않는다면, 아들이 될 수 없다. 그러므로 동궁이 있고, 서궁이 있고, 남궁이 있고 북궁이 있어 떨어져 살면서도 재화는 함께한다.[子不私其父, 則不成爲子. 故有東宮, 有西宮, 有南宮, 有北宮, 異居而同財.]"고 하였다.

⑥ 육전(六典): 치전(治典), 교전(教典), 예전(禮典), 정전(政典), 형전(刑典), 사전(事典) 등 나라를 다스리기 위한 6가지 법전을 말한다. 이 '육전'은 모두 태재(大宰)가 제정하는데, 태재(大宰), 사도(司徒), 종백(宗伯), 사마(司馬), 사도(司徒), 사공(司空)의 육관(六官)이 분담하여 시행한다.(『周禮』 「天官·大宰」 참조.)

⑦ 정사농(鄭司農: ?~83. 鄭衆): 후한 하남(後漢) 개봉(開封) 사람으로, 자는 중사(仲師)이며, 정흥(鄭興)의 아들이다. 정현(鄭玄)보다 앞선 시대 인물이

므로 '선정(先鄭)'이라 칭한다. 또 정사농(鄭司農)으로 불러 후한 초 환관이었던 정중(鄭衆)과 구별한다. 후한 장제(章帝) 건초(建初) 6년(81)에 대사농(大司農)이 되었다.

⑧ 정현은~하였으니: 정현은 『상서대전(尙書大傳)』「무일전(無逸傳)」에 "백리의 제후국은 9리의 성이다.[百里之國, 九里之城.]"라고 한 것에 대해서 "나는 이를 의심한다. 『주례』「장인」에 '도성을 조영하는데 사방 9리로 한다.'고 한 것은 천자의 왕성을 가리킨다.[玄或疑焉. 『周禮』'匠人營國方九里', 謂天子城也.]"라고 하면서도 『주례』「춘관·전명(典命)」의 주에서는 "공(제후)의 성은 아마도 사방 9리일 것이다.[公之城, 蓋方九里.]"라고 하여 '천자 9리설'에 대한 유보적인 입장을 취했다. 제후의 성이 방 9리라면, 천자의 경우는 방 12리 왕성 건설의 가능성을 열어놓은 것이며, 이 때문에 혹자는 천자는 방 12리로 왕성을 축조한다고 주장한 것이다.(『周禮注疏』「春官·典命」賈公彦의 疏 참조.)

⑨ 구복(九服): 왕의 직할지인 왕기(王畿) 밖으로 9등급의 지역을 말한다. 『주례』「하관·직방씨(職方氏)」에 의하면, 사방 천 리인 '왕기(王畿)'를 중심으로 그 밖으로 500리를 단위로 '후복(侯服)', '전복(甸服)', '남복(男服)', '채복(采服)', '위복(衛服), '만복(蠻服)', '이복(夷服)', '진복(鎭服)', '번복(藩服)'이 있는데, 이를 '구복'이라 한다. 『주례』「추관·대행인(大行人)」에서는 '구복'을 두 지역으로 나누어 6복 이내의 지역을 '구주(九州)'라 하여 천자가 제후를 봉건하는 지역으로 삼았고, 7복 이외의 지역을 '번국(藩國)'이라 하였다.

⑩ 상생의 법이다: '율려격팔상생(律呂隔八相生)'을 말한다. 율관(律管)이 상생하는 순서로, 기준이 되는 율관의 길이를 삼분손익법(三分損益法)에 따라 계산해 여덟 번째 율관의 길이를 도출하는 방법이다. 황종(黃鍾)·

태주(太簇)·고선(姑洗)·유빈(蕤賓)·이칙(夷則)·무역(無射)을 ‘양률(陽律)’이라 하고, 태려(大呂)·협종(夾鍾)·중려(仲呂)·임종(林鍾)·남려(南呂)·응종(應鍾)을 ‘음려(陰呂)’라 하는데, 이상 12율을 원형으로 배치하면 북쪽에서부터 황종·태려·태주·협종·고선·중려·유빈·임종·이칙·남려·무역·응종의 순으로 돌아간다. 이로부터 궁·상·각·치·우의 5음(音)을 도출해 내는 방법이 ‘율려격팔상생법’이다. 12율을 원형으로 배치한 상태에서 황종을 궁으로 잡을 경우 황종부터 세어 오른쪽으로 8위(位)를 건너가서 임종이 치가 되고, 임종부터 세어 오른쪽으로 8위를 건너가 태주가 상이 되고, 태주부터 세어 오른쪽으로 8위를 건너가 남려가 우가 되고, 남려부터 세어 오른쪽으로 8위를 건너가 고선이 각이 된다. 이때 양률에서 음려를 파생하는 경우는 원래의 숫자에서 3분의 1을 빼서 ‘하생(下生)’이 되고, 음려에서 양률을 파생하는 경우는 원래의 숫자에 3분의 1을 더하면 ‘상생(上生)’이 된다. 예를 들어 황종의 길이가 9촌인데

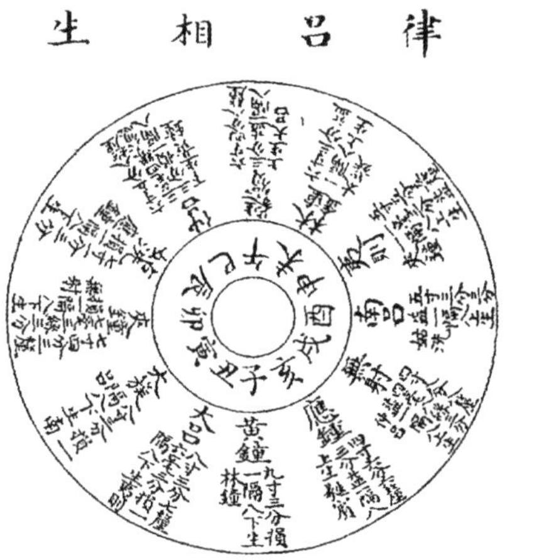

율려상생(律呂相生)
『欽定周官義疏』(청)

여기에서 3분의 1을 빼면 6촌인 임종이 되고, 임종에서 3분의 1을 더하면 8촌인 태주가 된다. 이렇듯 양률과 음려가 서로 상생하고 하생하면서 8위를 건너뛰어 다음 음을 파생하는 방법이 '격팔상생법'이다.(고전번역원, 『승정원일기』, '영조 9년 계축'조 역주 10 참조)

⑪ 원구악(圜丘樂): 동지에 원구(圜丘)에서 천신(天神)을 제사 지낼 때, 팔면(八面)의 북[靁鼓]·땡땡이 북[靁鼗]·고죽(孤竹)으로 만든 관(管)·운화산(雲和山)의 목재로 만든 금과 슬 등을 연주하고 「운문(雲門)」의 춤을 추는 것을 말한다. 자세한 것은 [宮室圖04: 06-圜丘樂] 참조.

⑫ 협종(夾鍾: 圜鍾): 악률(樂律)을 12로 나누어 양의 소리를 '율(律)'이라 하고, 음의 소리를 '려(呂: 同)'라고 하는데, '협종'은 음의 소리인 육려(六呂) 가운데 여섯 번째이다. '원종(圜鍾)'이라고도 한다. 방위는 묘(卯), 절후는 4월에 해당한다. 『예기』「월령」'중춘(仲春)' 정현의 주에 "'협종'은 이칙(夷則)이 낳은 바로서, 이칙(夷則)을 3분하여 1을 더하는데, 율관의 길이는 7과 1075/2187촌이다. 중춘(4월)의 기가 이르면 협종의 율이 응한다.['夾鍾'者, 夷則之所生, 三分益一, 律長七寸二千一百八十七分寸之千七十五. . 仲春氣至, 則夾鍾之律應.]"고 하였다.

12律	황종	태려	태주	협종 (원종)	고선	중려	유빈	임종 (함종)	이칙	남려	무역	응종
12支 (辰)	子	丑	寅	卯	辰	巳	午	未	申	酉	戌	亥
방위	正北			正東			正南			正西		
월건	11월	12월	정월	2월	3월	4월	5월	6월	7월	8월	9월	10월
성차	星紀	玄枵	娵訾	降婁	大梁	實沈	鶉首	鶉火	鶉尾	壽星	大火	析木
	初九	六四	九二	六五	九三	上六	九四	初六	九五	六二	上九	六三

⑬ 궁(宮): 궁(宮)·상(商)·각(角)·치(徵)·우(羽)를 '오성(五聲)' 또는 '오음(五音)'이라 한다. 『예기정의』「월령」 공영달(孔穎達)의 소(疏)에 따르면, '궁(宮)'은 토(土)를 주관하는데, 토의 소리는 탁하고 그 도수(81)는 많다. 그러므로 군주[君]가 된다. '상(商)'은 금(金)을 주관하는데, 금의 소리는 조금 무겁고 그 도수(72)는 조금 많다. 그러므로 신하[臣]가 된다. '각(角)'은 목(木)을 주관하는데, 목의 소리는 맑고 탁한 정도가 중간이며, 그 도수(64)는 중간이다. 그러므로 백성[民]이 된다. '치(徵)'은 화(火)를 주관하는데, 화의 소리는 조금 가볍고 그 도수(54)는 조금 적다. 그러므로 일[事]이 된다. '우(羽)'는 수(水)인데, 수의 소리는 매우 가볍고 그 도수(48)는 가장 적다. 그러므로 사물[物]이 된다. '일[事]'는 사람이 경영하는 사무를 말하고, '사물[物]'은 사람이 사용하는 재물을 말한다.

	數	五行	淸濁	象
宮	81	土	濁	君
商	72	金	稍重	臣
角	64	木	淸濁中	民
徵	54	火	稍輕	事
羽	48	水	極輕	物

⑭ 황종(黃鍾): 양의 소리인 육률(六律) 가운데 첫 번째이다. 방위는 자(子), 절후는 11월에 해당한다. 『예기』「월령」 '중동(仲冬)' 정현의 주에 "'황종'은 율의 시작으로, 율관의 길이는 9촌이다. 중동(11월)의 기가 이르면 황종의 율이 응한다.['黃鍾'者, 律之始也, 九寸. 仲冬氣至, 則黃鍾之律應.]"고 하였다.

⑮ 태주(太蔟): 양의 소리인 육률(六律) 가운데 두 번째이다. '太簇'로도 쓴다. 방위는 인(寅), 절후는 정월에 해당한다. 『예기』「월령」 '맹춘(孟春)'

정현의 주에 "'태주'는 임종(林鍾)에서 생겨나는 것으로서, (임종을) 3분하여 하나를 더한다. 율관의 길이는 8촌이다. 무릇 율관 구멍의 둘레는 9푼[分]이다.['大簇'者, 林鍾之所生, 三分益一, 律長八寸. 凡律空圍九分.]"라고 하였다.

⑯ 고선(姑洗): 양의 소리인 육률(六律) 가운데 세 번째이다. 방위는 진(辰), 절후는 3월에 해당한다. 『예기』「월령」'계춘(季春)' 정현의 주에 "'고선'은 남려(南呂)에서 생겨나는데, (남려를) 3분하여 1을 더한다. 율관의 길이는 7과 1/9촌이다. 계춘(3월)의 기가 이르면 고선의 율이 응한다.['姑洗'者, 南呂之所生也, 三分益一, 律長七寸九分寸之一. 季春氣至, 則姑洗之律應.]"라고 하였다.

⑰ 협종(夾鍾: 圜鍾)으로~삼는다: 이는 원구에서 천신에 제사 지낼 때의 악무를 말한 것이다. 『주례』「춘관·대사악(大司樂)」에 "무릇 악무는 원종(圜鍾)으로 궁(宮)의 음을 삼고, 황종(黃鍾)으로 각(角)의 음을 삼고, 태주(太簇)로 치(徵)의 음을 삼고, 고선(姑洗)으로 우(羽)의 음을 삼는다. 뇌고(靁鼓: 8면의 북)와 뇌도(靁鼗: 8면의 땡땡이 북)를 치고, 고죽(孤竹)으로 만든 관(管)을 불고, 운화산(雲和山)의 목재로 만든 금(琴)과 슬(瑟)을 연주하고, 「운문(雲門)」의 악무를 춘다. 동지에 땅 위의 원구(圜丘)에서 연주를 진행하는데, 여섯 차례 악장을 바꾸어 연주하면, 천신(天神)이 모두 내려와서 제사를 거행할 수 있게 된다.[凡樂, 圜鍾爲宮, 黃鍾爲角, 太簇爲徵, 沽洗爲羽. 靁鼓靁鼗, 孤竹之管, 雲和之琴瑟, 雲門之舞, 冬至日, 於地上之圜丘奏之. 若樂六變, 則天神皆降 可得而禮矣.]"고 하였다.

⑱ 방구악(方丘樂): 하지에 못 위의 방구[澤中之方丘]에서 지기(地祇)를 제사 지낼 때, 육면(六面)의 북[靈鼓]·땡땡이 북[靈鼗]·손죽(孫竹)으로 만든 관(管)·공상(空桑)의 목재로 만든 금과 슬 등을 연주하고 「함지(咸池)」의 춤

을 추는 것을 말한다. 자세한 것은 [宮室圖04: 07-方丘樂] 참조.

⑲ 임종(林鍾): 음의 소리인 육려(六呂) 가운데 첫 번째이다. '함종(函鍾)'이라고도 한다. 방위는 미(未), 절후는 6월에 해당한다. 『예기』「월령」'계하(季夏)' 정현의 주에 "'임종'은 황종(黃鍾)에서 생겨나는 것으로, (황종을) 3분하여 1을 더한다. 율관의 길이는 6촌이다. 계하(6월)의 기가 이르면 임종의 율이 응한다.['林鍾'者, 黃鍾之所生, 三分去一, 律長六寸. 季夏氣至, 則林鍾之律應.]"고 하였다.

⑳ 남려(南呂): 음의 소리인 육려(六呂) 가운데 세 번째이다. 방위는 유(酉), 절후는 8월에 해당한다. 『예기』「월령」'중추(仲秋)' 정현의 주에 "'남려(南呂)'는 태주(大蔟)에서 생겨나는 것으로, (태주를) 3분하여 1을 뺀다. 율관의 길이는 5와 1/3촌이다. 중추(仲秋: 8월)의 기가 이르면 남려(南呂)의 율이 응한다.['南呂'者, 大蔟之所生, 三分去一, 律長五寸三分寸之一. 仲秋氣至, 則南呂之律應.]"고 하였다.

㉑ 임종(林鍾)으로 궁(宮)의 음을 삼고~삼는다: 이는 방구에서 지기(地祇)를 제사 지낼 때의 악무를 말한 것이다. 『주례』「춘관·대사악(大司樂)」에 "무릇 악무는 함종(函鍾: 林鍾)으로 궁(宮)의 음을 삼고, 태주(太蔟)로 각(角)의 음을 삼고, 고선(姑洗)으로 치(徵)의 음을 삼고, 남려(南呂)로 우(羽)의 음을 삼는다. 영고(靈鼓: 6면의 북)와 영도(靈鼗: 6면의 땡땡이 북)를 치고, 손죽(孫竹)으로 만든 관(管)을 불고, 공상산(空桑山)의 목재로 만든 금과 슬을 연주하고, 「함지(咸池)」의 악무를 춘다. 하지에 연못 위의 방구(方丘)에서 연주를 진행하는데, 여덟 차례 악장을 바꾸어 연주하면, 지기(地祇)가 모두 나와서 제사를 거행할 수 있게 된다.[凡樂, 函鍾爲宮, 太蔟爲角, 姑洗爲徵, 南吕爲羽. 靈鼓靈鼗, 孫竹之管, 空桑之琴瑟, 咸池之舞. 夏至日, 於澤中之方丘奏之. 若樂八變, 則地祇皆出, 可得而禮矣.]"고 하

였다.

㉒ 체협악(禘祫樂): 체협(禘祫)의 종묘 대제를 지낼 때, 사면(四面)의 북[路鼓]·땡땡이 북[路鼗]·음죽(陰竹)으로 만든 관(管)·용문산(龍門山)의 목재로 만든 금과 슬 등을 연주하고 「구덕(九德)」의 노래를 부르고 「대소(大磬)」의 악무를 추는 것을 말한다. 자세한 것은 [宮室圖04: 08-禘祫樂] 참조.

㉓ 태려(大呂): 음의 소리인 육려(六呂) 가운데 첫 번째이다. 방위는 축(丑), 절후는 12월이다. 『예기』「월령」 '계동(季冬)' 정현의 주에 "'태려'는 유빈(蕤賓)에서 생겨나는 것으로, (유빈을) 3분하여 1을 더한다. 율관의 길이는 8과 104/243촌이다. 계동(12월)의 기가 이르면 태려의 율이 응한다.['大呂'者, 蕤賓之所生也, 三分益一, 律長八寸二百四十三分寸之百四. 季冬氣至, 則大呂之律應.]"라고 하였다.

㉔ 응종(應鍾): 음의 소리인 육려(六呂) 가운데 두 번째이다. 방위는 해(亥), 절후는 10월이다. 『예기』「월령」 '맹동(孟冬)' 정현의 주에 "응종은 고선(姑洗)에서 생겨나는 것으로, (고선을) 3분하여 1을 뺀다. 율관의 길이는 4와 20/27촌이다.['應鍾'者, 姑洗之所生, 三分去一, 律長四寸二十七分寸之二十.]"라고 하였다.

㉕ 황종(黃鍾)으로~삼는다: 이는 종묘에서 인귀(人鬼)를 제사 지낼 때의 악무를 말한 것이다. 『주례』「춘관·대사악(大司樂)」에 "무릇 악은 황종(黃鍾)으로 궁(宮)의 음을 삼고, 대려(大呂)로 각(角)의 음을 삼으며, 태주(太蔟)로 치(徵)의 음을 삼고, 응종(應鍾)으로 우(羽)의 음을 삼는다. 노고(路鼓: 4면의 북)와 노도(路鼗: 4면의 땡땡이 북)를 치고, 음죽(陰竹)으로 만든 관(管)을 불고, 용문산(龍門山)의 목재로 만든 금과 슬을 연주하고, 「구덕(九德)」의 노래를 부르고 「대소(大韶)」의 악무를 춘다. 종묘에서 연주를

진행하는데, 아홉 차례 악장을 바꾸어 연주하면, 인귀(人鬼)를 제사 지낼 수 있다.[凡樂, 黃鍾爲宮, 大呂爲角, 大蔟爲徵, 應鍾爲羽, 路鼓·路鼗, 陰竹之管, 龍門之琴瑟, 九德之歌, 九韶之舞, 於宗廟之中奏之, 若樂九變, 則人鬼可得而禮矣.]"고 하였다.

㉖ 대종자(大宗子): '대종'이라고도 한다. 서주시대의 종법제도는 엄격한 적서(嫡庶)의 구분과 적장자 계승권의 확립, 종족 내부의 대종·소종의 구분을 그 특징으로 한다. 종법제도에서 대통(大統)은 적장자로 이어지는 계열에 의해서 승계되는데, 이를 '대종'이라고 한다. 그 이외의 중자(衆子)는 분봉의 자격을 가질 뿐으로 이를 '별자(別子)'라고 한다. 별자란 종자(宗子)와 구별된다는 의미도 있지만 별도로 자신의 후손들의 시조가 된다는 의미도 담겨 있다. 따라서 별자는 분봉된 후 대종을 섬기는 의무가 부과되는 한편 그 후손들의 봉사를 받는 시조가 된다. 그리하여 그의 지위와 봉읍도 그의 적장자로 승계되어 이른바 '별자를 승계한 종[繼別爲宗]'으로서의 '대종'이 되고, 그 나머지 단지 녜(禰, 父)만을 계승할 수 있는 여러 적자들은 '소종'이 된다. 『의례』「상복」에 "다른 사람의 후사가 된다는 것은 누구의 후사가 된다는 것인가? '대종'의 후사가 된다는 것이다. 왜 대종의 후사가 되는가? '대종'은 존(尊)의 정통이기 때문이다.[爲人後者孰後? 後大宗也. 曷爲後大宗? 大宗者尊之統也.]"라고 하였다. 『예기정의』「대전(大傳)」에서는 "별자(別子)는 시조가 되고, 별자를 계승한 자는 '종(宗. 대종)'이 된다. 아버지를 계승한 자는 '소종(小宗)'이 된다. 백세(百世)가 되어도 옮기지 않는 종(宗)이 있고, 오세(五世)가 되면 옮기는 종(宗)이 있다.[別子爲祖, 繼別爲宗. 繼禰者爲小宗. 有百世不遷之宗, 有五世則遷之宗.]"라고 하였는데, 공영달의 소에는 "백세가 되어도 옮기지 않는 종은 '대종'을 가리키고, 5세가 되면 옮

기는 종은 '소종'을 가리킨다.[百世不遷之宗者, 謂大宗也, 有五世則遷之宗者, 謂小宗也.]"라고 해석하였다. '대종'과 '소종'의 개념에 대한 다양한 설은 김용천·장동우, 『중국고대 상복의 제도와 이념』(동과서, 2008), 215~217쪽 참조.

㉗ 『주례』「지관·대사도(大司徒)」의 문장이다: 그러나 '부용(附庸)'은 「지관·대사도」의 경문에는 없는 말로, 『주례』 정현의 주와 가공언의 소 및 『예기』 등에 의거한 것이다. '부용(附庸)'은 대국의 제후에 부속된 작은 나라를 말한다. 주제(周制)에서는 토지가 방 50리가 못되는 소국은 단독으로 천자를 조회하지 못하고, 대국에 부속되어 대신 공물을 바친다. 『예기』「왕제(王制)」에 "천자의 전지[田]는 방(方) 1000리이고, 공(公)과 후(侯)의 전지는 방 100리이고, 백(伯)은 70리이고, 자(子)와 남(男)은 50리이다. 50리가 못 되는 경우에는 천자에게 직접 조회하지 못하고 제후에게 의부하여 전한다. 이를 '부용(附庸 공로를 의부하여 전함)'이라고 한다.[天子之田方千里, 公·侯田方百里, 伯七十里, 子·男五十里. 不能五十里者, 不合於天子, 附於諸侯, 曰附庸.]"고 하였다. 섭숭의는 후·백·자·남에 각각 부속된 부용을 '사등부용(四等附庸)'이라 했다. 상세한 것은 [宮室圖04: 11-四等附庸] 참조.

㉘ 『주례』「지관·소사도(小司徒)」의 문장이다: 『주례』「지관·소사도」에 "토지를 획분하여 정법(井法)과 목법(牧法)으로 전야를 구획한다. 구부(九夫)가 경작하는 땅으로 1정(井)을 조성하고, 4정으로 1읍(邑)을 조성하고, 4읍으로 1구(丘)를 조성하고, 4구로 1전(甸)을 조성하고, 4전으로 1현(縣)을 조성하고, 4현으로 1도(都)를 조성한다.[乃經土地, 而井牧其田野. 九夫爲井, 四井爲邑, 四邑爲丘, 四丘爲甸, 四甸爲縣, 四縣爲都.]"고 하였다. '정법(井法)'은 상등의 토지(不易之地, 100畝)에 실행하는 토지 획

분법으로 1부(夫)가 100무(畝)를 수전하여 9부가 1정을 경작하는데, 1정은 사방 1리이다. '목법(牧法)'은 중등의 토지(一易之地, 200畝)에 실행하는 토지 획분법으로 9부(夫)가 1목(牧)을 경작하는데, 2목은 상등의 토지 1정에 상당한다. 중등의 토지 외에 또 하등의 토지(再易之地, 300畝)가 있다. 이 '정법'과 '목법'은 모두 정전제(井田制)에 속하는데, 상등·중등·하등으로 토지의 차등이 있기 때문에 그로 인해서 명칭을 달리한 것이다. [宮室圖04: 12-井田] 참조.

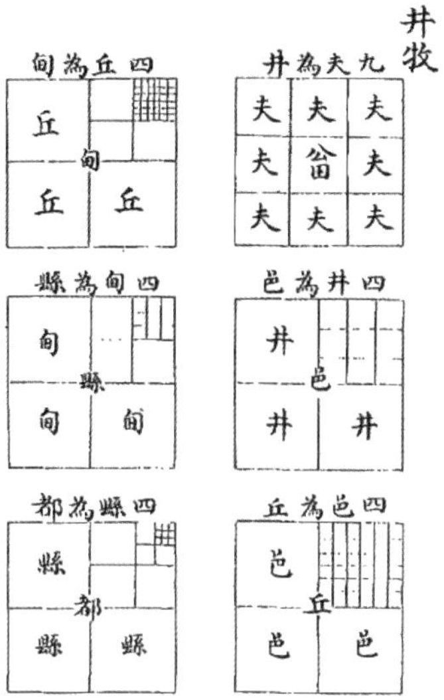

정목도(井牧圖)
『欽定周官義疏』(청)

㉙ 『주례』「지관·수인(遂人)의 문장이다: '구혁(溝洫)'은 수(遂)·구(溝)·혁(洫)·회(澮)의 약칭으로 모두 천(川)으로 흘러가도록 만든 농지 사이의 물길로서 관개와 배수를 위한 것이다. 각각의 물길 옆에 경(徑)·진(畛)·도(涂)·도(道)·로(路)가 있는데, 모두 도로를 가리킨다. 「지관·수인(遂

人)」 정현의 주에서는 원교(遠郊)의 밖, 즉 왕성으로부터 100리에서 500리까지의 전(甸)·초(稍)·현(縣)·도(都: 畺)의 지역을 '야(野)'로 규정한다. 그리고 왕성으로부터 50리에서 100리 사이의 원교(遠郊)에는 '육향(六鄕)'을 설치하고, 왕성으로부터 100리에서 200리 사이의 전(甸)에는 육수(六遂)를 설치하는데, 이 '육향'과 '육수'에는 정전제(井田制)가 아니라 구혁제(溝洫制)를 시행한다. [宮室圖04: 13-遂] 참조.

㉚ 진(秦)나라에서~나타낸 것이다: 섭숭의에 의하면, 주나라의 명당은 5실(室)·12당(堂)·9계(階)였는데, 진나라에서 이를 9실(室)·36호(戶)·72유(牖)·12계(階)로 바꾸었다. 이 때문에 별도로 '명당'의 도상을 만들었다는 것이다. [宮室圖04: 14-明堂] 참조.

【目錄20: 投壺투호 제5】

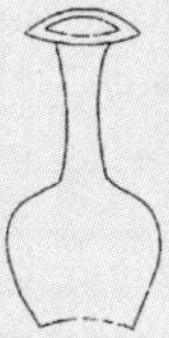

[投壺圖05 :01-壺]

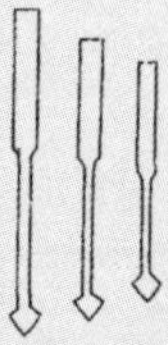

[投壺圖05 :02-矢]

투호의 화살[壺矢]① 【3등급이 있다.】

[壺矢.【有三等】]

[投壺圖05 :03-三馬]

3개의 말[三馬]② 【곧 이긴 횟수를 계산하는 산가지이다.】

[三馬.【即勝筭】]

[投壺圖05 :04-特縣鍾]

특현종(特縣鍾)③ 【황종의 율관에 2.5배를 하여 만든 것이다.④】

[特縣鍾.【黃鍾倍半而爲者也.】]

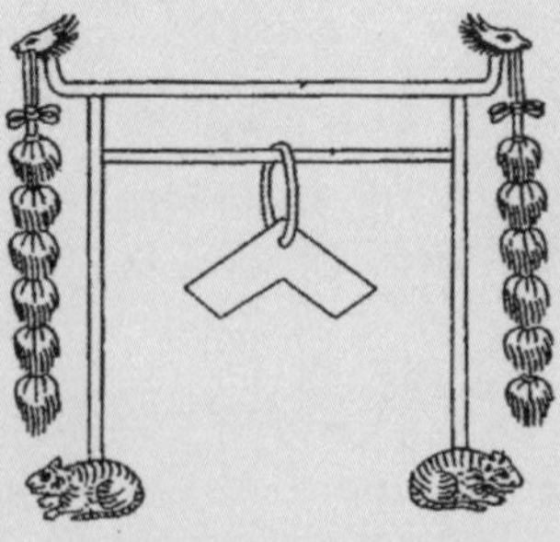

[投壺圖05 :05-特縣磬]

특현경(特縣磬)⑤【앞쪽의 길이는 2척 7촌이고, 뒤쪽의 길이는 1척 8촌이다.⑥】

[特縣磬.【前長二尺七寸, 後長一尺八寸.】]

[投壺圖05 :06-編鐘]

편종(編鐘)【오늘날의 「영(令)」의 주(注)를 취해서 12율의 길이로 기준을 삼았다. 순(簨: 악기걸이의 가름대 나무)과 거(虡: 악기걸이의 세로 기둥)는 붉은 칠로 용을 그려 넣어 장식하고, 호랑이의 형상을 새겨서 받침대[跗]를 만든다. 가장 위쪽에는 큰 판을 얹어 5개의 부채[翣] 문양을 장식하는데, 가운데의 3개는 마치 규(圭)의 머리 모양과 유사하고, 양쪽 모서리 2개는 반규(半圭: 璋)의 모양과 유사하다.⑦ 악기걸이의 머리 부분에는 모두 물총새의 깃을 그려 넣어 장식한다. 용이 옥구슬[璧璜]⑧을 물고 있는데, 오채색의 깃을 꿰어서 서로 아래로 내려뜨려 장식한다. 근대에 궁현(宮縣: 천자의 사면 악기걸이)

에는 금박산(金博山: 금으로 산 모양을 새겨 넣은 장식) 5개를 장식하고, 헌현(軒縣: 제후의 악기걸이)에는 금박산 3개를 장식하는데, 또한 숭아(崇牙)⑨·유소(流蘇)⑩·수우(樹羽)⑪로 장식한다. 그 악기에 칠을 하는 것은 천지의 신에게 제사를 올릴 때는 모두 붉은 칠을 하기 때문이다. 종묘 및 정전(正殿)의 뜰에 악기걸이를 세울 때는 모두 오채색으로 금박산을 그려 장식하니, 곧 부채를 마치 규(圭)의 머리 모양처럼 장식하는 것이다.】

[編鐘.【取今「令」注十二律分寸以爲准. 簨·簴, 朱漆畫龍飾, 刻虎爲跗, 最上大板樹翣五, 中三如圭首, 兩角二如半圭. 首皆畫翡翠羽以飾之. 龍銜璧璜, 綴以五采羽, 相承垂下爲飾. 近代宮縣飾金博山五, 軒縣飾金博山三, 亦飾以崇牙·流蘇·樹羽. 其樂器漆者, 天地之神皆朱漆. 宗廟及殿庭, 皆以五采畫飾金博山, 即樹翣如圭首者也.】]

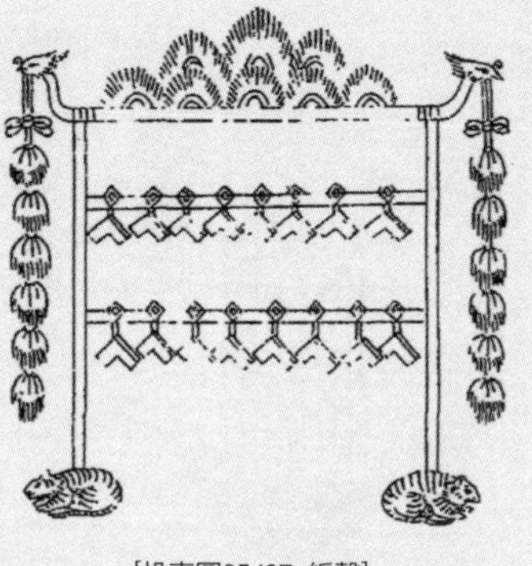

[投壺圖05 :07-編磬]

편경(編磬)【악기걸이[簨簴]에 봉황을 새겨 넣어 받침대[拊]를 만든다.⑫ 그 나머지는 모두 편종과 같은 장식을 한다.】

[編磬.【簨簴刻鳳鳥爲拊, 其餘並如編鐘飾.】]

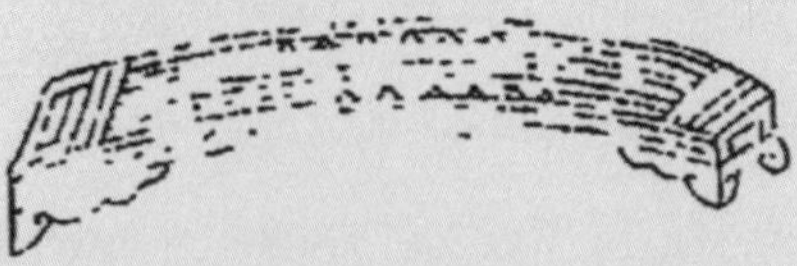

[投壺圖05 :08-瑟]

슬(瑟)⑬

[瑟.]

[投壺圖05 :09-琴]

금(琴)⑭

[琴.]

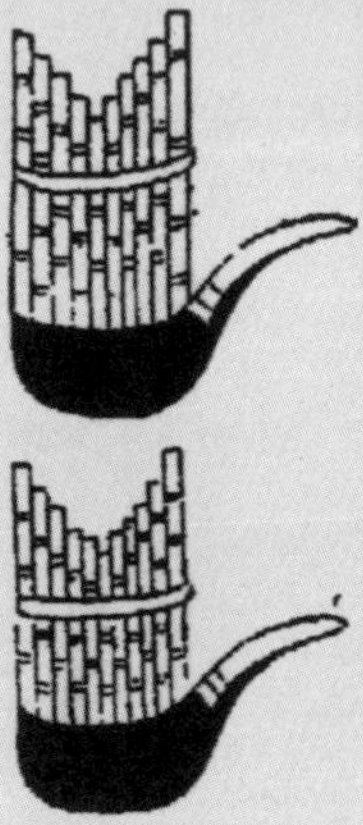

[投壺圖05 :10-竽]

옛날의 우(竽)⑮

[古竽.]

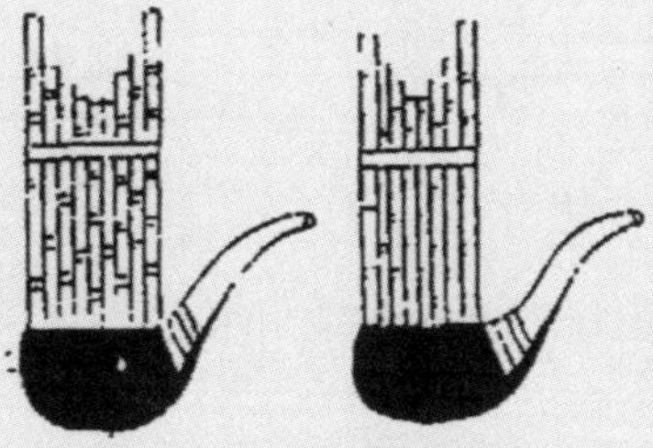

[投壺圖05 :11-笙]

옛날의 생(笙)【우(竽)·생(笙)·포(匏)는 옛날과 오늘의 형태가 다르다. 그러므로 모두 도상으로 그렸다.】

[古笙.【竽·笙·匏, 古今異, 故並圖之.】]

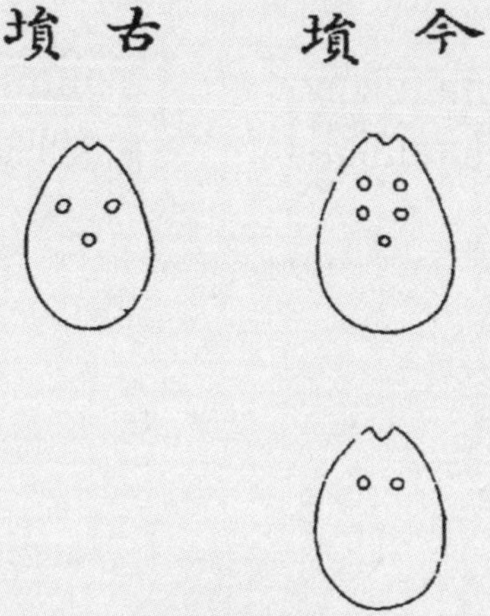

[投壺圖05 :12-古塤·今塤]

훈(塤)⑯【옛날과 오늘날의 2가지 훈(塤)이 있다. 뒤쪽의 2개의 구멍은 보이지 않으므로 별도로 2개의 구멍이 있는 훈을 도상으로 그려서 밝혔다.】

[塤.【古今二塤. 後二孔不見, 故別圖二孔者以曉之.】]

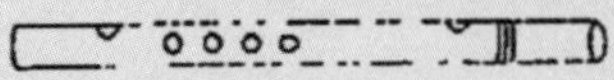

[投壺圖05 :13-篪]

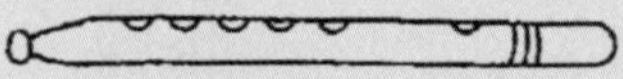

[投壺圖05 :14-篴]

지(篪)[17] · **적(篴)**[18]. 【('篴'의) 음은 '笛(적)'이다.】

[篪·篴【音笛.】]

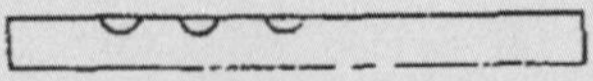

[投壺圖05 :15-籥]

약(籥)[19]【3개의 구멍이 있다.】

[籥.【三孔.】]

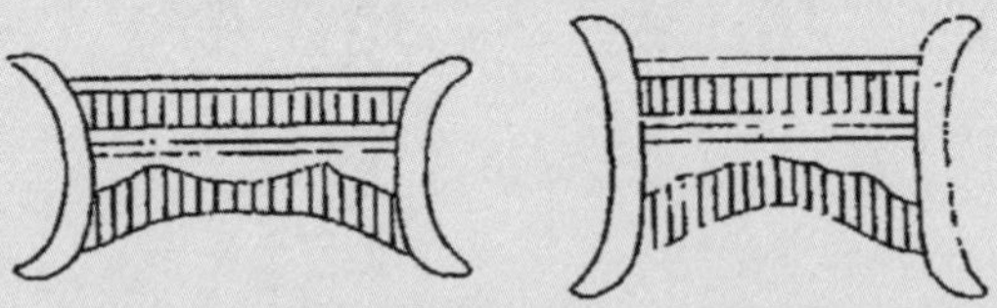

[投壺圖05 :16-簫]

소(簫)[20]

[簫.]

[投壺圖05 :17-柷]

축(柷)[21]【검은 칠로 문식을 하는데, 악기걸이 안쪽 어(敔)의 동쪽에 둔다.】

[柷.【漆飾, 在縣內, 敔之東.】]

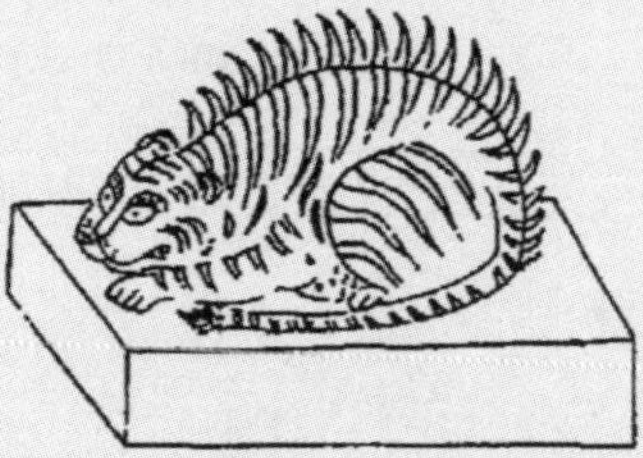

[投壺圖05 :18-敔]

어(敔)[22]【받침대와 가로막대에 검붉은 칠을 한다.】

[敔.【髹漆趺·扃.】]

[投壺圖05 :19-牘]

독(牘)[23]【칠을 하고 붉은 구름 문양을 그려 장식한다.】

[牘.【漆畫赤雲氣.】]

[投壺圖05 :20-應]

응(應)[24]【붉은 칠을 한다.】

[應.【朱漆.】]

[投壺圖05 :21-雅]

아(雅)㉕【양쪽으로 끈이 있다. 붉은 구름 문양을 성글게 그려 넣는다.】

[雅.【有兩紐. 疏畫赤雲氣.】]

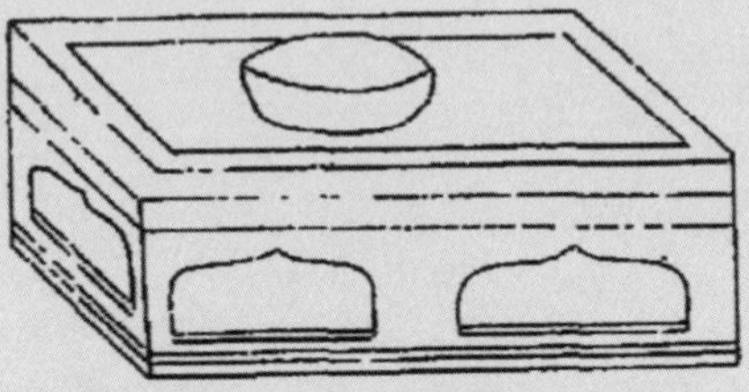

[投壺圖05 :22-相]

상(相)㉖【옛 『삼례도』에 "가죽으로 표면을 만들고, 사방으로 꿰맨다. 쳐야 할 곳은 둥글게 하고, 사방 둘레를 점차 적게 하고, 아래쪽으로 받침대와 가로막대에 칠을 하고, 공손히 받들어서 친다."고 하였다.】

[相.【舊『圖』云, "以韋爲之, 四縫. 當擊處圓, 四圍漸稍而下以漆拊[1]·扃, 承而擊之."】]

1 拊: 저본에는 '拊'로 되어 있으나, 앞의 '敔' 조목의 섭숭의 주에 '趺'로 되어 있는 것으로 볼 때 이곳 역시 '趺'인 듯하다. 또 丁鼎에 의하면 '趺'는 '跗'와 같은 뜻으로 기물의 받침대를 가리킨다.(『新定三禮圖』, 628쪽 참조.)

역주

① 투호의 화살[壺矢]: '호(壺)'는 투호할 때 사용하는 도구로, 『예기』「투호(投壺)」에 의하면, 목의 길이 7촌, 통의 길이 5촌, 주둥이의 지름 2촌 반으로 용량은 1말 5되이며, 호(壺) 안에 팥을 채워 두어 화살이 튀어나올 것에 대비한다.(壺頸脩七寸, 腹脩五寸, 口徑二寸半, 容斗五升. 壺中實小豆焉, 爲其矢之躍而出也.) 투호를 하는 장소는 3곳이 있는데, 낮에는 실(室)에서 하고, 저녁에는 당(堂)에서 하고, 늦저녁에는 정(庭: 뜰)에서 한다. 실에서 할 때는 5부(扶. 20寸), 당(堂)에서 할 때는 7부(28촌), 정에서 할 때는 9부(36촌) 길이의 화살을 사용한다. 이것이 화살에 3등급이 있다는 뜻이다. 『예기』「투호」 및 [投壺圖05: 02-矢] 참조.

② 3개의 말[三馬]: '馬'는 '碼'의 옛글자로, 산가지를 말한다. 투호를 할 때, 이길 때마다 산가지[馬] 하나를 얻는데, 3개의 산가지를 얻으면 승리한다. 한쪽이 산가지 1개를 얻고, 다른 쪽이 산가지 2개를 얻었다면, 산가지 1개를 얻은 사람은 산가지 1개를 산가지 2개를 얻은 사람에게 주어서 산가지를 합치게 한다. 결국 2번 승리한 사람은 산가지 3개를 얻게 되어 승리하는 것이다. 『예기』「투호」 정현의 주에 "3개의 말을 세우는 것은 투호는 사례(射禮)와 같아서 또한 3번에 그치기 때문이다. 3번 하는 것은 한쪽이 반드시 3번을 이기는 것은 아니기 때문이다. 한 번 이긴 사람이 두 번 이긴 사람에게 그 말을 합해 주어서 축하를 하는 것은 한 번 이기는 것으로는 축하 받을 수 없음을 밝히는 것이다. [三立馬者, 投壺如射, 亦三而止也. 三者, 一黨不必三勝. 其一勝者并其馬於再勝者以

慶之, 明一勝不得慶也.]”라고 하였다. [投壺圖05: 03-三馬] 참조.

③ 특현종(特縣鍾): 동쪽 한쪽에만 종(鍾)이나 경(磬)을 악기걸이에 걸어 두는 것으로, 사의 악현(樂縣)을 말한다. 종을 걸어 두면 '특현종'이 되고, 경을 걸어 두면 '특현경'이 된다. 『주례』「춘관·소서(小胥)」에 "(소서는) 악현(樂縣)의 위치를 바로잡는다. 왕은 궁현(宮縣), 제후는 헌현(軒縣), 경·대부는 판현(判縣), 사(士)는 특현(特縣)이다.[正樂縣之位. 王宮縣, 諸侯軒縣, 卿大夫判縣, 士特縣.]"라고 하였다. 정사농(정중)은 '궁현'은 사방에 악기를 걸어 두는 것이고, '헌현'은 그 가운데 한 방향의 악기를, '판현'은 두 방향의 악기를, '특현'은 세 방향의 악기를 각각 제외시키는 것이라고 하였다. 정현은 '헌현'은 남쪽의 악기를 제외하고, '판현'은 다시 북쪽의 악기를 비워 두는 것이며, '특현'은 동쪽에만 악기를 걸어 두는데, 혹 계단 사이에 걸어 두기도 한다고 하였다.('樂縣', 謂鍾磬之屬縣於筍·簴者. 鄭司農云, '宮縣四面縣, 軒縣去其一面, 判縣, 又去其一面, 特縣又去其一面.' 玄謂, '軒縣', 去南面, 辟王也. '判縣', 左右之合, 又空北面. '特縣', 縣於東方, 或於階間而已.) [投壺圖05: 04-特縣鍾] 참조.

'종(鍾)'은 제사나 연회 때 연주하는 악기이다. 종의 형태는 크게 몸체와 손잡이 두 부분으로 구분된다. 또 종의 몸체는 하단부의 '고(鼓)'와 상단부의 '정(鉦)'으로 이루어진다. 그 몸체는 길쭉하여 완전한 원형이 아니다. 그러므로 종의 하단부 아가리 양쪽 가장자리에 모서리가 있어 광택이 나는데, 이를 '선(銑)'이라 한다. '선'은 금 가운데 윤기가 나는 것을 말한다. 이 양쪽의 '선' 사이는 종의 몸체 아래쪽 끝자락에 해당하는데, 이를 '우(于)'라고 한다. '우'는 넓고 크다는 뜻이다. '우'의 위쪽은 종을 치는 부위로서, 이를 '고(鼓)'라고 한다. '고'는 종을 친다는 뜻이다. '고'의 위쪽은 종의 몸체의 상단부로서, 종 전체의 정면에 해당하는데, 이를 ‘정(鉦)’이라 한다. ‘정’의 위쪽은 종의 몸체의 꼭대기로서, ‘무(舞)’라고 한다. ‘무(舞)’는 ‘무(廡: 지붕)’와 통하는 글자로 마치 종의 몸체를 덮는 지붕과 같다는 뜻이다. ‘무’의 위쪽을 ‘용(甬)’이라 하는데, 종 위쪽의 손잡이 부분이다. ‘용(甬)’은 ‘용(筩)’과 통하는 글자로, 그 형태가 대통과 유사하므로 그런 명칭이 생겨난 것이다. ‘용’의 위쪽을 ‘형(衡)’이라 한다. ‘형’은 종 전체의 위쪽 끝 부분이다. 그 형태가 저울대처럼 평평하게 되어 있으므로 ‘형(衡: 저울대)’이라 한 것이다. 또 종을 치는 부위인 ‘고(鼓)’의 위쪽과 종의 몸체의 꼭대기 부위인 ‘무(舞)’ 사이에는 4개의 띠를 부착하는데, 이를 ‘전(篆)’이라 한다. ‘전’ 사이에는 융기한 종유(鐘乳)가 있는데 이를 ‘매(枚)’ 혹은 ‘경(景)’이라 한다. 그 모양이 유두처럼 융기했기

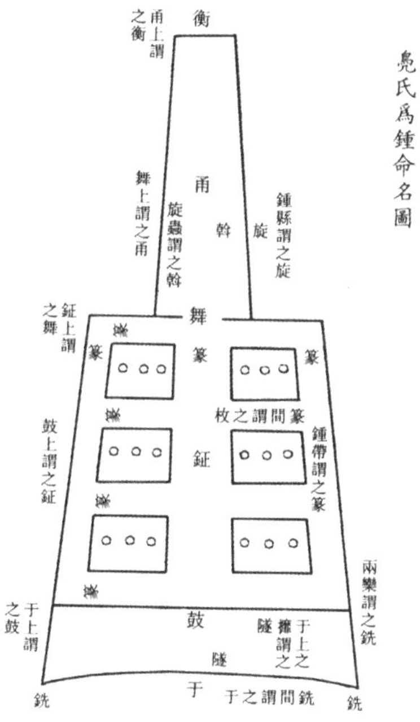

부씨위종 명명도(鳧氏爲鍾 命名圖)
程瑤田, 『考工創物小記』(청)

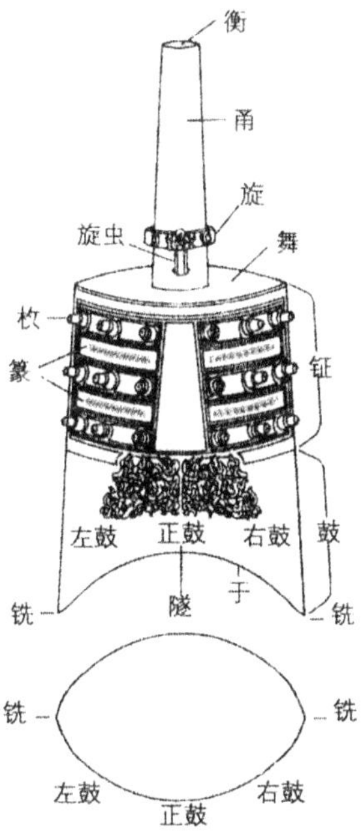

종(鐘)의 각 부위 명칭
鄭道一, 『考工記注譯』

때문에 '매'라고 하며, 그 융기한 매에서 빛이 나기 때문에 '경'이라 한 것이다. '용(甬)'의 아래쪽에 용의 부속물로서 종을 매달기 위한 둥근 고리가 있다. 이 둥근 고리를 끈으로 꿰어서 그것으로 종을 매다는데, 이를 '선(旋)'이라 한다. 고리가 끈 안에서 빙빙 돌기 때문에 '선(旋: 돌다)'이라 하고, 또 종을 매달기 때문에 '종현(鐘縣)'이라고도 한다. 그 '선' 위에 동물의 형상을 장식하는데, 이를 '간(幹)' 혹은 '선충(旋蟲)'이라 한다. '선'에 장식한 동물 형상이므로 '선충(旋蟲)'이라 하고, 또 그것이 용(甬)과 '선(旋)' 사이를 통괄하기 때문에 '간(幹)'이라 한 것이다.(程瑤田, 『考工創物小記』「鳧氏爲鐘章句圖說」 참조)

④ 황종의 율관에 2.5배를 하여 만든 것이다: 황종(黃鍾)의 관(管)은 그 길이가 9촌인데, 종을 만들 때는 여기에 2.5배를 하여 높이 2척 2.5촌으로 만든다는 뜻이다.

⑤ 특현경(特縣磬): '경'은 고대의 타악기로서 옥돌로 만든다. '경(磬)'의 몸체는 고(股: 짧은 쪽의 변)와 고(鼓: 긴 쪽의 변)의 두 부분으로 나뉜다. '고(股)'는 비교적 넓지만 길이가 짧기 때문에 가볍고, '고(鼓)'는 비교적 좁지만 길이가 길기 때문에 무겁다. 고(股)와 고(鼓) 사이에 구멍이 있어 이곳으로 악기걸이[虡]에 걸 수 있다. 악기걸이에 걸 때는 고(股) 부분이 위쪽으로 솟고 고(鼓) 부분이 아래로 늘어뜨려진다. 고(鼓)는 경쇠를 치는 부위인데, 앞면이 음악을 연주하는 사람을 향한다.

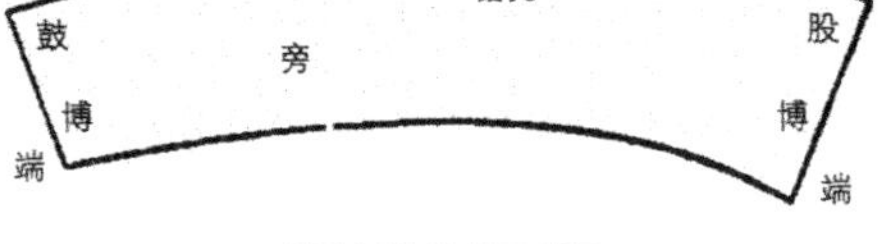

경의 부위 명칭 표시도
聞人軍, 『考工記譯注』

⑥ 앞쪽은 길이가 2척 7촌이고, 뒤쪽은 길이가 1척 8촌이다: 앞쪽은 경(磬)의 '고(鼓: 경의 긴 쪽의 변)' 부분을 가리키고, 뒤쪽은 '고(股: 경의 짧은 쪽의 변)' 부분을 가리킨다. 섭숭의는 [投壺圖05: 05-特縣磬]에서 "『주례』「고공기·경씨(磬氏)에 '고(股)의 길이는 2가 된다.'고 하였으니, 뒤쪽의 길이가 2율(1척 8촌)이 됨을 가리킨다. '고(鼓)의 길이는 3이 된다.'고 하였으니, 앞쪽의 길이가 3율(2척 7촌)이 됨을 가리킨다."고 하였다. 『주례』「고공기·경씨(磬氏)」에 "경씨는 경(磬)을 제작한다.…고(股)의 너비로 1을 삼으니, 고(股)의 길이는 2가 되고, 고(鼓)의 길이는 3이 된다. 고(股)의 너비를 3등분하여 1등분을 제거하여 고(鼓)의 너비로 삼고, 고(鼓)의 너비를 3등분하여 1등분을 제거하여 경(磬)의 두께로 삼는다.[磬氏爲磬…其博爲一, 股爲二, 鼓爲三. 參分其股博, 去一以爲鼓博, 參分其鼓博, 以其一爲之厚.]"고 하였다. 섭숭의는 「고공기·경씨」의 '고(股)의 너비 1'을 율관의 길이 9촌으로 보고, 이를 기준으로 하면 '고(股)의 길이 2'는 그 2배인 18촌 즉 1척 8촌, '고(鼓)의 길이 3'은 그 3배인 27촌 즉

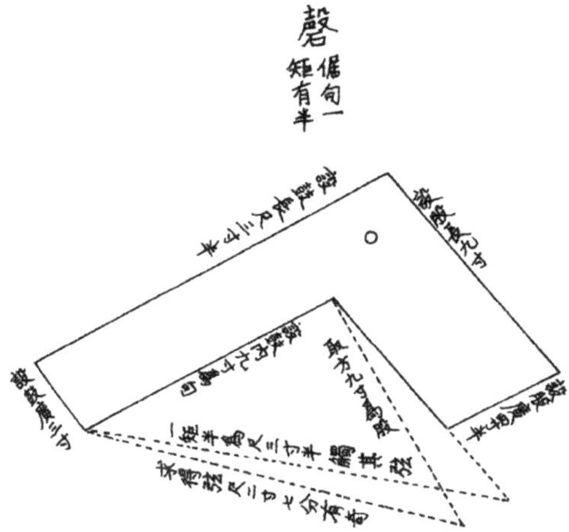

경(磬)1(황이주의 설)
黃以周, 『禮書通故』(청)

2척 7촌이 되는 것으로 해석한 것이다.

⑦ 가운데의 3개는~유사하다: '규(圭)'는 세로로 긴 형태인데 위쪽은 뾰족하고 아래쪽은 네모지다. 그 명칭과 크기는 작위와 용도에 따라 달라진다. 『의례』「빙례(聘禮)」 정현의 주에는 "'규(圭)'는 그것을 잡아서 서절(瑞節)로 삼는 것이다. '위쪽의 좌우를 깎아서 예리하게 한다.[剡上]'는 것은 하늘이 둥글고 땅이 네모난 것을 상징하는 것이다.['圭', 所執以爲瑞節也. '剡上', 象天圜地方也.]"라고 하였다. 『백호통』에 "'규(圭)'를 절반으로 한 것이 '장(璋)'이다. 가운데를 네모지게 하고 밖을 둥글게 한 것이 '벽(璧)'이다. 가운데를 둥글게 하고 밖을 톱니모양으로 한 것이 '종(琮)'이다.[半圭爲璋, 方中圓外曰璧. 圓中牙外曰琮.]"라고 하였다. 『주례』「춘관·대종백(大宗伯)」 정현의 주에 "벽(璧)은 둥그니 하늘을 상징하며, 종(琮)은 팔각으로 네모지니 땅을 상징하고, 규(圭)는 날카로우니 봄에 만물이 처음 자라나는 것을 상징하며, 규를 절반으로 한 것이 장(璋)이니 여름에 만물이 절반은 죽는 것을 상징한다.[璧圜象天, 琮八方象地, 圭鋭象春物初生. 半圭曰璋, 象夏物半死.]"고 하였다.

규(圭)
戴震, 『考工記圖』(청)

장(璋)
戴震, 『考工記圖』(청)

⑧ 옥구슬[璧璜]: '벽(璧)'은 원형으로 가운데에 구멍이 있는 푸른색의 옥이다. 조빙·제사·상례 등에 사용하며, 허리에 차는 패옥으로도 사용된다. '황(璜)'은 벽(璧)을 절반으로 나눈 형상의 검은색 옥으로, 조빙·제사·상례에 사용하는 예기(禮器)이자 장식용으로도 사용한다.

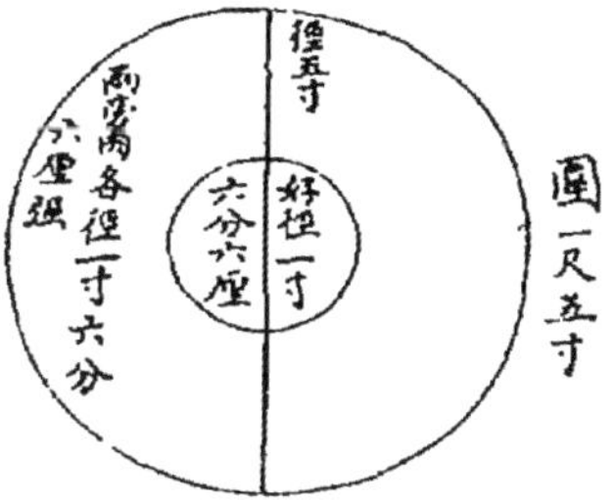

벽(璧)
王應電, 『周禮圖說』(명)

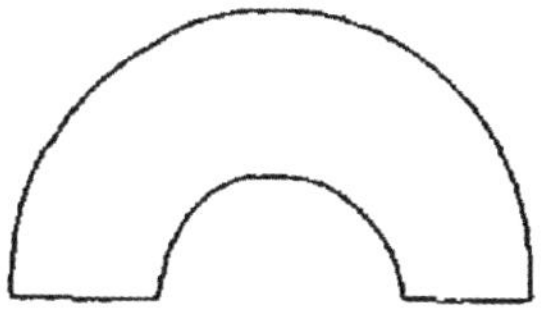

황(璜)
王應電, 『周禮圖說』(명)

⑨ 숭아(崇牙): 편종이나 편경 등의 악기를 걸어 두는 악기걸이 상단 끝 부분에 새긴 톱니 모양의 장식을 말한다. 또 악기걸이를 의미하기도 한다. 『모시정의(毛詩正義)』「주송(周頌)·유고(有瞽)」 공영달의 소에 "거(虡: 악기걸이의 세로 기둥)는 양쪽 끝에 세운 기둥이고, 순(栒: 악기걸이의 가름대 나무)은 거에 가로로 꽂아서 연결한 것이다. 거(虡) 위쪽에 커다란 판을 올려서 설치하니, 순(栒)에 붙어 있다. 그 판 위쪽에 숭아(崇牙)를 새겨서 장식하는데, 톱니처럼 들쑥날쑥한 모양[捷業]이다. 그러므로 '업(業)'이라 한 것이다. '아(牙)'는 곧 업(業)의 위쪽 이빨이다.[虡者立於兩端, 栒則橫入於虡. 其栒之上加施大板, 則著於栒。其上刻爲崇牙, 似鋸齒捷業然, 故謂之業.牙即業之上齒也.]"라고 하였다.

⑩ 유소(流蘇): 오채색의 깃털 혹은 비단 등으로 만든 벼이삭 문양의 아래로 늘어뜨리는 장식을 말한다. 거마나 휘장 위에 장식한다.

⑪ 수우(樹羽): 오채색의 깃털을 꽂아 장식으로 삼는 것을 말한다.

⑫ 악기걸이(簨虡)에~만든다: 섭숭의 『삼례도』의 도상에는 편종과 편경의 '부(柎)'의 차이가 모호한데, 황이주의 『예서통고』에는 호랑이와 봉황의 문양을 뚜렷하게 보여 준다.

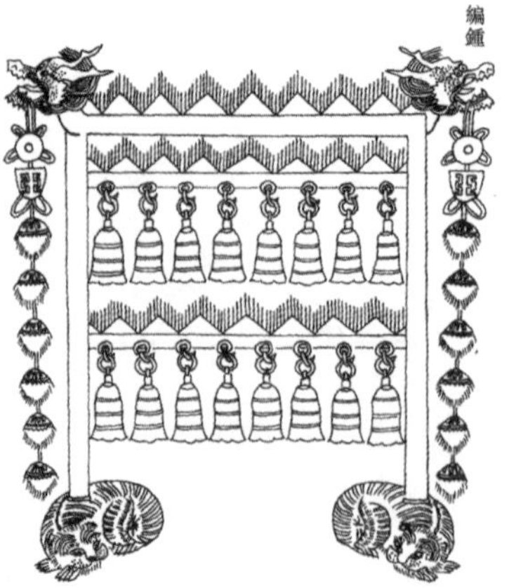

편종(編鐘)
黃以周, 『禮書通故』(청)

편경(編磬)
黃以周, 『禮書通故』(청)

⑬ 슬(瑟): 현악기로서 '금(琴)'과 형태가 유사한데, '금'보다 크며 줄이 많다. 장방형의 나무로 만들었으며, 45현, 25현, 15현 등 시대에 따라 그 현의 수가 다양하다. 현(弦)마다 주(柱: 현을 매다는 나무)가 있어 이를 움직여 그 음을 정한다. 슬을 타는 악공도 '슬(瑟)'이라고 칭한다. [投壺圖05:08-瑟] 참조.

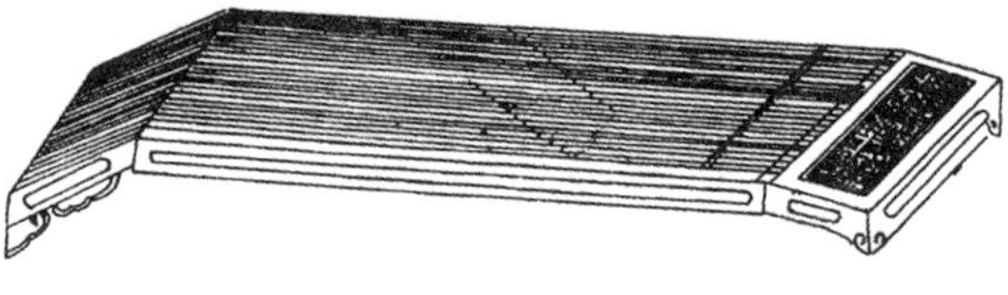

슬(瑟)
黃以周, 『禮書通故』(청)

⑭ 금(琴): 현악기로서 그 몸체는 좁고 긴 형태이며, 나무로 만든다. 전설상으로 처음에는 5현이었다가 주나라 초기에 7현으로 증가했다고 한다. 『예기』「악기(樂記)」에 "옛날에 순임금이 5현금을 제작하여 「남풍(南風)」을 노래하였다.[昔者舜作五弦之琴, 以歌南風.]"라고 하였듯이 처음의 '금'은 5현으로 궁·상·각·치·우의 오음(五音)이었다. 주나라 문왕 희창(姬昌)이 상나라 주왕(紂王)에 의해서 유리(羑里) 땅에 구금되었을 때 우울한 분노를 떨치기 위해 금(琴)에 1현을 더했더니 그 음이 청아해져서 '문현(文弦)'으로 칭하게 되었다고 한다. 무왕이 주(紂)를 정벌할 때 악무를 연주하여 전쟁을 도왔는데, 금(琴)에 1현을 더하였더니 그 음이 격앙되어서 후세 사람들은 이를 '무현(武弦)'이라 칭했다고 한다. 이후 7현이 정제(定制)가 되어 '문무칠현금(文武七弦琴)'으로 칭해졌다.

금(琴)
黃以周, 『禮書通故』(청)

⑮ 우(竽): 박통 속에 관(管)을 꽂는데, 그 관의 끝에 황(簧: 떨림판)이 있어 그 진동으로 소리를 낸다. 『통괘험(通卦驗)』에 의하면, 그 길이는 4척 2촌이다. 『주례』「춘관·생사(笙師)」 정현의 주에 "'우'는 관악기의 일종으로, 대나무로 만든다. 형태는 들쑥날쑥한데, 새의 날개를 본뜬 것이다. 새는 화금(火禽)이니, 화의 수는 7이다. 동지 때 분다. 겨울에는 수(水)의 기운이 세력을 떨치는데, 수(水)의 수는 6이니, 6×7=42이다. 우(竽)의 길이는 여기에서 치수를 취한 것이다.[竽, 管類, 用竹爲之. 形參差, 象鳥翼, 鳥, 火禽, 火數七. 冬至之時吹之. 冬水用事, 水數六, 六七四十二. 竽

之長取數於此也.]”라고 하였다. 떨림판[簧]의 수에 대해서, 섭숭의와 후한시대 정중(鄭衆)은 36개라고 하였다.([投壺圖05:10-竽]) 그러나 『이아』 「석악(釋樂)」에 “큰 생(笙)을 ‘소(巢)’라고 하고, 작은 생을 ‘화(和)’라고 한다.[大笙謂之巢, 小者謂之和.]”고 하였는데, 곽박(郭璞)은 “박통 속에 관을 나열하여 꽂고, 관의 끝에 떨림판을 끼우는데, 큰 것은 19황(簧)이다. (작은 생은) 13황이다.[列管匏中, 施簧管端, 大者十九簧. 十三簧者.]”라고 하였다. ‘대생(大笙)’이 곧 ‘우(竽)’인데 19황이며, ‘소생(小笙)’이 곧 생(笙)인데 13황이라고 구분한 것이다. 청대의 황이주도 곽박의 설에 따른다.

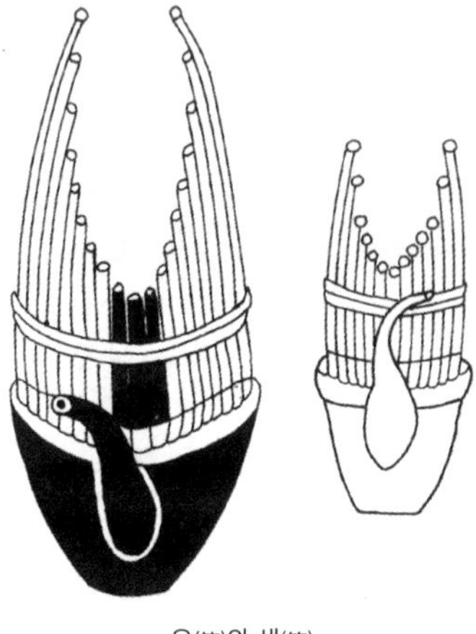

우(竽)와 생(笙)
黃以周, 『禮書通故』(청)

⑯ 훈(塤): 흙을 구워서 만든 악기로, 질나팔을 말한다. 『주례』 「춘관·소사(小師)」 정현의 주에 “‘훈’은 흙을 구워서 만든다. 크기가 기러기 알만하다.[塤燒土爲之. 大如雁卵.]”라고 하였는데, 이를 ‘아훈(雅塤)’이라고 한다. 『이아』 「석악(釋樂)」 곽박의 주에는 “‘훈’은 흙을 구워서 만드는데

크기가 거위 알만하다. 위쪽은 뾰족하고, 아래쪽은 평평하며, 모양은 저울추처럼 생겼으며, 6개의 구멍이 있다. 작은 것은 크기는 달걀만하다.[塤, 燒土爲之, 大如鵝子, 銳上平底, 形如秤錘, 六孔. 小者如雞.]"라고 하였는데, 이를 '송훈(頌塤)'이라고 한다. 섭숭의에 의하면 훈은 구멍이 모두 6개인데, 위쪽에 1개, 앞쪽에 3개, 뒤쪽에 2개이며, 그 둘레는 5촌 반, 길이는 3촌4분이다. [投壺圖05: 12-古塤·今塤] 참조.

고훈(古塤)와 금훈(今塤)
黃以周, 『禮書通故』(청)

⑰ 지(篪): 피리의 일종으로, 『이아』「석악」곽박의 주에 의하면 대나무로 만드는데, 길이는 1척 4촌 둘레는 3촌으로, 위쪽으로 한 개의 구멍이 있는데 옆으로 분다. '지(篪)'의 구멍 수에 대해서는 후한시대 정중의 '7공(孔)', 옛 『삼례도』의 '9공', 『예기』「월령」의 '6공', 응소의 『풍속통

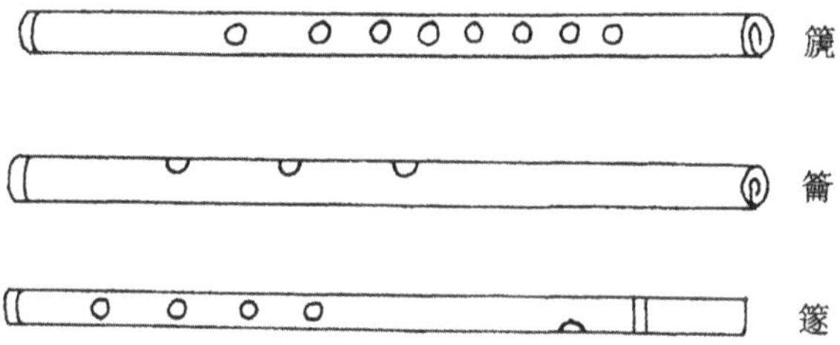

지(篪)·약(籥)·적(篴)
黃以周, 『禮書通故』(청)

의(風俗通義)』의 '10공' 등 다양하다. 『광아(廣雅)』에는 8개의 구멍이 있다고 하였으며, 섭숭의도 8개의 구멍이 옳다고 하였다.([投壺圖05: 13-篪]) 청대의 황이주도 8공의 설을 따른다.

⑱ 적(篴): 피리의 일종으로, 전한 무제 때 구중(丘仲)이 만든 '적'은 길이가 2척 4촌으로 구멍이 6개 있었다고 한다.([投壺圖05: 14-篴]) '적'의 구멍 수에 대해서 정현과 곽박 모두 3개의 구멍이라고 하였다. 진상도(陳常道)의 『예서(禮書)』에 의하면, 옛날의 적은 4공이었는데 경방(京房)이 구멍 한 개를 늘려서 5공이 되었으며, 후에 장적(長笛)·단적(短笛)·강적(羌笛)이 생겨났으며 7공·8공이 있었다.

⑲ 약(籥): 관악기로, '적(篴)'과 유사하다. 정현과 곽박은 적(篴)과 마찬가지로 구멍이 3개라고 하였다. 『광아』에는 7공이라고 하였다. [投壺圖05: 15-籥] 참조.

⑳ 소(簫): 가는 대나무의 관을 엮어서 막든 관악기로, '뢰(籟)'라고도 한다. 옛 『삼례도』에 의하면, 길이는 1척 4촌으로 24개의 관(管)이 있다.([投壺圖05: 16-簫] 참조.) 『이아』「석악」 곽박의 주에는 대소(大簫: 雅簫)는 23개의 관, 송소(頌簫)는 16개의 관이 있다고 하였다. 또 응소의 『풍속통의』

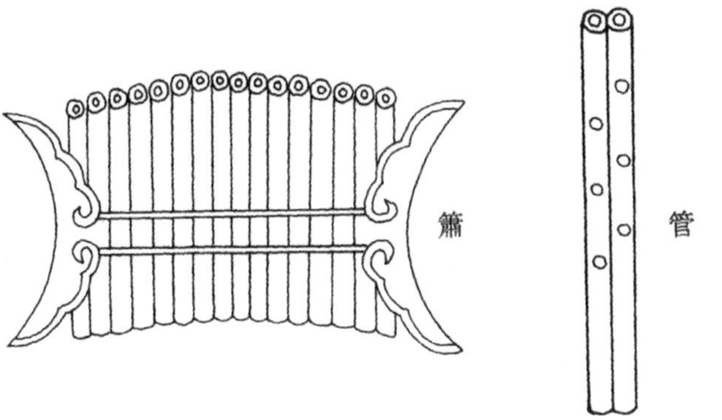

소(簫)와 소의 관(管)
黃以周, 『禮書通故』(청)

에 의하면 순임금이 소(簫)를 만들었는데 그 모양이 봉황의 날개처럼 생겼다고 한다. 정중(鄭衆)은 관(管)에는 6개의 구멍, 『광아』에는 8개의 구멍이 있다고 하였다.(黃以周, 『禮書通故』 권49, 「名物圖3」 참조.)

㉑ 축(柷): 타악기의 명칭으로 나무로 만들며, 형태는 네모진 나무통과 유사하며, 통 안에 방망이가 있다. 연주할 때 그 안에 방망이를 던져서 부딪쳐서 소리를 낸다. 그 방망이를 '지(止)'라고 한다. 『이아』「석악」 곽박의 주에 의하면, 형태가 검은 옻칠을 한 나무통과 유사하고, 사방 2척 4촌, 깊이 1척 8촌이다. [投壺圖05: 17-柷] 참조.

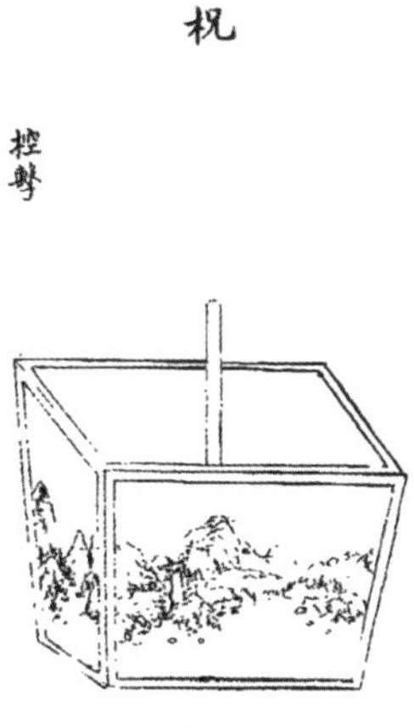

축(柷)
陳暘, 『樂書』(송)

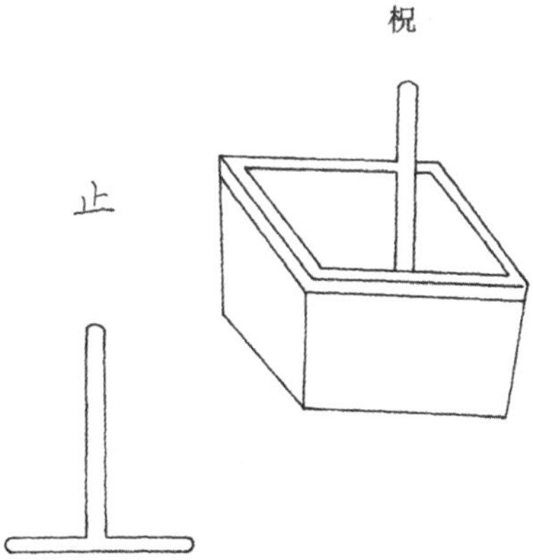

축(柷)과 지(止)
黃以周, 『禮書通故』(청)

㉒ 어(敔): 음악을 마칠 때 어를 쳐서 음악을 그치게 한다. 『이아』 곽박의 주에 의하면, 엎드려 있는 호랑이 형상으로, 등 위에 17개의 빗살 모양을 조각하며, 길이 1척의 나무채로 쳐서 소리를 낸다. 그 나무채를 '진(籈)'이라 한다. 당나라 때는 진을 대나무로 만들었는데, 길이 2척 4촌의 대나무를 쪼개서 10개의 가닥으로 만들고 어(敔)의 등에서 횡으로 친

다. [投壺圖05: 18-敔] 참조.

어(敔)와 진(籈)
黃以周, 『禮書通故』(청)

㉓ 독(牘): 대나무로 만든 악기로, 양손으로 잡고서 땅을 찧어 소리를 내어서 박자를 맞춘다. 후한 정중(鄭衆)에 의하면 대나무로 만드는데, 크기가 5~6촌, 길이가 7척인데, 짧은 것은 1~2척 정도이며, 그 끝에 양쪽으로 구멍이 있고, 몸통에 칠을 하여 무늬를 그려 넣는다.(『周禮』「春官·笙師」 정현의 주) [投壺圖05: 19-牘] 참조.

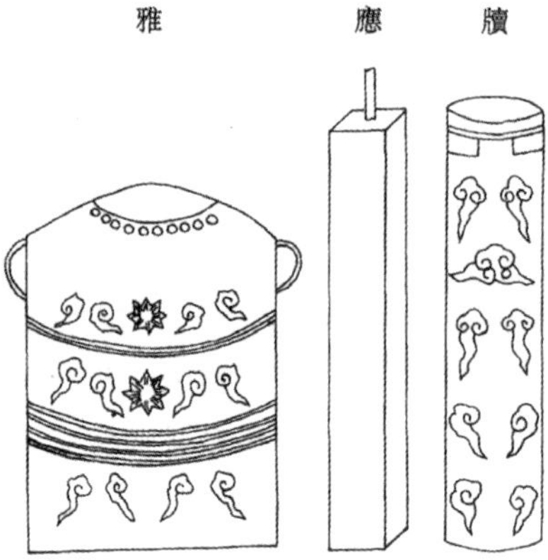

아(雅)·응(應)·독(牘)
黃以周, 『禮書通故』(청)

㉔ 응(應): 악기의 이름으로, 대나무 관으로 만든다. 정중(鄭衆)에 따르면 길이는 6척 5촌으로, 그 안에 방망이가 있다.(『周禮』「春官·笙師」 정현의 주) 응으로 땅을 찧어 소리를 내어 음악소리를 조절한다. [投壺圖05: 20-應] 참조.

㉕ 아(雅): 악무의 빠르기를 조절하는 악기이다. 후한 정중에 의하면, 옻을 칠한 나무통의 형상으로, 입구 부분이 좁다. 둘레는 사람 손 두 주먹 정도이고, 길이는 5척 6촌이며, 양가죽으로 입힌다. 양쪽에 귀가 있고, 성글게 그림을 그려 넣는다.(『周禮』「春官·笙師」 정현의 주) [投壺圖05: 21-雅] 참조.

㉖ 상(相): 타악기의 일종으로 북과 유사한데 겉에 가죽을 입히고, 안에 쌀겨를 채워 넣는다. 이것으로 음악을 조절한다. '부(拊)'라고도 칭한다. [投壺圖05: 22-相] 참조. 황이주는 '상(相)'과 '부(拊)'는 혼용해서 말하면 통하고, 나누어서 말하면 구별되는 악기라고 하였다.(黃以周, 『禮書通故』 권49, 「名物圖」3 참조)

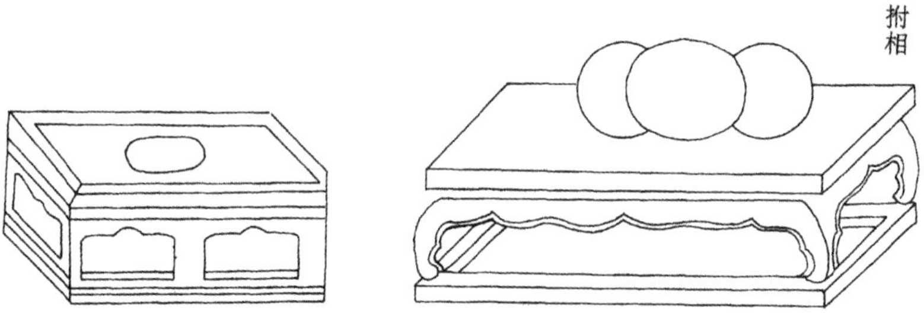

부(拊)와 상(相)
黃以周, 『禮書通故』(청)

【目錄20: 射侯上사후상 제6】

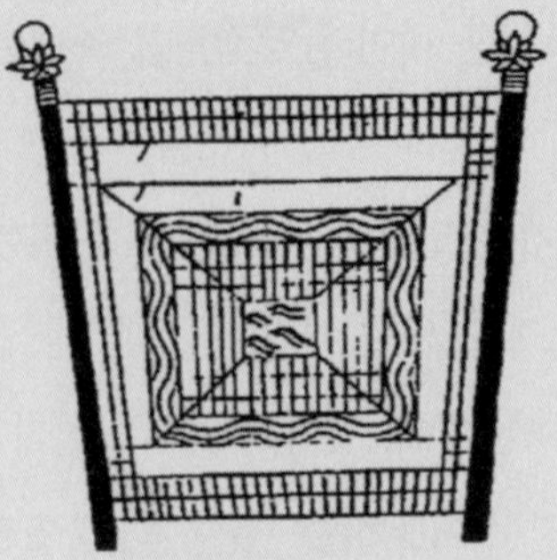

[射侯圖上06 :01-虎侯]

호후(虎侯)①【대사(大射)②의 예를 거행할 때는 호후(虎侯)·웅후(熊侯)·표후(豹侯)의 3가지 과녁[侯]을 사용하니, 이른바 '피후(皮侯)'③이다. 옛 『삼례도』에서는 한 가지 과녁만 그렸는데, 이제 늘려서 8가지 과녁을 그렸다.④ 빈사(賓射)⑤의 예를 거행할 때는 5가지 채색으로 정(正: 과녁의 중앙)⑥을 만든 과녁[五正五采]⑦·3가지 채색으로 정을 만든 과녁[三正三采], 2가지 채색으로 정을 만든 과녁[二正二采]을 사용한다. 옛 『삼례도』에서는 한 가지 과녁만 그렸는데, 이제 늘려서 3가지 과녁을 그렸다.⑧ 연사(燕射)⑨의 예를 거행할 때는 곰[熊]·호랑이[虎]·표범[豹]·큰사슴[麋]·사슴[鹿]·돼지[豕]의 머리를 그려 넣은 과녁을 사용하니, 이른바 수후(獸侯)이다. 옛 『삼례도』에서는 한 가지 과녁만 그렸는데, 이제 늘려서 4가지 과녁을 그렸다.⑩ 모두 15개의 과녁이다. 무릇 『삼례도』에서는 모두 경문을 인용하여 각각 전고(典故)가 있음을 입증하였다. 그림과 장식에 이르러서는 혹 옛 『삼례도』 가운데 취할 만한 상(象)이 있으면 이용하여 유추해서 늘렸으며, 혹 그 제도는 뚜렷하지만 그 명문 규정이 없는 경우에는 한쪽을 생략하고 다른 한쪽을 상세히 하였으며, 착종하여 서로 갖추고 상하로 두루 통하게 하여 근원을 따라 흘러가서 열람하는 데에 의혹이 없도록 하였다.】

[虎侯.【大射, 虎·熊·豹三侯, 所謂皮侯也. 舊『圖』畫一侯, 今增爲八. 賓射, 五正五

采, 三正三采, 二正二采之侯. 舊畫一, 今增爲三侯. 燕射, 畫熊·虎·豹·麋·鹿·豕之首, 所謂獸侯. 舊畫一, 今增爲四, 共爲十五侯. 凡『圖』皆引經證各有典故. 至於畫飾, 或因舊『圖』有象可取, 觸類而增, 或顯其制, 微其文, 則略於此而詳於彼, 錯綜相備, 上下該通, 源而流之, 觀覽無惑.】]

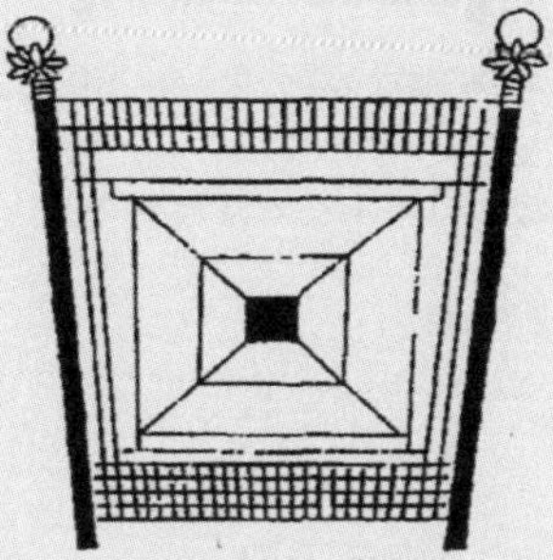

[射侯圖上06 :02-熊侯]

웅후(熊侯)【신증(新增)】

[熊侯.【新增】]

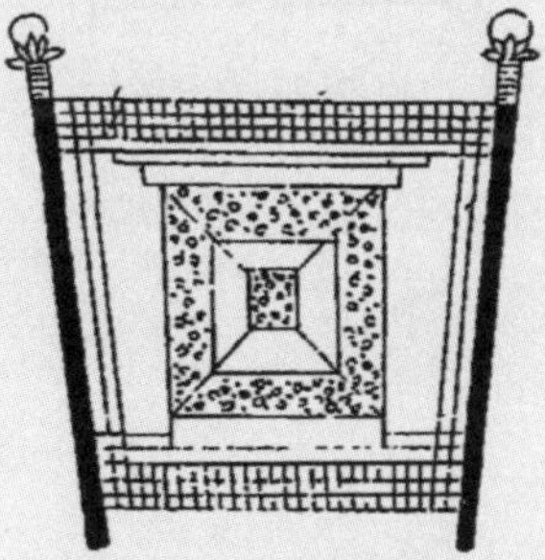

[射侯圖上06 :03-豹侯]

표후(豹侯)【신증(新增)】

[豹侯.【新增.】]

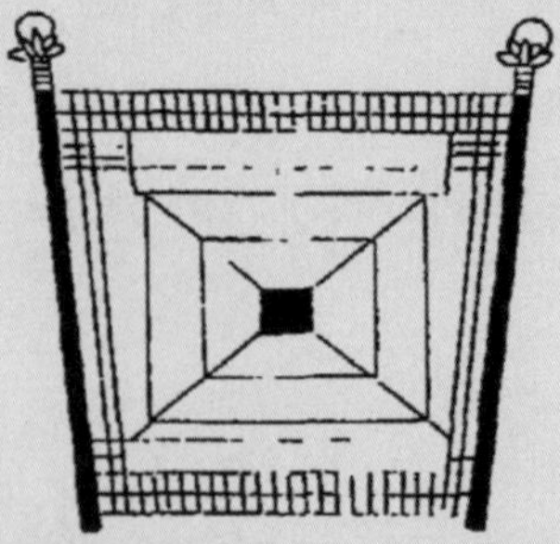

[射侯圖上06 :04-熊侯(畿內諸侯)]

웅후(熊侯)【기내(畿內)의 제후가 활쏘기를 하는 경우. 신증(新增).】

[熊侯.【畿內諸侯射者. 新增.】]

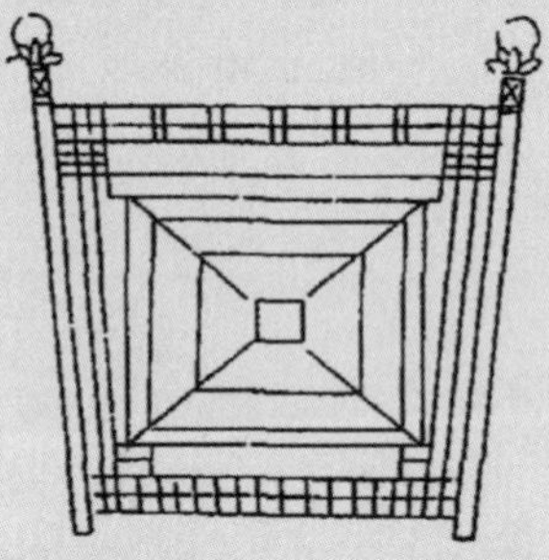

[射侯圖上06 :05-麋侯]

미후(麋侯)【기내(畿內)에 채지를 둔 대부가 활쏘기를 하는 경우. 신증(新增).】

[麋侯.【畿內有采地大夫射. 新增.】]

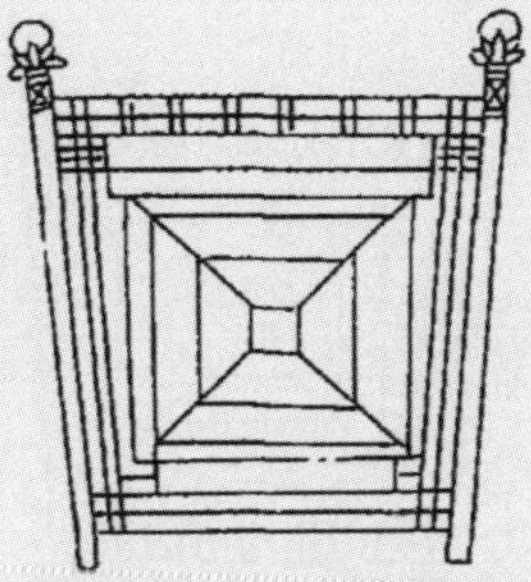

[射侯圖上06 :06一大侯]

대후(大侯)⑪【기내의 제후가 활쏘기를 하는 경우. 신증(新增).】

[大侯.【畿内諸侯射者. 新增.】]

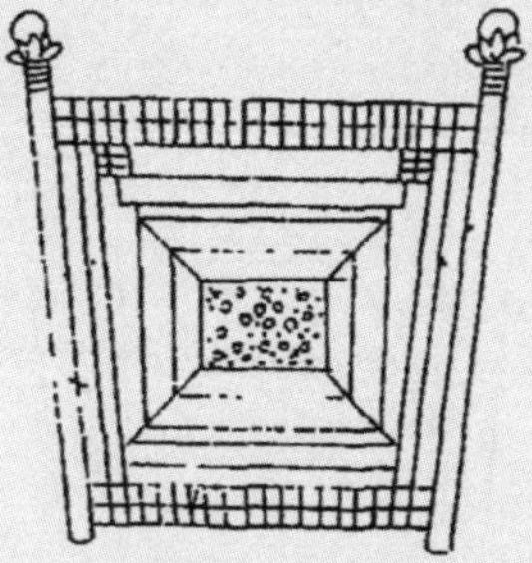

[射侯圖上06 :07-糝侯]

삼후(糝侯)⑫【('糝'의 음은) '桑'과 '感'의 반절(삼)이다. 신증(新增).】

[糝侯.【桑感反. 新增.】]

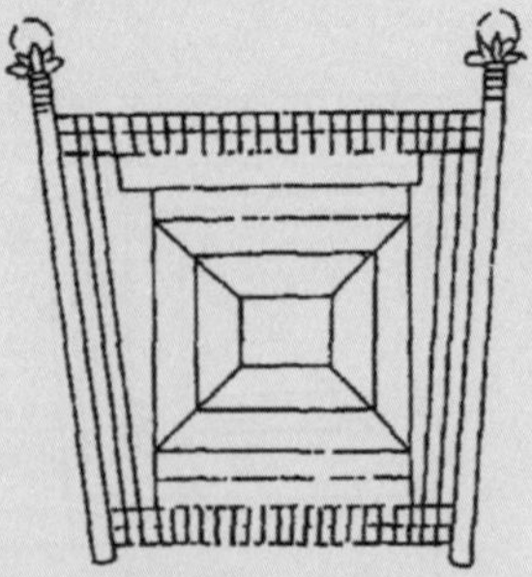

[射侯圖上06 :08-豻侯]

안후(豻侯)⑬【('豻'의) 음은 岸(안)이다.⑭ 신증(新增).】

[豻侯.【音岸. 新增.】]

[射侯圖上06 :09-五正侯]

오정의 과녁[五正之侯: 5가지 채색으로 정을 만든 과녁]【오정(五正)·삼정(三正)·이정(二正)은 모두 빈사(賓射)의 예를 거행할 때 사용하는 과녁이다.】

[五正之侯.【五正·三正·二正, 皆賓射之侯.】]

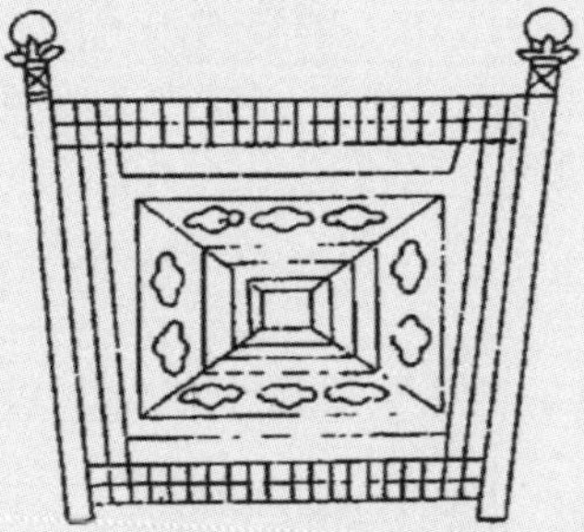

[射侯圖上06 :10-三正侯]

삼정의 과녁[**三正之侯:** 3가지 채색으로 정을 만든 과녁]【신증(新增)】

[三正之侯.【新增】]

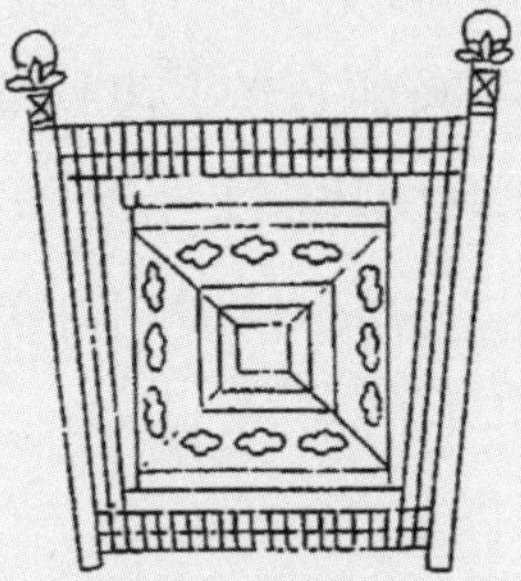

[射侯圖上06 :11-二正侯]

이정의 과녁[**二正之侯:** 2가지 채색으로 정을 만든 과녁]【신증(新增). 펼쳐 놓는 과녁과 두 개의 과녁지지대[植]에는 모두 칠을 하여 붉은 구름의 문양을 그려 넣고, 화주(火珠)[15]와 단칠(丹漆)로 장식을 하며, 위아래의 줄[綱] 및 옆의 밧줄[維]은 모두 붉은 줄로 한다.】

[二正之侯.【新增. 張侯兩植, 皆漆畫赤雲氣, 火珠, 丹漆, 上下綱及旁維皆朱繩.】]

① 호후(虎侯): 호랑이의 문양을 장식한 과녁을 말한다. '과녁[侯]'은 중(中)·궁(躬)·설(舌: 个)·강(綱)·운(縜)·직(植)으로 구성된다. '중'은 과녁의 몸체로서 사방 1장(丈)이다. '중'의 위쪽과 아래쪽에 횡으로 한 폭의 베를 이어 붙이는데, 각각 2장(丈)이다. 이것을 '궁(躬)'이라고 한다. '궁'의 2배(4丈) 크기로 위쪽 궁의 상단에 좌우로 '설(舌)'을 만든다. '궁'의 좌우로 나온 각각 1장(丈) 길이의 부분이 '상설(上舌)'이 된다. 3장(丈)의 베를 사용하여 아래쪽 궁의 하단에 좌우로 '설(舌)'을 만든다. '궁'의 좌우로 나온 5척 길이의 부분이 '하설(下舌)'이 된다. '설(舌)'을 매어서 과녁을 지탱하는 줄을 '강(綱)'이라고 한다. 그 '강'을 과녁지지대[植]에 연결하는 가는 끈을 '운(縜)'이라고 한다. 위쪽과 아래쪽에 각각 줄[綱]이 있는데, 아래쪽 줄[下綱]은 지면에서 1척 2촌 떨어져 있다.(胡培翬, 『儀禮正義』 권8, 460쪽 張爾岐의 설.)

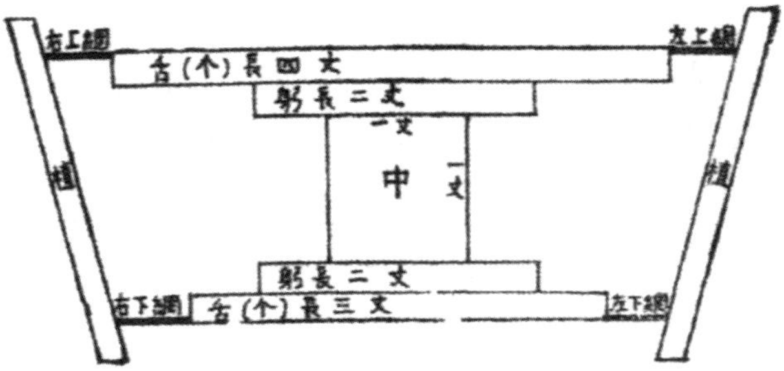

「사후도(射侯圖)」
楊天宇, 『儀禮譯注』

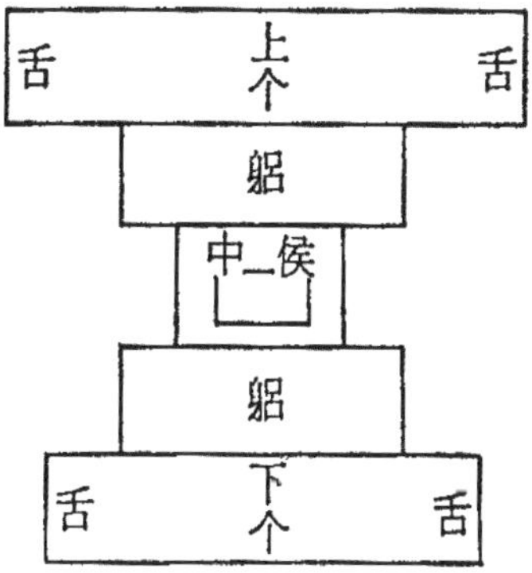

「후정후도後鄭侯圖」
黃以周, 『禮書通考』(청)

② 대사(大射): 천자가 제사를 지낼 때 제사에 참여하여 도울 사(士)를 선발하기 위하여 거행하는 활쏘기를 말한다. 그 용모가 예에 부합하는지, 그 절도가 음악에 부합하는지, 활쏘기에 뛰어난지 하는 3가지 기준으로 선발한다. 대사례는 빈사(賓射)나 연사(燕射)보다 성대하다.

③ 피후(皮侯): '과녁[侯]'에는 포후(布侯)와 피후(皮侯)의 두 종류가 있다. '피후'에는 호후(虎侯)·웅후(熊侯)·표후(豹侯)·미후(麋侯) 등 다양한데, 베로 과녁을 만들고 그 가선을 호랑이[虎]·곰[熊]·표범[豹]·큰사슴[麋]의 가죽으로 장식한다. 천자와 제후가 사용한다. '포후'는 흰 베로 과녁을 만들고 짐승의 가죽으로 장식하지 않은 것으로, 대부와 사가 사용한다.

④ 이제 늘려서 8가지 과녁을 그렸다: 호후·웅후·표후·웅후(기내제후)·미후·대후·삼후·안후의 8가지 과녁을 말한다. [射侯圖上06: 01-虎侯]~[射侯圖上06: 08-豻侯] 참조.

⑤ 빈사(賓射): 천자가 내조하러 온 제후나 사신들과 조정에서 활쏘기 하는 것을 말한다. 활쏘기를 하기 전에 먼저 연음(燕飮)을 한다.

⑥ 정(正: 과녁의 중앙): 과녁[侯]의 한 가운데를 '곡(鵠)'이라고 하고, 또 곡의 한가운데를 '정(正)'이라 하고, 또 정의 한가운데를 '질(質)' 혹은 '적(的)'이라 한다. 정중(鄭衆)은 "사방 10척을 '후(侯)'라 하고, 4척을 '곡(鵠)'이라 하고, 2척을 '정(正)'이라 하고, 4촌을 '질(質)'이라 한다.[方十尺曰侯, 四尺曰鵠, 二尺曰正, 四寸曰質.]"고 하였다.(『周禮』「天官·司寇」 정현의 주)

⑦ 5가지 채색으로 정을 만든 과녁[五正五采]: 정현은 '정(正)'을 과녁의 중심부분인 '정곡(正鵠)'의 '정(正)'으로 해석하고, '오정(五正)'이란 5가지 채색을 넣어서 '정곡'을 만든 과녁이라고 하였다. 또 '오채(五彩)'를 '오정(五正)'과 같은 뜻으로 보았다. 『주례』「하관·사인(射人)」 정현의 주에 "오채(五采)의 과녁은 곧 오정(五正)의 과녁이다.…5가지 채색을 넣어서 정곡을 만든 과녁은, 중앙은 붉은색, 이어서 흰색, 이어서 푸른색, 이어서 누런색이고, 검은색이 밖에 있다. 3가지 채색을 넣어서 정곡을 만든 과녁은 검은색과 누런색을 덜어 낸다. 2가지 색을 넣어서 정곡을 만든 과녁은 흰색과 푸른색을 덜어 내고 붉은색과 초록색을 넣어서 만든다. 그 바깥의 너비는 모두 과녁의 중앙에서 1/3을 차지하니, 중앙은 2척이다.[五采之侯, 即五正之侯也.…畫五正之侯, 中朱, 次白, 次蒼, 次黃, 玄居外. 三正損玄黃, 二正去白蒼, 而畫以朱綠. 其外之廣, 皆居侯中參分之一, 中二尺.]"라고 하였다. 다만 손이양(孫詒讓)은 '오정(五正)'·'삼정(三正)'의 '정'을 정악(正樂)의 뜻으로 풀이하고, '삼정'이란 금주(金奏: 종 등의 연주)·승가(升歌: 당 위에서의 노래)·하관(下管: 당 아래에서의 관현악기 연주)을 가리키는 것으로 제후가 활쏘기 하기 전에 정악을 연주하는 것이라고 하였다. 손이양은 "천자의 오정(五正)이란 첫째 금주(金奏), 둘째 승가(升歌), 셋째 하관(下管), 넷째 간가(間歌), 다섯째 합악(合樂)이다.['天子五正'者, 一金奏, 二升歌, 三下管, 四間歌, 五合樂也.]"라고 하였다.(孫詒讓, 『周禮正

義』 권58, 2431쪽 참조.)

⑧ 이제 늘려서 3가지 과녁을 그렸다: 오정후(五正侯)·삼정후(三正侯)·이정후(二正侯)를 말한다. [射侯圖上06: 09-五正侯]·[射侯圖上06: 10-三正侯]·[射侯圖上06: 11-二正侯] 참조.

⑨ 연사(燕射): 천자·제후가 연음을 한 후에 거행하는 사례(射禮)를 말한다. 손이양은 "'연사'는 왕이 제후나 신하들과 연음을 한 것을 기회로 활쏘기를 하는 것이다.['燕射'者, 王與諸侯諸臣因燕而射.]"라고 하였다.(孫詒讓, 『周禮正義』 권44, 1812쪽 참조.)

⑩ 이제 늘려서 4가지 과녁을 그렸다: [射侯圖下07: 01-獸侯(熊首)]~[射侯圖下07: 04-獸侯(鹿豕首)] 참조.

⑪ 대후(大侯): 천자와 제후가 활쏘기 할 때 사용하는 과녁으로서, 웅후(熊侯)를 말한다. 곰의 가죽으로 장식을 하고, 그 곡(鵠)은 대부의 과녁보다 크며, 후도(侯道: 사거리)는 최장 90보이다. 『의례』「대사의(大射儀)」 정현의 주에 "대후는 웅후이다. 이를 '대'라고 말한 것은 천자의 웅후와 같기 때문이다.['大侯', 熊侯, 謂之'大'者, 與天子熊侯同.]"라고 하였다.

⑫ 삼후(糝侯): 정현에 의하면 '삼(糝)'은 섞는다[雜]는 뜻이다. 잡후(雜侯), 즉 삼후는 정곡(正鵠)을 표범 가죽으로 만들고 또 여러 가지 동물 가죽으로 과녁의 측면을 장식한 것으로, 천자의 대부보다 낮은 신분이 사용한다.('參', 讀爲糝, 糝, 雜也. 雜侯者, 豹鵠而麋飾, 下天子大夫也.)(『儀禮』「大射儀」 정현의 주 참조.)

⑬ 안후(豻侯): '안(豻)'은 북방의 들개로, 여우와 유사하며, 주둥이가 검다. 모피로 사용할 수 있다. '안후'는 들개 가죽으로 장식한 과녁을 말한다. 들개 가죽으로 과녁의 양쪽 가장자리를 장식하고, 과녁의 중앙에 들개 가죽으로 만든 곡(鵠)을 꿰맨다. 기외(畿外) 제후의 사(士)들이 군주를 도

와 제사를 지낼 때 사용하는 과녁이다.

⑭ ('豻'의) 음은 岸(안)이다: '豻'의 음에 대해서 육덕명(陸德明)은 '五'와 '旦'의 반절이라고 하였고, 劉昌宗은 그 음이 '鴈'이라고 하였다.(『經典釋文』 권9, 「周禮音義 下」, "豻侯. 五旦反, 劉音鴈.")

⑮ 화주(火珠): 구슬의 빛이 마치 불이 치솟아 오르는 듯 밝기 때문에 '화주'라고 한다. 『통감절요(通鑑節要)』 권36 「당기(唐紀)」 두주(頭註)에 "(화주는) 크기가 계란만한데, 둥글고 희며 깨끗하다. 빛이 수척이나 비추어서 그 형상이 마치 수정과도 같다. 한낮에 쑥으로 구슬을 비추면 불이 치솟는듯하다.[大如鷄卵, 圓白皎潔. 光照數尺, 狀如水精, 日中, 以艾藉珠, 火燃.]"고 하였다.

【目錄20: 射侯下사후하 제7】

[射侯圖下07 :01-獸侯(熊首)]

수후(獸侯)【곰의 머리를 장식한 과녁.】

[獸侯.【熊首.】]

[射侯圖下07 :02-獸侯(麋首)]

수후(獸侯)【큰사슴의 머리를 장식한 과녁. 신증(新增).】

[獸侯.【麋獸. 新增.】]

[射侯圖下07 :03-獸侯(虎豹首)]

수후(獸侯)【호랑이와 표범의 머리를 장식한 과녁. 신증(新增).】

[獸侯.【虎豹首. 新增.】]

[射侯圖下07 :04-獸侯(鹿豕首)]

수후(獸侯)【사슴과 돼지의 머리를 장식한 과녁. 신증(新增). 이상은 모두 연사(燕射)의 예를 거행할 때 사용하는 과녁이다.】

[獸侯.【鹿豕首. 新增. 己上皆燕射之侯.】]

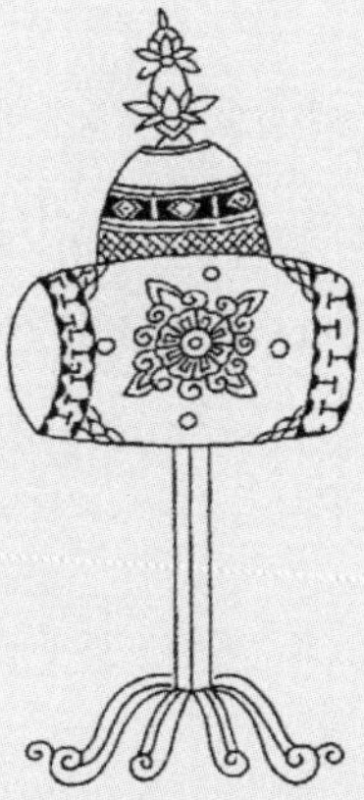

[射侯圖下07 :05-鼓足]

고족(鼓足)① 【하나라의 북】

[鼓足.【夏后氏之鼓.】]

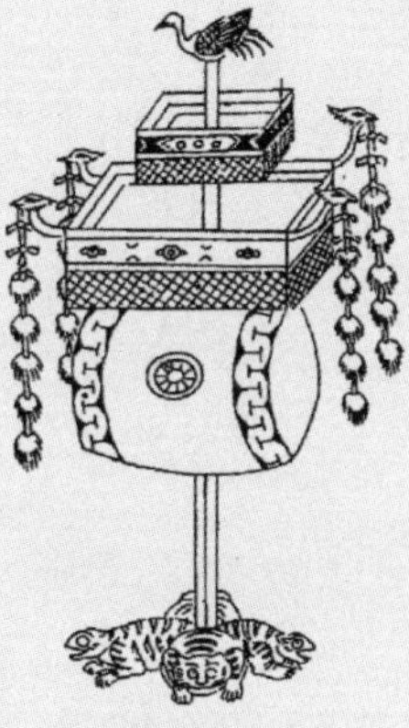

[射侯圖下07 :06-建鼓]

건고(建鼓)② 【건고(建鼓)는 축(柷)·어(敔)와 더불어 모두 소호(少昊) 금천씨(金天氏) 때 만든 것이다. 은나라 사람들은 (건고의) 왼쪽에 비고(鞞鼓)③를 놓고 오른쪽에 응고(應鼓: 작은북)④를 놓고서 뭇 악기들을 조율하였다. (건고는) 호랑이의 형상을 새겨서 받침대[跗]를 만들고, 북 위에 북통을 이중으로 올려놓는데, 모두 푸른색으로 가선장식을 하고 붉은색으로 입힌다. 그물망 아래 북통의 네 모퉁이에 각각 용의 형상을 장식한 깃대를 내는데, 모두 유소(流蘇: 벼이삭 문양의 오색 깃털)를 물고 있어 악기걸이[簨] 위의 큰 판과 유사하다. 북통의 양끝에 아름다운 옥[璧璜]을 이중으로 장식하고, 오채색의 깃 장식을 한다. (건고의) 위쪽에는 날아오르는 해오라기가 있고, 아래쪽에는 호랑이 형상을 새겨서 받침대[跗]를 만든다.】

[建鼓.【建鼓及柷·敔並少昊金天氏之作也. 殷人加左鞞右應, 以爲衆樂之節也. 刻虎爲跗, 鼓上重斗, 皆以青緣之, 蒙以朱. 綱下斗四角, 各出龍竿, 皆銜流蘇如簨之上大板. 兩頭重璧璜, 五采羽飾, 上有翔鷺, 下刻虎爲跗.】]

[射侯圖下07 :07-鼗鼓]

도고(鼗鼓: 땡땡이 북)⑤【양쪽으로 귀가 있어 흔들리면서 스스로를 친다.】

[鼗鼓.【有兩耳, 搖動自擊.】]

[射侯圖下07 :08-雷鼓]

뇌고(雷鼓)⑥【옛 『삼례도』에는 큰 판 위에 규수(圭首: 규의 머리모양)와 수우(樹羽: 오채색의 깃털을 꽂은 장식)의 장식이 없고, 단지 양쪽 끝에 아름다운 옥을 물고 있는 용의 머리를 새기고, 오채색의 깃털을 꿴 깃발을 아래로 늘어뜨리는 장식만 했을 뿐이다. 살펴보건대, 『주례』「춘관·대사악(大司樂)」에 "동지에 땅 위의 원구(圜丘)에서 연주를 하여 천신이 내려오도록 한다."⑦고 하였는데, 정현은 "뇌고(雷鼓)는 8면이다. 면마다 모두 한 사람이 있는데, 왼손으로 노도(路鼗)를 잡고 오른손으로 친다."고 하였다.】

[雷鼓.【舊『圖』大板之上無圭首·樹羽之飾, 唯於兩頭刻龍首銜璧璜, 綴五采羽旌垂飾. 案「大司樂」云, "冬日至, 於地上之圜丘, 降天神以奏之." 後鄭云, "雷鼓八面, 每面皆一人, 左執鞉而右擊之."】]

[射侯圖下07 :09-靈鼓]

영고(靈鼓)⑧【『주례』「춘관·대사악(大司樂)에 “하지에 연못 안의 방구[澤中之方丘]⑨에서 연주를 하여 지기(地祇)가 나오도록 하는 것이다.”⑩라고 하였는데, 정현은 “영고(靈鼓)는 6면이다.”라고 하였다.】

[靈鼓.【「大司樂」, “夏日至, 於澤中之方丘, 出地祇以奏之.” 後鄭云, “靈鼓六面.”】]

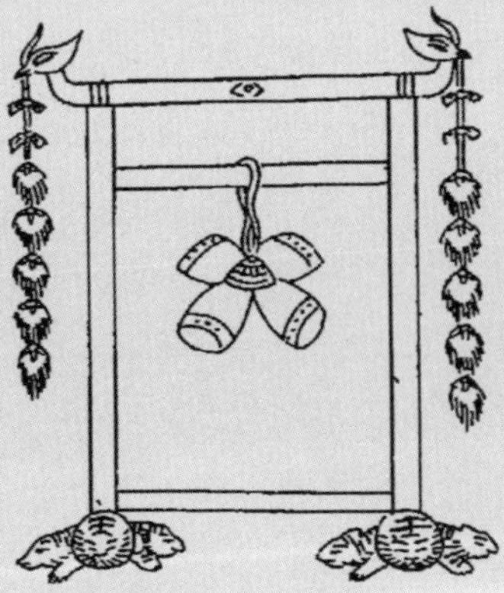

[射侯圖下07 :10-路鼓]

노고(路鼓)⑪【『주례』「춘관·대사악」에 “종묘 안에서 (노고를) 연주한다.”고 하였

는데, 정현은 "노고(路鼓)는 4면이다."라고 하였다."】

[路鼓.【「大司樂」云, "宗廟之中奏之." 後鄭云, "路鼓四面."】]

[射侯圖下07:11-鼖鼓]

분고(鼖鼓)⑫【아래의 2개의 북(고고·진고)과 더불어 모두 2면이다. 정중(鄭衆)은 "뇌고(雷鼓)는 6면이고, 영고(靈鼓)는 4면이고, 노고(路鼓)는 2면이다."라고 하였으니, 이는 (노고를) 분고(鼖鼓) 등과 동등한 것으로 본 것이다. 그런데 정현이 이에 따르지 않고 부정하면서 (뇌고·영고·노고를) 8면·6면·4면이라고 한 것은,⑬ 정현은 분고(鼖鼓)·고고(臯鼓)·진고(晉鼓)는 제사에 사용하는 북이 아니므로 모두 2면이며, 노고(路鼓)는 종묘에서 연주하는 북이어서 이미 분고보다 존귀하므로 2면을 더하여 4면이 되며, 영고(靈鼓)는 그것으로 땅을 제사 지내니 또 종묘에서 연주하는 노고보다 존귀하므로 다시 2면을 더하여 6면이 되고, 하늘을 제사 지낼 때 뇌고를 사용하므로 또 땅에 제사 지낼 때 사용하는 영고보다 존귀하므로 다시 2면을 더하여 8면이 된다고 생각했기 때문이다. 이것이 그 차등이다.】

[鼖鼓.【與下二鼓皆兩面. 先鄭云, "雷鼓六面, 靈鼓四面, 路鼓兩面", 是與鼖鼓等同. 而康成不從破, 爲八面, 六面·四面者, 康成以鼖·皐·晉鼓非祭祀之鼓, 故皆兩面. 路鼓既奏於宗廟, 尊於鼖鼓, 故加兩面爲四面, 其靈鼓以祭地, 又尊於宗廟, 更加兩面爲六面, 祭天用雷鼓, 又尊於祭地, 復加兩面, 故爲八面, 是其差也.】]

[射侯圖下07 :12-鼛鼓]

고고(鼛鼓)⑭【('鼛'의) 음은 '皐(고)'이다. 한 면의 직경은 4척인데, 경쇠처럼 꺾여서 중앙 부분에서 구부러지니,⑮ 그 중앙 둘레의 직경은 5척 3촌 1/3분으로 분고(鼖鼓)와 동일하다.⑯】

[鼛鼓.【音皐. 面四尺, 磬折中曲, 其圍五尺三寸三分之一與鼖鼓同也.】]

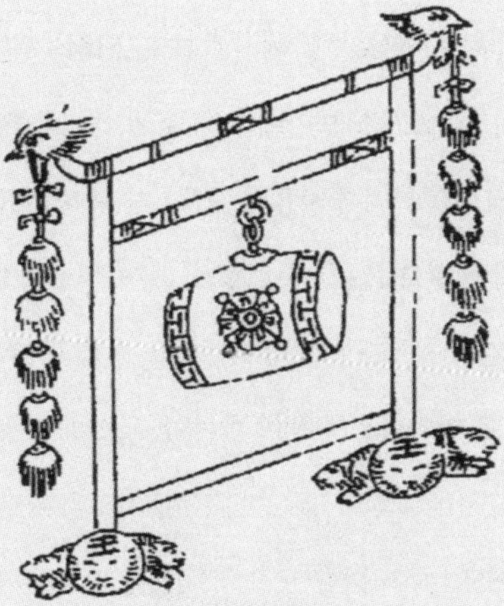

[射侯圖下07 :13-晉鼓]

진고(晉鼓)⑱【분고(蕡鼓)·고고(鼛鼓)·진고(晉鼓) 3개의 북은 악기걸이[簨簴]에 늘어뜨리는 장식이 모두 위와 같다.】

[晉鼓.【蕡·鼛·晉三鼓, 簨簴垂飾皆如上.】]

[射侯圖下07 :14-金錞]

금순(金錞)⑱【곧 '순우(錞于)'이다. 『구당서』「음악지(音樂志)」에 "'순우(錞于)'

는 절구 공이의 머리처럼 둥글게 생겼다. 위쪽은 크고 아래쪽은 작으며, 대나무평상[籠牀] 위에 매달아 놓는데, 망통(芒筩)으로 쳐서⑲ 북의 소리와 조화를 이룬다. 심약(沈約: 441~513)의 『송서(宋書)』에 '오늘날 민간에서 때때로 그것을 갖고 있다.'고 하였으니, 송나라(420~479) 때는 조정과 종묘에서 사용하는 악기가 아니었다."라고 하였다. "광한(廣漢) 십방현(什邡縣) 사람인 단조(段祖)가 순(錞)을 시흥왕(始興王) 소감(蕭鑑: 471~491)⑳에게 헌상했다. 그 악기는 높이가 3척 6촌 6분이고, 둘레가 2척 4촌이었다. 대통[筩]처럼 둥글게 생겼고, 구리로 만들었는데 색이 옻처럼 검고 매우 얇았으며, 위쪽에 청동의 말을 장식하였다."㉑ "후주(後周: 951~960)가 촉(蜀) 지역을 평정했을 때 그 악기를 얻었다. 곡사징(斛斯徵: 529~584)㉒은 이를 보고서 '이것은 순우(錞于)이다.'라고 말하고, 간보(干寶: 280~336)㉓의 『주례주(周禮注)』에 의거하여 그 음을 시험해 보았더니 『주례주』에서 설명한 대로였다."㉔ 옛 『삼례도』에는 시렁은 있지만 아름다운 옥[璧璜]과 오채색의 깃 장식이 없어 위에서 설명한 것과 달랐다.】

[金錞.【即錞于也. 『唐音樂志』云, "'錞于', 圓如碓頭, 大上小下, 縣以(龍)[籠]牀, 芒筳將之以和鼓. 沈約『宋書』曰, '今人間時有之.' 則宋(書)[時][1]非庭廟所用也." "廣漢什邡縣人段(祚)[祖][2]以錞于獻始興王鑒, 其器高三尺六寸六分, 圍二尺四寸, 圓如筩(音動.)銅色黑如漆, 甚薄, 上有銅馬." 後周平蜀得之. 斛斯徵觀曰, "此錞于也." 依干寶『周禮注』試之, 如其言也. 舊『圖』有架, 唯無璧璜·五采羽飾, 與上爲異.】]

1 (書)[時]: 저본에는 '書'로 되어 있으나 ,『舊唐書』 권29, 「音樂志(2)」에 의거하여 '時'로 교감하였다. 앞의 '宋書'로 인해서 잘못된 것이다.
2 (祚)[祖]: 저본에는 '祚'로 되어 있으나, 『南齊書』 권35, 「始興簡王鑑蕭列傳」에 의거하여 '祖'로 교감하였다.

[射侯圖下07 :15-金鐲]

금탁(金鐲)㉕【('鐲'의) 음은 '濁(탁)'으로, 조그만 종처럼 생겼다.】

[金鐲.【音濁, 如小鐘.】]

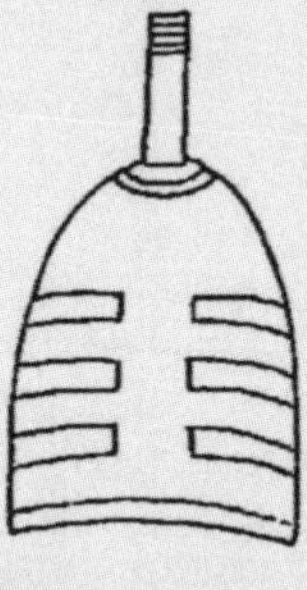

[射侯圖下07 :16-金鐃]

금요(金鐃)㉖【방울처럼 생겼다.】

[金鐃.【如鈴.】]

[射侯圖下07 :17-金鐸]

금탁(金鐸)[27]

[金鐸.]

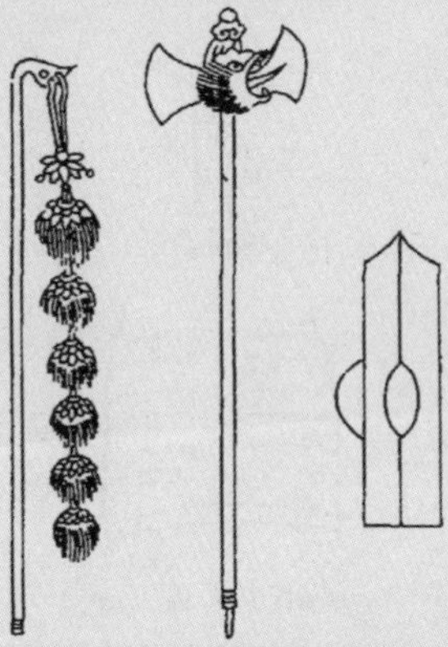

[射侯圖下07 :18-赤盾·玉戚·帗舞]

적순(赤楯)【붉은 방패이다. 신증(新增).】

[赤楯.【朱干也. 新增.】]

옥척(玉戚)【신증(新增)】

[玉戚.【新增.】]

불무(帗舞)㉘【신증(新增)】

[帗舞.【新增.】]

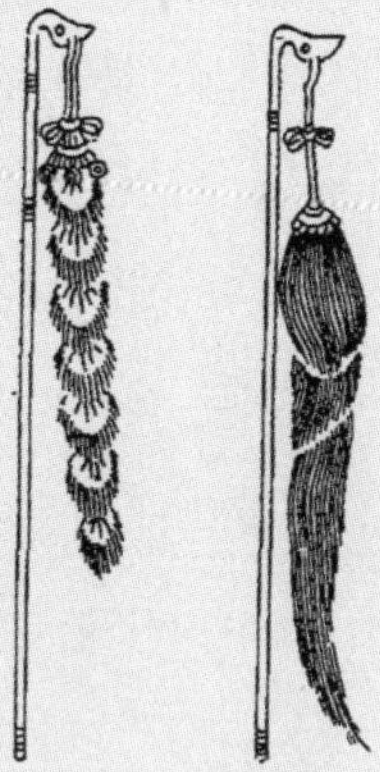

[射侯圖下07 :19-羽舞 · 皇舞]

우무(羽舞)㉙【흰 깃을 갈라서 만든다. 신증(新增).】

[羽舞.【析白羽爲之. 新增.】]

황무(皇舞)㉚【오채색의 깃을 섞어서 만든다. 신증(新增).】

[皇舞.【雜五采羽爲之. 新增.】]

① 고족(鼓足): 4개의 다리가 달려 있는 북을 말한다. 『예기』「명당위」 정현의 주에 "'족(足)'은 네 다리를 가리킨다.['足', 謂四足也.]"고 하였다. 황이주(黃以周)는 오늘날 「명당위」에 '고족(鼓足)'으로 되어 있는 것은 '족고(足鼓)'의 잘못이며, '족고'에는 다리가 달려 있지만 북을 받치는 기둥이 없는데, 옛 『삼례도』의 족고에 기둥이 있는 것은 잘못이라고 하였다.(今作'鼓足', 誤. 足鼓設足而不柱, 舊『圖』足鼓有柱, 非也.) (黃以周, 『禮書通故』 권49, 2590쪽 참조.)

② 건고(建鼓): 북통의 가운데를 기둥으로 꿰뚫어서 만든 북으로, 은나라의 영고(楹鼓)에서 비롯되었다고 한다. 수당 시대에는 기둥 꼭대기에 날갯짓하는 해오라기[鷺]를 장식했다. 『구당서』「음악지」에 "하나라 때는 (북에) 다리를 설치했는데, 이를 '족고(足鼓)'라고 한다. 은나라 때는 기둥

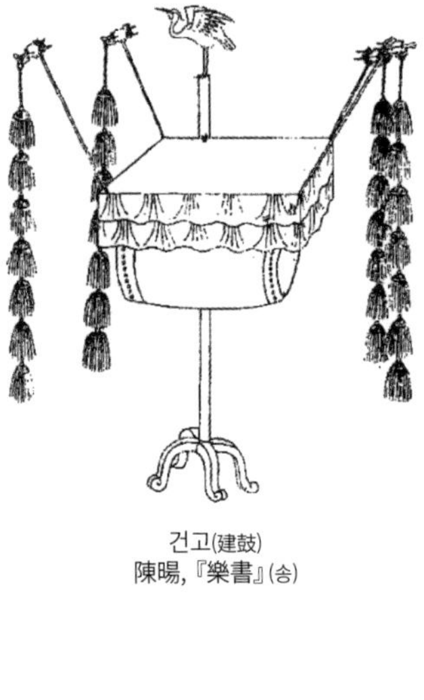

건고(建鼓)
陳暘, 『樂書』(송)

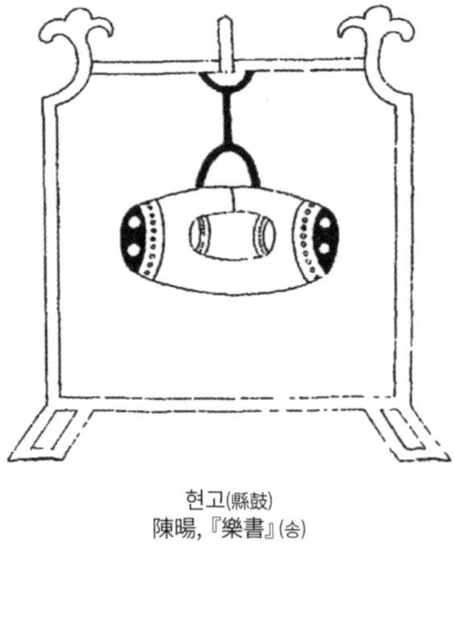

현고(縣鼓)
陳暘, 『樂書』(송)

으로 북을 꿰뚫었는데, 이를 '영고(楹鼓)'라고 한다. 주나라 때는 북을 매달았는데, 이것을 '현고(縣鼓)'라고 한다. 후세에 은나라 제도를 따라서 북을 만들었는데, 이것을 '건고(建鼓)'라고 한다.[夏后加之以足, 謂之足鼓. 殷人貫之以柱, 謂之楹鼓. 周人縣之, 謂之縣鼓. 後世從殷制建之, 謂之建鼓.]"고 하였다.

③ 비고(鞞鼓): 신을 제사 지넬 때 치는 북으로, 육고(六鼓) 가운데 뇌고(雷鼓)의 일종이다. 『예기정의』「월령」'중하(仲夏)' 조에 "이달에 악사(樂師)에게 명령하여 도(鞀)·비(鞞)·고(鼓)를 수리하게 한다.[是月也, 命樂師脩鞀·鞞·鼓.")]고 하였는데, 공영달은 "'비고'는 『주례』「지관·고인(鼓人)」에 의하면 (고인은) 여섯 가지 북의 교육을 관장하는데, '뇌고(雷鼓)를 쳐서 천신(天神)을 제사 지낸다.'고 한 것이 그것이다.['鞞鼓'者, 則『周禮』「鼓人職」掌六鼓, '雷鼓鼓神祀'之屬, 是也.]"라고 하였다.

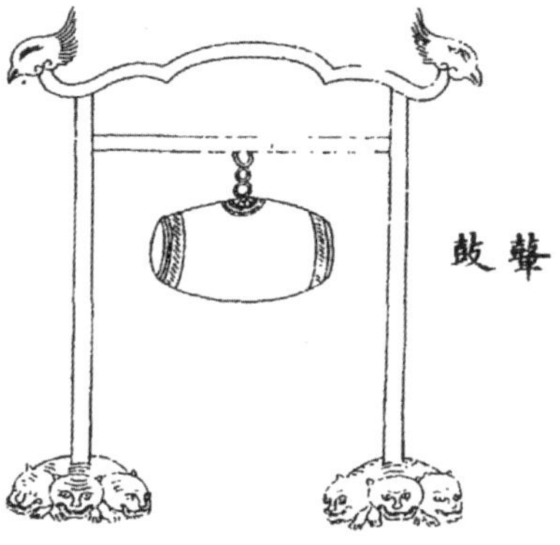

비고(鞞鼓)
陳暘, 『樂書』(송)

④ 응고(應鼓: 작은 북): 악기의 이름으로, 작은북을 말한다. 『모시(毛詩)』「주송(周頌)·유고(有瞽)」 모형(毛亨)의 전(傳)에 "'응(應)'은 작은북이고,

'전(田)'은 큰북이다.['應', 小鞞也, '田', 大鼓也.]"라고 하였다.

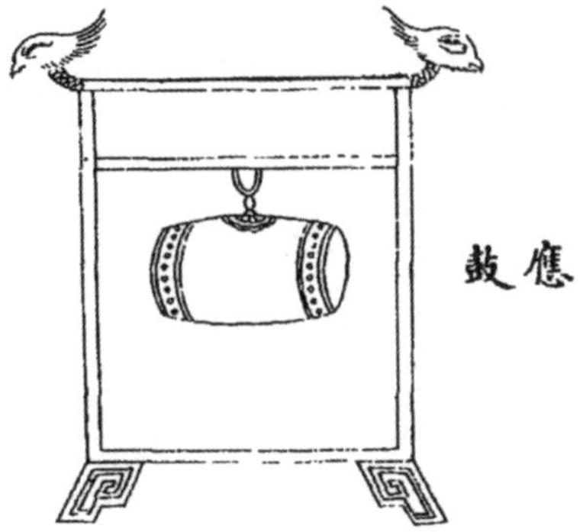

응고(應鼓)
陳暘, 『樂書』(송)

⑤ 도고(鼗鼓: 땡땡이 북): '도(鼗)'는 작은북으로, 자루가 달려 있다. 양쪽 가장자리에 묶는 물건이 있는데, 자루를 흔들어 스스로 치게 한다. 『주례』「춘관·소사(小師)」에 "(소사는) 고(鼓)와 도(鼗)를 연주하는 법을 가르

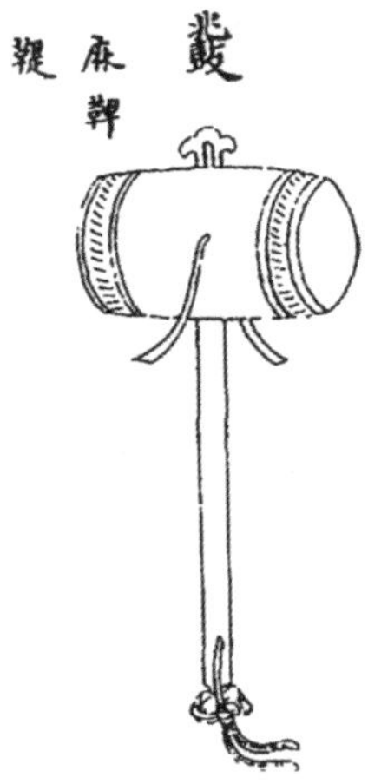

도(鼗)
陳暘, 『樂書』(송)

치는 일을 관장한다.[掌教鼓鼗]"고 하였는데, 정현의 주에는 "음을 내는 것을 '고(鼓)'라고 한다. '도(鼗)'는 북처럼 생겼는데 작으니, 그 손잡이를 잡고 흔들면, 옆의 귀가 돌면서 스스로를 친다.[出音曰鼓. 鼗如鼓而小, 持其柄搖之, 旁耳還自擊.]"고 하였다.

⑥ 뇌고(雷鼓): 8면의 북으로, 육고(六鼓) 가운데 하나이다. 그 소리가 웅장하고 커서 천신을 제사 지낼 때 사용한다. 후한의 정중(鄭衆)은 뇌고(雷鼓)와 뇌도(雷鼗)는 6면의 북이라고 하였다.

⑦ 동지에~내려오도록 한다: 『주례』「춘관·대사악」의 원문은 다음과 같다. "뇌고(靁鼓: 8면의 북)와 뇌도(靁鼗: 8면의 땡땡이 북)를 치고, 고죽(孤竹)으로 만든 관(管)을 불고, 운화산(雲和山)의 목재로 만든 금(琴)과 슬(瑟)을 연주하고, 「운문(雲門)」의 악무를 춘다. 동지에 땅 위의 원구(圜丘)에서 연주를 진행하는데, 여섯 차례 악장을 바꾸어 연주하면, 천신(天神)이 모두 내려와서 제사를 거행할 수 있게 된다.[靁鼓靁鼗, 孤竹之管, 雲和之琴瑟, 雲門之舞, 冬日至, 於地上之圜丘奏之. 若樂六變, 則天神皆降可得而禮矣.]"

⑧ 영고(靈鼓): 6면의 북으로, 육고(六鼓) 가운데 하나이다. 지신(地神)을 제사 지낼 때 사용한다. 후한의 정중은 영고(靈鼓)와 영도(靈鼗)는 4면의 북이라고 하였다.

⑨ 연못 안의 방구[澤中之方丘]: 『주례주소』「춘관·대사악」 가공언의 소에는 "높은 곳을 이용하여 하늘을 섬기므로 땅 위에서 하고, 낮은 곳을 이용하여 땅을 섬기므로 연못 안에서 한다. '네모진 언덕[方丘]'을 취하는 것은, 물이 모이는 곳을 '택(澤)'이라고 하는데 물 안에 제단을 설치할 수 없으므로 또한 자연의 네모진 언덕[方丘]을 취하여 땅이 네모진 것을 본뜨는 것이기 때문이다.[因高以事天, 故於地上, 因下以事地, 故於

澤中. 取方丘者. 水鍾曰澤, 不可以水中設祭, 故亦取自然之方丘, 象地方故也.]"라고 하였다. 연못 근처의 '방구' 즉 네모진 언덕을 취하여 제단을 설치하고 지신을 제사를 지낸다는 뜻이다.

⑩ 하지에 연못 안의~하는 것이다: 『주례』「춘관·대사악」의 원문은 다음과 같다. "영고(靈鼓: 6면의 북)와 영도(靈鼗: 6면의 땡땡이 북)를 치고, 손죽(孫竹)으로 만든 관(管)을 불고, 공상산(空桑山)의 목재로 만든 금과 슬을 연주하고, 「함지(咸池)」의 악무를 춘다. 하지에 연못 위의 방구(方丘)에서 연주를 진행하는데, 여덟 차례 악장을 바꾸어 연주하면, 지기(地祇)가 모두 나와서 제사를 거행할 수 있게 된다.[靈鼓靈鼗, 孫竹之管, 空桑之琴瑟, 咸池之舞. 夏日至, 於澤中之方丘奏之. 若樂八變, 則地祇皆出, 可得而禮矣.]"

⑪ 노고(路鼓): 4면의 북으로, 육고(六鼓) 가운데 하나이다. 정중은 2면이라고 하였다. 종묘에서 제사 지낼 때 사용하는데, 이 노고의 북을 쳐서 급한 일을 보고하기도 한다. 『주례』「지관·고인(鼓人)」에 "천신을 제사 지낼 때 뇌고(雷鼓)를 치고, 지신을 제사 지낼 때 영고(靈鼓)를 치고, 종묘에서 제사 지낼 때 노고(路鼓)를 치고, 군사의 일이 있을 때는 분고(鼖鼓)를 치고, 사역을 시킬 때는 고고(鼛鼓)를 치고, 금속악기를 연주할 때는 진고(晉鼓)를 친다.[以雷鼓鼓神祀, 以靈鼓鼓社祭, 以路鼓鼓鬼享, 以鼖鼓鼓軍事, 以鼛鼓鼓役事, 以晉鼓鼓金奏.]"고 하였다.

⑫ 분고(鼖鼓): 큰북으로, 육고(六鼓) 가운데 하나이다. 정현에 의하면, 길이 8척, 직경 4척으로 군사의 용도로 사용한다.(『周禮』「地官·鼓人」 정현의 주)

⑬ 정현이~한 것은: 정중이 "뇌고(雷鼓)·뇌도(雷鞀)는 모두 6면으로 가죽으로 만들어 칠 수 있는 것이다. 영고(靈鼓)와 영도(靈鞀)는 4면이다. 노고(路鼓)와 노도(路鞀)는 2면이다."라고 한 반면, 정현은 "뇌고(雷鼓)·뇌도

(雷鞀)는 8면이고, 영고(靈鼓)·영도(靈鞀)는 6면이고, 노고(路鼓)·노도(路鞀)는 4면이다."라고 하였다.(『周禮』「春官·大司樂」 정현의 주 참조.)

⑭ 고고(鼛鼓): 큰북으로, 육고(六鼓) 가운데 하나이다. 길이 1장 2척, 직경 4척이다. 노역의 일에 사용하며, '고고(皐鼓)'라고도 한다.

⑮ 경쇠처럼 꺾여서 중앙 부분에서 구부러지니: 원문은 '磬折中曲'이다. '磬折'은 북의 형태가 마치 경쇠처럼 꺾여서 둔각형을 이룬다는 뜻이고, '中曲'은 가운데 부분에서 구부러진다는 뜻이다. 따라서 고고(鼛鼓)의 북은 양쪽 끝부분에서 중앙으로 가면서 점차 불룩 튀어나온 형태가 되어 양쪽 끝 면의 직경보다 중앙의 직경이 더 크게 된다.

⑯ 그 중앙 둘레의 직경은 5척 3촌 1/3분으로 분고(鼖鼓)와 동일하다: 『주례』「고공기·운인(韗人)」에 "북은 길이는 8척이고, 북의 한 면의 직경은 4척이니, 북의 중앙 둘레의 직경은 (한 면의 직경보다) 1/3을 더하여서 만든다. 이를 '분고(鼖鼓)'라고 한다.[鼓長八尺, 鼓四尺, 中圍加三之一, 謂之鼖鼓.]"고 하였다. 정현의 주에서 "'중앙 둘레에 1/3을 더한다.'는 것은 한 면의 둘레보다 더하는데 (한 면의 둘레 직경보다) 1/3을 더한다는 뜻이다. 한 면의 직경은 4척이므로 그 둘레는 12척이다. 1/3인 4척을 더하면 중앙의 둘레는 16척이 되니, 직경은 5척 3촌 1/3분이 된다.['中圍加三之一'者, 加於面之圍, 以三分之一也, 面四尺, 其圍十二尺, 加以三分一四尺, 則中圍十六尺, 徑五尺三寸三分寸之一也.]"고 하였다. 따라서 '분고'의 중앙 둘레의 직경 5척 3촌 1/3분은 '고고'의 둘레 직경과 같게 된다.

⑰ 진고(晉鼓): 길이 6척 6촌으로, 2면이다. 육고(六鼓) 가운데 하나로, 음악을 연주할 때 먼저 종을 치고, 뒤에 진고를 친다.

⑱ 금순(金錞): '순우(錞于)'라고도 한다. 청동으로 만든다. 형태는 대롱처럼

생겼는데, 위쪽은 둥글고 아래쪽은 비어 있으며, 꼭대기에 끈이 있어서 매어서 걸어 둘 수 있으며, 망통(芒筒)으로 쳐서 소리를 낸다. 군중(軍中) 사금(四金) 가운데 하나이다. 춘추시대에 등장해서 전국시대를 거쳐 전한 전기까지 성행했다. 제사를 지낼 때 사용했는데, 주로 군대에서 사용하였다. 『주례』「지관·고인(鼓人)」에 "금순(金錞)을 흔들어서 음악을 연주할 때의 북소리를 조화시키고, 금탁(金鐲)을 흔들어서 행군할 때의 북소리를 조절시키고, 금요(金鐃)를 흔들어서 행군할 때의 북소리를 중지시키고, 금탁(金鐸)을 흔들어서 일제히 북소리를 울리도록 한다.[以金錞和鼓, 以金鐲節鼓, 以金鐃止鼓, 以金鐸通鼓.]"고 하였다.

⑲ 망통(芒筒)으로 쳐서: 이곳 문연각 사고전서본 『삼례도집주』에는 '芒莛將之'로 되어 있으나, 『북사(北史)』 권49, 「곡사징전(斛斯徵傳)」에는 '芒筒捋之'로 되어 있다. 「곡사징전」에 "곡사징이 드디어 간보의 『주례주』에 의거하여 망통(芒筒)으로 쳤더니, 그 소리가 지극히 맑았다.[徵遂依干寶『周禮注』, 以芒筒捋之, 其聲極清.]"라고 하였다. '망통'은 대나무로 만든 악기 이름이다.

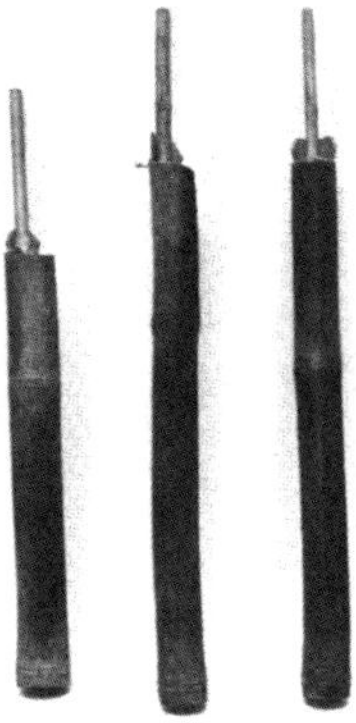

망통(芒筒)
이후영·김종수 옮김, 『역주 악서4』, 443쪽

⑳ 시흥왕(始興王) 소감(蕭鑑: 471~491): 자는 선철(宣徹), 남제(南齊)의 종실대신으로 제 무제 소색(蕭賾)의 동생이다. 건원(建元) 원년(479)에 광흥군왕(廣興郡王)에 봉해졌는데, 후에 광흥군을 시흥군(始興郡)으로 바꾸었다. 익주자사(益州刺史)와 비서감(秘書監) 등의 관직을 역임했지만, 20살의 젊은 나이로 죽었다.

㉑ 광한(廣漢) 십방현(什邡縣)~정동의 말을 장식하였다: 『남제서(南齊書)』 권35, 「시흥간왕감열전(始興簡王鑑列傳)」의 인용문이다.

㉒ 곡사징(斛斯徵: 529~584): 자는 사량(士亮), 광목부창(廣牧富昌) 사람으로 고차족(高車族)이다. 북위에서 수나라에 걸친 대신으로, 북위 곡사춘(斛斯椿)의 둘째 아들이다. 북주 건국 후 개부의동삼사(開府儀同三司)가 되었고, 양견이 수를 건국했을 때는 태자태부가 되었다. 저서로 『악전(樂典)』 10권이 있다.

㉓ 간보(干寶: 280~336): 자는 영승(令升), 여남군(汝南郡) 신채현(新蔡縣) 사람이다. 동진(東晉)의 문학가이자 사학가이다. 『진기(晉紀)』 수찬에 참여했으며, 『수신기(搜神記)』를 저술하여 중국 '지괴소설(志怪小說)'의 시조로 알려져 있다. 『주역주(周易注)』·『주관례주(周官禮注)』·『사도의(司徒儀)』·『춘추서론(春秋序論)』 등의 저서가 있다.

㉔ 후주(後周: (951~960)가~설명한 대로였다: 『구당서』 권29, 「음악지(2)」의 인용문이다.

㉕ 금탁(金鐲): 정(鉦: 징)으로서, 작은 종처럼 생겼다. 군중(軍中) 사금(四金) 가운데 하나이다. 군대의 행진 중에 금탁을 울려서 북소리를 조절시킨다.

㉖ 금요(金鐃): 방울처럼 생겼는데 추가 없고, 손잡이가 있는데 이를 잡고서 소리를 울려 북소리를 중지시킨다. 군중(軍中) 사금(四金) 가운데 하

나이다. 퇴군할 때 이 금요를 사용하여 북소리를 멈추게 한다. 『주례주소』 「지관·고인」 가공언의 소에 "진군할 때는 북을 치고, 퇴군할 때는 금요의 소리를 울린다.[進軍之時, 擊鼓, 退軍之時, 鳴鐃.]"고 하였다.

㉗ 금탁(金鐸): 커다란 방울[大鈴]로, 금속으로 추를 만든다. 군중(軍中) 사금(四金) 가운데 하나이다. 군중에서 이 금탁을 울려서 북을 치도록 명한다. 주로 군대에서 행군을 하거나 사냥을 할 때 사용하였다.

㉘ 불무(帗舞): 여섯 가지 소무(小舞) 가운데 하나로, 춤을 추는 사람이 불(帗: 오채색의 비단으로 만든 춤의 도구)을 들고서 춤을 춘다. 사직에서 제사를 지낼 때 사용한다. 『주례주소』 「춘관·악사(樂師)」에 "무릇 춤에는 불무(帗舞), 우무(羽舞), 황무(皇舞), 모무(旄舞), 간무(干舞), 인무(人舞)가 있다.[凡舞, 有帗舞, 有羽舞, 有皇舞, 有旄舞, 有干舞, 有人舞.]"고 하였는데, 정현의 주에 "불무는 오채색의 비단을 찢어서 만든다.[帗舞, 裂五采繒爲之.]"고 하였다. 가공언은 이 6가지 춤이 곧 소무(小舞)라고 하였다.(此六舞者, 小舞也) '소무'는 나이가 어릴 때 추는 춤이다.

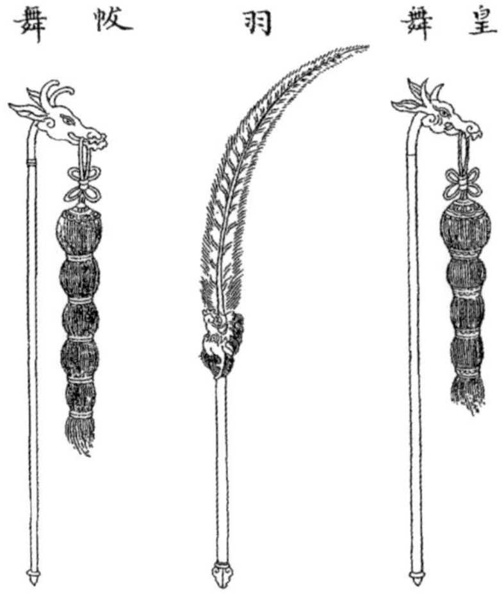

불무(帗舞)·우무(羽舞)·황무(皇舞)
『欽定周官義疏』(청)

㉙ 우무(羽舞): 여섯 가지 소무(小舞) 가운데 하나이다. '우(羽)'는 춤을 출 때 잡는 도구로, 깃대에 깃털을 묶어서 장식하고 이를 잡고서 춤을 춘다. 사망(四望)의 산천을 제사 지낼 때 사용한다.

㉚ 황무(皇舞): 여섯 가지 소무(小舞) 가운데 하나이다. 기우제나 사망의 산천에 제사 지낼 때 사용한다. 『주례』「춘관·악사(樂師)」 정현의 주에는 "'황'은 오채색의 깃을 섞어서 봉황의 색처럼 만드는데, 이를 잡고서 춤을 춘다.['皇', 雜五采羽如鳳皇色, 持以舞.]"고 하였다.

【目錄20: 弓矢궁시 제8】

[弓矢圖 08 :01-乏]

핍(乏: 화살막이)① 【'용(容)'이라고도 하는데, 오늘날의 병풍(屛風)과 유사하다.】

[乏.【一名'容', 似今屛風.】]

[弓矢圖 08 :02-幷夾]

병협(幷夾: 화살 집게)②

[幷夾.]

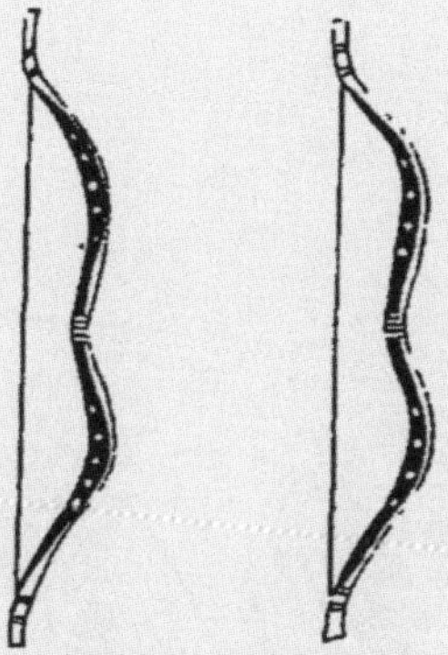

[弓矢圖 08 :03-彤弓·旅弓]

동궁(彤弓: 붉은 활)③

[彤弓.]

노궁(盧弓: 검은 활)④【('盧'는) '旅(검은 칠을 한 활)'로 되어 있기도 하다.】

[盧弓.【或作'旅'】]

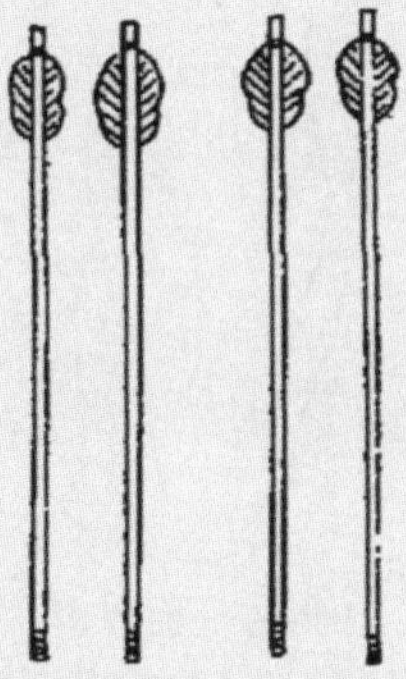

[弓矢圖 08 :04-彤矢·旅矢]

동시(彤矢: 붉은 화살)

[彤矢.]

노시(**盧矢:** 검은 화살)

[盧矢.]

[弓矢圖 08 :05-楅]

복(**楅:** 화살꽂이 통)⑤【양쪽 끝에 용의 머리를 새겨서 장식하였고, 다리가 있으며, 중앙에는 뱀의 몸이 서로 교차한다.】

[楅.【兩端龍首, 有足, 中央蛇身相交.】]

[弓矢圖 08 :06-韋當]

위당(**韋當:** 화살받이 자루)⑥【화살꽂이 통[楅]의 등 위에 놓는다.】

[韋當.【置楅背上.】]

[弓矢圖 08 :07-鹿中]

녹중(鹿中: 사슴 형상의 산가지통)⑦【받침대와 가로막대에 검붉은 옻칠을 한다.】

[鹿中.【髹漆拊扃.】]

[弓矢圖 08 :08-兕中]

시중(兕中: 외뿔소 형상의 산가지통)⑧【『산해경(山海經)』 곽박(郭璞)의 주(注)에 "'시(兕)'는 물소와 유사한데 뿔이 하나이며, 푸른색이다."라고 하였다.】

[兕中.【『山海經』注云, "兕似水牛, 一角, 青色.】]

[弓矢圖 08 :09-皮樹中]

피수중(皮樹中: 피수 형상의 산가지통)⑨

[皮樹中.]

[弓矢圖 08 :10-閭中]

여중(閭中: 나귀 형상의 산가지통)⑩【『산해경』에 "현옹(縣雍)의 산에는 들짐승 가운데 여(閭)가 많다."고 하였는데, 곽박은 "'여'는 나귀[驢]와 유사한데, 그 발굽과 뿔은 영양(羚羊)처럼 생겼다. 산려(山驢)라고도 하고, 또한 여양(驢羊)이라고도 한다."고 하였다.】

[閭中.【『山海經』云, "縣(壅)[雍][1]之山, 獸多閭." 郭璞云, "閭, 似驢. 其蹄角如羚羊. 一名山驢, 亦名驢羊.】]

1 (壅)[雍]: 저본에는 '壅'으로 되어 있으나, 『山海經』 권3, 「北山經」에 의거하여 '雍'으로 교감하였다. '縣雍'은 晉陽縣 서쪽에 있다고 한다.

[弓矢圖 08 :11-虎中]

호중(虎中: 호랑이 형상의 산가지통)⑪

[虎中.]

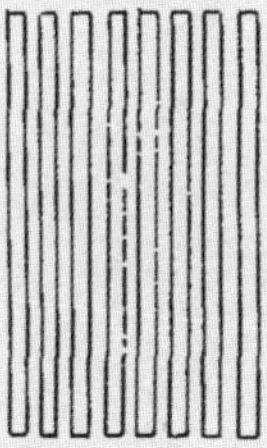

[弓矢圖 08 :12-筭]

산(筭: 산가지)⑫

[筭.]

[弓矢圖 08 :13-扑]

복(扑: 회초리)⑬【형벌 도구이다. 활쏘는 사람이 과실로 사람을 맞히면 매질을

한다.】

[扑.【刑器. 射者有過則撻之.】]

[弓矢圖 08 :14-射物]

사물(射物: 사선)⑭

[射物.]

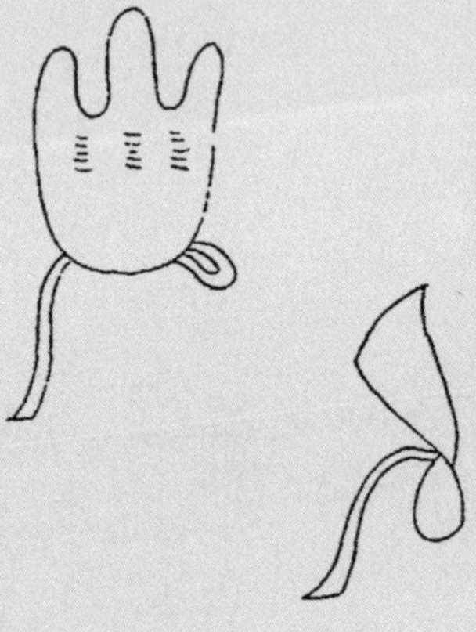

[弓矢圖 08 :15-朱極三]

주극삼(朱極三: 붉은 가죽골무 3개)⑮

[朱極三.]

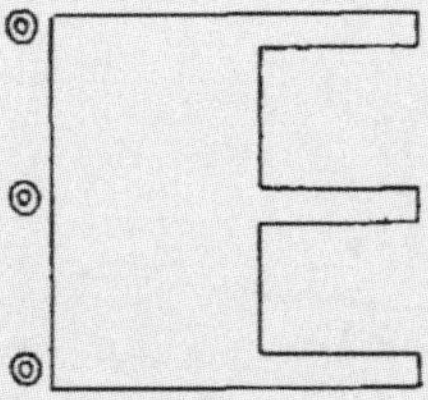

[弓矢圖 08 :16-遂]

수(遂: 활팔찌)⑯【활팔찌이다.】

[遂.【射韝.】]

[弓矢圖 08 :17-次]

차(次: 임시로 설치한 휘장)⑰【('次'는) 유(帷)와 악(幄)이니, 휘장[帳]을 말한다.⑱】

[次.【帷幄, 帳也.】]

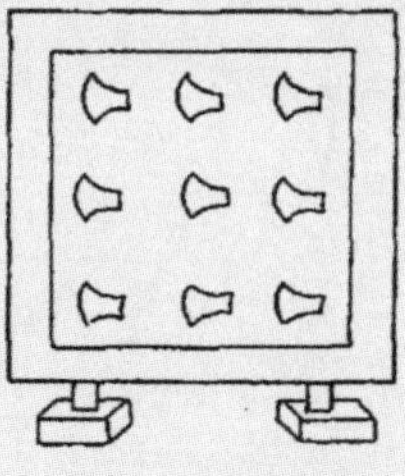

[弓矢圖 08 :18-扆]

의(扆: 병풍)⑲【자루가 없는 도끼 형상을 그려 넣는데, 그 문양의 수는 신분에 따라

알맞게 한다.】

[扆.【畫無柄斧形, 數取其稱.】]

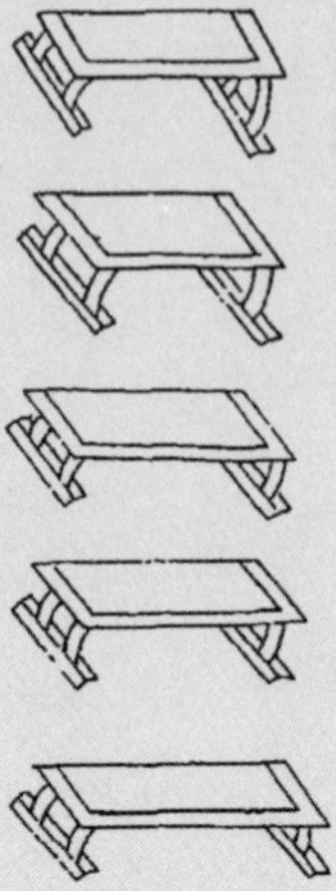
[弓矢圖 08 : 19-几]

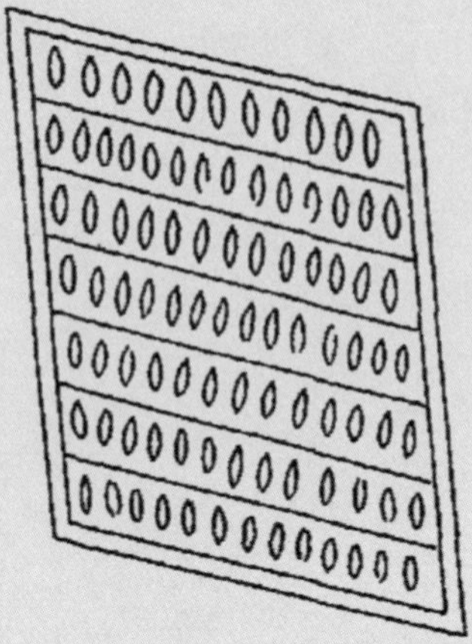
[弓矢圖 08 : 20-筵]

궤연(几筵: 안석과 부들자리)[20]【(筵은) 부들로 만든 자리이다.】

[几筵.【蒲筵.】]

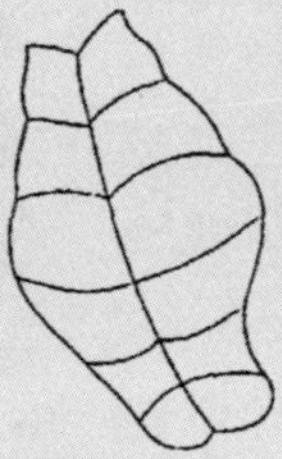
[弓矢圖 08 : 21-龜]

귀(龜: 거북)[21]

[龜.]

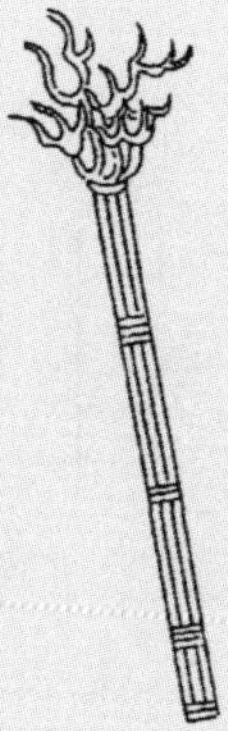

[弓矢圖 08 :22-爝]

작(爝: 불을 점화시키는 횃불)㉒【('爝'의) 음은 '雀(작)'이니, 불을 보존하는 도구이다.】

[爝.【音雀, 存火之具.】]

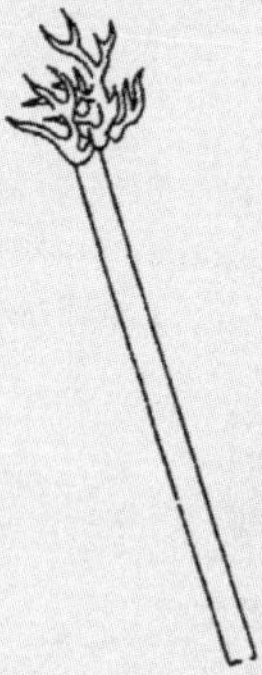

[弓矢圖 08 :23-楚焞]

초준(楚焞: 거북을 사르는 불)㉓【('焞'은) 곧 '焌(거북을 굽는 불)'이니, 모두 음은 '鐏(준)'이다.】

[楚焞.【即焌也, 俱音鐏.】]

[弓矢圖 08 :24-蓍韇]

시(**蓍:** 시초)[24]

[蓍.]

[弓矢圖 08 :25-畫爻木]

획효목(畫爻木: 땅에 효를 그리는 나무막대기)[25]

[畫爻木.]

[弓矢圖 08 :26-卦版]

괘판(**卦板:** 괘를 기록한 목판)[26]

[卦板.]

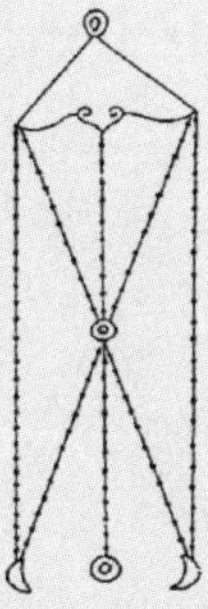

[弓矢圖 08 :27-佩玉]

패옥(佩玉)㉗

[佩玉.]

[弓矢圖 08 :28-韍]

불(**韍**: 무릎가리개)㉘【『주역』「곤괘(困卦)」'구이(九二)'에 "주색의 무릎가리개가 바야흐로 온다."㉙고 하였다. 『시(詩)』「소아(小雅)·사간(斯幹)」 정현의 전(箋)에는 "천자는 순수한 주색으로 하고, 제후는 황색과 주색으로 한다."고 하였으니, (같은 붉은색이지만 제후는) 색이 옅은 것이다. 대부의 경우도 주색으로 하지만 색이 더욱 옅다.】

[韍.【『易』曰, "朱韍." 『詩』(傳)[箋][2]云, "天子純朱, 諸侯黃朱", 色淺, 大夫朱色, 又淺.】]

2 (傳)[箋]: 저본에는 '傳'으로 되어 있으나 아래의 문장은 毛亨의 傳이 아니라 鄭玄의 箋이므로

[弓矢圖 08 :29-大帶]

대대(大帶: 허리띠)㉚

[大帶.]

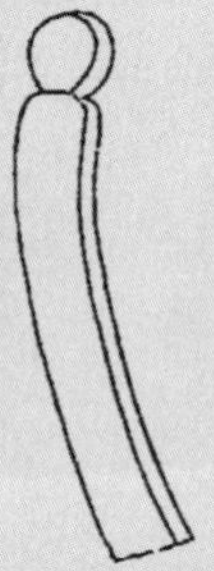

[弓矢圖 08 :30-笏]

홀(笏)㉛【길이는 2척 6촌, 너비는 6촌이다.】

[笏.【長二尺六寸, 博六寸.】]

'箋'으로 교감하였다.

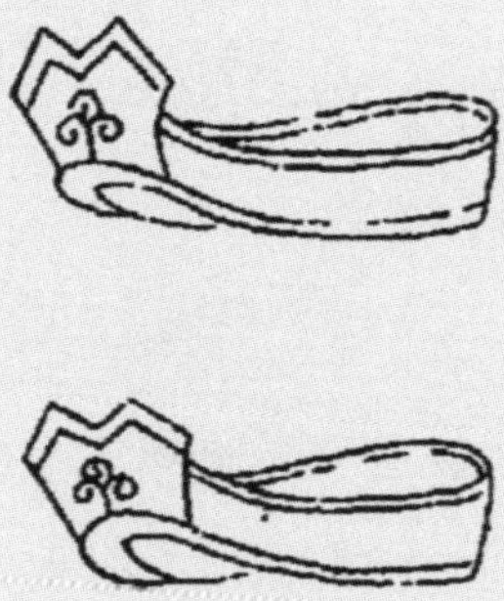

[弓矢圖 08 :31-舃]

석(舃: 겹바닥 신발)㉜

[舃.]

역주

① 핍(乏: 화살막이): 활쏘기를 할 때 사람이 화살을 맞지 않도록 방비하는 도구이다. 가죽으로 만드는데, 형태가 병풍과 유사하다. 과녁의 뒤쪽에 세운다. 화살이 이곳에 이르러서 힘이 결핍되어 더 이상 나가지 못한다는 뜻에서 '핍(乏: 결핍)'이라는 명칭이 생겼다고 한다. '핍'은 또 '용(容)' 혹은 '방(防)'이라고도 한다. 『의례』「대사의(大射儀)」에서는 '핍'이라 하였고, 『주례』「하관·사인(射人)」에서는 '용'이라 하였다. 『이아』「석궁(釋宮)」에 "용(容)을 '방(防: 화살막이)'이라 한다.[容謂之防]"고 하였는데, 곽박의 주에 "형태는 오늘날의 침상 머리에 있는 작고 굽은 병풍과 유사하며, 화살의 명중 여부를 외치는 사람이 스스로 (화살을) 방어하고 피하기 위한 것이다.[形如今牀頭小曲屏風, 唱射者所以自防隱.]"라고 하였다. 또 『의례』「향사례」 정현의 주에 "화살막이[容]를 '핍(乏)'이라

핍(乏)
黃以周,『禮書通故』(청)

하는데, 획자(獲者: 화살의 명중 여부를 외치는 사람)를 위해 화살을 막아 주는 도구이다. 과녁과 활 쏘는 사람 사이의 거리[侯道]는 50보(30장)인데, 이 화살막이[乏]는 과녁에서 북쪽으로 10장(丈) 떨어진 지점에서 서쪽으로 3장(丈)이 되는 곳에 세운다.[容謂之'乏', 所以爲獲者御矢也. 侯道五十步, 此乏去侯北十丈, 西三丈.]"고 하였다. 이렇게 거리를 두는 것은 화살에 맞지 않게 하려는 것임과 동시에 명중 여부를 알리는 소리가 당(堂)에까지 들리게 하려는 것이다.(『儀禮注疏』 권11, 「鄕射禮」, 204쪽 가공언의 소 참조.) 옛 『삼례도』에 의하면 그 제도는 세로와 가로 7척이며, 소가죽으로 씌우고, 검은 칠을 한다.

② 병협(并夾: 화살 집게): 화살이 과녁 높은 곳에 꽂혀서 손이 닿지 않을 때, 끼워서 뽑아내는 도구 즉 화살 집게이다. 『주례』 「하관·사조씨(射鳥氏)」에 "활쏘기를 하면, (사조씨는) 과녁에 박혀 있는 화살을 거두는 일을 담당한다. 화살이 과녁 높은 곳에 박혀 있을 경우, 병협(并夾)으로 끼워서 거둔다.[射則取矢. 矢在侯高, 則以并夾取之.]"고 하였다. 정현의 주에는 "화살이 과녁 높은 곳에 박혀 있어서 사람의 손이 미칠 수 없을 경우, 병협으로 끼워서 거둔다. '병협'은 화살을 끼워서 뽑아내는 도구이다.[矢著侯高, 人手不能及, 則以并夾取之. '并夾', 鍼箭具.]"라고 하였다.

③ 동궁(彤弓: 붉은 활): 붉은 칠을 한 활로서, 천자가 공을 세운 제후나 대신들에게 하사하여 정벌에 대한 전권을 부여하는 상징물로 삼았다. 『상서(尙書)』 「문후지명(文侯之命)」에 "붉은 활 1개와 붉은 화살 1개, 검은 활 1개와 검은 화살 100개를 하사하노라.[彤弓一·彤矢百, 盧弓一·盧矢百.]"라고 하였는데, 공안국(孔安國)의 전(傳)에는 "'동(彤)'은 붉은색이고, '노(盧)'는 검은색이다. 제후는 커다란 공을 세워서 활과 화살을 하사받은 이후 정벌을 마음대로 할 수 있다.['彤', 赤 , '盧', 黑也. 諸侯有大

功, 賜弓矢, 然後專征伐.]”고 하였다. 또 『춘추좌전』 희공(僖公) 28년 조에 의하면, 진(晉) 문공(文公)이 초나라와의 전투에서 얻은 전리품을 주나라 왕에게 바치자, 왕은 진문공에게 동궁(彤弓: 붉은 활) 1개, 동시(彤矢: 붉은 화살) 100개, 노궁(玈弓: 검은 활)과 노시(玈矢: 검은 화살) 1,000개 및 거창(秬鬯) 한 통·호분(虎賁) 3백 명을 하사했다.

④ 노궁(盧弓: 검은 활): 제후가 큰 공을 세울 경우 천자는 검은 활과 검은 화살을 하사하여 정벌에 대한 전권을 부여하는 상징물로 삼았다.

⑤ 복(楅: 화살꽂이 통): 화살을 나란히 꽂아 두는 기구로, 시렁처럼 생겼다. 길이 3척, 높이 3촌, 두께 1.5촌이다. 화살꽂이 통[楅]의 위쪽에 붉은 가죽으로 만든 화살꽂이 자루[韋當]를 놓는다. '복(箙: 화살을 넣는 통)'이라고도 칭한다. 호조흔(胡肇昕)에 따르면 『설문해자』에는 '楅'의 글자가 없으므로 본래 글자는 '箙'이었다. 『주례』 「하관·사궁시(司弓矢)」 정현의 주에 "'箙'은 화살을 담는 그릇인데, 짐승가죽으로 만든다."라고 하였다. 화살을 담는 그릇은 본래 나무나 대나무로 만들고 짐승가죽으로 장식을 했기 때문에 그 글자가 '竹'을 따라서 '箙'이라 하기도 하고 '木'을 따라서 '楅'이라 하기도 하였던 듯하다.(胡培翬, 『儀禮正義』 권9, 534쪽 참조.)

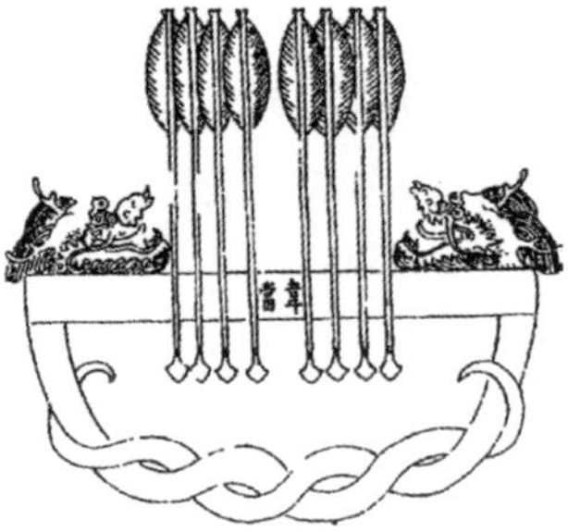

복(楅)
『欽定儀禮義疏』(청)

⑥ 위당(韋當: 화살받이 자루): 화살꽂이 통[福] 위의 정중앙을 덮어서 화살을 담는 가죽 자루를 말한다. 붉은색의 누인 가죽으로 만든다. 정현은 "가슴에서 등까지 덮는 옷을 '당(當: 등거리)'이라고 하는데, 붉은 가죽으로 만든다.[直心背之衣曰'當', 以丹韋爲之.]"고 하였다.(『의례』「향사례」 정현의 주) 호조흔(胡肇昕)은 "유희(劉熙)의 『석명(釋名)』「석의복(釋衣服)」에 '양(裲: 배자, 저고리 위에 덧입는 소매 없는 옷)과 당(襠: 등거리)은 그 하나는 가슴을 덮고, 다른 하나는 등을 덮는다.'고 하였으니, 이는 가슴에서 등까지 덮은 옷을 '당(當)'이라 한다는 뜻이다. 정현이 이곳의 '當'을 '襠(등거리)'으로 해석한 것은 아마도 옛사람들은 글자가 적어서 서로 빌어 사용했기 때문일 것이다. [『釋名』「釋衣服」云, '裲·襠, 其一當胸, 其一當背', 是直心背之衣曰當也. 鄭以'當'爲'襠'者, 蓋古人字少, 得相假借.]"라고 하였다.(胡培翬, 『儀禮正義』 권9, 644쪽) 즉 '當'은 본래 가슴과 등을 덮는 옷이었는데, 후대에 '當'을 '襠'으로 썼다는 것이다. 이곳에서 화살을 담는 자루를 '當'이라고 한 것은, 화살을 담는 자루 즉 '當'을 화살꽂이 통[福]의 등 위에 놓아서 덮는 것이 마치 등거리[襠]의 옷이 등을 덮는 것과 모양이 유사하기 때문이다. 따라서 '當'은 화살을 담는 기능적인 측면에서 본다면 '화살을 담는 자루'로, 화살꽂이 통을 덮은 형태적인 측면에서 본다면 '등거리'로 표현하는 것이 좋을 것이다.

⑦ 녹중(鹿中: 사슴 형상의 산가지통): '중(中)'은 활쏘기를 할 때 산가지를 담는 기구이다. 『예기정의(禮記正義)』「투호(投壺)」 공영달의 소에 "'중(中)'은 산가지를 담는 기물로서, 중(中)의 글자 형태를 하고 있다. 나무를 깎아서 만드는데, 형상이 마치 외뿔소나 사슴이 엎드려 있는 듯하다. 등 위에 둥근 우리를 세워서 산가지를 담는다.['中', 謂受算之器. 中之形. 刻木爲之, 狀如兕鹿而伏, 背上立圜圈, 以盛算也.]"고 하였다. '녹중'은 나무

를 새겨서 만드는데, 사슴이 앞다리를 꿇고 있는 형상이다. 사슴의 등 위에 구멍을 뚫어서 그곳에 8개의 산가지를 담을 수 있다. 『의례』「향사례(鄕射禮)」에 "사슴 형상의 산가지통[鹿中]은 검붉은 옻칠을 하고, 사슴의 앞발은 꿇고 있으며, 등 위에는 구멍이 뚫려 있는데 구멍 안에는 8개의 산가지를 넣을 수 있다.[鹿中, 髤, 前足跪, 鑿背, 容八筭.]"고 하였다. '녹중'은 사(士)의 활쏘기에 사용한다. 『의례』「향사례·기(記)」에 "사(士)는 사슴 형상의 산가지통[鹿中]을 사용하고, 획자(명중 여부를 외치는 사람)는 흰색 깃털에 붉은색 깃털을 섞어서 만든 깃발[翿旌]을 들어올리며 '명중시켰습니다.'라고 외친다.[士, 鹿中, 翿旌以獲.]"고 하였다.

⑧ 시중(兕中: 외뿔소 형상의 산가지통): 외뿔소의 가죽으로 만든 것으로, 산가지를 담는 기물이다. 대부가 활쏘기를 할 때 사용한다. 『의례』「향사례·기(記)」에 "대부는 외뿔소 형상의 산가지통[兕中]을 사용하고, 획자(명중 여부를 외치는 사람)는 대부들의 등급에 각자 맞는 잡색 깃발[物]을 들어 올리면서 '명중시켰습니다.'라고 외친다.[大夫, 兕中, 各以其物獲.]"고 하였다.

⑨ 피수중(皮樹中: 피수 형상의 산가지통): 피수(皮樹)의 형상을 조각하여 만든 산가지통을 말한다. 제후가 도성 안에서 연사(燕射)로 활쏘기를 할 때 사용한다. 『의례』「향사례·기」에 "제후가 도성 안에서 활쏘기를 할 때는 피수 형상의 산가지통[皮樹中]을 사용하고, 획자(獲者: 명중 여부를 외치는 사람)는 흰색 깃털에 붉은색 깃털을 섞어서 만든 깃발[翿旌]을 들어 올리면서 '명중시켰습니다.'라고 외친다.[君國中射, 則皮樹中, 以翿旌獲.]"고 하였다. 정현은 이 피수중은 연사(燕射)의 예를 행할 때 사용하는 것이며, '피수(皮樹)'는 들짐승의 이름이라고 하였다.(謂燕射也. '皮樹', 獸名.) 장일(張鎰)의 『삼례도』에는 "'피수'는 사람의 얼굴에 짐승의 형상

이다. 금문본(今文本)에는 '樹'가 '豎'로 되어 있다.[皮樹, 人面獸形, 今文樹作豎.]"고 하였다.([弓矢圖08: 09-皮樹中])

⑩ 여중(閭中: 나귀 형상의 산가지통): 『의례』「향사례·기」 정현의 주에 의하면, '여(閭)'는 나귀처럼 생긴 들짐승 이름으로 한 개의 뿔이 달렸다.(閭, 獸名, 如驢一角) 또 '여중'은 제후가 교(郊)에서 대사(大射)의 예를 거행할 때 사용하는 산가지통이다. 『의례』「향사례·기」에 "교(郊)에서 활쏘기를 할 때는 나귀 형상의 산가지통[閭]을 사용하고, 획자(명중 여부를 외치는 사람)는 갈라진 깃털을 붙인 깃발[旌]을 들어 올리면서 '명중시켰습니다.'라고 외친다.[於郊, 則閭中, 以旌獲.]"고 하였다.

⑪ 호중(虎中: 호랑이 형상의 산가지통): 나무로 호랑이 형상을 새겨서 만든 산가지통으로, 제후가 이웃나라의 제후와 국경에서 활쏘기를 할 때 사용한다. 『의례』「향사례·기」에 "국경에서 활쏘기를 할 때는 호랑이 형상의 산가지통[虎中]을 사용하고, 획자(명중 여부를 외치는 사람)는 용을 그려 넣은 붉은 깃발[龍旜]을 들어 올리면서 '명중시켰습니다.'라고 외친다.[於竟, 則虎中, 龍旜.]"고 하였다.

⑫ 산(筭: 산가지): 활쏘기나 투호를 할 때 명중시킨 화살의 숫자를 계산하는데 사용하는 대나무 조각을 말한다. 그 길이는 1척 4촌 혹은 1척 2촌이며, 그 가운데 4촌이 손잡이 부분이다. 옛 『삼례도』에 의하면 한 사람당 4개의 산가지를 잡으므로 한 짝은 8개의 산가지를 잡는다. 『의례』「향사례·기」에는 "산가지 80개를 마련해 놓는데, 그 산가지의 길이는 1척 4촌으로, 4촌의 손잡이 부분은 깎아서 희게 만든다.[箭籌八十, 長尺有握, 握素.]"고 하였다. 산가지 80개는 10짝을 정수로 삼았을 경우이다. 따라서 산가지의 수는 활을 쏘를 사람의 숫자에 따라서 결정된다.

⑬ 복(扑: 회초리): 체벌 도구로, 가르침을 따르지 않거나 과실을 범했을 때

사용한다. 길이는 3척인데, 손잡이 부분 1척을 깎아 낸다. 가시나무[楚]로 만들기 때문에 '초복(楚扑)'이라고도 한다. 『의례』「향사례·기」에 "활을 쏘는 사람이 잘못을 저지르면 회초리로 벌을 준다.[射者有過, 則撻之.]"고 하였는데, 정현은 "'잘못[過]'이란 화살이 날아가 사람을 맞히는 것을 말한다. 활쏘기를 할 때 화살이 사람을 맞히면 처벌을 해야 한다.['過', 謂矢揚中人. 凡射時矢中人, 當刑之.]"고 하였다. 본래 사람을 맞힐 의도가 없었는데 과실로 상해를 입혔을 경우, 사람이 모여 있는 뜰 가운데에서 회초리로 매질을 하여 가볍게 처리한다는 뜻이다.

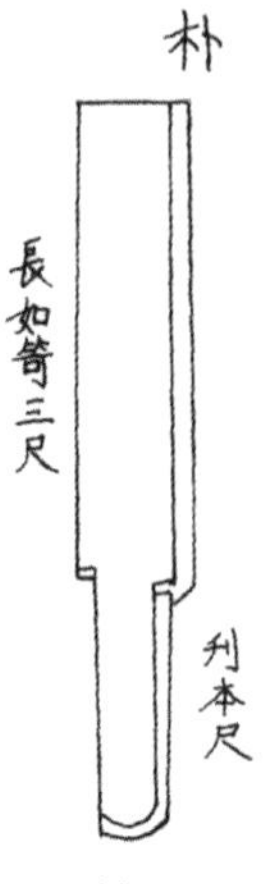

복(扑)
黃以周, 『禮書通故』(청)

⑭ 사물(射物: 사선): 활쏘기를 할 때 활을 쏘는 사람이 서 있는 위치의 발판을 말하는데, 간단히 '물(物)'이라고도 한다. 땅에 십자형(十字形)으로 선을 그어서 표시를 하는데, 세로 3척, 가로 2척이다. 두 사람이 함께 짝을 이루어 활을 쏘기 때문에 좌우로 두 개의 사선[射物]이 있다. 2명 가운데 존귀한 사람을 상사(上射)라 하고, 비천한 사람을 하사(下射)라 하

는데, 상사는 오른쪽 사선[右物]에서 활을 쏘고 하사는 왼쪽 사선[左物]에서 활을 쏜다. 두 사선 사이의 거리는 6척이다.

⑮ 주극삼(朱極三: 붉은 가죽골무 3개): '주극'은 붉은 가죽골무를 말한다. 활을 쏠 때 둘째손가락·가운뎃손가락·넷째손가락에 3개의 골무를 착용하여 손가락을 보호한다. 『의례』「대사의」 정현의 주에 "극(極)'은 튕기다[放]의 뜻인데, 손가락을 감싸는 것으로, 활시위를 놓는 데 이롭게 하는 것이다. 붉은 가죽으로 만든다. '삼(三)'은 집게손가락(食指)·가운뎃손가락(將指)·약손가락(無名指)이다. 가죽골무[極]를 착용하지 않으면, 활시위를 놓을 때 손가락에 시위가 맞붙게 되니, 화살을 많이 쏘면 통증이 있게 된다. 새끼손가락(小指)은 짧기 때문에 가죽골무를 사용하지 않는다.['極'猶放也, 所以韜指, 利放弦也. 以朱韋爲之. '三'者, 食指·將指·無名指. 無極, 放弦契於此指, 多則痛. 小指短, 不用.]"고 하였다.

⑯ 수(遂: 활팔찌): '수(遂)'는 사구(射韝) 즉 활을 쏠 때 왼팔 소매에 매는 띠를 말한다. 누인 가죽으로 만든다. 『의례』「향사례」 정현의 주에 "'수(遂: 활팔찌)'는 사구(射韝)이다. 누인 가죽으로 만드니, 활시위가 몸에 튕기는 것을 막아 주기 위한 것이다. 활을 쏠 때가 아니면 '습(拾)'이라고 칭한다. '습(拾)'은 거두어들인다[斂]는 뜻이니, 살갗을 가리거나 옷을 거두어들이는 것이다.['遂', 射韝也, 以韋爲之, 所以遂弦者也. 其非射時, 則謂之拾. '拾', 斂也, 所以蔽膚斂衣也.]"라고 하였다.

⑰ 차(次: 임시로 설치한 휘장): 옷을 갈아입거나 휴식을 취하기 위해 임시로 설치한 휘장을 말한다. 처음 행례 장소에 도착하여 행사 전에 머무는 곳을 '대차(大次), 행례 후에 물러나서 다음 행례를 대기하는 곳을' 소차(小次)라고 한다. 『주례』「천관·장차(掌次)」에 "(춘분에) 해에 배례를 하여 제사 지내거나 오제(五帝)를 제사 지낼 경우, (장차는 왕을 위해) 대차(大次:

大幄)와 소차(小次: 小幄)를 펼쳐서 설치한다.[朝日·祀五帝, 則張大次小次.]"고 하였는데, 정현은 "'차(次)'는 악(幄: 휘장)을 가리키는 것이니, 대악(大幄)은 처음 행례 장소에 갔을 때 멈추어 머무는 곳이고, 소악(小幄)은 제사를 거행한 이후 물러나 다음의 행례를 기다리는 곳이다.['次'謂幄也, 大幄, 初往所止居也, 小幄, 既接祭退俟之處.]"라고 하였다. '차'는 곧 '악(幄: 휘장)'이니, '대차'를 '대악'이라 하고, '소차'를 '소악'이라 한다.

⑱ ('次'는) 유(帷)와 악(幄)이니, 휘장[帳]을 말한다: 『주례』「천관·막인(幕人)」에 "막인(幕人)은 유(帷)·막(幕)·악(幄)·역(帟)·수(綬)의 일을 관장한다.[幕人, 掌帷幕幄帟綬之事.]"고 하였는데, 정현의 주에 "사방으로 둘러친 것을 '유(帷)'라 하고, 위로 덮은 것을 '막(幕)'이라 한다. 막(幕)은 땅바닥에 펼쳐 놓기도 하는데, 그 위에 (예물을) 진설하거나 점검한다. 유(帷)와 막(幕)은 모두 베[布]로 만든다. 사방으로 둘러쳐서 궁실을 본뜬 것을 '악(幄)'이라 하니, 왕이 머무는 휘장[帷]이다.[旁曰帷, 在上曰幕, 幕或在地, 展陳于上. 帷·幕皆以布爲之, 四合象宮室曰幄, 王所居之帷也.]"라고 하였다.

⑲ 의(扆: 병풍): '依'로도 쓴다. '의(扆)'는 호(戶: 室의 출입문)와 유(牖: 室의 창문) 사이에 진설하는데, 그 형상이 병풍과 유사하며, 진홍빛 비단으로 바탕을 만들고, 높이는 8척이다. 도끼 문양[斧]의 수를 놓는데, 이 때문에 '부의(斧依)', '보의(黼依)'라고도 한다. '병풍'이라는 명칭은 한대에 처음 출현하였다. 이 때문에 정현 등은 '의'를 병풍에 비유한 것이다. 천자가 제후를 접견할 때 그것에 의지하여 등지고 서서 남쪽을 향하여 제후를 대한다. 천자 이하 사에 이르기까지 모두 '의(依)'를 사용할 수 있는데, 다만 도끼 문양의 수를 놓은 것은 천자만 할 수 있다.(錢玄, 『三禮辭典』, 1247~1248쪽 '黼依' 항목 참조.)

⑳ 궤연(几筵: 안석과 부들자리): '궤(几)'는 사람이나 귀신이 기대어 의지하도록 진설하는 작은 탁자이다. 완심(玩諶)의 『삼례도』에 따르면 길이는 5척, 높이는 1척 2촌이며, 너비는 2척으로, 양쪽 끝에 붉은 칠을 하고 중앙에는 검은 칠을 한다. 마융은 길이가 3척이라고 하였다. 『주례』「춘관·사궤연(司几筵)」에는 옥궤(玉几)·조궤(彫几)·동궤(彤几)·칠궤(漆几)·소궤(素几)의 다섯 가지 명칭이 보인다. [弓矢圖08: 19-几] 참조. '연(筵)'은 대나무나 부들을 엮어서 만든 자리이다. 때로는 같은 자리의 뜻이지만, '연(筵)'과 '석(席)'은 구분된다. '연'은 땅에 까는 자리이고, '석'은 연 위에 덧까는 자리이다. 『의례』「공사대부례·기」에 "검은 베로 가선장식을 한 길이 1장 6척의 포연(蒲筵: 부들자리)을 깔고, 그 위에 검은 비단으로 가선장식을 한 길이 8척의 추석(萑席: 가는 갈대자리)을 덧깐다.[蒲筵常, 緇布純, 加萑席尋, 玄帛純.]"고 한 것이 그러한 사례이다. 그러나 대체로 '연(筵)'과 '석(席)'의 두 글자는 '자리'라는 뜻으로 통용된다. 옛 『삼례도』에 의하면 사(士)가 사용하는 포연(蒲筵)은 길이가 7척, 너비가 3척 3촌으로 가선장식이 없다. 그러나 『주례』「춘관·사궤연」이나 『의례』의 「공사대부례」와 「향사례」 등에는 모두 검은 베로 가선장식을 하는 것으로 되어 있다. [弓矢圖08: 20-筵] 참조.

㉑ 귀(龜: 거북): 거북점을 치기 위한 것이다. 거북의 껍질에 희생의 피를 발라서 점을 치는데, 거북을 신으로 여기기 때문이다. 그 점복을 칠 경우, 봄에는 뒷면의 왼쪽을 불사르고, 여름에는 앞면의 왼쪽을 불사르고, 가을에는 앞면의 오른쪽을 불사르고, 겨울에는 뒷면의 오른쪽을 불사른다. [弓矢圖08: 21-龜] 참조.

㉒ 작(焦: 불을 점화시키는 횃불): 불을 보존하는 횃불로, 거북을 구울 때 초준(楚焞)에 불을 붙여 점화시키는 용도로 사용한다. 『주례』「춘관·수씨

(菙氏)」에 "수씨는 작(燋)과 계(契)를 관장하여 거북점 치는 일에 대비한다.[掌共燋契以待卜事]"고 하였는데, 정현의 주에서는 '계(契)'를 초준(楚焞)으로 풀이하여 거북을 불사르기 위한 용도로, '작(燋)'을 거(炬: 횃불)의 뜻으로 풀이하여 불을 보존하기 위한 용도로 쓰인다고 하였다.(楚焞, 卽契, 所用灼龜也. 燋謂炬, 其存火.) '炬(횃불)'는 『설문해자』에 '苣'로 되어 있는데, "(苣는) 갈대를 묶어서 불태우는 것이다.[束葦燒]"라고 하였다. 따라서 '燋(불을 점화시키는 횃불)'은 갈대를 묶어서 만들고, 태운 후에 불을 유지하여 보존할 수 있는 것이다.(胡培翬, 『儀禮正義』 권28, 1815쪽 참조.)

㉓ 초준(楚焞: 거북을 사르는 불): 가시나무를 묶어서 태운 불로, 거북을 구울 때 사용하는 불이다. 『의례』「사상례」 정현의 주에 '초(楚)'는 가시나무이다. '가시나무를 묶어서 태운 불[荊焞]'은 거북에 구멍을 내어 불사르기 위한 것이다.[楚, 荊也. 荊焞所以鑽灼龜者.]"라고 하였다.

㉔ 시(蓍): 시초를 말하는데, 그것으로 점괘를 쳐서 길흉을 판단한다. 거북의 껍질을 살라서 조짐을 취하는 것을 '복(卜)'이라 하고, 시초의 점괘로 길흉을 판단하는 것을 '서(筮)'라고 한다. '서(筮)'로 수(數)를 취하고, 복(卜)으로 상(象)을 취한다. 큰일[大事: 征伐·出師·巡狩]에는 거북점을 치고, 작은 일에는 시초점을 친다.(『예기』「곡례 상」 정현의 주, "大事卜, 小事筮.")

㉕ 획효목(畫爻木: 땅에 괘를 그리는 나무막대기): 시초점을 쳐서 얻은 효(爻)를 땅에 그어서 기록하는 나무막대기를 말한다.

㉖ 괘판(卦板: 괘를 기록한 목판): 시초점을 쳐서 얻은 괘를 목판에 옮겨 적어서 주인에게 보여 준다. 『의례』「사관례」에 "서인(筮人: 시초점을 치는 사람)은 점치는 일을 마치면, 얻은 괘를 목판에 기록하고, 그것을 가지고 주인에게 가서 보여 준다.[卒筮, 書卦, 執以示主人.]"고 하였다. 호배휘

는 괘자(卦者: 괘를 기록하는 사람)는 서인(筮人)이 점을 쳐서 얻은 효(爻)를 땅에 나무 막대기로 차례차례 그려서 표시하고, 서인은 이렇게 해서 얻은 괘를 목판에 옮겨 기록해서 주인에게 보여 주는데, 서인이 직접 괘를 목판에 기록하는 것은 그것이 괘를 존중하고 시귀(蓍龜)를 존중하는 도리이기 때문이라고 하였다.(胡培翬, 『儀禮正義』 권1, 20~21쪽 참조.)

㉗ 패옥(佩玉): 허리띠에 매다는 옥 장식을 말한다. '패옥'은 위쪽의 형(衡), 중간의 거(琚)·우(瑀), 아래쪽의 충아(衝牙)의 세 부분으로 구성된다. 충아의 좌우 양쪽에서 황(璜)이 있어 걸을 때 충아가 황을 쳐서 옥 소리를 낸다. 형(衡)은 형(珩)이라고도 한다. 패옥의 가장 위에 가로 형태의 옥으로, 사(士)의 패옥은 형만 있다.

패(佩)
『欽定周官義疏』(청)

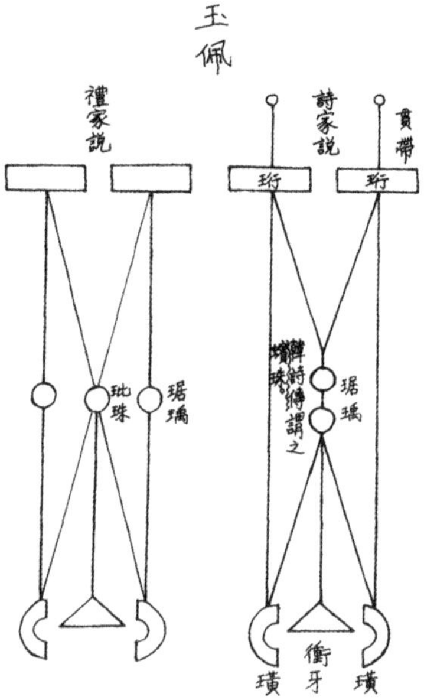

옥패(玉佩)
黃以周, 『禮書通故』(청)

㉘ 불(韍: 무릎가리개): 무릎가리개로서 ‘필(韠)’이라고도 한다. 왕이 조근을 하거나 제사를 지낼 때 착용하는 무릎을 가리는 앞치마 모양의 복식이다. 다룸가죽으로 만들며, 그 형제와 도안, 색깔 등은 신분에 따라 다르게 하는데, 그 색깔은 치마의 색깔과 같게 한다. 『예기』「옥조」 정현의 주에 “이는 현면복과 작변복의 폐슬로서, 제복(祭服)을 높여서 그 명칭을 달리한 것이다. ‘불(韍)’은 또한 가린다[蔽]는 뜻이다.[此玄冕爵弁服之韠, 尊祭服異其名耳. ‘韍’之言, 亦蔽也.]”라고 하였다. 『예기정의』「옥조」의 공영달 소에서는 “다른 복식에서는 ‘필’이라고 칭하는데, 제복의 경우 ‘불’이라 칭하니, 이것이 그 명칭을 달리한다는 뜻이다. ‘불’과 ‘필’은 모두 가린다[蔽]는 뜻으로, 가리고 막는다는 의리를 취한 것이다.[他服稱韠, 祭服稱‘韍’·‘韍’, 是異其名. ‘韍’·‘韠’皆言爲蔽, 取蔽鄣之義也.]”라고 하였다.

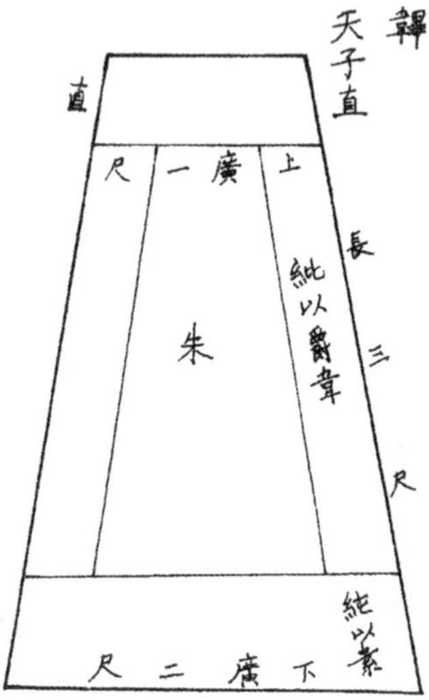

필(韠: 天子直)
黃以周, 『禮書通故』(청)

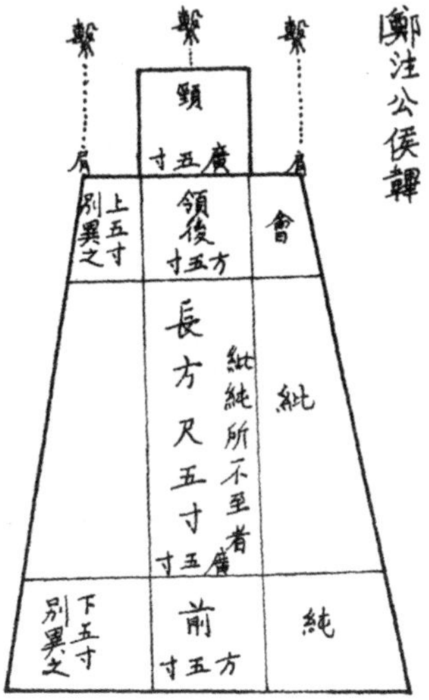

정현(鄭玄)의 주에 의거한 공(公)·후(侯)의 필(韠)
黃以周, 『禮書通故』(청)

㉙ 『주역』「곤괘(困卦)」~온다: 『주역』「곤괘(困卦)」 '구이(九二)'에 "주색의 무릎가리개가 바야흐로 오니, 제사를 올림이 이롭다.[朱紱方來, 利用享祀.]"고 하였다. 이곳에서 「곤괘」를 말한 것은 제복(祭服)에 주색의 무릎가리개를 착용한다는 뜻을 말하고자 한 것이다.

㉚ 대대(大帶: 허리띠): 흰색 비단이나 누인 비단으로 만들어서 허리 사이와 혁대 위에 매단다. 매단 나머지 띠를 아래로 늘어뜨려 장식을 삼는데, 이를 '신(紳)'이라 한다. 상세한 것은 [弓矢圖08: 29-大帶] 참조.

㉛ 홀(笏): 좁고 기다란 판자[手板]로서, 옥·상아·대나무 등으로 만들어서 일을 지휘하거나 기록할 때 사용한다. 『예기정의』「옥조」 공영달의 소에 "신하가 군주를 뵐 때는 모두 홀을 잡으니, 홀은 일을 기록하는 도구이다.[凡臣見君, 皆執笏, 笏所以記事.]"라고 하였다. 『송서(宋書)』「예지(禮志)」에서는 "홀(笏)이란 일이 있으면 거기에 기록을 하는 것이다. 수판(手版)은 곧 옛날의 홀(笏)이다.[笏 有事則書之……手板 則古笏矣.]"라고 하였다. 또 서광(徐廣: 352~425)의 『거복의제(車服儀制)』에 "홀은 수판이다. 『삼국지』「촉지(蜀志)」에 의하면 '진복이 광한 태수 하후찬을 만났을 때 부(簿)로 뺨을 때렸다.'고 하였으므로 한·위시대 이후에는 모두 수판을 들고 다녔던 것이다.['笏', 即手板也. 「蜀志」 秦宓見太守, 以簿擊頰, 則漢魏以來, 皆執手板.]"라고 하였다. 천자는 아름다운 옥으로 만들고, 제후는 상아로 만들고, 대부는 대나무로 만드는데 물고기의 수염으로 장식을 하고, 사는 대나무로 만드는데 상아로 가장자리를 문식한다. 집에서는 자식이 부모를 뵐 때도 홀을 사용하는데, 일을 할 때는 허리띠에 꽂고, 일이 없으면 손에 들고 다닌다.

㉜ 석(舃: 겹바닥 신발): 나무로 밑바닥을 만든 신발인데, 밑바닥을 겹으로 한 신발을 '석(舃)'이라 하고, 홑으로 한 신발을 '구(屨)'라고 하여 구분한다.

왕의 경우, 적석(赤舃)·백석(白舃)·흑석(黑舃)의 3등급이 있는데, 적석이 최상급의 신발이다. 신발에는 구(絇: 신발의 코 장식)·억(繶: 신발의 솔기 장식)·준(純: 신발의 가선장식)의 장식을 한다.

구(屨)와 석(舃)
張惠言,『儀禮圖』(청)

【目錄20: 旌旗정기 제9】

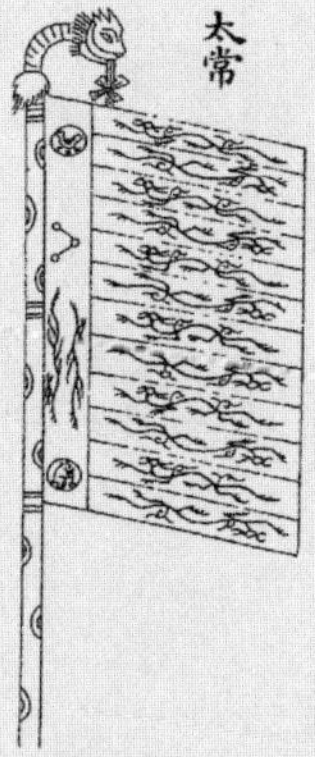

[旌旗圖09 :01-太常]

태상(**太常**: 해와 달을 그려 넣은 깃발)①【대나무로 호(弧: 기폭을 펼치는 활모양의 기물)②를 만들고, 그것으로 기폭을 펼친다.】

[太常.【以竹爲弧, 用張縿幅.】]

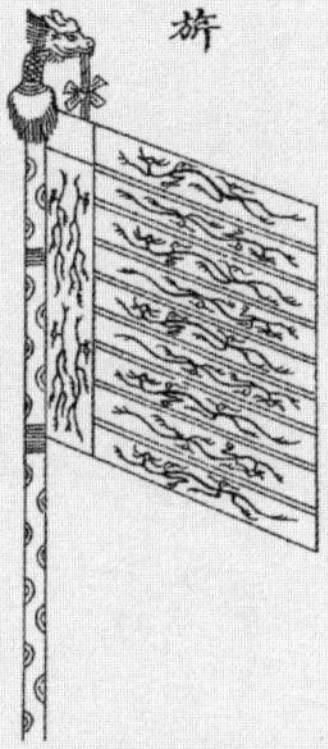

[旌旗圖09 :02-旂]

기(**旂**: 승천하는 용과 하강하는 용을 교차하여 그려 넣은 깃발)③

[旂.]

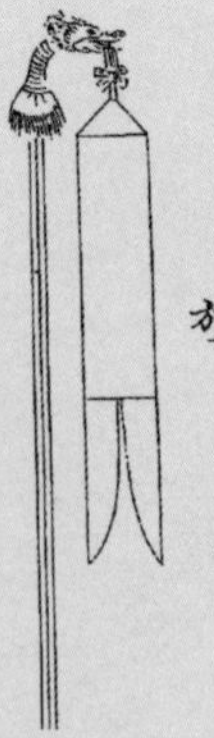

[旌旗圖09 :03-旜]

전(**旜:** 기폭과 기폭의 가장자리 천 장식을 같은 색으로 만든 깃발)④【정폭을 사용하고, 양쪽 날개가 없으며, 한 가지 색의 비단으로 (기폭과 기폭의 가장자리 천 장식을) 만든다. 이른바 대적(大赤)⑤이다.】

[旜.【如幅, 無兩翅, 通帛爲之. 所謂大赤也.】]

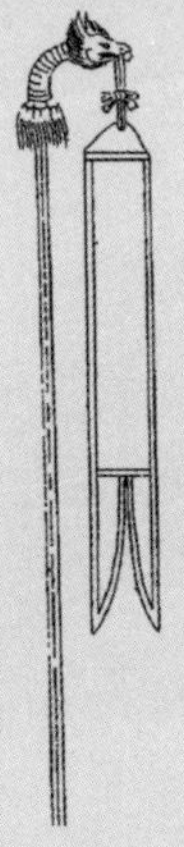

[旌旗圖09 :04-物]

물(**物:** 기폭과 기폭의 가장자리 천 장식을 다른 색으로 만든 깃발)【기폭과 기폭의 가장자리 천 장식을 다른 색의 비단으로 만들고, 흰색으로 그 가장자리를 장식하니, 형태

가 전(旜)의 깃발과 유사하다.】

[物.【雜帛, 以素飾其側, 形制如旜.】]

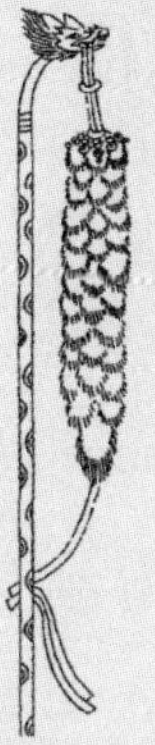

[旌旗圖09 :09-翿旌]

도정(翿旌)【흰 깃털과 붉은 깃털을 섞어서 장식한 깃발이니, 획자(獲者: 화살의 명중 여부를 외치는 사람)가 잡는 깃발이다.】

[翿旌.【雜白羽·朱羽爲之, 獲者所執.】]

[旌旗圖09 :11-玉輅]

옥로(玉輅)⑥【수레의 제도는 이미 위에서 설명했다.】

[玉輅.【車軌制已見上.】]

[旌旗圖09 :12-節服氏]

절복씨(節服氏)⑦【6인이 왕의 태상의 깃대 가장자리 천 장식을 붙잡아 지탱하고,⑧ 또 2인이 창을 잡고서 시신을 전송한다. 그러므로 아래에 별도로 도상 하나를 두어서 밝혔다.】

[節服氏.【六人, 維王之太常. 又二人執戈, 送迎尸. 故下別圖一以曉之.】]

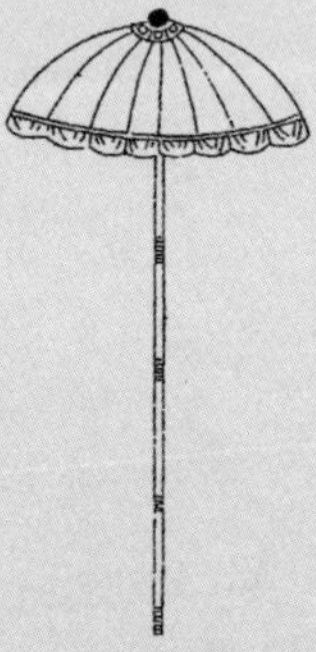

[旌旗圖09 :13-車蓋]

거개(車蓋: 수레의 햇빛가리개)⑨【가리개에 붉은 기름을 바르고, 달상(達常: 자루의 윗부분)과 강(杠: 자루의 아랫부분)은 모두 주색으로 한다.⑩】

[車蓋.【紅油覆達常及杠, 皆朱.】]

[旌旗圖09 :14-戈]

과(戈: 창)⑪【손잡이 부분을 주색으로 한다. ('柲'의) 음은 '兵'과 '媚'의 반절(비)이다.】

[戈.【朱柲, 音兵媚反.】]

극(戟: 갈래진 창)⑫【그 손잡이 부분 또한 주색으로 한다.】

[戟.【其柲亦朱.】]

① 태상(太常: 해와 달을 그려 넣은 깃발): 구기(九旗) 가운데 하나다. 기폭[縿]에 해와 달의 도상을 그려 넣은 깃발로, 황색이며, 기폭의 가장자리에 12개의 천 조각 장식[斿]이 붙어 있다. 『의례주소』「근례(覲禮)」에 "천자는 용마(龍馬)가 끄는 수레를 타는데, 대기(大旂)를 꽂으니, 해와 달·승천하는 용과 하강하는 용의 형상이 그려져 있다.[天子乘龍, 載大旂, 象日月·升龍·降龍.]"고 하였다. 정현의 주에는 "'대기(大旂)'는 태상(大常)을 가리킨다. 왕은 태상을 세우는데, 기폭[縿]의 윗부분에 해와 달을 그려 넣고, 그 아래와 기폭의 가장자리에 붙인 천 조각 장식[旒]에는 승천하는 용과 하강하는 용을 교차하여 그려 넣는다.['大旆', 大常也. 王建

태상(太常)
黃以周, 『禮書通故』(청)

大常, 縿首畫日月, 其下及旒交畫升龍·降龍.]"고 하였다. 가공언에 의하면 해와 달을 그려 넣은 깃발이 '상(常)'이고, 승천하는 용과 하강하는 용을 교차하여 그려 넣은 깃발이 '기(旂)'이다. 천자의 태상(太常)에는 일월(日月)뿐 아니라 교룡(交龍)도 함께 그려 넣는 반면 제후의 기(旂)에는 일월이 없는 것이 그 차이이다.

② 호(弧: 기폭을 펼치는 활모양의 기물): 기폭을 펼치거나 거는 활모양의 기물을 말한다. 『의례주소』「근례(覲禮)」 정현의 주에 "'호(弧)'는 기폭을 펼치는 활모양의 기물이다.['弧', 所以張縿之弓也.]"라고 하였고, 가공언의 소에서는 "『이아』에 깃발의 정폭을 '삼(縿)'이라 한다고 하였다. 그러므로 이 활 모양의 호(弧)로 기폭의 양쪽을 펼치는 것이다. 그러므로 (정현이) '기폭을 펼치는 활모양의 기물'이라고 했던 것이다.[『爾雅』說旌旗正幅爲縿, 故以此弧弓張縿之兩幅, 故云'張縿之弓也.']"라고 하였다. 『예기』「명당위」 정현의 주에서도 "'호(弧)'는 기폭을 펼치는 기물

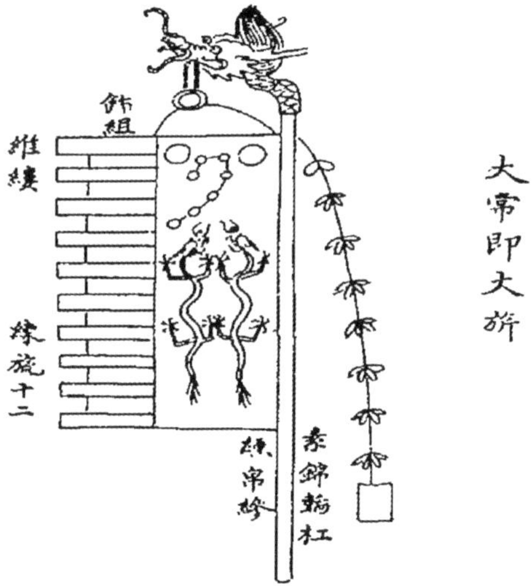

태상(太常)
유적(劉績), 『三禮圖』(명)

이다.['弧', 旌旗所以張幅也.]"라고 하였다. 명대 유적(劉績)의 『삼례도』에는 깃대[杠]의 위쪽 끝에서 왼쪽으로 구부러지면서 용의 머리 형상을 이루고, 용의 입 부분 아래에 호(弧)를 매달고, 호 아래에 펼쳐진 기폭이 걸려 있다.(白玉林·遲鐸, 『三禮文化辭典』, 739쪽 '弧' 항목 참조.)

③ 기(旂: 승천하는 용과 하강하는 용을 교차하여 그려 넣은 깃발): 구기(九旗) 가운데 하나다. 기폭에 승천하는 용과 하강하는 용을 교차하여 그려 넣은 깃발로, 청색이며, 기폭의 가장자리에 9개의 천 조각 장식[斿]이 붙어 있다. 왕의 오로(五路) 가운데 금로(金路)에 기(旂)를 세우고 빈객과 회동하거나 동성의 제후를 봉한다. 『주례』「고공기·주인(輈人)」에 "용을 그려 넣은 '기(旂)'에는 기폭의 가장자리에 9개의 천 조각 장식[斿]이 붙어 있으니, 그것으로 대화(大火)의 별자리를 상징한다.[龍旂九斿, 以象大火也.]"고 하였다. 이는 정수(定數)에 의거하여 말한 것이다. 천자의 용곤(龍袞)은 9개의 무늬를 넣으니, 용기(龍旂) 또한 기폭의 가장자리에 9개

기(旂)
黃以周, 『禮書通故』(청)

의 천 조각 장식이 붙어 있다. 정현은 이는 제후가 세우는 깃발이라고 하였다. 섭숭의의 『삼례도집주』는 이를 따르면서도 구별을 하여, 상공은 9개, 후·백은 7개, 자·남은 5개의 천 조각 장식을 한다고 하여 각각 명수(命數)에 따르는 것으로 이해하였다. [旌旗圖09: 02-旂] 참조.

④ 전(旜: 기폭과 기폭의 가장자리 천 장식을 같은 색으로 만든 깃발): 구기(九旗) 가운데 하나로서 기폭과 기폭의 가장자리 천 장식을 같은 색으로 만든 것이다. 다만 손이양(孫詒讓)에 의하면, 구기(九旗) 가운데 상(常)·기(旂)·여(旟)·기(旗)·조(旐)의 깃발도 기폭과 기폭의 가장자리 천 장식을 같은 색으로 만든다. '통백(通帛)'이란 기폭과 기폭의 가장자리 천 장식을 통틀어 한 가지 색의 비단으로 만든다는 뜻인데, '태상(太常)'의 경우 기폭과 기폭의 가장자리 천 장식이 모두 황색이고, '대기(大旂)'의 경우 기폭과 기폭의 가장자리 천 장식이 모두 청색이다. 따라서 '태상' 이하 5가지의 깃발도 '전(旜)'이라 칭할 수 있다. 이 깃발들은 한 가지 순수한 색을 사용하기 때문에 존귀한 깃발이 된다. 반면에 '물(物)'은 기폭과 기폭의 가장자리 천 장식을 다른 색으로 만들기 때문에 잡박한 색이다. 그러므로 비천한 깃발이 된다. 『주례』「춘관·사상(司常)」 정현의 주에 "기폭과 기폭의 가장자리 천 장식을 한 가지 색의 비단으로 만든다는 것은 '대적(大赤)'을 가리킨다. 주나라의 정색(적색)을 따르고, 장식은 없다.[通帛謂大赤, 從周正色, 無飾.]"고 하였다. '기폭의 가장자리 천 장식[斿]'의 수는 알 수 없다. 다만 『주례』「춘관·사상(司常)」에 "고경(孤卿)은 전(旜)의 깃발을 세운다[孤卿建旜.]"고 한 것으로 추론한다면, 또한 그 명수(命數)에 따를 것이다. 진상도(陳常道)의 『예서(禮書)』에는 6개의 기폭 가장자리 천 장식[六斿]을 하는 것으로 되어 있다. 황이주(黃以周)는 섭숭의의 『삼례도집주』에서는 가느다란 휘장 깃발을 '전(旜)'의 깃발에 해당

시켰으니, 자못 구기(九旗)의 제도를 상실한 것이라고 비판했다.(黃以周, 『禮書通故』 권49, 1613쪽 참조.)

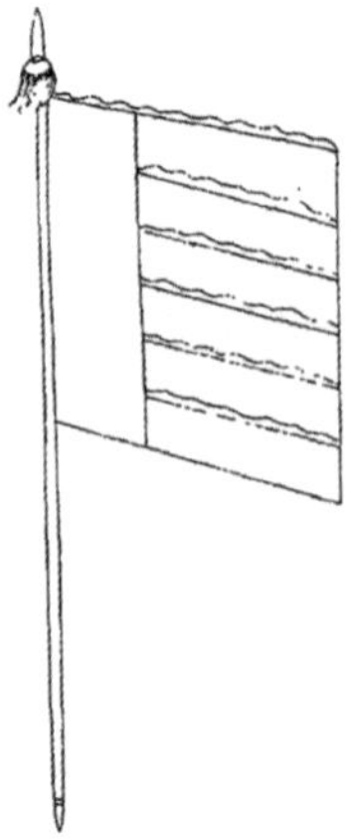

전(旜)
陳常道, 『禮書』(송)

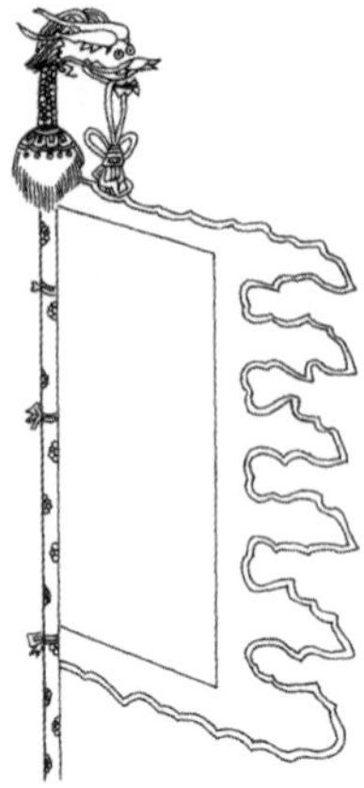

전(旜)
黃以周, 『禮書通故』(청)

⑤ 대적(大赤): 기폭에 새매의 그림을 그려 넣은 깃발이다. 『주례』 「춘관·건거(巾車)」에 의하면, 상로(象路)에 대적의 깃발을 세우고 조회를 보거나 이성제후를 봉한다.(象路, 朱, 樊纓七就, 建大赤以朝, 異姓以封.) 또 『예기정의』 「명당위」 공영달의 소에 의하면 은나라의 '대백(大白)'은 백색의 깃발이고, 주나라의 '대적(大赤)'은 적색의 깃발이다.(殷之大白, 謂白色旗, 周之大赤者, 赤色旗.)

⑥ 옥로(玉輅): 옥으로 장식한 수레로, 천자의 오로(五路) 가운데 하나다. 천자는 옥로에 12유(斿: 기폭 가장자리의 천 장식)가 매달린 태상(太常)의 깃발을 꽂고서 제사를 지낸다. 가공언은 수레의 끌채[轅]·바퀴통[轂]·몸체[箱] 등의 끝부분에 모두 옥으로 장식을 한다는 뜻이라고 하였다.(『周禮注疏』 「春官·巾車」 참조.)

⑦ 절복씨(節服氏): 하관 대사마의 속관으로 천자가 제사를 거행하거나 조근의 예를 행할 때 곤면의 예복을 관장한다. 작위는 하사이다. 『주례』「하관·절복씨(節服氏)」에 "절복씨는 왕이 제사를 지내거나 조근의 예를 행할 때 왕의 곤면을 관장한다. 6인이 왕의 태상 깃발(의 기폭 가장자리 천 장식)을 잡아 지탱한다.… (왕은) 교(郊) 제사를 지낼 때 대구(大裘)를 입고 면관(冕冠)을 쓴다. (절복씨 가운데) 2인은 창을 들고 있으며, 시동을 맞이하고 보낼 때 시동의 수레 뒤를 따른다.[節服氏掌祭祀·朝覲袞冕. 六人維王之太常. … 郊祀裘冕, 二人執戈, 送逆尸, 從車.]"고 하였다.

⑧ 6인이~붙잡아 지탱하고: 천자의 태상에는 기폭의 가장자리에 12개의 천 장식이 있는데, 절복씨 6인이 태상의 그 천 장식을 잡고서 땅에 끌리지 않게 한다.

⑨ 거개(車蓋: 수레의 햇빛 가리개): 수레의 몸체 상자 위에 설치하여 비를 막거나 해를 가리는 기구로, 형태는 일산처럼 생겼다.

⑩ 달상(達常: 자루의 윗부분)과~주색으로 한다: '달상(達常)'은 수레의 햇빛 가리개 자루의 윗부분이다. 『주례』「고공기·윤인(輪人)」에 "윤인은 수레의 햇빛 가리개[蓋]를 만든다. '달상'은 둘레가 3촌이다.[輪人爲蓋, 達常圍三寸.]"라고 하였는데, 정현의 주에는 정중의 말을 인용하여 "'달상'은 개두(蓋斗)의 자루이니, 아래로 강(杠: 덮개 자루의 아래 부분) 안에 삽입한다.[達常, 蓋斗柄, 下入杠中也.]"고 하였다. 수레의 햇빛 가리개 꼭대기의 나무 조각을 '개두(蓋斗)'라고 한다. 이를 '부(部)'라고도 하는데, 직경 6촌, 두께 1촌으로, 위쪽으로 1분이 융기되어 있다. 이 개두(蓋斗)의 아래로 이어지는 수레 햇빛 가리개의 자루가 '달상(達常)'이다. '달상'은 길이가 2척, 직경이 1촌이다. 수레 햇빛 가리개의 자루는 2개의 부분으로 이루어지는데, 위쪽 부분이 '달상(達常)'이고, 아랫부분이 '강(杠,

桯)'이다. '달상'은 '강' 안에 삽입되어 둘은 실질적으로는 하나의 자루가 된다. 강(杠)은 길이 8척, 직경 2촌으로, 달상을 삽입하기에 충분하다. 이 두 자루가 이어지는 곳에 관으로 테두리를 하여 연결을 견고하게 한다.

개두(蓋斗)와 개병(蓋柄)
(1973 호북성
江陵 藤店 출토.
聞人軍, 『考工記譯注』)

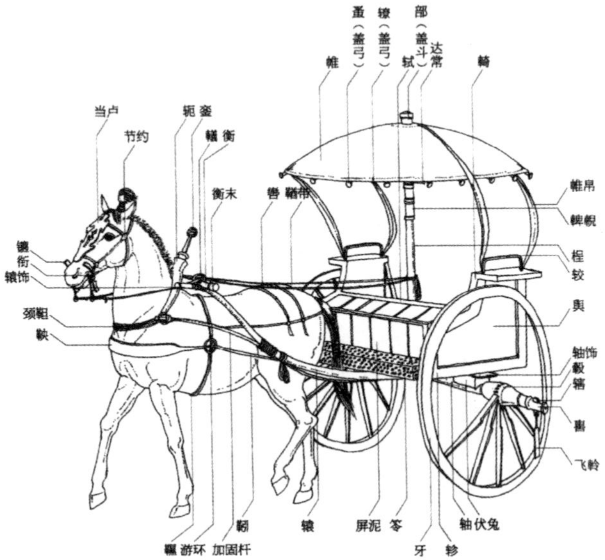

수레의 명칭도
劉永華, 『中國古代車輿馬具』(青華大學出版社, 2013)

⑪ 과(戈: 창): 상나라에서 전국시대까지 성행했는데, 진나라 이후 점차 소멸되었다. 보통 긴 대나무나 나무로 된 손잡이에 청동제 날을 수직으로 부착한 병기로 전차전에 많이 사용되었다. 돌출된 부분을 '원(援)'이라고 하는데, '원'의 위아래가 모두 칼날이다. 옆으로 타격을 가하거나 갈고리를 사용하여 사람을 죽인다. 석과(石戈), 옥과(玉戈) 등이 있으며 대

부분 의장용이나 명기(明器)로 사용한다.

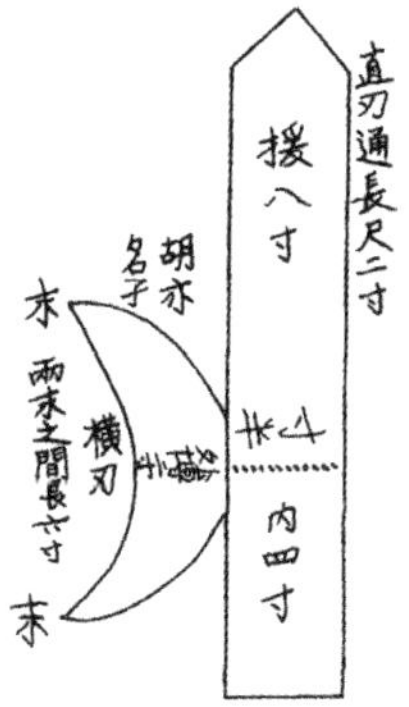

과(戈),
黃以周, 『禮書通故』(청)

⑫ 극(戟: 갈래진 창): 과(戈)와 모(矛)를 합한 형태의 병기이다. 모(矛)와 유사한 창 끝 부분의 날을 '극(刺)'라고 하고, 과(戈)와 유사한 형태로 손잡이 방향과 수직으로 돌출한 날 부분을 '원(援)'이라 한다. 살상력은 '과(戈)'나 '모(矛)'보다 강력하다.

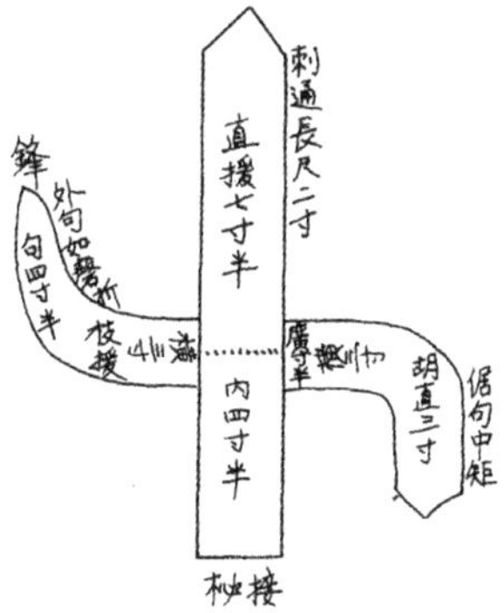

극(戟)
黃以周, 『禮書通故』(청)

【目錄20: 玉瑞옥서 제10】

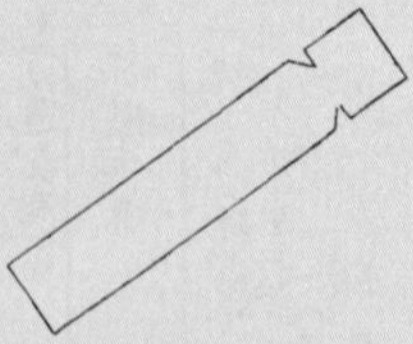

[玉瑞圖10 :01-大圭]

대규(大圭)① 【정(珽)②이다.】

[大圭.【珽也】]

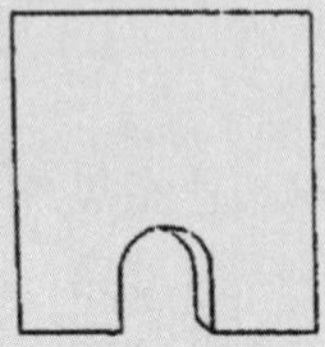

[玉瑞圖10 :02-冒]

모(冒)③ 【천자는 모규(冒圭)를 잡는데, 너비 4촌이다. 작음으로써 귀함을 삼는 것이다.】

[冒.【天子執冒, 四寸, 以小爲貴也.】]

[玉瑞圖10 :03-鎭圭]

진규(鎭圭)④ 【사방 진산(鎭山)⑤의 모양을 아로새겨서 옥을 장식한다.】

[鎭圭.【以四鎭山爲瑑飾.】]

[玉瑞圖10 :04-桓圭]

환규(桓圭)⑥【쌍으로 세우는 것을 '환(桓)'이라 한다. 대체로 환영(桓楹: 4개의 기둥)⑦의 모양을 새겨서 옥을 장식한다.】

[桓圭.【雙植謂之桓. 蓋以桓楹爲瑑飾.】]

[玉瑞圖10 :05-信圭]

신규(信圭)⑧【('信'의) 음은 '伸(신)'이다.】

[信圭.【音伸】]

[玉瑞圖10 :06-躬圭]

궁규(躬圭)⑨

[躬圭.]

[玉瑞圖10 :07-穀璧]

곡벽(穀璧)⑩

[穀璧.]

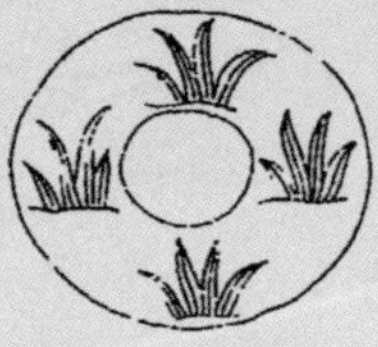

[玉瑞圖10 :08-蒲璧]

포벽(蒲璧)⑪

[蒲璧.]

[玉瑞圖10 :09-牙璋]

아장(牙璋)⑫【톱니 모양을 쪼아 새겨서 장식을 한다.】

[牙璋.【瑑刻鉏牙爲飾.】]

[玉瑞圖10 :10-穀圭]

곡규(穀圭)⑬【곡식의 문양을 장식한다.】

[穀圭.【粟文.】]

[玉瑞圖10 :11-大璋]

대장(大璋)⑭【너비는 7촌이다. 제후가 이 대장(大璋)으로 신붓감의 나라에 빙문을

보낸다.】

[大璋.【七寸, 諸侯以聘女.】]

[玉瑞圖10 : 12-駔琮]

조종(駔琮)⑮【이(조종)를 '내진(內鎭)'이라 부르니, 왕후가 잡고서 지키는 것이다.⑯】

[駔琮.【是謂內鎭, 宗后守之.】]

[玉瑞圖10 : 14-琬圭]

완규(琬圭)⑰【'완(琬)'은 둥글다[圓]는 뜻과 같다. 제후에게 덕이 있으면, 왕이 명하여 이 완규를 하사한다.】

[琬圭.【琬, 猶圓也. 諸侯有德, 王命賜之.】]

[玉瑞圖10 :15-琰圭]

염규(琰圭)⑱【반 이하에 구름 문양을 쪼아서 조각한다.】

[琰圭.【半已下琢雲氣.】]

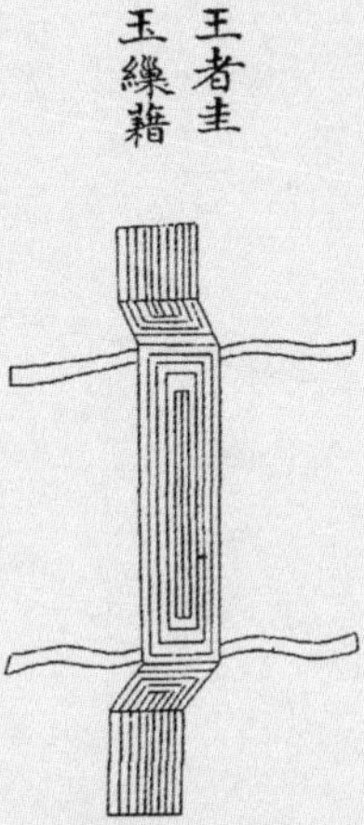

[玉瑞圖10 :16-圭繅]

규조(圭繅)⑲【('繅'의) 음은 '藻(조)'이다.】

[圭繅.【音藻.】]

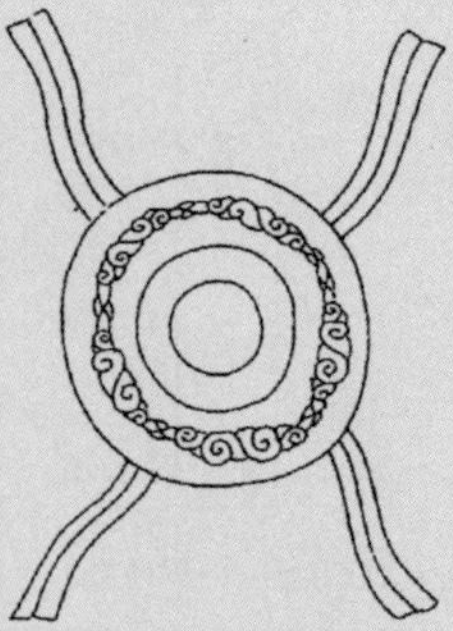

[玉瑞圖10 :17-璧繅]

벽조(璧繅)

[璧繅.]

역주

① 대규(大圭): 천자가 허리에 차는 패옥으로, 길이 3척이다. 아래쪽은 네모시고, 위쪽은 깎아서 머리를 망치모양으로 한다. '정(珽)'이라고도 한다. 『주례』「고공기·옥인(玉人)」에 "대규의 길이는 3척이고, 위쪽을 깎아서 종규(終楑: 망치) 모양으로 하니, 천자가 잡는다.[大圭長三尺, 杼上, 終葵首, 天子服之.]"고 하였다. 『예기』「옥조」에 "홀의 길이는 2척 6촌이다.[笏度二尺有六寸]"라고 하였는데, 이는 상하에 공통된 제도이다. 천자의 경우 망치의 머리모양[終葵首]을 더해서 3척이 되므로 망치머리의 길이는 4촌임을 알 수 있다. 망치머리의 너비는 6촌이고, 아래 깎아낸 곳의 너비는 3촌이다.

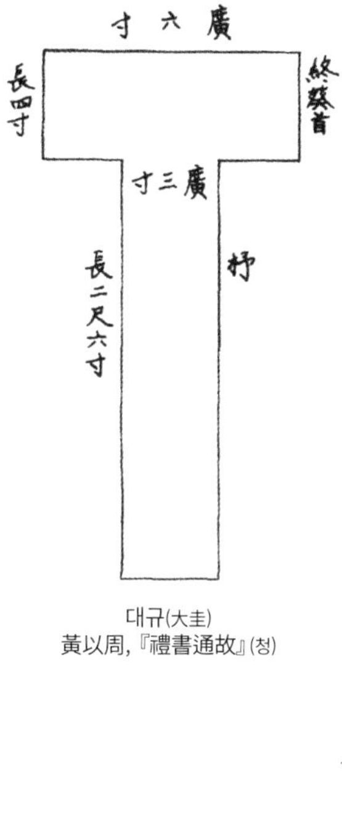

대규(大圭)
黃以周, 『禮書通故』(청)

② 정(珽): 천자의 옥홀(玉笏)이다. 천자의 홀은 '정(珽)', 제후의 홀은 '도(荼)', 대부의 홀은 '홀(笏)'이라고 부른다. 정현에 의하면, '정(珽)'이라고 하는 것은 '정'의 의미가 정연(珽然)하여 굽은 바가 없음을 뜻하기 때문이다.(『예기』「옥조」 정현의 주, "謂之'珽', 珽之言珽然無所屈也.")

③ 모(冒): '冒'는 '瑁'가 정자(正字)이고, 고문(古文)에는 '冃'로 되어 있어 글자가 모옥(瑁玉)의 형상과 유사하다. '모규(冒圭)'라고도 하는데, 서옥의 명칭으로, 너비는 4촌이다. 『주례』「고공기·옥인(玉人)」에 "천자는 모 4촌을 잡고서 제후의 조회를 받는다.[天子執冒四寸, 以朝諸侯.]"고 하였는데, 정현의 주에 "4촌은 네모진 부분이다.[四寸者, 方.]"라고 하였다. 즉 4촌은 깎지 않은 윗부분의 너비를 말한다. 『상서정의』「고명(顧命)」 공영달의 소에 따르면, 규(圭)는 머리 부분을 비스듬히 깎아서 날카로운데, 모(瑁)는 아래 부분에서 비스듬히 새겨서 깎으니, 그 너비와 길이가 규의 머리와 같게 된다. 제후가 조근하러 와서 규(圭)를 잡고서 천자에게 바치면, 천자는 모(瑁)의 깎은 부분으로 그 규의 머리를 덮어 크기가 서로 맞는지 확인한다.(禮, 天子所以執瑁者, 諸侯即位, 天子賜之以命圭, 圭頭邪銳, 其瑁當下邪刻之, 其刻闊狹長短如圭頭. 諸侯來朝, 執圭以授天子, 天子以冒之刻處冒彼圭頭, 若大小相當.)

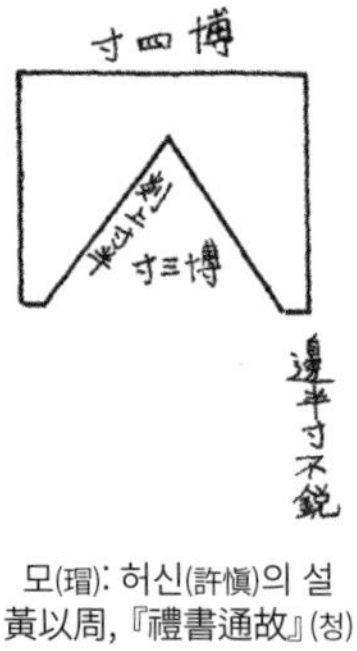

모(瑁): 허신(許愼)의 설
黃以周, 『禮書通故』(청)

④ 진규(鎭圭): 천자가 잡고서 천하를 진무하는 규(圭)로서, 길이 1척 2촌이다. 사방 진산(鎭山)의 모양을 새겨서 장식을 한다. 『주례』 「춘관·대종백」 정현의 주에 "'진(鎭)'은 안정시킨다는 뜻이니, (이 진규로) 사방을 안정시키는 것이다. '진규'는 대체로 사방 진산의 모양을 새겨서 옥을 장식한다. 규의 길이는 1척 2촌이다.['鎭', 安也, 所以安四方. '鎭圭'者, 盖以四鎭之山爲瑑飾. 圭長尺有二寸.]"라고 하였다. 진상도(陳常道)의 『예서』에는 사진(四鎭)의 모양을 모두 필(必) 위쪽에 그렸다. 『주례』 「고공기·옥인(玉人)」 정현의 주에 "'필(必)'은 녹거필(鹿車縪: 사슴이 끄는 수레 끈)이라고 할 때의 '필(縪)'의 뜻으로 읽으니, 끈으로 그 중앙을 묶어서 잡을 때 떨어질 것에 대비하는 것을 말한다.[必讀如鹿車縪之縪, 謂以組約其中央爲執之以備失墜.]"고 하였다. 이곳 섭숭의 『삼례도집주』에는 '필(必)'을 그리지 않았다.

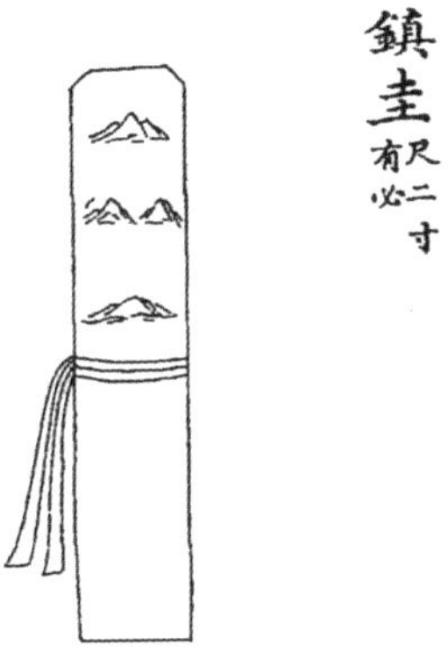

진규(鎭圭)
陳常道, 『禮書』(송)

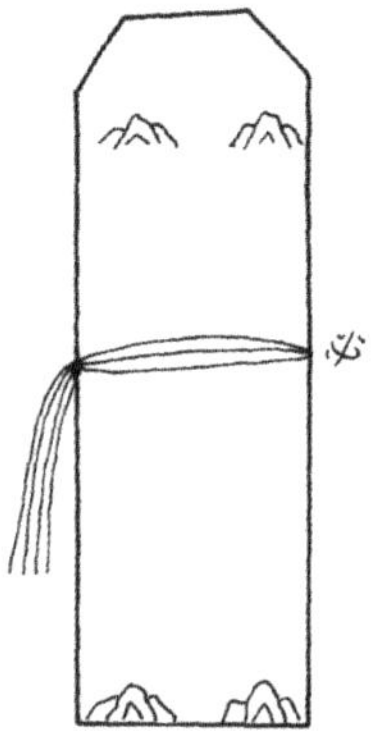

진규(鎭圭)
黃以周, 『禮書通故』(청)

⑤ 진산(鎭山): 『주례주소』 「춘관·대사악」 정현의 주에 "'사방의 진산[四鎭]'은 산 가운데 중대한 것이니, 양주(揚州)의 회계산(會稽山)·청주(靑州)

의 기산(沂山)·유주(幽州)의 의무려산(醫無閭山)·기주(冀州)의 곽산(霍山)을 말한다.['四鎭', 山之重大者, 謂揚州之會稽·靑州之沂山·幽州之醫無閭·冀州之霍山.]"고 하였다. 이에 대해서 가공언은 구주(九州)에는 주마다 각각의 진산이 있지만, 5주의 진산은 '악(嶽)'이라는 명칭을 얻어 '오악(五嶽)'으로 불리고, 이 오악에 들지 못하는 양주의 회계산 등 4주의 진산은 그대로 '진'으로 불려 '사진(四鎭)'이 된다고 하였다.(州各有鎭山, 皆曰其大者以爲一州之鎭, 故云山之重大者也. 但五州五鎭得入嶽名, 餘四州不得嶽名者, 仍依舊爲鎭號, 故四鎭也.)

⑥ 환규(桓圭): 길이 9촌으로, 위쪽은 둥글면서 예리하다. 공(公)이 잡는다. 양면에 각각 2개의 모서리를 새겨서 환영(桓楹)과 유사하게 만들기 때문에 '환영'이라고 칭한다. 손이양은 환규는 대체로 양면인데, 면마다 2개의 모서리를 새겨서 모두 4개의 모서리를 만드니, 4개의 환영(桓楹)과 서로 유사하다고 하였다.(孫詒讓, 『周禮正義』 권35, 1381 참조.)

⑦ 환영(桓楹: 4개의 기둥): 제후들이 하관할 때 무덤 네 모서리에 세우는 커다란 나무기둥을 말한다. 그 기둥 위에 구멍이 있는데, 큰 줄을 꿰어서 도르래를 이용하여 아래로 서서히 내리면서 매장한다. 정현은 『예기』 「단궁 하」의 주에서 "깎아서 큰 기둥처럼 만드는 것이다. 4개 세우는 것을 '환(桓)'이라 한다.[斲之形如大楹耳. 四植謂之'桓'.]"고 하였다.

⑧ 신규(信圭): 길이 7촌으로, 후(侯)가 잡는다. 사람의 형상을 새기고, 곧게 만든다. 천자의 명을 받을 때 사용하므로 '명규(命圭)'라고도 한다. 『예기정의』 「곡례 하」 공영달의 소에는 강남 유학자의 해석을 인용하여 "'곧은 것을 신규(信圭)라 하는데. 그 문양이 세밀하다. 굽은 것을 궁규(躬圭)라고 하는데, 그 문양이 거칠다.[直者爲信, 其文縟細, 曲者爲躬, 其文粗略.]"고 하였다. 왕여지(王與之)의 『주례정의(周禮訂義)』에서는 '곧

은 것[直者]은 신규(信圭), 굽은 것[曲者]은 궁규(躬圭)'라는 설명에 대해 각기 다른 해석을 소개하였다. 이에 따르면, 정악(鄭鍔: 宋人)은 규에 새겨 넣은 사람의 모습에 따른 것으로 이해하여, 몸을 곧게 편 사람이 새겨진 것이 '신규', 몸을 굽힌 사람이 새겨진 것이 '궁규'라고 하였다. 반면에 육전(陸佃: 1042~1102)은 규의 형태에 따른 것으로 이해하여, 규가 곧은 것은 '신규', 규가 굽은 것은 '궁규'라고 하였다.(『周禮訂義』 권30, "鄭鍔曰, '鄭說, 侯信圭, 琢人身之伸者以爲飾, 伯躬圭, 琢人身之曲者以爲飾.' 陸佃云, '圭形直者爲信圭, 曲者爲躬圭, 不作人屈伸之狀.'")

⑨ 궁규(躬圭): 옥에 사람의 형상을 새겨 넣은 규이다. 길이는 7촌으로, 백(伯)이 잡는다. 이 규 역시 천자의 명을 받을 때 사용한다. 그러므로 '명규(命圭)'라고도 한다.

⑩ 곡벽(穀璧): 길이는 5촌으로, 자(子)가 잡는 옥이다. 곡식의 형상을 새겨서 장식을 한다. 안쪽에 구멍이 뚫려 있는데, 이를 '호(好)'라고 하고, 바깥쪽은 옥으로 되어 있는데 이를 '육(肉)'이라 한다.

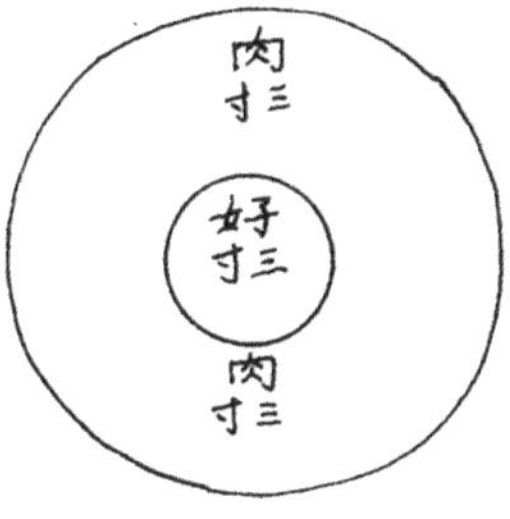

벽(璧)
黃以周, 『禮書通故』(청)

⑪ 포벽(蒲璧): 길이는 5촌으로 남(男)이 잡는 옥이다. 부들[蒲]의 형상을 새겨서 장식한다.

⑫ 아장(牙璋): 길이는 7촌으로, 형태가 반규(半圭)와 비슷하며, 옥의 측면에 톱니[鋸齒] 모양의 장식이 있다. 병부(兵符)의 일종이자, 왕의 사자(使者)의 서절(瑞節)이다.

⑬ 곡규(穀圭): 길이는 7촌으로, 곡식의 문양을 새겨서 장식한다. 왕의 사자의 서절(瑞節)이다. 원수와 강화를 맺거나 신붓감의 나라에 빙문을 보낼 때 이 곡규를 사용한다.

⑭ 대장(大璋): 너비는 7촌이고, 위쪽의 예리한 부분이 4촌이며, 두께는 1촌이다. 천자가 순수를 하여 명산대천에 강신제를 올릴 때 사용하는 옥이다. 또 제후가 신붓감의 나라에 빙문을 보낼 때도 이 대장의 옥을 사용한다.

⑮ 조종(駔琮): 저울추의 작용을 하는 옥이다. 『주례』「고공기·옥인(玉人)」에 "조종은 길이가 5촌이니, 왕후가 이것으로 저울추를 삼는다.[駔琮五寸, 宗后以爲權.]"고 하였다. 정현은 '조(駔)'를 끈[組]의 뜻으로 읽고, 끈[組]으로 종(琮)을 묶기 때문에 '조종'이라 했다고 한다.(駔讀爲組, 以組繫之, 因名焉.) 황이주는 섭숭의 『삼례도집주』에는 조종(駔琮)을 대종(大琮)과 잘못 똑같게 그렸다고 비판했다. 육덕명(陸德明)은 '駔'의 음은 '祖'라고 하였다.(『經典釋文』 권9, 「周禮音義」, "駔琮. 音祖.")

조종(駔琮)
聶崇義, 『三禮圖』(송)

대종(大琮)
聶崇義, 『三禮圖』(송)

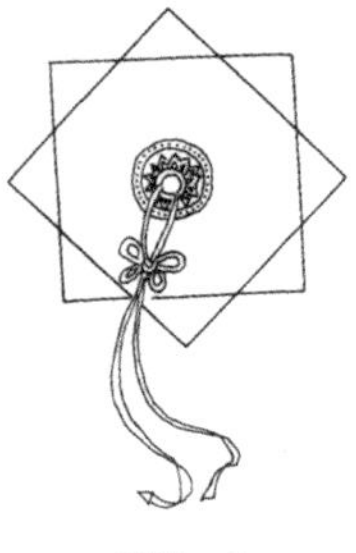

조종(駔琮)
黃以周, 『禮書通故』(청)

⑯ 이(조종)를~지키는 것이다: 『주례』「고공기·옥인(玉人)」 정현의 주에 "(내진은) 왕의 진규와 같은 것이다.[如王之鎭圭也]"라고 하였다. 왕은 밖[外]을 주관하고, 왕후는 안[內]을 주관한다. 이 조종은 왕후가 잡고서 지키는 것이므로 '내진'이라 칭한 것이다.

⑰ 완규(琬圭): 길이가 9촌이고, 옥받침이 있다. 위쪽이 둥글고 모가 나지 않은 규이다.

⑱ 염규(琰圭): 길이가 9촌이고, 절반을 둥글게 깎는다. 모든 규(圭)는 옥의 윗부분이 1촌 반이지만, 이 '염규'는 옥의 절반 이상부터 머리에 이르기까지 둥글게 깎고, 또 절반 이하에는 문양을 새겨서 장식한다.

⑲ 규조(圭繅): '조(繅)'는 옥을 올려놓는 받침대로서 가운데는 나무로 만들고 그 겉은 가죽으로 씌우는데, 오채색의 비단실로 장식한다. 또 끈이 연결되어 있는데, 옥을 맬 때 사용하기도 하고 장식으로 삼기도 한다. 채색의 장식에 근거하여 말할 때는 '조(繅: 藻)'라고 하고, 옥을 떠받치는 기능을 가지고 말할 때는 '자(藉)'라고 하며, '조자(繅藉)'로 연칭하기도 한다.(錢玄, 『三禮辭典』, 1175~1176쪽 '繅藉' 항목 참조.)

【目錄20: 祭玉제옥 제11】

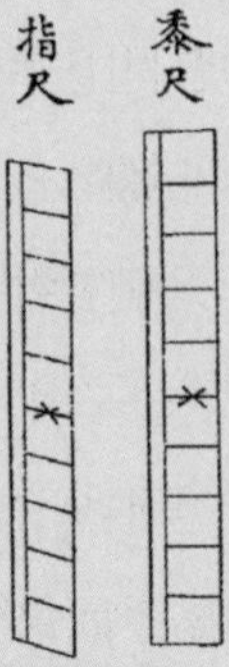

[祭玉圖11 :01-黍尺·指尺]

서척(黍尺)①【기장 열 알의 너비가 1촌이다.②】

[黍尺.【十黍爲寸.】]

지척(指尺)③【살펴보건대, 손가락(가운뎃손가락의 가운뎃마디)의 길이로 1촌을 삼는다. 『설문해자』에 "1척은 10촌이다. 사람의 손에서 10분 길이의 동맥(動䘑)을 촌구(寸口)라고 하니,④ 10촌이 1척이 된다. '척(尺)'은 손가락 자로 사물을 헤아리는 단위이다. (尺의 글자는) '尸'를 따르고, '乙'을 따른다. '乙'은 인식하는 바를 말한다. 주나라의 제도에서 촌(寸)·지(咫)·심(尋)·상(常)·인(仞) 등의 도(度)와 양(量)은 모두 사람의 신체로 법을 삼았다. 무릇 자[尺]의 등속은 모두 (글자가) '尺'을 따른다."고 하였다. '䘑'은 음이 脉(맥)이다.】

[指尺.【案指爲寸. 『説文』云, "尺, 十寸也. 人之手, 即十分動䘑爲寸口, 十寸爲尺. 尺, 所以指尺規矩事也. 從'尸'從'乙'. '乙', 所識也. 周制, 寸·咫·尋·常·仞諸度量, 皆以人之體爲法. 凡尺之屬皆從尺." '䘑', 音脉.】]

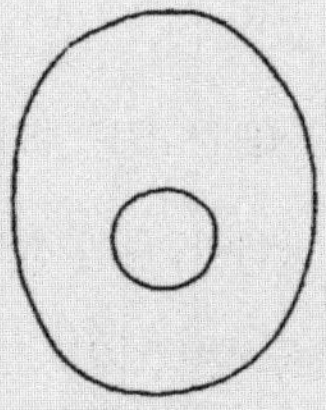

[祭玉圖11 :02-璧羨]

벽선(璧羨)⑤【'선(羨)'은 길다[長]는 뜻이다. 호(好: 가운데의 구멍)의 지름은 3촌이고 둥글다.】

[璧羨.【'羨', 長也. 好三寸而圓.】]

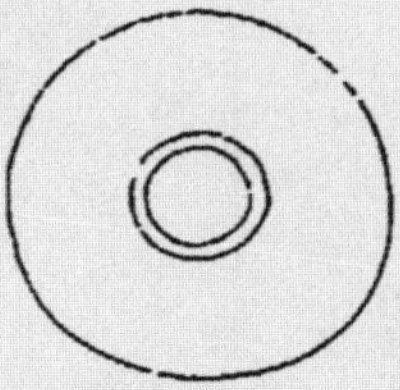

[祭玉圖11 :03-蒼璧]

창벽(蒼璧)⑥【길이는 9촌이다.】

[蒼璧.【九寸.】]

[祭玉圖11 :04-黃琮]

황종(黃琮)⑦【길이는 8촌이다.】

[黃琮.【八寸】]

[祭玉圖11 :05-青圭(色靑)]

청규(靑圭)⑧【길이는 9촌이다.】

[靑圭.【九寸】]

[祭玉圖11 :06-赤璋(色赤)]

적장(赤璋)⑨【길이는 9촌이다.】

[赤璋.【九寸】]

[祭玉圖11 :07-白琥(色白)]

백호(白琥)⑩【길이는 9촌, 너비는 5촌, 높이는 3촌이다.】

[白琥.【長九寸, 廣五寸, 高三寸.】]

[祭玉圖1] :08-玄璜(色玄)]

현황(玄璜)[11]【길이는 9촌입니다. 후주 세종 현덕(顯德) 4년(957) 봄에 제옥(祭玉)과 제기(祭器)를 만들 때, 국자감과 태상시에 칙명을 내려 학관(學官)·예관(禮官)을 소집하여 의정(議定)하여 제조하게 하였습니다. 그 당시 의론하는 자들은 최영은(崔靈恩)[12]의 『삼례의종(三禮義宗)』을 인용하여 "호천(昊天) 및 오정제(五精帝)를 제사 지낼 때 사용하는 규(圭)와 벽(璧)은 모두 길이가 1척 2촌이고, 황종(黃琮)은 길이가 10촌이다."라고 하였습니다. 또 수나라 때의 반휘(潘徽)[13]가 찬술한 『강도집(江都集)』을 인용하고, 한나라 때 제유(諸儒)들이 의론한 『백호통』의 설에 의거하여 종(琮)은 바깥쪽은 네모지고 안쪽은 둥글며 호(好: 가운데의 구멍)가 있고, 벽(璧)의 호(好)는 또 네모지다고 주장하였습니다.

신(臣) 숭의(崇義)가 살펴보건대, 정현(鄭玄)·완심(阮諶)·양정(梁正) 등의 『삼례도』에는 하늘을 제사 지낼 때 사용하는 규(圭)와 벽(璧)은 모두 길이가 9촌으로 되어 있습니다. 『주례』「고공기·옥인(玉人)」에 9촌의 벽(璧)에 호(好: 가운데의 구멍)가 3촌으로 둥글게 되어 있는 것을 준수하여 취해서 법으로 삼은 것입니다. 이제 이에 의거하여 준용합니다. 벽(璧)의 호(好: 가운데의 구멍)가 둥글고 네모지지 않음을 알 수 있는 것은, 『이아』「석궁(釋宮)」에 "육(肉: 바깥쪽 변)이 호(好)보다 2배가 되는 것을 '벽(璧)'이라 한다."고 했기 때문입니다. 이제 9촌의 벽·3촌의 호로 말한다면, 만약 호(好)가 네모지다면 네 모서리가 벽의 육(바깥쪽 변)을 침범하여 2배를 이룰 수 없게 되니, 『이아』「석궁」의 의리를 잃고, 주공의 제도에 위배되는 것입니다.

또 황종(黃琮)은 길이 8촌으로 호(好)가 없음을 알 수 있는 것은, 『주례』「고공기·옥인」에 "조종(駔琮)은 길이가 5촌이니,⑭ 왕후가 그것으로 저울추를 삼는다."고 하였고, 또 "조종은 길이가 7촌이고 구멍[鼻]이 1.5촌이니, 천자가 그것으로 저울추를 삼는다."고 하였는데 정현의 주에 "'駔'는 '組(끈)'의 뜻으로 읽으니, 끈으로 종(琮)의 구멍[鼻]을 꿰어서 (옥을) 매다는 것이다. 이로 인해서 '조종(組琮: 駔琮)'이라 칭한 것이다."라고 했기 때문입니다. 5촌(의 조종) 또한 끈으로 구멍을 꿰어 (옥을) 매달아서 '조(組: 駔)'라는 명칭을 얻은 것입니다. 또 (『주례』「고공기·옥인」에서) "전종(瑑琮)은 길이가 8촌이다."라고 하였는데, 정현의 주에 "'전(瑑)'은 문식을 한다는 뜻이다."라고 하였으니, 황종(黃琮)은 촌법(8촌)을 여기서 취한 것입니다. 또 (『주례』「고공기·옥인」에서) "대종(大琮)은 변의 길이가 12촌이고, 모서리[射]의 길이가 각각 4촌이고, 두께가 1촌이다.⑮ 이것을 '내진(內鎮)'이라 부르니, 왕후가 잡고서 지키는 것이다.⑯"라고 하였습니다. 정현의 주에는 "진규(鎮圭)의 경우는 변의 길이가 1척 2촌이니, 이것이 외진(外鎮)이 되는 것과 대비한 것이다.⑰ 그 종(琮)은 끈으로 구멍[鼻]을 꿰어서 (옥을) 매다는 것이므로 모두 '조종(組琮: 駔琮)'이라 칭한 것이다."라고 하였습니다. 또 종(琮)의 위쪽에 옥을 새겨서 문식을 하므로 '선종(瑑琮)'이라 칭한 것입니다.

(『주례』「고공기·옥인」에서) "대종(大琮)은 모서리[射]의 길이가 4촌이다."라고 하였는데, 정현의 주에서 "'사(射)'는 깎는다[琰, 剡]는 뜻이다."⑱라고 하였으니. 그 바깥쪽의 4촌을 깎아서 톱니 모양을 만드는 것을 말하니, 여덟 모서리의 뾰족한 끝을 가리키는 것입니다. 모든 종(琮)에는 모두 여덟 모서리의 뾰족한 끝이 있음이 분명합니다. "(대종은) 두께가 1촌이다."라고 말한 것은 모든 종(琮)은 또한 두께가 1촌임을 밝힌 것입니다. (琮에) 끈[組]이 있음을 말하고, 구멍[鼻]이 있음을 말하고, (톱니의) 장식[瑑]이 있음을 말한 것은, (다른 玉의 경우) 끈이 없고 구멍이 없고 (톱니의) 장식이 없음을 드러낸 것입니다. "대종(大琮)의 길이는 1척 2촌이다."라고 말한 것은 5촌·7촌·8촌의 길이가 작은 종(琮)이 됨과 대비한 것입니다. 크든 작든 모두 두께가 1촌이고, 각각 톱니의 장식이

있지만, 톱니의 길이는 다른 것입니다. 『주례』「고공기·옥인」에는 각종 종(琮)의 형상을 설명하면서 모두 경문에 기록했는데, 다만 "종(琮)에 호(好: 가운데의 구멍)가 있다."고 말하지 않았습니다. 그러므로 가공언의 소에서 특별히 대종을 도상으로 나타내면서 호가 없었던 것은 모든 종에 호가 없음을 밝히고자 한 것입니다. 예를 들면 벽(璧)의 경우에는 본래 호(好: 가운데의 구멍)가 있었습니다. 그러므로 경문에는 곧바로 "벽의 호는 길이가 3촌이다."라고 말했던 것입니다.

이제 『주례』「고공기·옥인」의 위아래 경문을 살펴보건대, 각종 종(琮)에 대한 설명 아래에 모두 '종(琮)의 호(好)'라고 말하지 않았습니다. 그러므로 각종 종(琮)에는 본래 호(好)가 없음을 알 수 있습니다. 더구나 정현은 삼례(三禮: 『주례』·『의례』·『예기』)의 경문에 주를 달면서 미진함이 있다고 생각했습니다. 그러므로 별도로 『음도(音圖)』를 지어서 주(注)의 의리를 보충하여 완성했습니다. 혹 경(經)의 문장에서 갖추어서 언급하였고 주(注)의 의리에서 모두 설명하여 그 도상[圖]을 빌리지 않더라도 제도가 저절로 드러나는 경우는 대장(大璋)·중장(中璋) 등이 그것입니다. 경문에만 단독으로 나오고, 주에서 겸하여 설명하지 않아서 반드시 도상을 빌려야 법식이 비로소 드러나는 경우는 창벽(蒼璧)·황종(黃琮) 등이 그것입니다.

이제 이 종(琮)과 벽(璧) 등은 모두 경(經)을 종지로 삼아 의리를 풀이하고 주(注)에 의거하여 도상을 만들었습니다. 땅의 팔방은 네모지고 하늘의 형체는 둥글며, 양의 수는 9이고 음의 수는 8이니, 천지 생성의 도를 합하고, 음양 홀짝의 방위를 본받아서 황조(皇祖)의 커다란 법을 준행하고, 문왕의 『역』의 상을 헤아렸으니, 정현이 의리로 삼은 것도 대체로 그러하였습니다. 최영은이 저술한 『삼례의종(三禮義宗)』은 의리를 취함에 미쳐서는 이미 삼례(三禮)를 종지로 삼지 않았으니, 이미 앞 시대의 법도가 아니어서 도리어 후인들을 잘못되게 하였습니다. 또 (반휘의) 『강도집(江都集)』과 『백호통』에서 벽(璧)·종(琮)의 형상을 설명한 것은 모두 주나라의 제도와 어긋나서 모두 의거할 만한 것이 없으니, 의지하여 따르기에 곤란합니다.

이제 이 제기(祭器)와 제옥(祭玉)을 제정하면서 모두 『예도(禮圖)』, 『이아(爾雅)』, 삼례(三禮)의 경문과 주문, 가공언의 『주례주소』·『의례주소』와 공영달의 『예기정의』, 『모시(毛詩)』의 모형(毛亨)의 전(傳)과 정현의 전(箋)에 의거하였고, 감히 그 밖의 글들을 잡되게 취하여 굽혀가며 따르면서 의리를 저버리지는 않았습니다. 만일 정전(正典)에 어긋난다면, 이에 오류가 진실로 많게 될 것이기 때문입니다. 또 요임금과 순임금은 성스러운 군주였지만 오히려 옛 도를 듣고 상고하였고,[19] 우임금과 탕임금은 지혜로운 왕이었지만 또한 서로 계승하여 따랐습니다. 문왕과 무왕은 성덕을 거듭 빛냈고,[20] 주공은 이를 조술하여 예를 제정하고 음악을 제작하여, 옛날을 비추고 오늘날에 드리웠으니, 삼백 가지의 경례와 삼천 가지의 곡례,[21] 법도가 모두 그곳에 있었습니다. 그러므로 성왕(成王)과 강왕(康王)은 이를 준수하여 맞잡은 손을 드리우기만 하였습니다.[22] (그러나) 자손들이 잇달아서 커다란 재앙을 받더니,[23] 유왕(幽王)과 여왕(厲王)이 폐기하여 망하게 되었으니, 공자도 이로 인해서 바꾸지 못했던 것입니다.

제기와 제옥을 갖추는 것은 유교의 문헌에서 벗어날 수 없습니다. 포악한 진나라가 책을 불태움에 이르러서는, 주나라의 의례가 거의 민멸되어 버렸습니다. 하지만 한·위로부터 아래로 수·당에 이르기까지, 그 사이에 지혜로운 군주와 훌륭한 신하들은 『주례』를 버린 적이 없었습니다. 하물며 『삼례의종(三禮義宗)』은 최씨의 한때의 학문이며, 『강도집(江都集)』은 수나라 말기 망국의 글입니다. 『주례』는 주공이 섭정을 하면서 태평을 이룬 책입니다. (『삼례의종』과 『강도집』의) 두 글을 가지고 성인의 법전을 어지럽혔으니, (『주례』는) 말학이 감히 상론할 바가 아닙니다. 또 태상경(太常卿) 전민(田敏)은 의론하여 "섭숭의가 의거한 『주례』 및 『예도』는 문헌을 가지고 대조하여 증명해 보았더니 모두가 증험되었다."고 하였습니다. 이제 국가의 일은 오직 옛것을 스승으로 삼고, 도는 본래의 순박함으로 돌아가는 데에 있는데, 단지 이치에 뛰어난 것을 취할 뿐이니, 통론이 아님이 없습니다. 가령 『삼례의종』에서 "창벽은 길이가 12촌이고, 황종은 길이가 10촌으로 호(好)가 있다."고 한 것 같은 것은, 이제 삼례에서 검토해 보건대, 1척 2촌의 창벽(蒼璧)과 길이 10촌에 호(好)가 있는 황종(黃琮)을 모두 발견할 수 없었습니다. 알지 못하겠으니, 최영은은 무슨 책을 가리켜 삼례라 하였으며, 무슨 의리를 취하여 지켰다는 것인가?

또 주공은 예를 제정하여 후왕에게 법을 드리워서 창벽과 황종으로 하늘과 땅에 제시를 지내도록 하였습니다. 1년 사이에 6가지 옥을 두루 진설하는 것이니, 어찌 제작하는 데에 갖추지 못함이 있어 2천 년 후에 최영은이 제작할 때까지 기다려야 했단 말입니까? 만약 『삼례의종』이 옳은 것이라면 『주례』가 잘못된 것이니, 어찌 자공이 공자보다 뛰어나며,㉔ 태산이 임방(林放)만 못하겠습니까?㉕ 기록하고 상론하면서 인용한 바가 의리에 타당하지 못합니다. 만약 창벽(蒼璧)에서 안쪽의 호(好)를 네모지게 한다면, 육(肉: 바깥쪽 변)이 호(가운데의 구멍)보다 2배가 될 수 있겠습니까? 황종(黃琮)에는 호(好)가 있을 수 없는 것입니다. 『예도』와 주소(注疏)에도 모두 호가 없으니, 무엇 때문이겠습니까? 위로 주공의 규정을 준수하고, 아래로 장래의 법을 밝힌다면, 예관(禮官)이 경을 위배하는 허물이 없게 될 것이며, 학인(學人)들에게는 근본으로 삼아 지키는 글이 될 것이니, 서주(西周)의 아름다움을 탐구할 수 있으며, 동로(東魯)의 풍습을 계승하여 드날릴 수 있을 것입니다.】

[玄璜.【九寸. 顯德四年春, 爲祭玉·祭器, 勑下國子監并太常寺, 集禮官·學官議定制造. 其時議者引崔靈恩『義宗』云, “昊天及五精帝圭·璧皆長尺二寸, 黃琮十寸.” 又引隋朝潘徽所撰『江都集』, 依漢世諸儒所論『白虎通』說, 琮外方内圓, 有好, 璧好又方者. 臣崇義案鄭玄·阮諶·梁正等『圖』, 禮天圭璧皆長九寸. 盖遵『周禮』「玉人職」有九寸之璧, 好三寸而圓, 取以爲法也. 今依而用之. 知璧好圓而不方者, 『爾雅』云, “肉倍好謂之璧.” 今以九寸之璧·三寸之好言之, 若好方則四角侵璧肉而不成其倍也, 失『爾雅』之義, 違周公之制也. 又知黃琮八寸而無好者, 『周禮』「玉人職」云, “駔琮五寸, 宗后以爲權”, 又曰, “駔琮七寸, 鼻寸有半, 天子以爲權”, 注云, “駔讀曰組, 以組繫琮鼻, 因名組琮”, 五寸者, 亦以組繫鼻, 而得組名. 又“瑑琮八寸”, 注云, “瑑, 文飾也”, 其黃琮取寸法於此. 又

曰, "大琮十有二寸, 射四寸, 厚寸, 是謂內鎭宗后守之." 注云, "如鎭圭尺有二寸, 對此爲外鎭. 其琮因用組繫鼻者, 皆名組琮." 又因琮上瑑文飾者, 而名瑑琮. "大琮射四寸", 注云, "射者, 琰也. 謂琰其外四寸作鉏牙, 謂八角鋒." 明諸琮皆有八角鋒也. 云"厚寸"者, 明諸琮亦厚寸也. 其言組者·鼻者·瑑者, 顯其無組·無鼻·無瑑者也. 言"大琮尺有二寸"者, 對五寸·七寸·八寸者, 是小者也. 太小並厚一寸, 各有鉏牙, 而鉏牙長短者異也. 其「玉人職」說諸琮形狀皆著於經, 唯不言"琮有好". 故賈疏特圖大琮無好者, 欲明諸琮皆無好也. 假如璧本有好, 故經直云"璧好三寸." 今詳『周禮』「玉人職」上下經文, 於諸琮之下, 並不言'琮好', 故知諸琮本無好也. 況鄭玄注三禮之經, 意有未盡, 故別作『音圖』, 增成注義. 其或經文具舉, 注義並驅, 不假其圖, 制度自顯者, 大璋·中璋之類, 是也. 其有經文單出, 注不兼明, 須假其圖法式方顯者, 蒼璧·黃琮之類, 是也. 今此琮·璧等, 皆宗經解義, 顧注爲圖, 則地八方而天體圓, 陽數九而陰數八, 合天地生成之道, 法陰陽奇耦之方, 遵皇祖之大經, 契文王『易』象, 鄭之爲義, 大率而然. 其崔靈恩(注)[著][1]『三禮義宗』, 及取義, 不宗三禮, 既非前範, 頗誤後人. 又『江都集』·『白虎通』說璧·琮之狀, 並違周制, 皆無依據, 難以適從. 今定此器玉, 並依『禮圖』·『爾雅』·三禮經注·孔賈『疏』『義』·毛傳鄭箋, 不敢雜取他文, 曲從外義. 苟違正典, 斯謬良多. 且堯舜聖君, 尚聞稽古, 禹湯哲后, 亦曰相沿, 文武重光, 周公追述, 制禮作樂, 煥古垂今, 三百三千, 憲章斯在, 故成康遵守而垂拱. 子孫紹纘以延洪, 幽厲廢而取亡, 仲尼因而不改. 器玉之備, 無出斯文, 暨暴秦焚書, 周儀幾泯. 爰從漢魏, 下及隋唐, 其間哲后·良臣, 未有捨『周禮』者也. 況『三禮義宗』, 崔氏一時之學, 『江都集』, 隋季亡國之文. 『周禮』是周公攝政致太平之書. 將二文而混聖典, 非末學之所敢詳也. 又太常卿田敏議曰, "聶崇義所據『周禮』及『圖』, 將本對證, 並皆驗矣." 今國家事惟師古, 道在還淳, 只取理長, 無非通論. 假如『三禮義宗』云, "蒼璧十二寸, 黃琮十寸有好", 今檢三『禮』, 並未見尺二寸蒼璧, 十寸有好黃琮. 不識崔

1 (注)[著]: 저본에는 '注'로 되어 있으나 '著'의 오류이다. 丁鼎, 『新定三禮圖』, 638쪽 참조.

靈恩指何書爲三禮? 取何義而守之也? 且周公制禮, 垂法後王, 以蒼璧·黃琮爲禮天祀地. 一歲之內, 六玉徧陳, 寧有造之不備, 待二千年後崔靈恩制之乎? 若以『義宗』爲是, 則『周禮』爲非, 豈子貢賢於仲尼, 泰山不如林放? 載詳所引, 於義未安. 若蒼璧內方, 肉則倍好? 不足以黃琮有好, 圖與注疏並無, 何若? 上以遵周公之文, 下以明將來之法, 則禮官無背經之咎, 學人守爲本之書, 而西周之美可尋, 東魯之風承扇矣.】]

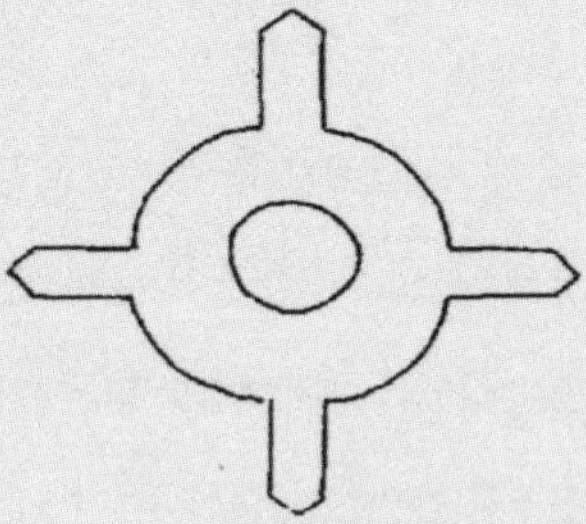

[祭玉圖11 :09-四圭有邸(色赤)]

사규유저(四圭有邸)[26]【주나라에서는 감생제(感生帝)를 제사 지냈는데, 숭상하는 색을 따라서 적제(赤帝: 赤熛怒)를 제사 지냈습니다.[27] 살펴보건대, 당 현종 개원(開元) 13년(725) 8월, 봉선(封禪)의 일로 중서령 장열(張說) 등에게 조칙을 내려 『의주(儀注)』를 찬술하도록 하습니다. (장열 등은 의론을) 상주하여 보고하였고, 또 의론을 세워서 말했습니다.

"신 등이 이제 삼가 살펴보건대, 고종 명경(明慶: 顯慶)[28] 원년(656)에 예부상서 허경종(許敬宗)이 구례(舊禮)를 개수하는 틈을 이용하여 번시(燔柴)[29]의 의절을 제사 이전에 하는 것으로 바꾸었으니,[30] (허경종 등은) 상주하면서 '주나라에서는 하늘에 제사를 지낼 때 땔나무를 태워서 강신을 하였습니다.'라고 말하였습니다.

신 등이 살펴보건대, 『주례』에서 신을 맞이하는 의리는, 악장을 여섯 차례 바꾸어 연주하면 천신(天神)이 내려와서 (옥백을 진헌하여 제사를 지낼 수 있고), 여덟 차례 바꾸어 연주하면 지기(地祇)가 나와서 (옥백을 진헌하여 제사를 지낼 수 있고), 아홉 차례 바꾸어 연주하면 인귀(人鬼)에게 옥백을 진헌하여 제사 지낼 수 있는 것입니다.[31] 그렇다면 음악으로 강신을 하는 것이 『주례』의 정문(正文)이니, 번시(燔柴)를 하여 강신을 한다는 뜻이 아닙니다.[32]

또 살펴보건대, 당 고종 명경(현경) 연간의 장손무기(長孫無忌) 등의 상주문에 의하면, 진씨(晉氏: 東晉) 이전에는 오히려 고례(古禮)를 따랐는데, 북주(北周)와 수(隋)나라 이후에는 함부로 덜고 더하였습니다. 이제 살펴보건대, 곽박(郭璞: 276~324)이 진헌한 『남교부(南郊賦)』 및 『이아(爾雅)』의 주에 의하면,[33] '제사를 지낸 후에 비로소 번시(燔柴)를 한다.'고 하였습니다. 또 『송서』「예지」를 살펴보고, 남제(南齊)·북제(北齊) 및 양(梁)나라의 교사(郊祀)를 검토해 보건대, 또한 음복주(飮福酒)의 의절을 행한 후에 번시를 하였습니다. 후주(북주) 및 수나라의 교사에서도 또한 먼저 제사를 지내고 후에 번시를 하였습니다. 장손무기가 상주한 일은 그 의론이 서로 어긋난 것입니다.

또 살펴보건대, 『주례』「춘관·대종백」에 '옥으로 여섯 가지 옥기를 만들어 천지사방에 예(禮: 예물)를 올린다.'고 하였는데, 정현의 주에 '예(禮)는 처음 신에게 고할 때 신좌에 올려놓는 것을 가리킨다.'고 하였습니다. 또 아래의 경문에서 '창벽(蒼璧)으로 하늘에 예를 올리고, 황종(黃琮)으로 땅에 예를 올리니, 모두 희생과 속백을 올리는데, (희생과 비단은) 각각 그 옥기의 색에 따른다.'고 하였습니다. 또 『예기』「예기(禮器)」에 '적은 것으로 존귀함을 삼는 경우가 있으니, 하늘에 제사를 지낼 때는 한 마리의 희생[特牲]을 사용한다.'고 하였습니다. 이에 창벽(蒼璧)과 창생(蒼牲)을 모두 함께 신좌에 올려놓는다는 것을 알 수 있으니, 이치에 의혹되지 않습니다. 또 (『주례』「춘관·전서(典瑞)」에) '사규유저(四圭有邸: 璧에 함께 붙어 있는 4개의 圭)로 천(天)을 제사 지내고, 상제(上帝)에게 여(旅)의 제사를 지낸다.'[34]고 하였으니, 곧 호천상제(昊天上帝: 天)를 제사 지내는 때임이 분명하며, 이 (사규유저로) 오방천제(五方天帝: 上帝)에게 여의 제사를 지내는 것이 분명합니다. 따라서 그 청규(青圭)·적장(赤璋)·백호(白琥)·현황(玄璜)은 입춘·입하·입추·입동의 날에 각각 그 방위에 따라서 기운이 작용하는 바를 맞이하는 것이니, 저절로 구별이 있는 것입니다.

이제 살펴보건대, 당 고종 명경(현경) 연간에 개정한 신례(新禮)에서는 창벽(蒼璧)·창생(蒼牲)·창폐(蒼幣)를 모두 갖추어 (제사 이전에) 먼저 번시의 예를 행했습니다. 창벽으로 이미 번시의 예를 올렸으니, 이어서 벽에 함께 붙어 있는 4개의 규[四圭有邸]를 추가하여 신좌에 올려놓았습니다. 창생(蒼牲: 푸른 털빛의 희생)으로 이미 번시의 예를 올렸으니, 다시 성생(騂牲: 붉은 털빛의 희생)을 추가하여 희생제기의 음식을 가득 채웠습니다. 호천을 오제와 뒤섞어서 똑같이 4개의 규[四圭]를 사용하고, 한 마리의 희생[特牲]을 쓴다는 명문규정을 어기고 추가하여 두 마리의 송아지 희생을 올렸습니다. 예의 뜻에 매우 어긋나고, 행사에 의거하는 바가 없는 것입니다."

현종은 명을 내려서 제사를 마친 후에 번시를 행하고 번시를 행하기 전에 먼저 희생과 벽옥을 갖추어 놓는 의절에 따르도록 하였습니다. 이후 태상경 영왕(寧王) 이헌(李憲: 679~742)[35]이 상주하여 모든 교제(郊祭)와 시제(時祭)에 모두 장열 등의 의론에 의거할 것을 청하였습니다. 현종은 제서(制書)를 내려 이에 따랐습니다. 이제 살펴보건대, 『교사록(郊祀錄)』에, "정월 상신(上辛) 및 명당에서 (호천상제를) 제사 지낼 때 사규유저(四圭有邸)를 사용한다."고 하였고,[36] 그 주(注)에서 비록 『주례』의 「대종백」 및 「전서(典瑞)」의 경문과 주문을 인용하였지만, 취지를 인식하지 못하여 끝내 의거처를 잃었습니다. 대체로 왕경(王涇)은 장열(張說) 등이 의론한 바를 보지 못했던 것입니다. 그러므로 또 이러한 오류가 있었던 것입니다.】

[四圭有邸.【周祀感生帝, 從所尙之色而赤. 案開元十三年八月, 以封禪之故, 詔中書令張說等刋撰『儀注』, 奏上, 又建議曰, "臣等今謹案, 明慶元年禮部尙書許敬宗因修禮, 改燔柴在祭前, 狀稱'周人祭天, 則燔柴以降神.' 臣等案『周禮』迎神之義, 樂六變天神降, 八變則地祇出, 九變而人鬼可得而禮矣. 則降神以樂, 『周禮』正文, 非謂燔柴以降神也. 又案明慶中無忌等奏, 晉氏之前, 猶遵古禮, 周隋以降, 妄爲損益者. 今案郭璞進『南

郊賦』及注『爾雅』, '祭後方燔.' 又案『宋志』, 檢南齊·北齊及梁郊祀, 亦飮福酒, 設燔. 後周及隋郊祀, 亦先祭後燔. 無忌之奏事乃相乖. 又案『周禮』「大宗伯」云, '以玉作六器, 以禮天地四方.' 注, '禮, 謂始告神時, 薦於神座也,' 又下經云, '以蒼璧禮天, 以黄琮禮地, 皆有牲幣, 各放其器之色.' 又「禮器」云, '有以少爲貴者, 祭天特牲', 是知蒼璧·蒼牲俱合奠之神座, 理則不惑. 又云, '四圭有邸以祀天, 旅上帝', (以)[卽][2]明祀昊天上帝之時, (無)[以旅][3]五方天帝明矣. 其青圭·赤璋·白琥·玄璜, 自是立春·立夏·立秋·立冬之日, 各於其方迎氣所用, 自分別矣. 今案明慶所改新禮, 以蒼璧·蒼牲·蒼幣俱先燔, 蒼璧既已燔矣, 所以遂加四圭有邸, 奠之神座. 蒼牲既已焚矣, 所以更加騂牲, 充其俎實. 混昊天於五帝, 同用四圭, 失特牲之明文. 加爲二犢, 深乖禮意, 事乃無憑." 上令依後燔及先奠牲璧之(議)[儀][4]. 是後太常卿寧王憲奏請, 諸郊壇時祭並依張說等議. 制從之. 今案『郊祀錄』云, "上辛及明堂祀以四圭有邸." 其注雖引『周禮』「大宗伯」及「典瑞」經注, 莫認指歸, 終失依據. 蓋王涇不見張說等所議, 故又有此謬誤.】]

2 (以)[卽]: 저본에는 '以'로 되어 있으나, 『舊唐書』 권23, 「禮儀志(3)」에 의거하여 '卽'으로 교감하였다.
3 (無)[以旅]: 저본에는 '無'로 되어 있으나, 『舊唐書』 권23, 「禮儀志(3)」에 의거하여 '以旅'로 교감하였다.
4 (議)[儀]: 저본에는 '議'로 되어 있으나, 『舊唐書』 권23, 「禮儀志(3)」에 의거하여 '儀'로 교감하였다.

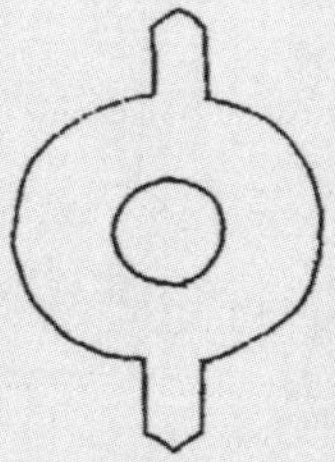

[祭玉圖11 :10-兩圭有邸(色靑)]

양규유저(兩圭有邸)【북교(北郊)에서 신주(神州)·지기(地祇)를 제사 지낼 때 희생과 옥은 모두 검은색을 쓴다.】

[兩圭有邸.【祀神州地祇於北郊, 牲玉皆黑色.】]

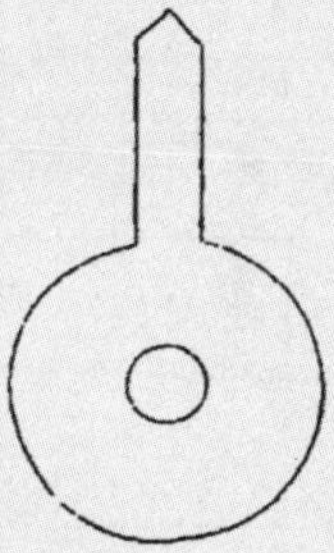

[祭玉圖11 :11-圭璧(色白)]

규벽(圭璧)【동교(東郊)에서 해를 제사 지낼 때는 붉은색을 쓰고, 서교(西郊)에서 저녁에 달을 제사 지낼 때는 흰색을 쓴다.】

[圭璧.【祀日於東郊, 而赤色. 夕月於西郊, 則白色.】]

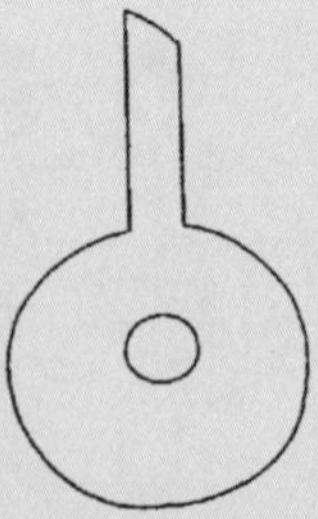

[祭玉圖11 :12-璋邸射(色白)]

장저사(璋邸射)㊲【산천을 제사 지낼 때는 각각 그 방위에 따라서 하고, 장저(璋邸)로 그 신에게 진헌할 때도 각각 그 방의의 색에 따라서 한다.】

[璋邸射.【祀山川各因其方, 用璋邸以禮其神, 亦各隨其方色.】]

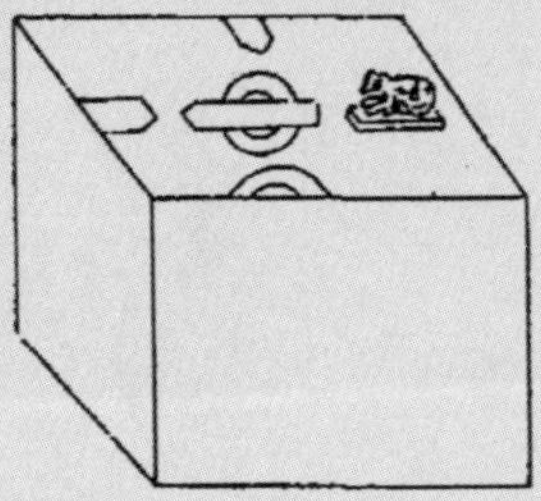

[祭玉圖11 :13-方明]

방명(方明)㊳【홰나무 사방 4척으로 만든다.】

[方明.【用槐木方四尺爲之.】]

[祭玉圖11 :14-方明壇]

방명단(方明壇)[39]

[方明壇.]

① 서척(黍尺): 기장의 낟알을 배열하여 그 길이로 1척의 표준을 삼는 것을 말한다. 횡으로 배열하는 것을 '횡서척(橫黍尺: 황횡척)'이라 하고, 세로로 배열하는 것을 '종서척(縱黍尺: 황종척)'이라고 한다. 횡서척의 1척은 종서척의 1척 8촌 1분에 상당한다.

② 기장 열 알의 너비가 1촌이다: 기장 한 알의 너비가 1분(分)이므로 열 알은 1촌(寸)이 된다. 『한서』 권21상, 「율력지(律曆志)」에 "도(度)는 분(分)·촌(寸)·척(尺)·장(丈)·인(引)이니, 길이를 재는 도구이다. 본래 황종관(黃鍾管)의 길이(9촌)에서 유래했으니, 검은 기장의 낟알 가운데 중간치를 취하여 길이를 재는 것이다. 기장 한 알의 너비로 재면, 90알(의 기장)이 황종관의 길이가 된다. 기장 한 알의 너비가 1분이니, 10분이 1촌이 되고, 10촌이 1척이 되고, 10척이 1장이 되고, 10장이 1인이 된다. ['度'者, 分·寸·尺·丈·引也, 所以度長短也. 本起黃鍾之長. 以子穀秬黍中者, 一黍之廣度之, 九十分, 黃鍾之長. 一爲一分, 十分爲寸, 十寸爲尺, 十尺爲丈, 十丈爲引.]"고 하였다.

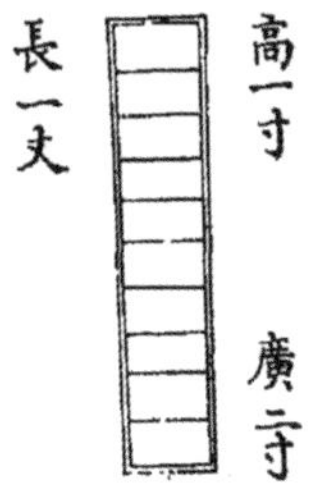

도(度)
『六經圖』(송)

동한 골척(骨尺)
길이 23.1cm, 너비 1.2~1.3cm, 『新見秦漢度量衡器集存』

③ 지척(指尺): 가운뎃손가락[中指]의 가운뎃마디[中節]의 길이를 1촌(寸)으로 삼고, 10촌을 1척(尺)으로 삼는다. 손가락 길이를 척도의 단위로 삼아서 재기 때문에 '지척(指尺)'이라 칭하는 것이다. 주희(朱熹)의 「심의제도(深衣制度)」에 "마름질할 때는 섬세한 흰 베를 사용하고, 길이를 잴 때는 지척을 사용한다.[裁用細白布, 度用指尺.]"고 하였는데, 그 주에 "가운뎃손가락의 가운데 마디를 1촌으로 삼는다.[中指中節爲寸.]"고 하였다.(『晦菴集』 권68, 「雜著」)

④ 사람의 손에서~촌구(寸口)라고 하니: '촌구(寸口)'는 양 손목의 안쪽 요골동맥에서 맥을 보는 부위로서 태수음폐경에 속한다. '촌구'는 다시 촌(寸)·관(關)·척(尺)의 세 부분으로 구분한다. 요골경상돌기의 부위가 '관'이고, 그 앞쪽(손바닥 쪽) 부위가 '촌'이고, 관부에서 뒤쪽(팔꿈치 쪽) 부위가 '척'이다. (永林社編輯室, 『韓醫學用語大辭典』, 1041쪽, '寸口' 항목 참조)

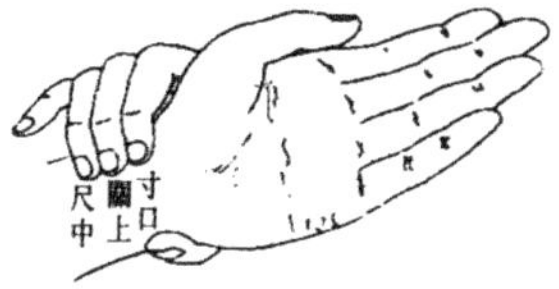

⑤ 벽선(璧羨): '벽(璧)'은 둥근 형태의 옥기로, 가운데에 구멍이 있다. 조빙·제사·상장(喪葬) 때 사용하는 예기(禮器)이며, 또한 장식용으로도 사용한다. 벽(璧)의 바깥쪽을 '육(肉)'이라 하고, 안쪽의 구멍을 '호(好)'라고 한다. 『주례』 「고공기·옥인(玉人)」에 "벽선(璧羨)은 길이 1척이고, (안쪽) 구멍[好]의 직경은 3촌이니, 그것으로 자의 표준을 삼는다.[璧羨度尺, 好三寸, 以爲度.]"고 하였다. 또 『주례』 「춘관·전서(典瑞)」에는 "벽선으로 자의 표준을 삼는다.[璧羨以起度.]"고 하였는데, 이에 대해서 정중은

"'선(羨)'은 길이[長]의 뜻이다. 이 벽의 길이로 도량의 표준을 삼는 것이다.[羨, 長也. 此璧徑長尺, 以起度量.]"라고 하였다. 즉 정중은 '선(羨)'을 '장(長: 길이)'의 뜻으로 보고, '벽선(璧羨)'은 곧 '벽의 직경 길이'라는 뜻으로 해석한 것이다. 그러나 정현은 "'선(羨)'은 완전히 둥글지 않은 모습이다. 그 벽선은 가로 길이 8촌, 세로 길이 1척이다.[羨, 不圜之貌. 蓋廣徑八寸, 袤一尺.]"라고 하였다. 즉 정현은 '벽선'을 가로 8촌, 세로 1척의 타원형의 옥벽의 명칭으로 이해한 것이다. 섭숭의의 『삼례도』의 그림도 정현의 설에 따랐다.([祭玉圖11: 02-璧羨(色白)] 참조) 한편 완심(阮諶)의 『삼례도』에서는 9촌의 벽옥인데, 육(肉)의 바깥쪽으로 각각 0.5촌의 가선장식을 하여 결국 가로·세로 길이 1척의 원형이라고 하였다.(黃以周, 『禮書通故』 권49, 2374쪽 참조.)

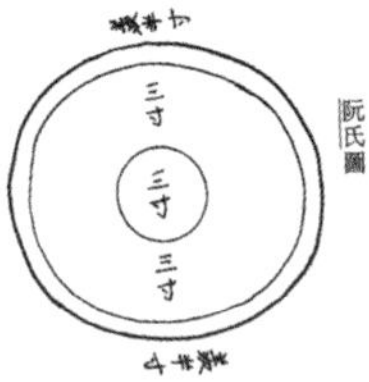

벽선(璧羨) 완심의 설
黃以周, 『禮書通故』(청)

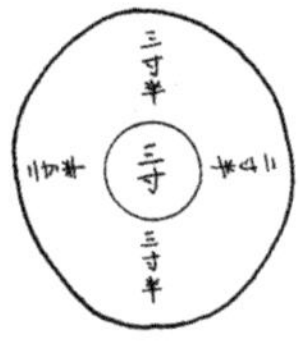

벽선(璧羨) 정현의 설
黃以周, 『禮書通故』(청)

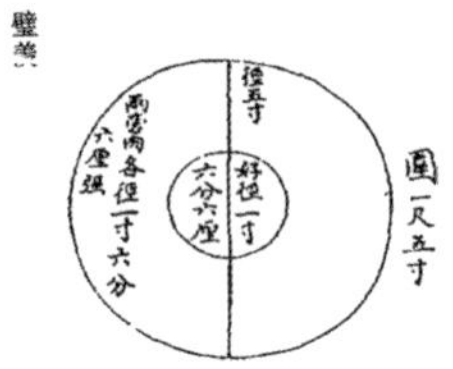

벽(璧)
王應電, 『周禮圖說』(명)

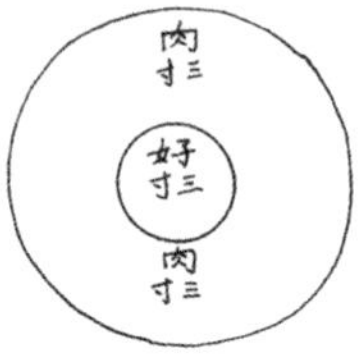
벽(璧)
黃以周, 『禮書通故』(청)

⑥ 창벽(蒼璧): 푸른색의 옥벽을 말한다. 동지에 천황대제(天皇大帝)를 제사 지낼 때 창벽을 사용한다. 『주례』「춘관·대종백」 정현의 주에 "이곳에서 '동지에 하늘을 제사 지낸다.'고 한 것은 북극에 있는 천황대제를 제사 지낸다는 뜻이다. … 신에게 제사를 지낼 경우에는 반드시 그 부류를 본뜨니, 창벽의 형태가 둥근 것은 하늘을 본뜬 것이다.[此'禮天以冬至', 謂天皇大帝在北極者也.…禮神者, 必象其類, 璧圜象天.]"라고 하였

다. 『이아』 「석궁(釋宮)」에 "육(肉: 바깥쪽 변)이 호(好: 가운데의 구멍)보다 2배가 되는 것을 '벽(璧)'이라 하고, 호(好)가 육(肉)보다 2배가 되는 것을 '원(瑗)'이라 하고, 육(肉)과 호(好)가 동등한 것을 '환(環)'이라 한다.[肉倍好謂之'璧', 好倍肉謂之'瑗', 肉好若一謂之'環'.]"고 하였다. 『주례주소』 「고공기·옥인(玉人)」 가공언의 소에는 "'벽(璧)'은 호(好)의 길이가 3촌이니, 호(好)는 곧 구멍이다. 양쪽 육(肉)의 길이는 각각 3촌이니, 양쪽을 합하면 총 6촌이 된다. 이는 육(肉)이 호(好)의 2배가 되는 것이다.[璧, 好三寸, 好卽孔也. 兩畔肉各三寸, 兩畔共六寸, 是肉倍好也.]"라고 하였다. 섭숭의가 완심과 정현의 두 도상을 인용하면서 모두 '창벽은 길이가 9촌, 두께가 1촌'이라고 한 것은 가공언의 소에 의거하여 말한 것이다. 최영은(崔靈恩)은 하늘을 제사할 때 사용하는 창벽(蒼璧)은 길이가 1척 2촌이라고 하였으나, 섭숭의는 근거가 없다고 비판했다.([祭玉圖11: 03-蒼璧(色青)] 및 黃以周, 『禮書通故』 권49, 2372쪽 참조.)

⑦ 황종(黃琮): 황색의 옥으로, 안쪽은 둥글고 바깥쪽은 8방으로 네모지다. 하지에 지신(地神)을 제사 지낼 때 황종을 사용한다. 『주례』 「춘관·대종백」 정현의 주에 "'하지에 땅을 제사 지낸다.'고 한 것은 곤륜에 있는 신을 제사 지낸다는 뜻이다.…신을 제사 지낼 때는 반드시 그 부류를 본뜨니, 벽(璧)이 둥근 것은 하늘을 본뜬 것이고, 종(琮)이 팔방으로

황종(黃琮)
聶崇義, 『三禮圖』(송)

황종(黃琮)
『欽定周官義疏』(청)

네모진 것은 땅을 본뜬 것이다.['禮地以夏至', 謂神在崐崘者也.…禮神者, 必象其類, 璧圜象天, 琮八方象地.]"라고 하였다. 섭숭의 『삼례도집주』에는 바깥쪽 8방이 둥글게 그려졌으나, 청대 예학자들의 도상은 네모진 형태이다.

⑧ 청규(青圭): 청색의 규옥으로, 입춘에 동방 창정제(蒼精帝)를 제사 지낼 때 사용한다. 『주례』「대종백」 정현의 주에 "'입춘에 동방을 제사 지낸다.'는 것은 창정(蒼精)의 제(帝)를 제사 지내는데, 태호와 구망을 배향하는 것을 말한다.…청규의 윗부분이 예리한 것은 봄에 만물이 처음 생겨나는 것을 본뜬 것이다.['禮東方以立春', 謂蒼精之帝, 而太昊·句芒食焉.…圭銳, 象春物初生.]"라고 하였다. 섭숭의는 "청규 또한 길이가 9촌, 두께가 1촌, 너비가 3촌이다. 윗부분을 (양쪽으로) 각각 1촌 반씩 깎는다.[其圭亦九寸, 厚寸, 博三寸, 剡上各寸半.]"고 하였다. [祭玉圖11: 05-青圭(色青)] 참조.

청규(青圭)
聶崇義, 『三禮圖』(송)

청규(青圭)
『欽定周官義疏』(청)

⑨ 적장(赤璋): 붉은색의 옥장으로, 하지에 남방 적정제(赤精帝)를 제사 지낼 때 사용한다. 『주례』「대종백」 정현의 주에 "'입하에 남방을 제사 지낸다.'는 것은 적정(赤精)의 제(帝)를 제사 지내는데, 염제·축융을 배향하는 것을 말한다.…규(圭)를 절반으로 한 것을 '장(璋)'이라고 하니, 여름에 만

물이 반쯤 죽는 것을 본뜬 것이다.['禮南方以立夏', 謂赤精之帝, 而炎帝·祝融食焉.…半圭曰'璋', 象夏物半死.]"라고 하였다. 『백호통』「문질(文質)」에 "장(璋)은 규(圭)를 반으로 한 것이다. 위치는 남방에 있다. 남방은 양의 기운이 지극하여 음의 기운이 처음 시작되는 곳이다.…'장(璋)'이라는 글자는 밝다[明]는 뜻이다.…남방의 때는 만물이 밝지 않음이 없다. 그러므로 '장(璋)'이라 한 것이다.['璋', 半珪. 位在南方, 南方陽極而陰始起.…璋之爲言, 明也.…南方之時, 萬物莫不章, 故謂之'璋'.]"라고 하였다.

⑩ 백호(白琥): 호랑이의 형상을 새겨 넣은 흰 옥으로, 입추에 서방 백정제(白精帝)를 제사 지낼 때 사용한다. 『주례』「대종백」 정현의 주에 "'입추에 서방을 제사 지낸다.'는 것은 백정(白精)의 제(帝)를 제사 지내는데 소호·욕수를 배향하는 것을 말한다.…'호(琥)'는 사납다는 뜻이니, 가을에 기운이 엄혹함을 본뜬 것이다.['禮西方以立秋', 謂白精之帝而少昊蓐收食焉.…猛象秋嚴.]"라고 하였다. 섭숭의의 『삼례도집주』에서는 정현의 『삼례도』를 인용하여 "(백호는) 옥으로 만드는데, 길이는 9촌, 너비는 5촌, 엎드린 호랑이의 형상을 새겨 장식하는데, 높이는 3촌이다.[以玉長九寸, 廣五寸, 刻伏虎形, 高三寸.]"라고 하여, '백호(白琥)'는 호랑이의 형상을 새겨서 장식한다고 하였다. 그러나 청대의 공광삼(孔廣森)

백호(白琥)
聶崇義, 『三禮圖』(송)

백호(白琥)
『欽定周官義疏』(청)

백호(白琥)
黃以周, 『禮書通故』(청)

은 육옥(六玉)의 명칭에서 규(圭)를 반으로 한 것을 '장(璋)'이라 하고, 벽(璧)을 반으로 한 것을 '황(璜)'이라 하는 것에 비추어 볼 때, '호(琥)'는 종(琮)을 반으로 한 옥의 명칭일 것이라고 하였다.(孫詒讓, 『周禮正義』 권35, 1397쪽 및 [祭玉圖11: 07-白琥(色白)] 참조.)

⑪ 현황(玄璜): 검은색의 옥으로, 입동에 북방 흑정제(黑精帝)를 제사 지낼 때 사용한다. 『주례』 「대종백」 정현의 주에 "'북방에 제사를 지낸다.'는 것은 흑정(黑精)의 제(帝)를 제사 지내는데, 전욱·현명을 배향하는 것을 말한다.…벽(璧)을 반으로 한 것을 '황(璜)'이라 하니, 겨울에 닫히고 감추어져서 땅위에는 만물이 없고 오직 하늘에만 반쯤 보이는 것을 본뜬 것이다.['禮北方以立冬', 謂黑精之帝而顓頊玄冥食焉.…半璧曰'璜', 象冬閉藏, 地上無物, 唯天半見.]"라고 하였다.

현황(玄璜)
聶崇義 『三禮圖』(송)

현황(玄璜)
『欽定周官義疏』(청)

⑫ 최영은(崔靈恩): 남조 양(梁)나라 청하(淸河) 무성(武城) 사람으로, 오경(五經)을 두루 섭렵했지만, 특히 '삼례(三禮)'와 『춘추』의 '삼전(三傳)'에 정통했다. 양나라 무제(武帝) 천감(天監) 연간에 보병교위(步兵校尉)와 국자박사(國子博士)를 겸했다. 『모시집주(毛詩集注)』 22권, 『주례집주(周禮集注)』 40권, 『삼례의종(三禮義宗)』 47권, 『좌씨경전의(左氏經傳義)』 22권 등을 저술했지만, 오늘날 모두 망실되어 전하지 않는다.

⑬ 반휘(潘徽): 수나라 때의 학자로, 자는 백언(伯彦), 오군(吳郡) 사람이다. 어려서 정작(鄭灼)에게 『예(禮)』를, 시공(施公)에게 『시(詩)』를, 장충(張冲)에게 『서(書)』를 배웠고, 장기(張譏)에게 『장자』와 『노자』를 익혀서 대의에 정통하고 삼사(三史)에 정통했으며 문장을 잘 지었다고 한다. 제유(諸儒)들과 『강도집례(江都集禮)』 120권을 지었는데, 반휘가 서문을 썼다고 한다.

⑭ 조종(駔琮)은 길이가 5촌이니: 종(琮)에는 모두 구멍[鼻]이 있어서 끈으로 그 구멍을 꿰어서 옥을 매단다. 이른바 '뉴(紐)'이다. 이곳 원문 '駔琮五寸'에서 '구멍[鼻]'을 말하지 않은 것은 문장을 생략한 것이다.

⑮ 대종(大琮)은~두께가 1촌이다: 이 문장은 뒤의 '大琮, 射四寸'과 관련된 것인데 이곳에 잘못 첨입된 것으로 연문(衍文)으로 처리해야 하지만, 일단 번역을 해 두었다. 가공언은 '대종(大琮)'은 길이가 12촌으로 조종(駔琮)의 길이 5촌에 비해 크기 때문에 '대'자를 붙인 것이라고 하였다.(『주례주소』「고공기·옥인」 가공언의 소, "言'大琮'者, 對上駔琮五寸爲大也.") '사(射)'는 모서리의 끝부분에서 중간의 원형까지의 거리를 말한다. 정현은 『주례』「고공기·옥인」의 주에서 "'사(射)'는 그 바깥쪽의 톱니 모양을 말한다.['射', 其外鉏牙.]"고 하였다. 황이주(黃以周)는 섭숭의의 『삼례도집주』에서는 대종(大宗)을 조종(駔琮)과 동일한 것으로 보고 구분하지

대종(大琮)
聶崇義, 『三禮圖』(송)

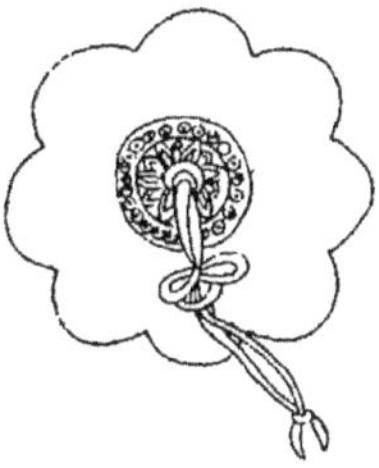

조종(駔琮)
聶崇義, 『三禮圖』(송)

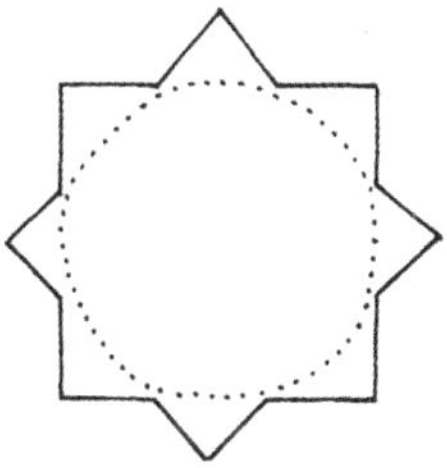

대종(大琮)
黃以周, 『禮書通故』(청)

않았음을 지적하였다.(黃以周, 『禮書通故』 권49, 2395쪽 참조)

⑯ 이것을 '내진(內鎭)'이라~지키는 것이다: 『주례』「고공기·옥인」 정현의 주에 "(내진은) 왕의 진규와 같은 것이다.[如王之鎭圭也]"라고 하였다. 왕은 밖[外]을 주관하고, 왕후는 안[內]을 주관한다. 이 조종은 황후가 잡고서 지키는 것이므로 '내진'이라 칭한 것이다.

⑰ 진규(鎭圭)의 경우에는~것이다: 이 말은 정현의 주에는 보이지 않는다. 섭숭의가 의미로 풀이한 것일 뿐이다. 정현의 주와 이를 인용한 이곳 『삼례도집주』에 모두 '종후(宗后)'라고 하였는데, '종후'는 후(后)를 높이는 뜻으로, 왕후(王后)를 가리킨다.

⑱ 정현의 주에서 "'사(射)'는 깎는다[琰, 剡]는 뜻이다": 『주례』「고공기·옥인(玉人)」 '대종(大琮)'의 조목에 대한 정현의 주에 "'사(射)'는 그 바깥쪽의 톱니 모양을 말한다.['射', 其外鉏牙.]"고 하였다. '사(射)'를 '깎는다.'는 뜻으로 해석한 것은 「춘관·전서(典瑞)」 정현의 주에 인용된 정중(鄭衆)의 말이다. 그곳에는 '琰'이 '剡'으로 되어 있다.(射, 剡也.)

⑲ 요임금과 순임금은~상고하였고: 『상서』「요전」에 "옛 도를 따라 상고하신 분은 요임금이었다.[曰若稽古, 帝堯.]"라고 하였고, 『상서』「순전」에 "옛 도를 따라 상고하신 분은 순임금이었다.[曰若稽古, 帝舜.]"라고 한 것에서 유래한 말이다.

⑳ 문왕과 무왕은 성덕을 거듭 빛냈고: 『상서』「고명(顧命)」에 "옛날 군주인 문왕과 무왕은 거듭 빛을 펼쳤다.[昔君文王武王, 宣重光.]"라고 한 것에서 유래한 말이다.

㉑ 삼백 가지의 경례와 삼천 가지의 곡례: 원문 '三百三千'은 『한서』「예문지」 등의 '經禮三百, 威儀三千.'의 줄임말로, 안사고(顏師古)는 '예경삼백'은 『주례』의 360개 관직, '위의삼천'은 『의례』에 규정된 관·혼·

길·흉의 구체적인 의식절차를 가리키는 것으로 구분하였다.(『한서』「예문지」의 注) 『예기』「예기(禮器)」 정현의 주에도 『주례』를 '경례(經禮)'로, 『의례』를 '곡례(曲禮)'로 해석하였다. 그러나 송대 주희는 『의례』의 관·혼·상·제·연(燕)·사(射)·조(朝)·빙(聘)과 같은 대례지문(大禮之文)들을 '경례'로, 그 안의 미문소절(微文小節)들을 '곡례'로 보았다.

㉒ 맞잡은 손을 드리우기만 하였습니다: 『상서』「무성(武成)」에 "맞잡은 손을 드리우고만 있어도 천하가 다스려졌다.[垂拱而天下治]"고 하였다. 주나라 무왕이 토지와 작위를 나누어 주고 관직을 세워 어진 이들을 임명하자, 직임을 맡은 자들이 모두 적임자여서 무왕은 맞잡은 손을 드리우고 가만히 앉아 있어도 천하가 저절로 다스려졌다는 말이다. 공영달은 "제왕이 관직에 각각 알맞은 인재를 임용하고, 자신은 손을 쓸 일이 없어서 그냥 드리우고만 있음을 말한 것이다."라고 해석하였다. 후세에 제왕의 '무위이치(無爲而治)'를 칭송하는 말로 사용하였다.

㉓ 자손들이 잇달아서 커다란 재앙을 받더니: 『상서』「대고(大誥)」에 "弗弔, 天降割于我家不少, 延洪, 惟我幼沖人(주나라의 다스림이 지극하지 못하니, 하늘이 우리 집안에 해를 끼치는 것이 적지 않았다. 커다란 해를 잇달아 내려서 우리 어린 사람에게까지 미쳤다.)"라고 한 것에서 유래한 말이다.

㉔ 자공이 공자보다 뛰어나며: 『논어』「자장(子張)」에 나오는 말이다. "숙손무숙이 조정에서 대부들에게 '자공은 공자보다 뛰어나다.'라고 말했다. 자복경백이 이 말을 자공에게 알려 주었다. 자공은 '궁실의 담장에 비유하자면, 나의 담장은 어깨에 미치기 때문에 집안의 좋은 것들을 엿볼 수 있지만, 선생님의 담장은 몇 길이나 되어서 그 문을 찾아서 들어가지 않으면 종묘의 아름다움과 백관의 부유함을 볼 수가 없다. 문을 찾아 들어간 사람들이 적으니, 부자(숙손무숙)가 그렇게 말한 것도 당연

하지 않겠는가?'라고 하였다.[叔孫武叔語大夫於朝, '子貢賢於仲尼.' 子服景伯以告子貢, 子貢曰, '譬之宮牆, 賜之牆也, 及肩, 闚見室家之好. 夫子之牆, 數仞, 不得其門而入, 不見宗廟之美·百官之富, 得其門者, 或寡矣, 夫子之云, 不亦宜乎?'"]

㉕ 태산이 임방(林放)만 못하겠습니까?: 『논어』「팔일(八佾)」에 나오는 말이다. "계씨가 태산에 여(旅)의 제사를 지냈다. 공자가 염유에게 '너는 막을 수 없었느냐?'라고 물었다. 염유는 '막을 수 없었습니다.'라고 대답했다. 공자는 '아아! 태산이 임방만 못하다고 생각한 것이냐?'라고 하였다.["季氏旅於泰山. 子謂冉有曰, '女弗能救與?' 對曰,'不能'. 子曰, '嗚呼! 曾謂泰山不如林放乎?']" 임방은 노나라 사람으로 공자의 제자인데, 『논어』「팔일」에 공자에게 예의 근본에 대해 질문을 하여 칭찬받는 대목이 보인다. "임방이 예의 근본에 대해 물었다. 공자가 말했다. '훌륭하다, 물음이여! 예는 사치할 바에는 차라리 검소한 것이 낫고, 상례는 형식만 갖출 바에는 차라리 슬퍼하는 것이 낫다.'[林放, 問禮之本. 子曰, 大哉, 問. 禮與其奢也, 寧儉, 喪與其易也, 寧戚.]"고 하였다.

㉖ 사규유저(四圭有邸): 중앙에 원형의 벽옥(璧玉)을 만들고, 벽옥의 상하좌우 사방에 각각 규(圭) 하나씩을 연결하여 완성시킨 옥을 말한다. '邸'는 '柢'와 통하는 글자로, 사물의 뿌리 혹은 근본바탕을 의미한다. 『주례』「춘관·전서(典瑞)」에 "사규유저(四圭有邸: 璧에 함께 붙어 있는 4개의 圭)로 하늘에 제사를 지내고, 상제에게 여제를 지낸다.[四圭有邸, 以祀天, 旅上帝.]"고 하였다. 정중은 "중앙에 벽(璧)을 만들고, 그 사면에 규(圭)가 붙어 있어서 하나의 옥이 모두 완성된다. 『이아』에 '저(邸)는 뿌리[本]이다.'라고 하였다. 규의 뿌리가 벽(璧)에 붙어 있다. 그러므로 4개의 규에 뿌리가 있는 것이니, 규의 윗부분이 사방으로 나아가기 때문이

다.[於中央爲璧, 圭著其四面, 一玉俱成. 『爾雅』曰, '邸, 本也.' 圭本著於璧, 故四圭有邸, 圭末四出故也.]"라고 하였다. '규(圭)'는 위로 깎아 낸 부분이 말(末: 윗부분)이 되고, 아래로 벽(璧)에 연결된 부분이 '본(本: 뿌리)이 된다. 4개의 규(圭)가 함께 하나의 벽(璧)에 붙어 있어 뿌리[柢]로 삼고, 4개 규의 윗부분[末]이 종횡으로 갈라져 밖으로 나아가는 형태이다.

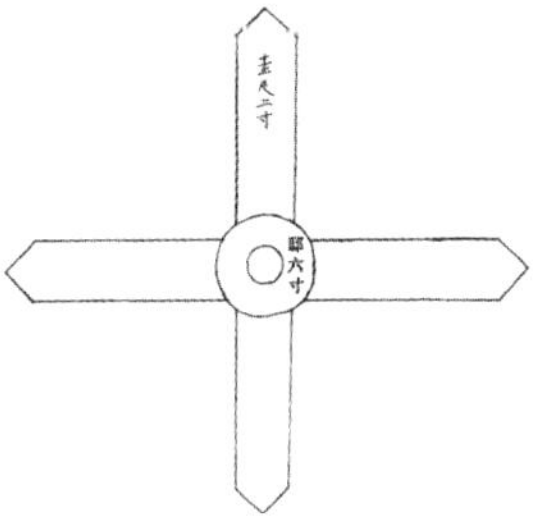

사규유저(四圭有邸)
黃以周, 『禮書通故』(청)

㉗ 주나라에서는~제사 지냈습니다: '감생제설'이란 천명을 받은 왕조의 시조는 일반적인 남녀의 결합으로 태어나는 것이 아니라 그 어머니가 이물(異物)에 감응하여 제왕을 잉태한다는 관념을 말한다. 정현이 『모시(毛詩)』「대아(大雅)·생민(生民)」을 바탕으로 강원(姜嫄)이 천제의 거대한 발자국을 보고, 그의 엄지발가락을 밟자 임신을 하여 주나라의 시조 후직(后稷)을 낳았다고 해석한 것은 감생제설의 전형이라 할 수 있다. 정현은 이 '감생제설'을 바탕으로 이른바 '육천설(六天說)'을 제기하였다. 정현의 '육천설'은 최고의 천신인 호천상제(昊天上帝) 이외에 오행을 주관하면서 역대 왕자의 수명제(受命帝)가 되는 창제 영위앙(蒼帝靈威仰: 木 주관)·적제 적표노(赤帝赤熛怒: 火 주관)·황제 함추뉴(黃帝含樞紐: 土 주관)·백제 백초거(白帝白招拒: 金 주관)·흑제 즙광기(黑帝汁光紀: 水 주관)의

오천제(五天帝) 등 6종류의 천제(天帝)를 상정하는 사상이다. 정현은 또 이 육천설을 바탕으로 천(天)에 대한 제사를 ① '원구사천(圜丘祀天)' 즉 원구(圜丘)에서의 호천상제(昊天上帝) 제사와 ②'남교제천(南郊祭天)' 즉 남교(南郊)에서의 상제[五天帝] 제사로 구분할 것을 주장했다.

㉘ 명경(明慶: 顯慶): 당 고종의 연호이다. 본래 '현경(顯慶)'인데, 중종 이현(李顯)의 이름을 피휘하여 '顯'을 '明'으로 고친 것이다. 또 '광경(光慶)'으로도 썼다.

㉙ 번시(燔柴): 단 위에 땔나무를 쌓고, 그 위에 희생·옥백을 올려놓아 불을 지펴서 연기가 위로 올라가 하늘에 닿도록 하는 것을 말한다. 따라서 '번시'는 하늘에 제사 지내는 예 그 자체를 의미하기도 한다. 『이아』「석천(釋天)」에 "하늘에 제사 지내는 것을 '번시(燔柴)'라고 한다.[祭天曰燔柴]"고 하였고, 『예기』「제법(祭法)」에 "태단(泰壇)에 땔나무를 쌓아 (옥백과 희생을 올려놓고) 불태우는 것은 하늘에 제사하는 것이다.[燔柴於泰壇, 祭天也.]"라고 하였고, 또 『의례』「근례(覲禮)」에서도 "하늘에 제사 지낼 때는 땔나무에 희생을 올려놓고 태운다.[祭天, 燔柴.]"고 하였다.

㉚ 예부상서 허경종(許敬宗)이~바꾸었습니다: 『구당서』 권23, 「예의지(3)」 '봉선(封禪)' 조목에 의하면, 구례(舊禮)에서는 교사(郊祀)를 마친 후 옥백과 희생을 거두어 땔나무 위에 올려놓고 번단(燔壇) 위에서 불을 태웠는데, 그 번단은 신단(神壇)의 왼쪽에 있었다. 허경종이 현경 연간에 이 '번시'의 의절을 제사를 거행하기 이전으로 바꾼 것이다.

㉛ 악장을 여섯 차례 바꾸어~것입니다: 『주례』「춘관·대사악(大司樂)」의 문장이다.

㉜ 번시(燔柴)를 하여 강신을 한다는 뜻이 아닙니다: 정현은 『주례』「춘

관·대사악(大司樂)」의 주에서 "먼저 연주를 하는 것은 음악으로 신을 이르게 하고, 옥백으로 예물을 진헌하여 강신을 하는 것이니, 그렇게 한 후에 합악을 하여 제사지낸다.[先奏是樂以致其神, 禮之以玉而祼焉, 乃後合樂而祭之.]"고 하였고, 또 『의례』「근례(覲禮)」 정현의 주에서는 "땔나무를 태우고, 높은 곳에 올라가고, 제물을 물에 빠뜨리고, 제물을 땅에 묻는 것은, 제례(祭禮)가 끝나는 것이고 완비되는 것이다.[燔柴·升·沈·瘞, 祭禮終矣, 備矣.]"라고 하였다. 따라서 정현도 하늘을 제사지낼 때는 악무를 연주함으로써 강신을 하고, 제사를 마친 후에 '번시'의 의절을 행하는 것으로 해석한 것이다.

㉝ 곽박(郭璞: 276~324)이~의하면: 『초학기(初學記)』 권11 및 『태평어람(太平御覽)』 권234 등에 의하면 곽박은 동진 원제 태흥(太興) 원년(318) 강남의 풍부한 물산과 수려한 경관을 묘사한 『남교부』를 상주하였는데, 원제가 그 『남교부』를 보고서 그의 재능을 가상하게 여겨 저작랑으로 삼았다고 한다. 곽박의 『이아주(爾雅注)』는 18년의 연구 끝에 완성한 역작으로 당시 각 지방의 말과 고금 학자의 견해를 망라했으며 인용한 서적만도 50종이 되었다고 한다. 현재의 『이아주소』는 곽박의 주와 형병(邢昺)의 소로 이루어져 있다. 『이아』「석천」 곽박의 주에 "제사를 지낸 후에 땔나무를 쌓아 놓고 불태운다.[既祭, 積薪燒之.]"라고 하였다.

㉞ 천(天)을 제사 지내고, 상제(上帝)에게 여(旅)의 제사를 지낸다: '여(旅)'는 제물을 진열하고 제사를 지낸다는 뜻으로 '사(祀)'에 비해 갖추어지지 않은 제사이다. 『주례』「춘관·대종백」 정현의 주에 "'여(旅)'는 진열한다[陳]는 뜻이니, 그 제물을 진열하여 기도를 올리는 것이다. 예물이 사(祀)만큼 갖추어지지 못한 것이다. '상제(上帝)'는 오제(五帝)를 가리킨다.['旅', 陳也, 陳其祭事, 以祈焉, 禮不如祀之備也. '上帝', 五帝也.]"고 하

였다. 또 그곳의 경문에는 "나라에 큰 변고가 발생했을 경우 상제(上帝)에게 여제(旅祭)를 지내고 사방의 산천에 망제(望祭)를 지낸다.[國有大故, 則旅上帝及四望.]"고 하였다. 즉 천(호천상제)에게 지내는 '사(祀)'의 제사가 정제(正祭)라면, 상제(오방제)에게 지내는 '여(旅)'의 제사는 정제에 비해 간략한 임시적인 제사이다.

㉟ 이헌(李憲: 679~742): 본명은 이성기(李成器), 당 예종 이단(李旦)의 적장자로 현종 이융기의 장형이다. 어머니는 숙명황후(肅明皇后) 유씨(劉氏)이다. 현종 즉위 후 태자태사(太子太師) 등을 역임하고 영왕(寧王)에 봉해졌다.

㊱ 『교사록(郊祀錄)』에~하였고: 『대당교사록(大唐郊祀錄)』이라고도 한다. 당 덕종(德宗) 정원(貞元) 9년(793), 예관 왕경(王涇)이 역대 교묘(郊廟)·향사(享祀)의 제도와 대당의 연혁 상황을 기록하여 수찬한 10권의 예전(禮典)이다. 『대당교사록』 권4 「사례(祀禮)1」과 권5 「사례(祀禮)2」에 '동지사호천상제(冬至祀昊天上帝)'·'기곡사호천상제(祈穀祀昊天上帝)'·'우사호천상제(雩祀昊天上帝)'·'명당사호천상제(明堂祀昊天上帝)'의 조목을 두고 있다. 권1 「범례 상(凡例上)」 '옥백(玉帛)' 조목에는 "凡禮神之玉, 祀昊天上帝冬至及雩祀以蒼璧, 上辛及明堂祀以四圭有邸, 祭黃地祇以黃琮, 祀青帝以青圭, 赤帝以赤璋, 皇帝以黃琮, 白帝以白獸, 黑帝以玄璜, 九宮神及日月以圭璧, 神州·社稷·五嶽·四鎭·四海·四瀆以兩圭有邸."로 규정하였다.

㊲ 장저사(璋邸射): 대체로 규벽(圭璧)과 유사하다. 다만 '규벽'은 벽 위에 규(圭) 하나가 이어져 있는데, '장저사'는 벽 위에 장(璋) 하나가 이어져 있다. '저(邸)'는 가운데의 둥근 옥인 '종(琮)' 혹은 '벽(璧)'을 가리키고, '사(射)'는 장의 위쪽에 깎아 내어 예리한 부분의 모서리를 말한다. 『주례』

「춘관·전서(典瑞)」에 "장저사(璋邸射)로 산천(山川)에 제사 지낸다.[璋邸射以祀山川]"고 하였는데, 정현 주에 "장(璋)에 뿌리[邸: 琮]가 있고, 위쪽에 예리하게 깎인 모서리[射]가 있다.[璋有邸而射]"고 하였다. 또 『주례주소』「고공기·옥인(玉人)」 정현의 주에는 "'저사(邸射)'는 옥을 깎아서 나온 부분이다.[邸射, 剡而出也.]"라고 하였고, 가공언의 소에는 "위쪽을 향하는 것을 '출(出)'이라 한다. 규(圭)를 절반으로 한 옥을 '장(璋)'이라 한다. 장(璋)의 머리 부분은 비스듬히 경사져 있다.[向上謂之出. 半圭曰璋, 璋首邪卻之.]"고 하였다. 섭숭의와 청대의 『흠정주관의소』에서는 '저(邸)'를 가운데 구멍[好]이 있는 '벽(璧)'으로 이해하였고, 청대의 황이주는 구멍이 없는 '종(琮)'으로 파악하였다.

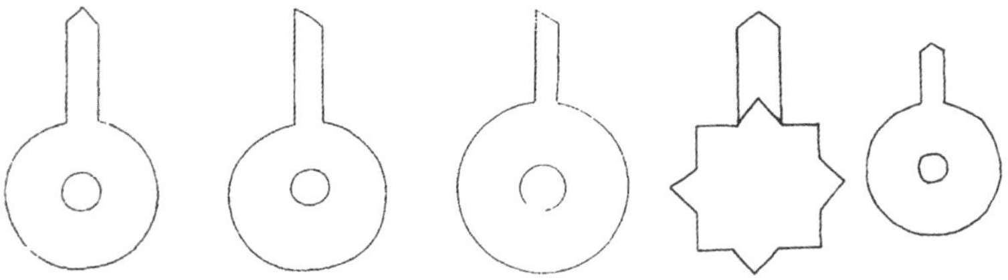

규벽(圭璧) 聶崇義, 『三禮圖』(송) | 장저사(璋邸射) 聶崇義, 『三禮圖』(송) | 장저사(璋邸射) 『欽定周官義疏』(청) | 장저사(璋邸射)와 규벽(圭璧) 黃以周, 『禮書通故』(청)

㊳ 방명(方明): 상하사방의 신명을 상징하는 것이다. 『의례』「근례(覲禮)」 정현의 주에 "'방명'은 상하 사방의 신명의 상징이다.[方明者, 上下四方神明之象也.]"라고 하였다. 사방 4척의 나무로 만들고, 여섯 면에 여섯 가지 색을 칠하여 각각 한 방향의 신명을 상징하고, 각 면마다 하나의 옥을 장식하여 문식으로 삼는다. 천자가 회맹의 예를 거행할 때 궁단(宮壇) 위에 진설한다. 『의례』「근례」에 "제후가 회(會)와 동(同)으로 천자를 조근할 때, 사방 300보가 되는 궁(宮)을 만드는데, 4개의 문을 만

들고, 둘레 12심(尋)에 높이 4척의 단을 쌓고, 그 위에 방명(方明: 상하 사방 신명의 형상)을 얹는다. '방명'은 나무로 만든 것이다. 길이·너비·높이가 모두 4척이다. 겉은 6가지 색을 칠하는데, 동방은 청색, 남방은 적색, 서방은 백색, 북방은 흑색, 위는 현색, 아래는 황색을 칠한다. 6가지 옥으로 장식을 하는데, 위에는 규(圭), 아래에는 벽(璧), 남방에는 장(璋), 서방에는 호(琥), 북방에는 황(璜), 동방에는 규(圭)를 장식한다.[諸侯覲于天子, 爲宮方三百步, 四門, 壇十有二尋, 深四尺, 加方明于其上. '方明'者, 木也. 方四尺. 設六色, 東方靑, 南方赤, 西方白, 北方黑, 上玄, 下黃. 設六玉, 上圭, 下璧, 南方璋, 西方琥, 北方璜, 東方圭.]"고 하였다.

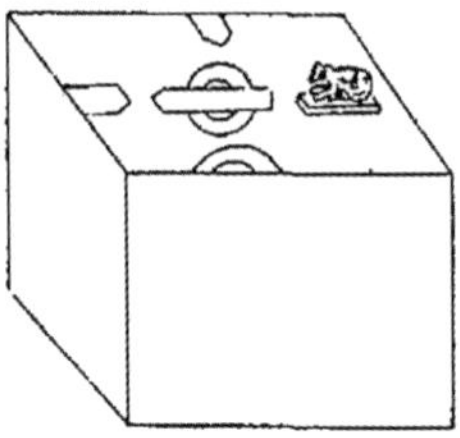

방명(方明)
聶崇義, 『三禮圖』(송)

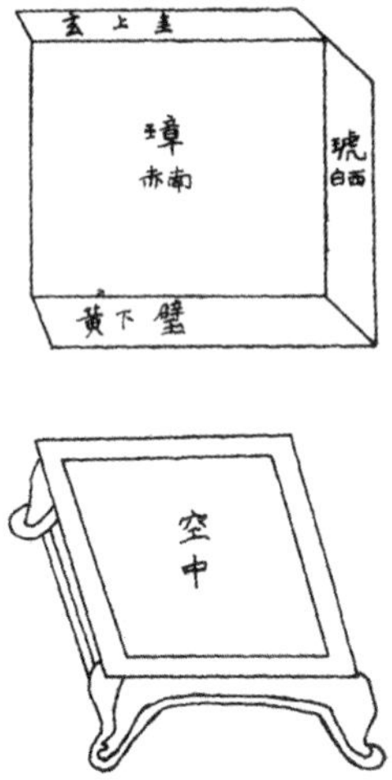

방명(方明)
黃以周, 『禮書通故』(청)

㊴ 방명단(方明壇): 『의례』「근례」에 "제후가 회(會)와 동(同)으로 천자를 조근할 때, 사방 300보가 되는 궁을 만드는데, 4개의 문을 만들고, 둘레 12심에, 높이 4척의 단을 쌓고, 그 위에 방명을 얹는다.[諸侯覲于天子,

爲宮方三百步, 四門, 壇十有二尋, 深四尺, 加方明于其上.]”고 하였다. 섭숭의에 의하면, 방명단은 3층으로 이루어져 있으며, 3층 위쪽에 당(堂)이 있고, 당 위는 사방 2장 4척이다. 상등, 중등, 하등의 매 단의 면은 각각 12척으로, 모두 2장 4척이다. 3층이므로 총 7장 2척이 된다. 당 위는 2장 4척이고, 합하면 9장 6척이 된다. 각각의 층의 높이는 1척이고, 땅에서부터 단까지가 또 1척이다. 매 층이 1척이므로 3층은 3척이니, 땅에서부터 총 높이는 4척이 된다.([祭玉圖11: 14-方明壇] 참조.)

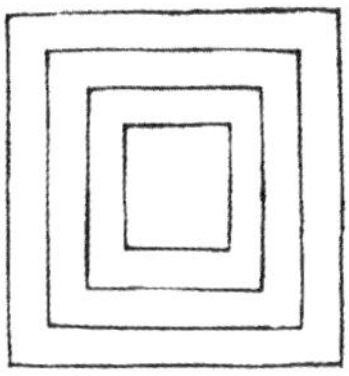

방명단(方明壇)
聶崇義, 『三禮圖』(송)

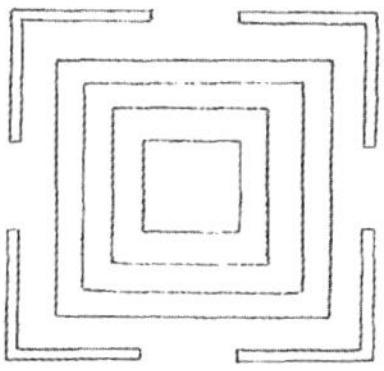

단유궁(壇壝宮)
『欽定周官義疏』(청)

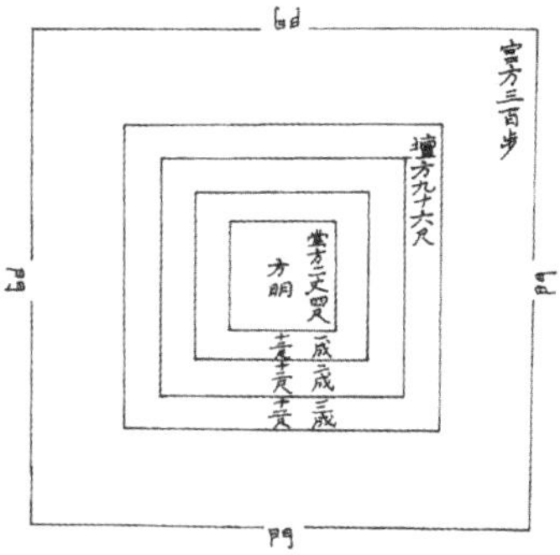

단유궁(壇壝宮)
黃以周, 『禮書通故』(청)

【目錄20: 匏爵포작 제12】

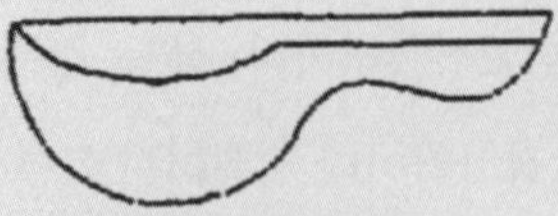

[匏爵圖12 :01-匏爵]

포작(匏爵: 바가지 술잔)①【하늘을 제사 지낼 때는 규찬(圭瓚)②으로 울창주를 따르는 예가 없으니,③ 와무(瓦甒: 질그릇 술동이)에 오제(五齊)④를 담고, 술을 따를 때는 포작(匏爵)을 사용한다. 『개원례』에 의하면 남교(南郊)에서 온갖 신들에게 납향의 제사[禙]⑤를 지내는데, 대명(大明: 해)과 야명(夜明: 달)⑥을 제사 지낼 때는 또한 포작을 사용한다.】

[匏爵.【祭天無圭瓚酌鬱之禮. 瓦甒盛五齊, 酌用匏爵也. 『開元禮』, 禙百神於南郊, (天)[大][1]明·夜明, 亦用匏爵.】]

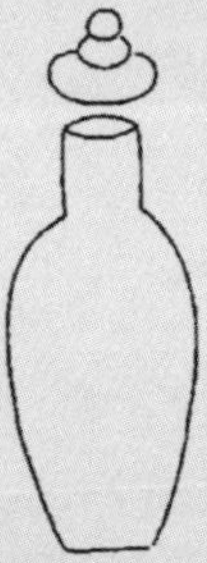

[匏爵圖12 :02-瓦甒]

와무(瓦甒: 질그릇 술동이)⑦【덮개가 있다.】

[瓦甒.【有蓋.】]

1 (天)[大]: 저본에는 '天'으로 되어 있으나, 通志堂本에 의거하여 '大'로 교감하였다.

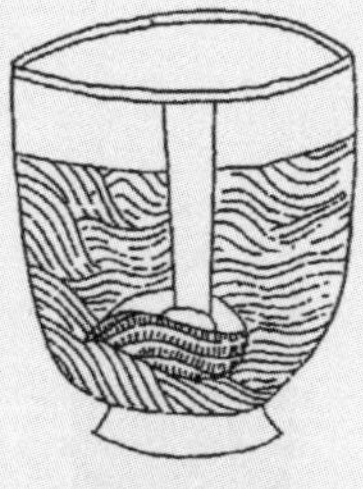

[匏爵圖12 :03-蜃尊]

신준(蜃尊: 대합조개 문양의 술동이)[8]【『주례』「춘관·창인(鬯人)」에 "산천과 사방에 제사지낼 때는 신준(蜃尊)을 사용한다."고 하였다. 『개원례』에 의하면 남교(南郊)에서 온갖 신들에게 납향의 제사[禬]를 지내는데, 산천·연못을 제사 지낼 때는 신준 각각 2개를 진설한다. 그러나 산준(散尊)·개준(概尊)·신준(蜃尊)은 『개원례』에서 사용하는 용도는 비록 다르지만 『주례』의 의리와 동일하다.[9] 다만 (『주례』에) 명칭과 수만 있고 제도가 없을 뿐이다.】

[蜃尊.【「鬯人」云, "山川·四方用蜃尊." 『開元禮』, 禬百神於南郊, 山川澤, 蜃尊各二. 然散尊·概尊·蜃尊, 『開元禮』行用雖異, 與『周禮』義同. 徒有名數而無制度.】]

[匏爵圖12 :04-概尊]

개준(概尊: 붉은 띠 장식의 술동이)[10]【산림과 천택을 제사 지낼 때는[11] 개준을 사용한다. 『개원례』에 의하면 동지에 원구에서 하늘을 제사 지내는데, 성(星)의 외관(外官)의 신위를 진설하고, 길 사이마다 각각 2통의 개준을 진설한다.】

[概尊.【埋沈用概尊.『開元禮』, 冬至祭天於圜丘, 設星之外官, 每道間各概尊二.】]

[匏爵圖12 :05-散尊]

산준(散尊: 장식이 없는 술동이)⑫【『개원례』에 의하면 남교(南郊)에서 온갖 신들에게 납향의 제사[禮]를 지내는데, 인(麟)·우(羽)·라(嬴)·모(毛)·개(介)·구(丘)·릉(陵)·분(墳)·연(衍)·원(原)·습(隰)·정(井)·천(泉)·수용(水墉: 봇도랑)·방(坊: 제방)·우표철(郵表畷)⑬·묘호(猫虎: 고양이와 호랑이)를 제사 지낼 때 각각 2통의 산준을 진설한다.】

[散尊.【『開元禮』, 禮百神於南郊, 麟·羽·嬴·毛·介·丘·陵·墳·衍·原·隰·井·泉·水墉·坊·郵表畷·猫虎, 各散尊二.】]

[匏爵圖12 :06-大罍]

대뢰(大罍: 구름문양의 술동이)⑭【사직(社稷) 및 배향의 신좌에 각각 대뢰 1통씩 진설한다.】

[大罍.【社稷及配座, 各大罍一.】]

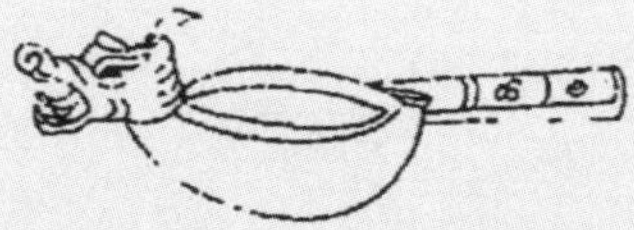

[匏爵圖12 :07-大璋瓚]

대장찬(大璋瓚: 대장 자루의 술 국자)⑮【천자가 순수를 할 때 큰 산천을 지나게 되면 종축(宗祝)으로 하여금 대장(大璋)의 술 국자로 울창주를 따라서 제사 지내게 한다.】

[大璋瓚.【天子巡狩, 過大山川, 使宗祝用大璋之勺酌鬱以禮之.】]

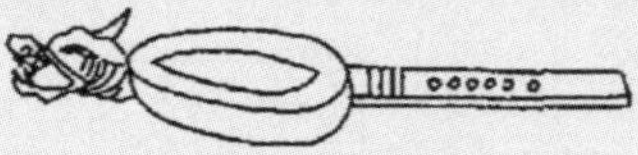

[匏爵圖12 :08-中璋瓚]

중장찬(中璋瓚: 중장 자루의 술 국자)⑯【(중장의 술 국자로) 술을 따라서 중등의 산천에 제사 지낸다.】

[中璋瓚.【酌酒禮中山川.】]

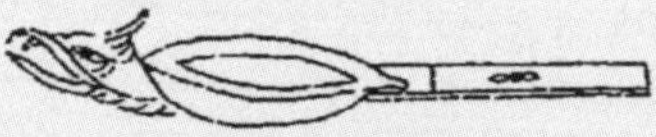

[匏爵圖12 :09-邊璋瓚]

변장찬(邊璋瓚: 변장 자루의 술 국자)⑰【(변장의 술 국자로 술을 따라서) 작은 산천에 제사 지낸다.】

[邊璋瓚.【禮小山川.】]

[匏爵圖12 :10-方壺]

방호(方壺: 네모진 술병)⑱

[方壺.]

[匏爵圖12 :11-圓壺]

원호(圓壺: 둥근 술병)⑲

[圓壺.]

[匏爵圖12 :12-酒壺]

주호(酒壺: 술 단지)⑳

[酒壺.]

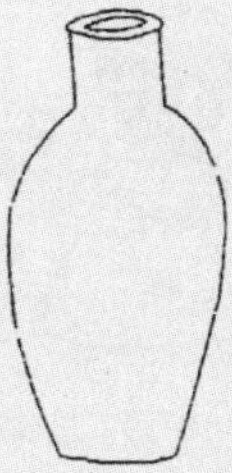

[匏爵圖12 :13-甕]

옹(甕: 독)[21]【식초나 젓갈을 담는다.】

[甕.【盛醯醢】]

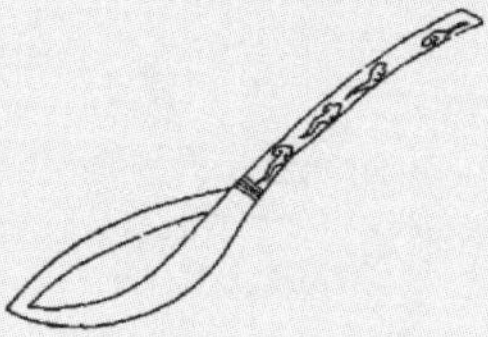

[匏爵圖12 :14-疏勺]

소작(疏勺: 조각 장식의 술 숟가락)[22]【용량은 1승이다.】

[疏勺.【一升.】]

[匏爵圖12 :15-蒲勺]

포작(蒲勺: 부들문양의 술 숟가락)[23]【용량은 1승이다.】

[蒲勺.【一升.】]

[匏爵圖12 :16-爵]

작(爵: 1승 술잔)㉔【용량은 1승이다.】

[爵.【一升.】]

[匏爵圖12 :17-觚]

고(觚: 2승 술잔)㉕【용량은 2승이다.】

[觚.【二升.】]

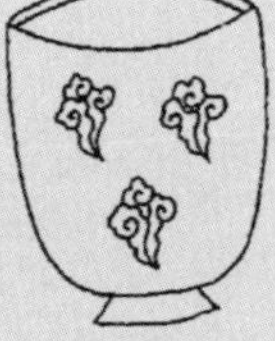

[匏爵圖12 :18-觶]

치(觶: 3승 술잔)㉖【용량은 3승이다.】

[觶.【三升.】]

[匏爵圖12 :19-角]

각(角: 4승 술잔)[27]【용량은 4승이다.】

[角.【四升.】]

[匏爵圖12 :20-散]

산(散: 5승 술잔)[28]【용량은 5승이다.】

[散.【五升.】]

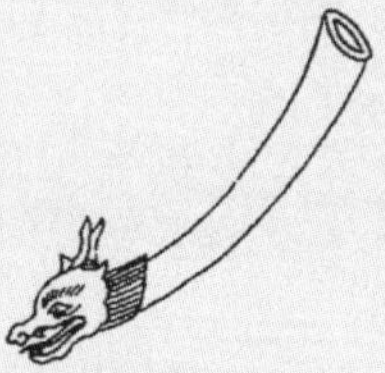

[匏爵圖12 :21-觥]

굉(觥: 뿔 술잔)【옛 『삼례도』에는 7승이라고 하였고, 『예기』「예기(禮器)」에는 "종묘(宗廟)의 제례(祭禮)에서 존귀한 사람이 작(爵)으로 술을 바치고, 미천한 사람이 산(散)으로 술을 바치며, 존귀한 사람이 치(觶)로 술을 마시고, 미천한 사람이 각(角)으로 술을 마신다."고 하였고, 또 『의례』「특생궤사례」에서는 2개의 고(觚)·2개의 작(爵)·4개의 치(觶)·1개의 각(角)·1개의 산(散)을 진설한다고 하였고, 굉(觥)은 말하지 않았다. 그렇다면 굉의 사용은 정례(正禮)에는 없는 것이니, 다섯 가지 술잔의 반열에 포함되지 않은 듯하다.】

[觥.【舊『圖』云, 七升. 疏[2]云, "宗廟之祭, 貴者獻以爵, 賤者獻以散. 尊者擧觶, 卑者擧角." 又「特牲」二觚·二爵·四觶·一角·一散·不言觥. 然則觥之所用, 正禮所無. 不在五爵之列與.】]

[匏爵圖12 :22-豊]

풍(豐: 술잔 받침대)㉙【이 '풍(豐)'은 옛 『삼례도』에는 모두 사람이 물그릇을 머리에 이고 있는 형상을 그려 넣었으니, 또한 경계를 드리우게 할 수 있는 것이다.】

[豐.【此豐, 舊『圖』皆畫人形戴杅, 亦可垂戒.】]

2 疏: 저본에는 '疏'로 되어 있으나, 이하 문장은 『禮記』「禮器」의 공영달 소가 아니라 경문이다.

[匏爵圖12 :23-棜]

어(棜: 갸자)㉚【『의례』「특생궤시례」에서는 위에 말린 고기를 올려놓는다고 하였다.】

[棜.【「特牲」實獸於上.】]

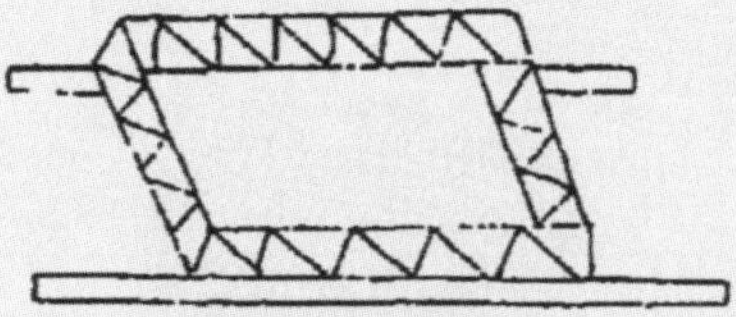

[匏爵圖12 :24-陳饌棜]

진찬어(陳饌棜: 음식 들것)【제도가 위의 '어'와 조금 다르기 때문에 거듭 도상을 나타내었다.㉛】

[陳饌棜.【制度與上稍異, 故重出.】]

[匏爵圖12 :25-禁]

금(禁: 술동이 받침대)㉜【어(棜)와 서로 같은 종류이다.】

[禁.【與棜相類.】]

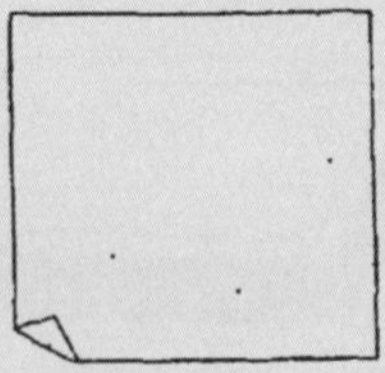

[匏爵圖12 :26-覆饌巾]

복찬건(覆饌巾: 음식물을 덮는 수건)【겉은 검은 비단으로 하고, 속은 누런빛을 띠는 진홍색으로 한다.[33]】

[覆饌巾.【玄帛纁裏.】]

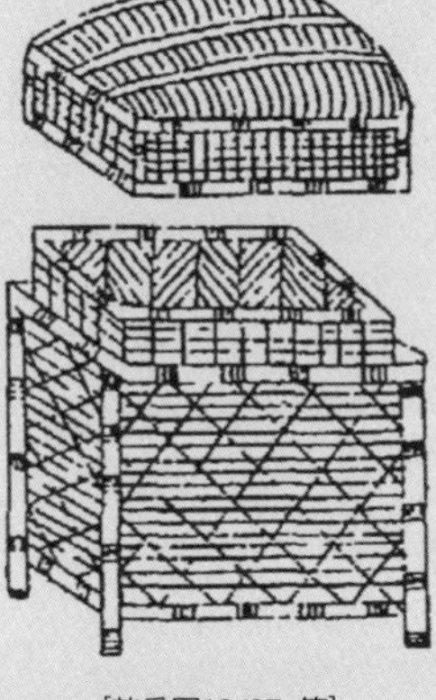

[匏爵圖12 :27-篚]

비(篚: 대광주리)【덮개가 있다.】

[篚.【有蓋.】]

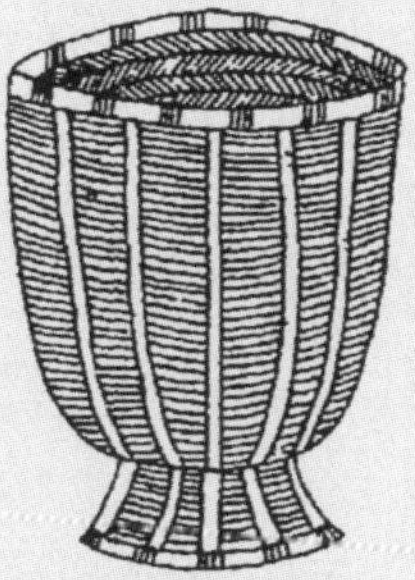

[匏爵圖12 :28-莒]

거(筥: 둥근 대광주리)【둥근 형태로, 용량은 5승이다. 옹희(饔餼: 죽은 희생과 살아있는 희생)의 음식물을 담아서 빈의 관사로 보낸다.】

[筥.【圓, 受五升. 盛饔餼之米, 致於賓館.】]

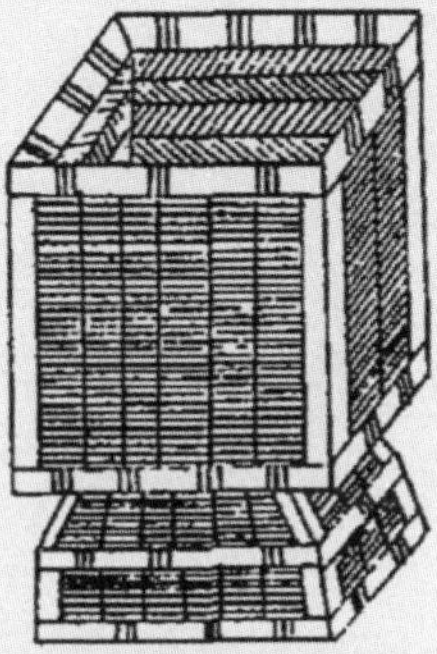

[匏爵圖12 :29-大筐]

대광(大筐: 네모진 큰 대광주리)[34]【용량은 5곡(斛)이다.】

[大筐.【受五斛.】]

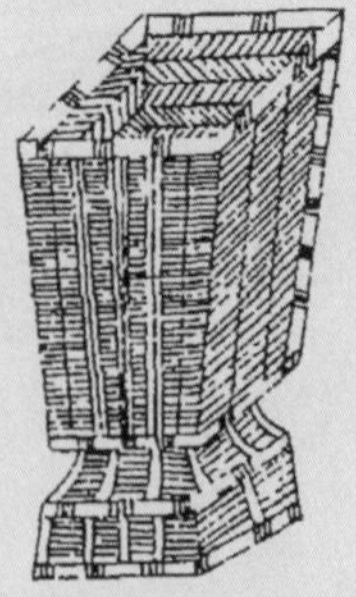

[匏爵圖12 :30-小筐]

소광(小筐: 네모진 작은 대광주리)【용량은 5두(斗)이다. 두 개의 대광주리에 모두 쌀을 담는다. 큰 광주리는 진설하는 숫자가 적고, 작은 대광주리는 진설하는 숫자가 많다.】

[小筐.【受五斗. 二筐皆盛米. 大者數少, 小者數多.】]

[匏爵圖12 :31-竹簋方(有蓋)]

죽궤방(竹簋方)【덮개가 있다. 대추나 밤을 담는다. 왕후가 빈객의 노고를 위로할 때 이 죽궤방을 사용한다.[35] 무릇 기물의 용량의 숫자는 모두 『예』의 정현 주에 의거하였다.】

[竹簋方.【有蓋. 盛棗栗, 后勞賓客用此. 凡器容受之數, 皆依『禮』注.】]

역주

① 포작(匏爵: 바가지 술잔): 박으로 만든 주기(酒器)이다. 섭숭의에 의하면, 포작은 인공적으로 만드는 것이 아니라 용량 1승, 자루 5~6촌 되는 것을 취해서 임시로 만든 것으로, 천지에 제사지낼 때 이 포작을 사용한다. 『예기』「교특생」에서도 남교에서 하늘을 제사 지낼 때 포작을 사용한다고 하였다.(大報天, 而主日也. 兆於南郊, 就陽位也. 掃地而祭, 於其質也, 器用陶·匏, 以象天地之性也.) [匏爵圖12: 01-匏爵] 참조.

② 규찬(圭瓚): 관례(祼禮: 강신제)를 거행할 때 울창주를 담는 주기를 '찬(瓚)'이라고 한다. '규찬(圭瓚)의 '규'는 규옥(圭玉)으로 된 손잡이를 가리킨다. 장옥(璋玉)으로 손잡이를 만든 것은 '장찬(璋瓚)'이라고 한다.(『周禮』「考工記·玉人」 참조)

③ 하늘을 제사 지낼 때는~예가 없으니: 종묘 제사를 지낼 때 규찬(圭瓚)으로 울창주를 떠서 땅에 뿌려 신이 강림하기를 기원하는 의식을 '관(祼: 灌, 강신제)'이라고 한다. 『예기』「교특생(郊特牲)」에 "주나라 사람들은 향기를 숭상하였다. 강신의 예[灌]에서 울창주의 향기를 사용하였는데, 울금의 즙을 창주에 섞어 더욱 향기롭게 하여 그 향기가 연천(淵泉)에 이르렀다.[周人尙臭, 灌用鬯臭, 鬱合鬯, 臭陰達於淵泉.]"고 하였는데, 정현의 주에서는 "'관(灌)'은 규찬으로 울창주를 따라 처음에 신에게 바치는 것을 말한다.[灌, 謂以圭瓚酌鬯, 始獻神也.]"고 하였다. 그러나 종묘의 제사에만 관(祼)의 예를 행하고, 천지의 대신(大神)은 지극히 존귀하여 관의 예를 행하지 못한다. 『주례주소』「천관·소재(小宰)」 가공언의

소에 "종묘 제사에 대해서는 관(祼)을 말하였지만, 또한 천지를 제사 지낼 때는 관(祼)의 의절이 없다.…오직 종묘 제사를 지낼 때와 빈객에게 관(祼)의 예를 행할 때일 뿐이다.[廟言灌, 且亦天地無祼也.…唯有宗廟及祼賓客耳.]"라고 하였다.

④ 오제(五齊): 범제(泛齊)·예제(醴齊)·앙제(盎齊)·제제(醍齊)·심제(沈齊)의 5가지 술로서 제사에 사용한다. 오제는 기본적으로 찌꺼기가 있는 탁주(濁酒)이지만, 위의 차례대로 숙성된 기간이 가장 오래된 심제(沈齊)가 상대적으로 맑다. '범제'는 숙성이 되면서 찌꺼기가 둥둥 떠 있는 술이고, '예제'는 숙성이 되면서 즙과 찌꺼기가 뒤섞여 있는 술이고, '앙제'는 숙성이 되면서 파르스름하게 연한 남빛을 띠는 술이고, '제제'는 숙성이 되면서 홍적색을 띠는 술이고, '심제'는 숙성이 되면서 찌꺼기가 가라앉은 술이다.

⑤ 납향의 제사[䄍]: 연말에 온갖 신을 모아 놓고 합제(合祭)로 지내는 제사를 말한다. 『신당서』 권12, 「예악지(2)」에 "납향의 제사에서는 신농씨와 이기씨를 제사 지내는데, 소뢰의 희생을 사용한다.[蠟祭, 神農氏·伊耆氏, 少牢.]"고 하였다.

⑥ 야명(夜明: 달): 달을 제사 지내는 제단을 말하는데, 달을 지칭하기도 한다. 『예기정의』 「제법」에 "왕궁에서는 해를 제사 지내고, 야명에서는 달을 제사 지낸다.[王宮, 祭日也. 夜明, 祭月也.]"고 하였는데, 정현의 주에 "'야명'은 또한 달을 제사 지내는 제단을 가리킨다.['夜明', 亦謂月壇也.]"고 하였고, 공영달의 소에서는 "'야명'은 달을 제사 지내는 제단의 명칭이다. 달은 밤에 밝다. 그러므로 그 제단을 야명이라 하는 것이다.['夜明'者, 祭月壇名也. 月明於夜, 故謂其壇爲夜明.]"라고 하였다. 명대 장거정(張居正)의 『교례신구고(郊禮新舊考)』에 "처음 대사전의 남쪽

에 원구를 세웠다. 매년 겨울 동지에 하늘에 제사를 지내는데, 대명·야명·성신·풍뢰를 종사하였다.[初建圜丘於大祀殿之南. 每冬至祀天, 以大明·夜明·星辰·風雷從祀.]"고 하였다.

⑦ 와무(瓦甒: 질그릇 술동이): 예주를 담는 질그릇으로 만든 술동이로, '와대(瓦大)', '무(甒)'라고도 한다. [匏爵圖12: 02-瓦甒]에 인용된 옛 『삼례도』에 따르면 예주를 담는 무(甒)는 질그릇으로 만드는데 용량이 5두이며, 입구의 직경이 1척, 목 부분의 높이는 2촌이며, 아랫부분이 좁고 밑바닥은 평평하다.

⑧ 신준(蜃尊: 대합조개 문양의 술동이): 배 부위에 대합조개의 형상을 그려 넣어 장식한 술동이로, 용량은 5두(斗)이다. '신(蜃)'으로 간칭하기도 한다. 두자춘(杜子春)은 물속에 사는 대합조개로 술동이를 장식한 것이라고 하였고, 정현은 대합조개의 형상을 술동이에 칠을 하여 그려 넣은 것이라고 하였다.(『周禮』「春官·鬯人」 정현의 주, "杜子春云, '蜃, 水中蜃也.'… 玄謂…脩·蜃·概·散, 皆漆尊也. 蜃, 畫爲蜃形.")

⑨ 산준(散尊)·개준(概尊)·신준(蜃尊)은~동일하다: 『주례』「춘관·창인(鬯人)」에 "종묘에서는 유(卣)의 술동이를 사용하고, 무릇 산천과 사방에 제사 지낼 때는 신(蜃)의 술동이를 사용하고, 무릇 산림에 제사 지낼 때는 개(概)의 술동이를 사용하고, 무릇 사방의 작은 신들에게 제사 지낼 때는 산(散)의 술동이를 사용한다.[廟用脩, 凡山川·四方用蜃, 凡祼事用概, 凡疈事用散.]"고 하였다. 이 네 가지 술동이는 모두 검은 칠을 하였다. 섭숭의는 이들 술동이는 모두 용량이 5두(斗)라고 하였는데, 정현은 5승(升)의 술동이라고 하였다.

⑩ 개준(概尊: 붉은 띠 장식의 술동이): 검은 칠을 한 술동이로, 용량은 신준 등과 마찬가지이며, 가운데 배 부위에 붉은 띠로 둘러서 장식을 하였다.

⑪ 산림과 천택을 제사 지낼 때는: 원문의 '埋沈'은 산림과 천택을 제사 지내는 것을 말한다. 『주례』「춘관·대종백」 정현의 주에 "산림을 제사 지내는 것을 '매'라고 하고, 천택을 제사 지내는 것을 '침'이라 한다.[祭山林曰埋, 川澤曰沈.]"고 하였다.

⑫ 산준(散尊: 장식이 없는 술동이): 검은 칠을 하였지만 별도의 문식이 없는 술동이이다.

⑬ 우표철(郵表畷): 전준(田畯)이 정전(井田) 사이에서 백성들을 독려하는 곳이다.

⑭ 대뢰(大罍: 구름문양의 술동이): 질그릇으로 만들기 때문에 '와뢰(瓦罍)'라고도 한다. 대뢰에는 뚜껑이 있고, 구름문양을 그려 넣어 장식을 하였다. 사직을 제사 지낼 때 사용하는 술동이이다.

⑮ 대장찬(大璋瓚: 대장 자루의 술 국자): 대장(大璋)의 옥으로 손잡이를 만든 술 국자를 말한다. 『주례』「고공기·옥인」에 의하면, '대장'은 길이가 9촌, 위쪽의 예리하게 깎아 낸 모서리 부분[射]이 4촌, 두께는 1촌이다. 『주례』「고공기·옥인」에 의하면 '대장찬'의 구조는 다음과 같다. 대장으로 술 국자의 손잡이[大璋]를 만들고, 손잡이 앞부분에 황금(구리)으로 만든 국자[勺: 瓚]가 연결되어 있으며, 국자의 가장자리에 아연으로 칠을 하고, 국자의 안쪽은 붉은 칠을 하여 장식하며, 국자의 옆 부분에 길이 1촌의 술을 따르는 주둥이[鼻]가 있고, 국자의 직경은 4촌이며, 채색으로 장식한 받침대가 있다.("大璋九寸, 射四寸, 厚寸, 黃金勺, 青金外, 朱中, 鼻寸, 衡四寸, 有繅.") 천자가 순수(巡狩)를 하면서 대산천(大山川)을 만나면 제사를 지내는데, 관(祼: 강신)의 예를 행할 때 이 대장찬을 사용한다. [匏爵圖12: 07-大璋瓚] 참조.

⑯ 중장찬(中璋瓚: 중장 자루의 술 국자): 자루의 길이 9촌, 국자의 직경은 4촌

이다. 문식을 대장찬에 비해 감소시켜 만든다. 천자가 순수를 하다가 중간 정도의 산천을 지날 때 희생을 잡아 제사를 지내는데, 종축이 이 중장의 술 국자로 술을 떠서 관(祼: 강신)의 예를 행한다. 안과 밖을 금으로 장식을 하고, 가운데에는 붉은색으로 한다.

⑰ 변장찬(邊璋瓚: 변장 자루의 술 국자): 장찬의 술 국자 가운데 가장 작다. 자루의 길이 7촌, 국자의 직경 4촌이다. 안과 밖을 금으로 장식을 하고, 가운데에는 붉은색으로 한다.

⑱ 방호(方壺: 네모진 술병): 옛 『삼례도』에 의하면 용량은 1곡이며, 배는 둥글고, 다리와 입은 모두 네모지다. 『의례』「연례」 정현의 주에 의하면 방호를 경·대부·사를 위해 진설하는데, 신하의 도리는 곧고 방정해야 하므로 이 술 단지를 진설하는 것이라고 하였다.("尊方壺, 爲卿大夫士也, 臣道直方.")

⑲ 원호(圓壺: 둥근 술병): 옛 『삼례도』에 의하면 용량은 1곡, 배는 네모지고, 입과 다리는 둥글다. 구름문양을 그려 넣어 장식한다. 『의례』「연례」에 의하면 경·대부를 위해서는 방호를 진설하는데, 부(府)·사(史)·서(胥)·도(徒) 등 서인으로서 관직에 있는 자들을 위해 원호를 진설한다.(『의례』「연례」, "尊士旅食于門西, 兩圓壺." 정현의 주, "尊士旅食者用圓壺, 變於卿·大夫也. 旅, 衆也. 士衆食, 謂未得正祿, 所謂庶人在官者也.")

⑳ 주호(酒壺: 술 단지): 옛 『삼례도』에 의하면 용량은 1곡, 입의 직경 1척, 다리 높이 2촌, 직경 2척이다. 단지에 검은 칠을 하고, 가운데는 붉으며 그림을 그려 넣어 장식을 한다.

㉑ 옹(甕: 독): 질그릇 용기로, 주로 음식물을 담는 독을 말한다. 옛 『삼례도』에 의하면 높이 1척이고, 용량은 2두(斗)이다. 섭숭의에 의하면 기장척으로 계산하면 입구의 지름 6촌 5분, 배 부위의 지름 9촌 5분, 바

닥 지름 6촌 5분, 높이 1척, 배의 아랫부분 6촌이다. [匏爵圖12: 13-甕] 참조. 『의례』「기석례」 정현의 주에 의하면 옹(甕: 독)의 용량은 1곡이다.(“甕, 瓦器, 其容亦蓋一斛.”)

㉒ 소작(疏勺: 조각 장식의 술 숟가락): 술을 뜨는 숟가락으로, 문양을 새겨서 장식한다. 『예기정의』「명당위」에 의하면 '소작'은 은나라 때 사용하던 술 숟가락이었다.(“其勺, 夏后氏以龍勺, 殷以疏勺, 周以蒲勺.”) 옛 『삼례도』에 의하면 그 길이는 3척 4촌이며, 용량은 1승이다. '소(疏)'는 새겨서 장식한다는 뜻이다. 정현과 공영달은 숟가락의 머리 부분에 새겨서 장식하는 것이라고 하였다. 『예기정의』「명당위」 정현의 주에 “'소(疏)'는 그 머리 부분을 통째로 새긴다는 뜻이다.[疏, 通刻其頭.]”라고 하였고, 공영달의 소에서도 “'소'는 새겨서 장식한다는 뜻이니, 숟가락의 머리 부분을 통째로 새기는 것이다.[疏謂刻鏤, 通刻勺頭.]”라고 하였다. 그러나 섭숭의는 “그 자루 부분을 통째로 새기고 구름 문양을 그려 넣는 것이다.[通疏刻畫雲氣飾其柄]”라고 하여 숟가락의 자루에 구름 문양을 새겨서 장식하는 것으로 이해하였다. [匏爵圖12: 14-疏勺] 참조. 송대 진상도(陳常道) 역시 자루에 문양을 새겨 넣은 도상을 보여 준다.

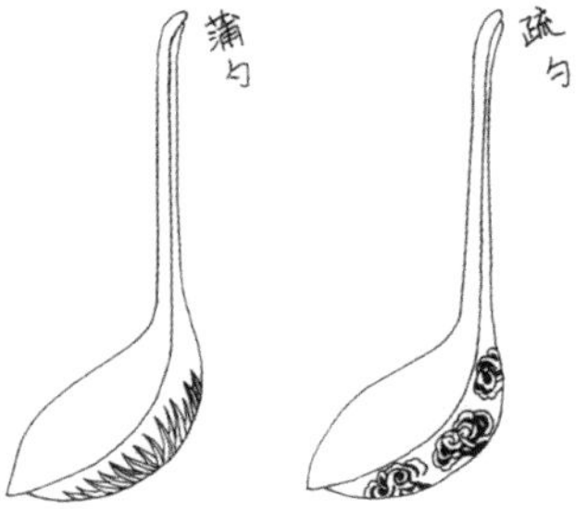

포작(蒲勺)·소작(疏勺)
黃以周, 『禮書通故』(청)

소작(疏勺)
陳常道, 『禮書』(송)

소작(疏勺)
聶崇義, 『三禮圖』(송)

㉓ 포작(蒲勺: 부들문양의 술 숟가락): 머리 부분에 부들 문양을 새겨 넣은 술 숟가락으로, 『예기』「명당위」에 따르면 주나라 때 사용한 술 숟가락이다. 섭숭의는 서척(黍尺)으로 계산하면 자루의 길이 2척 4촌, 국자 입구의 세로지름 4촌 반, 가로지름 4촌이며, 깊이 1촌, 용량 1승이라고 하였다. [匏爵圖12: 15-蒲勺] 참조.

㉔ 작(爵: 1승 술잔): '작'은 1승 용량의 술잔을 말하며, 또 술잔의 총칭이기도 하다. 완심(阮諶)의 『삼례도』에 의하면, 참새의 꼬리 길이 6촌, 너비 2촌인데 날개를 펼치고 있으며, 다리는 네모지고, 안쪽에 붉은 칠을 하고, 붉은 구름 문양을 그려 넣는다고 하였는데, 황이주는 근거가 없다고 비판했다.(『禮書通故』 권49, 2450쪽 참조) 또 섭숭의 『삼례도집주』의 도상을 보면, 앞쪽에 술을 따르는 주둥이[流, 鼻]가 있고, 뒤쪽에 참새의 꼬리가 있고, 중앙에 술잔이 있고, 아래쪽에 둥근 다리가 있다.

㉕ 고(觚: 2승 술잔): 2승 용량의 술잔으로, 섭숭의에 의하면 주둥이 지름 4촌, 안쪽의 깊이 4촌 5분, 바닥 지름 2촌 6분, 다리는 원형이다. [匏爵圖12: 17-觚] 참조.

㉖ 치(觶: 3승 술잔): 3승 용량의 술잔으로, 섭숭의에 의하면 주둥이 지름 5촌,

안쪽의 깊이 4촌 강(强), 바닥 지름 3촌이다. [匏爵圖12: 18-觶] 참조.

㉗ 각(角: 4승 술잔): 4승 용량의 술잔으로, 섭숭의에 의하면 주둥이 지름 5촌, 안쪽의 깊이 5촌 4분, 바닥 지름 3촌이다. [匏爵圖12: 19-角] 참조.

㉘ 산(散: 5승 술잔): 5승 용량의 술잔으로, 섭숭의에 의하면 주둥이 지름 6촌, 안쪽 깊이 5촌 1분강(强), 바닥 지름 4촌이다. [匏爵圖12: 20-散] 참조.

㉙ 풍(豐: 술잔 받침대): 술잔을 담아 두는 예기(禮器)로서, 형태가 두(豆)와 유사한데 대체로 높이가 낮다. 『의례』「향사례」 정현의 주에 "풍(豐)을 진설하는 것은 그 술잔을 받들게 하려는 것이다. 풍의 형태는 대체로 두(豆)와 유사한데 높이가 낮다.[設豐, 所以承其爵也. 豐形蓋似豆而卑.]"고 하였다.

㉚ 어(棜: 갸자): '어(棜)'는 '갸자' 혹은 '가자(架子)'로서, 희생·음식 등을 들고 나르는 들것의 일종으로 다리가 없다. 정현의 주에 의하면, 어(棜)는 한대의 대목여(大木轝)와 같은데, 위쪽은 사방으로 빙 둘러져 있고 아래에는 다리가 없다.(『의례』「특생궤사례」, 정현의 주, "棜之制, 如今大木轝矣. 上有四周, 下無足.") 옛 『삼례도』에 의하면, 길이는 4척이고, 너비는 2척 4촌, 깊이는 5촌으로, 푸른색의 구름 문양과 능소화(凌霄花) 문양을 그려 넣는다. 호배휘(胡培翬)는 '어(棜)'에는 음식물을 싣고 나르는 들것과 술동이를 받쳐 놓는 받침대의 두 가지가 있다고 하였다.(『儀禮正義』 권34, 2097쪽 참조.)

㉛ 제도가~나타내었다: 옛 『삼례도』에 의하면 '어(棜)'는 길이 4척, 너비 2척 4촌, 깊이 5촌인데, '진찬어(陳饌棜)'는 길이 7척, 너비 2척 4촌, 깊이 5척 5촌으로 그 제도가 다르다. 다만 푸른 구름 문양을 그려 넣고, 능소화로 장식을 하는 것은 마찬가지이다. [匏爵圖12: 24-陳饌棜] 참조.

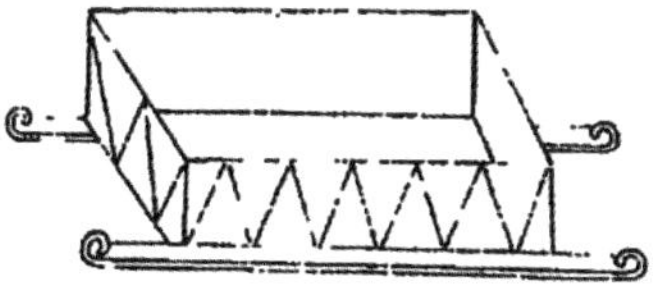

진찬어(陳饌椸)
『欽定儀禮義疏』(청)

㉜ 금(禁: 술동이 받침대): 술동이나 술잔을 받쳐 놓는 기구이다. '어(棜)'·'어금(棜禁)'·'사금(斯禁)'이라 칭하는 술동이 받침대도 있다. '금'에는 다리가 있고, '어'·'어금'과 '사금'에는 다리가 없으며, 대부는 '어(棜)'를 사용하고 사는 '금(禁)'을 사용한다. 섭숭의의 『삼례도집주』에서 인용한 옛 『삼례도』에 의하면 '금'은 길이가 4척, 너비가 2척 4촌이며, 받침대의 다리 높이는 3촌'이다. 『예기정의』「예기(禮器)」에 "대부와 사는 어(棜)와 금(禁)을 사용한다.[大夫士棜禁]"고 하였는데, 공영달은 "대부는 어(棜)를 사용하고, 사는 금(禁)을 사용한다.[大夫用棜, 士用禁.]"고 해석하였다. 또한 정현은 같은 경문에 대해 "어(棜)는 사금(斯禁)이다. 그것을 '어(棜)'라고 말하는 것은 다리가 없어서 어(棜: 갸자, 음식을 나르는 들것)와 비슷하기 때문에 아마도 그렇게 명칭을 붙여 부른 듯하다. 대부는 사금(斯禁)을 사용하고, 사는 금(禁)을 사용하는데, 오늘날의 방안(方案: 앉은뱅이책상)처럼 생겼다.[棜, 斯禁也. 謂之棜者, 無足, 有似於棜, 或因名云耳. 大夫用斯禁, 士用禁, 如今方案.]"고 하였다.

㉝ 겉은 검은 비단으로~진홍색으로 한다: 옛 『삼례도』에 의하면, 사와 대부는 짙은 검은색[緇]의 베로 만드는데 속은 적색으로 하고, 제후와 천자는 검은색[玄]의 비단으로 만드는데 속은 누런빛을 띠는 진홍색으로 한다. [匏爵圖12: 26-覆饌巾] 참조.

㉞ 대광(大筐: 네모진 큰 대광주리): '광(筐)'은 곡물을 담는 광주리로, 대나무로 만든다. 네모진 것을 '광(筐)'이라 하고, 둥근 것을 '거(筥)'라고 한다. 군주는 빈에게 곡물을 담은 100개의 거(筥: 둥근 대광주리)를 보내 주는데, '거'는 1/2곡 즉 5두이다. 대부는 빈에게 곡물을 담은 8개의 광(筐: 네모진 대광주리)을 보내 주는데, '광'의 용량은 5곡 즉 50두이다.(『의례』「빙례」)

㉟ 왕후가~사용한다: 빙례에서 빈객이 근교에 이르렀을 때 주국(主國)에서 경·대부를 보내어 빈의 노고를 위로하는 '교로(郊勞)'의 의절을 말한 것이다. 『의례』「빙례」에 "부인은 하대부로 하여금 2개의 죽궤방(竹簋方)을 들고 가서 빈을 위로하게 한다. 죽궤방은 겉은 검은색 비단을 입히고, 안쪽은 누런빛을 띠는 진홍색을 입혀서 만드는데, 덮개가 있다.[夫人使下大夫勞以二竹簋方, 玄被纁裏, 有蓋.]"고 하였다. 정현의 주에는 "'죽궤방'은 그릇의 명칭이다. 대나무로 만들며, 형상은 궤(簋: 둥근 밥그릇)와 유사하지만 네모졌다. 오늘날의 한구거(寒具筥)와 같다. 한구거는 둥근데, 이것은 네모졌을 뿐이다.[竹簋方者, 器名也. 以竹爲之, 狀如簋而方. 如今寒具筥. 筥者圜, 此方耳.]"라고 하였다.

【目錄20: 鼎俎정조 제13】

[鼎俎圖13 :01-斛]

곡(斛: 10두의 용량)① 【양(量)의 명칭이다.】

[斛.【量名.】]

[鼎俎圖13 :02-釜]

부(釜: 6두 4승의 용량)【양(量)의 명칭으로, 용량은 6두 4승이다. 이 두 가지 양(量: 斛·釜)은 다른 양기(量器)들의 표준이 된다.】

[釜.【量名, 受六斗四升. 此二量與諸器爲准.】]

[鼎俎圖13 :03-牛鼎]

우정(牛鼎: 쇠고기를 담는 세발솥)【우정·양정·시정은 모두 그 종류에 걸맞은 동물

로 장식을 한다.】

[牛鼎.【牛·羊·豕鼎, 皆以其類爲飾.】]

[鼎俎圖13 :04-羊鼎]

양정(**羊鼎:** 양고기를 담는 세발솥)

[羊鼎.]

[鼎俎圖13 :05-豕鼎]

시정(**豕鼎:** 돼지고기를 담는 세발솥)

[豕鼎.]

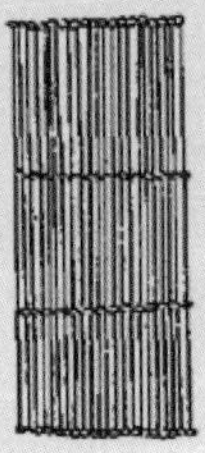

[鼎俎圖13 :06-鼎冪]

정멱(**鼎冪:** 세발솥 덮개보)② 【띠풀로 만든다.】

[鼎幂.【以茅爲之.】]

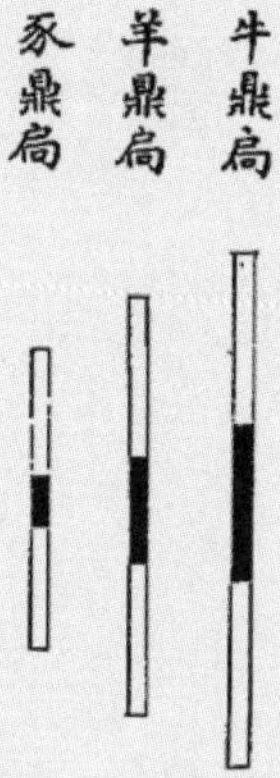

[鼎俎圖13 :07-牛鼎扃·羊鼎扃·豕鼎扃]

우정경(牛鼎扃: 쇠고기를 담은 세발솥을 꿰어서 드는 가로막대)【가로막대의 길이는 3척이다.】

[牛鼎扃.【長三尺.】]

양정경(羊鼎扃: 양고기를 담은 세발솥을 꿰어서 드는 가로막대)【가로막대의 길이는 2척 5촌이다.】

[羊鼎扃.【長二尺五寸.】]

시정경(豕鼎扃: 돼지고기를 담은 세발솥을 꿰어서 드는 가로막대)【가로막대의 길이는 2척 3촌이다. 세 가지 가로막대는 모두 양끝에 각각 3촌씩 붉은 칠을 한다.】

[豕鼎扃.【長二尺三寸, 皆漆其兩端, 各朱三寸.】]

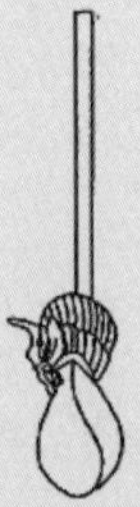

[鼎俎圖13 :08-朼]

비(朼: 희생고기를 건져 내는 나무 숟가락 모양의 기구)【속이 붉은 멧대추나무로 만들고, 용의 머리를 새겨 장식한다.③】

[朼.【用棘心刻龍頭.】]

[鼎俎圖13 :09-疏匕]

소비(疏匕: 고기국물을 뜨는 조각장식의 숟가락)【자루와 머리 부분에 모두 칠을 하여 장식한다. 머리 부분에는 붉은 칠을 하고, 주두의 깊이를 얕게 만든다.④ 자루에는 적색의 구름 문양을 그려 넣어 장식을 한다. 살펴보건대, '朼'와 '匕' 두 글자는 경전에서 통용된다. '采'와 '綵', '揄'와 '搖' 따위도 모두 이와 마찬가지이다.】

[疏匕.【柄·葉皆漆. 葉丹, 爲淺升, 柄畫赤雲氣. 案朼·匕二字, 經典通用. 采·綵, 揄·搖之屬, 並類此.】]

[鼎俎圖13:10-挑匕]

도비(挑匕: 고기국물을 뜨는 긴 자루의 숟가락)⑤【('挑'의 음은) '吐'와 '彫'의 반절(도)이다. 또 다른 음은 '由(유)'이다. 자루와 머리 부분에 모두 칠을 한다. 또한 붉은 칠을 하는데, 주두의 깊이를 얕게 만든다. 나무자루에도 붉은 칠을 한다.】

[挑匕.【吐彫反, 又音由. 柄·葉皆漆. 亦丹, 爲淺升. 柄木亦丹.】]

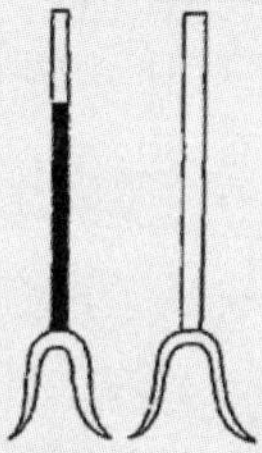

[鼎俎圖13:11-畢]

필(畢: 희생의 몸체를 꿰는 기구)⑥【옛 『삼례도』에 "머리 부분의 너비는 3촌, 가운데 쇠붙이 장식에서 1촌을 제거하고 갈래창[叉]을 만든다. 자루의 길이는 2척 4촌이다. 자루의 끝과 양쪽 머리 부분에 칠을 하는데, 모두 주색으로 칠을 한다."고 하였다. 또 『예기』「잡기 상」에 "필은 길이가 3척이다."라고 하였으니, 양쪽 머리 부분은 길이가 6촌인 듯하다.】

[畢.【舊『圖』云, "葉博三寸, 中鏤去一寸爲叉, 柄長二尺四寸, 漆其柄末及兩葉, 皆朱." 又「雜記」云, "畢長三尺", 則兩葉似長六寸矣.】]

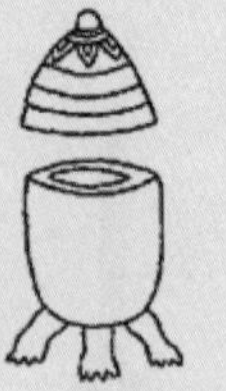

[鼎俎圖13 : 12-鉶鼎]

형(**鉶:** 국솥)⑦【뚜껑이 있다.】

[鉶.【有蓋.】]

[鼎俎圖13 : 13-鉶柶]

형사(**鉶柶:** 국을 뜨는 숟가락)【나무로 만든다. 예주(단술)를 뜨는 숟가락은 뿔로 만든다.⑧】

[鉶柶.【用木. 醴柶角.】]

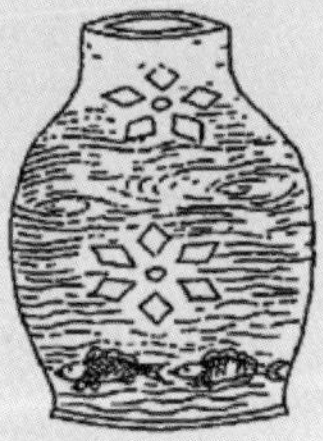

[鼎俎圖13 : 14-洗]

세(**洗:** 물받이 항아리)⑨【물결문양·마름꽃·물고기를 그려 넣어 장식을 한다. 주나

라의 예에서는 기물을 장식할 때는 각기 그 종류에 걸맞게 하였다.】

[洗.【畫水文菱花魚. 周之禮, 飾器各以其類.】]

[鼎俎圖13:15-洗罍]

세뢰(洗罍: 물 항아리)⑩【가운데에 붉은 칠을 하고, 붉은 구름문양을 그려 넣어 장식을 한다.】

[洗罍.【漆赤中, 畫赤雲氣.】]

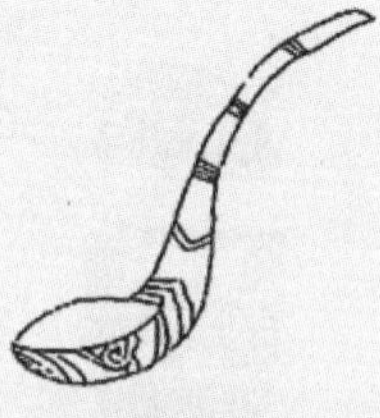

[鼎俎圖13:16-洗勺]

세작(洗勺: 물을 뜨는 숟가락)【끝부분에 용의 머리를 새겨 넣어 장식을 하고, 금빛 칠을 하고 푸른 구름문양을 그려 넣어 장식을 한다.】

[洗勺.【頭刻龍首, 金漆, 畫青雲氣.】]

[鼎俎圖13 :17-盥盤]

관반(盥盤: 세숫대야)【윗글자의 음은 '管(관)'이다.】

[盥盤.【上音管.】]

[鼎俎圖13 :18-匜]

이(匜: 물주전자)【옛날에는 물이 흘러나오는 주둥이의 길이를 6촌으로 만들었다. 또 길이가 3촌이라고도 한다. 이제 이에 의거하여 사용한다.】

[匜.【舊作流長六寸. 又云長三寸. 今依而用之.】]

[鼎俎圖13 :19-簋]

궤(簋: 둥근 밥그릇)⑪【뚜껑이 있다.】

[簋.【有蓋.】]

[鼎俎圖13 :23-籩]

변(籩: 내나무 제기)⑫【대사(大祀)에는 두(豆)와 변(籩) 각각 12개를 진설하고, 중사(中祀)에는 각각 9개를 진설하고, 소사(小祀)에는 각각 8개를 진설한다.】

[**籩.**【大祠, 豆籩各十二. 中祠各九. 小祠各八.】]

[鼎俎圖13 :24-籩巾]

변건(籩巾: 대나무제기를 덮어 두는 수건)⑬

[籩巾.]

[鼎俎圖13 :25-登]

등(登: 질그릇 제기)⑭【『개원례』에 의하면 천지·일월·오방상제에게 각각 제사를 지낼 때 보(簠: 네모진 밥그릇)·궤(簋: 둥근 밥그릇)·등(登: 질그릇 제기)·조(俎: 희생제기) 각각 하나씩 진설하는데, 형(鉶: 국그릇)은 없다. 종묘에서 제사 지낼 때는 실(室)마다 보(簠)와 궤(簋) 각각 2개씩 진설하고, 등(登)·형(鉶)·조(俎)는 각각 3개씩 진설한다. 사직(社稷)·선잠(先蠶)·선성(先聖)·선사(先師)·제태공(齊太公: 강태공)에 제사를 지낼 때는 보(簠)와 궤(簋) 각각 2개씩을 진설하고, 등(登)·형(鉶)·조(俎)는 각각 3개씩 진설한다.】

[登.【『開元禮』, 天地日月五方上帝各祭時, 簠·簋·登·俎各一, 無鉶. 宗廟每室簠·簋各二, 登·鉶·俎各三, 社稷·先蠶·先聖·先師·齊太公, 簠簋各二, 登鉶俎各三.】]

[鼎俎圖13 :26-梡俎]

관조(梡俎: 순임금의 희생제기)【(‘梡’의) 음은 ‘苦’와 ‘管’의 반절(관)이다. 순임금의 희생제기이다. 4개의 다리가 있다.】

[梡俎.【音苦管反. 有虞氏之俎, 四足.】]

[鼎俎圖13 :27-嶡俎]

궐조(嶡俎: 하나라의 희생제기)【音(‘嶡’의) 음은 蹶(궐)이니, ‘居’와 ‘衛’의 반절이다. 하나라의 희생제기로, 다리 사이에 가로 막이[距][15]가 있다.】

[嶡俎【音蹶, 居衛反. 夏俎, 足間有距.】]

[鼎俎圖13 :28-椇俎]

구조(椇俎: 은나라의 희생제기)⑯【('椇'의) 음은 '俱(구)'이다. 탱자나무로 가지가 매우 구부러지고 휘어져 있다. 은나라 희생제기의 다리 역시 구부러져 있어 이와 유사하다. 그러므로 '구조'라고 한 것이다.】

[椇俎.【音俱. 枳椇之樹, 枝多曲撓. 殷俎足亦曲, 似之, 故云'椇俎'.】]

[鼎俎圖13 :29-房俎]

방조(房俎: 주나라의 희생제기)⑰【주나라의 제도인데, 오늘날 이것을 사용한다.】

[房俎.【周制, 今用之.】]

역주

① 곡(斛: 10두의 용량): '곡'은 용량을 헤아리는 기구이자 용량의 단위로, 한대에는 10두가 1곡이었으며, 『의례』「빙례·기」 정현의 주에도 10두를 1곡이라고 하였다.(十斗曰斛.) 하지만 남송 말년에는 5두를 1곡으로 바꾸었다. 전한 말에 왕망이 곡(斛)·두(斗)·승(升)·홉(合)·약(龠)의 5가지를 합해서 하나의 양기(量器)를 만들었는데, 양기의 상부가 곡(斛), 하부가 두(斗), 왼쪽 귀가 승(升), 오른쪽 귀가 홉(合)과 약(龠)에 해당한다. 고대의 표준 양기(量器)인 가량(嘉量)은 바로 약·홉·승·두·곡을 하나의 양기로 만든 것이다. 『한서』「율력지 상」에 "'양(量)'은 (그 단위가) 약(龠)·홉(合)·승(升)·두(斗)·곡(斛)이니, 많고 적음을 헤아리는 기구이다. 본래 황종(黃鍾)의 약(龠: 피리)에서 유래했는데, 도(度: 길이)와 수(數: 다과)를 가지고 그 용량을 살펴서 정하니, 검은 기장의 낱알 가운데 중간치 1,200개를 취해서 그 약(龠)을 채우고, 우물물을 부어서 그 위를 수평이 되게 한다. 2약이 1홉, 10홉이 1승, 10승이 1두, 10두가 1곡이 되어 5가지 양기(量器)가 갖추어진다. 그 법은 구리를 사용하여 제작하는데, 사방 1척으로 만들어서 그 밖을 둥글게 하고, 옆쪽에는 나팔 모양의 귀가 있다. 그 위쪽이 '곡', 그 아래쪽이 '두', 왼쪽 귀가 '승', 오른쪽 귀가 '홉'과 '약'이 된다. 그 모양은 술잔[爵]과 유사하며, 그것으로 작위와 봉록을 나눈다.[量者, 龠·合·升·斗·斛也, 所以量多少也. 本起于黃鍾之龠, 用度數審其容, 以子穀秬黍中者千有二百實其龠, 以井水準其概. 合龠爲合, 十合爲升, 十升爲斗, 十斗爲斛, 而五量嘉矣. 其法用銅, 方尺而圜其外, 旁有庣

焉. 其上爲斛, 其下爲斗, 左耳爲升, 右耳爲合·龠. 其狀似爵, 以縻爵祿.]"
고 하였다.

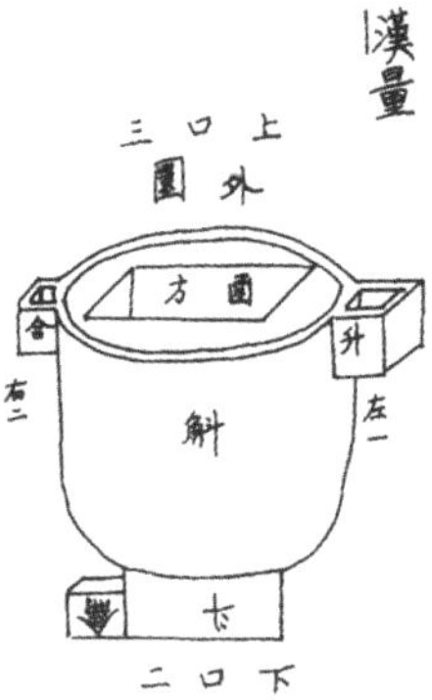

한량(漢量)
黃以周, 『禮書通故』(청)

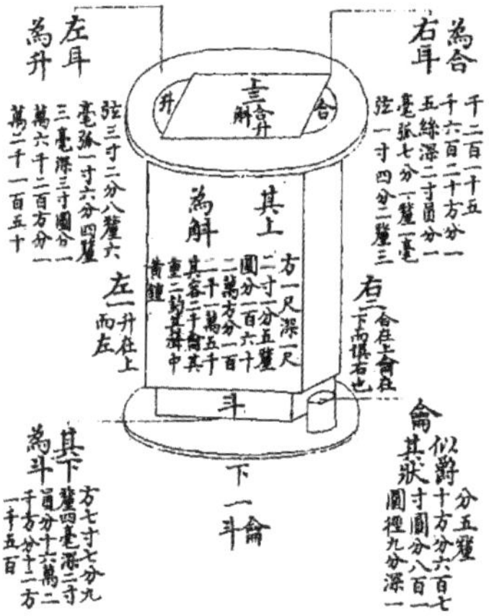

가량(嘉量)
陳暘, 『樂書』(송)

곡(斛)
聶崇義, 『三禮圖』(송)

①동한 '尙方造' 銅籥
몸체 입지름 3.55cm, 밑지름 2.1cm
높이 2cm, 용량 10㎖
『新見秦漢度量衡器集存』

②동한 銅合
길이 17.3cm, 몸체 바깥 입지름 4.2cm, 안쪽 입지름 3.95cm, 바깥 밑지름 3.01cm, 안쪽 밑지름 2.65cm, 높이 2.61cm, 용량 19.71㎖
『新見秦漢度量衡器集存』

③서한 筒形 銅升
높이 6.4cm 입지름 7.1cm 밑지름 7cm 용량 0.205ℓ
『新見秦漢度量衡器集存』

④서한 '南陵小斗' 銅量
높이 9.2cm, 입지름 14.2cm,
밑지름 14cm, 용량 1.255ℓ
『新見秦漢度量衡器集存』

⑤新 銅斛
높이 27.3cm 직경 33.2cm 용량 19ℓ
산서성 박물관 소장
『中國古代度量衡圖集』

② 정멱(鼎冪: 세발솥 덮개보): 띠풀을 엮어서 음식물을 담은 세발솥 위를 덮는 덮개보를 말한다. 후에는 베로 수건을 만들어 덮었다. 『의례』「공사대부례」에 "가로막대로 세발솥의 양 귀를 꿰어 걸고 덮개보로 세발솥의 위를 덮는다. 덮개보는 띠풀의 밑동을 묶거나 중간 부분을 엮어서 만든다.[設扃·鼏, 鼏若束若編.]"고 하였다. 정현의 주에는 "세발솥의 덮개보는 대체로 띠풀로 만드는데, 띠풀의 길이가 길면 밑동을 묶고, 짧으면 그 가운데를 엮어서 만든다.[鼎鼏, 蓋以茅爲之, 長則束本, 短則編其中央.]"고 하였다. 황이주는 밑동을 묶은 것을 '속멱(束冪)', 가운데를 엮은 것을 '편멱(編冪)'이라 하였다.

정멱(鼎冪)
聶崇義, 『三禮圖』(송)

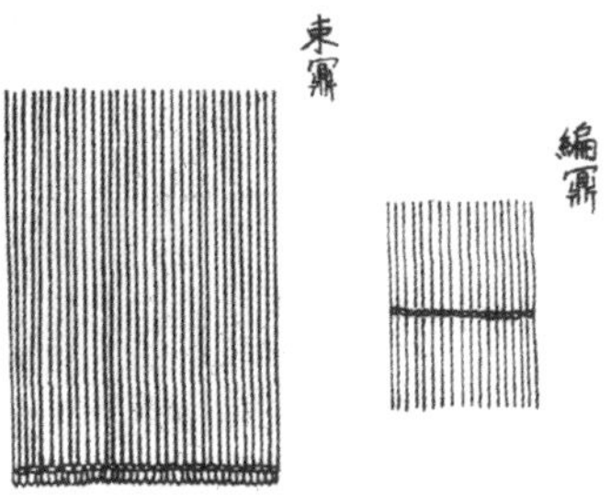

속멱·편멱
黃以周, 『禮書通故』(청)

③ 멧대추나무~장식한다: '朼'는 '匕'로도 쓴다. '비'에는 세발솥[鼎]에서 희생고기를 건져 낼 때 사용하는 '생비(牲匕)'와 음식이나 술을 뜨는 '반비(飯匕)'가 있다. 그 형상은 서로 비슷한데, '생비'가 비교적 크다. 상제(喪祭)를 지낼 때는 뽕나무로 만든 것을 사용하고, 길제(吉祭)에는 멧대추나무로 만든 것을 사용한다. 『예기』「잡기 상(雜記上)」에 "비(枇: 희생을 건져 내는 숟가락 모양의 도구)는 뽕나무로 만든 것을 사용하는데 길이는 3척이다. 어떤 이는 5척이라고도 한다.[枇以桑, 長三尺, 或曰五尺.]"고 하였는데, 정현은 "'비(枇)'는 희생을 건져 내는 기구이다. 이것은 상제(喪祭)의 경우를 가리킨다. 길제(吉祭)에는 비(枇)는 대추나무로 만든 것을 사용한다.['枇', 所以載牲體者. 此謂喪祭也. 吉祭, 枇用棘.]"고 하였다. 학경(郝敬)은 '극심(棘心)'은 멧대추나무 속이 붉은 것이라고 하였다.(棘木心赤).(胡培翬, 『儀禮正義』 권36, 2206쪽 참조.)

④ 주두의 깊이를 얕게 만든다: 원문은 '爲淺升'이다. 이 문장은 『의례』「유사철(有司徹)」의 '도비(桃匕)'와 '소비(疏匕)'에 대한 정현의 주에 나오는 말인데, 『의례』의 각 판본에도 모두 '升'으로 되어 있다. 그런데 단옥재(段玉裁)의 『설문해자주(說文解字注)』와 왕념손(王念孫)의 『광아소증(廣雅疏證)』에는 이 문장을 인용하면서 모두 '升'을 '斗'로 바꾸었다. 의미상에서 볼 때 '升'은 '斗'가 되어야 한다.(北京大整理本『儀禮註疏』 권49, 1093쪽 교감기 및 胡培翬, 『儀禮正義』 권39, 2349쪽 참조.)

⑤ 도비(挑匕: 고기국물을 뜨는 긴 자루의 숟가락): '桃匕'로도 쓴다. '도비'는 주두의 깊이는 얕지만 자루가 긴 숟가락이다. 이 때문에 먼저 자루가 긴 '도비'로 세발솥 안에서 고기국물을 뜨고, 다시 자루에 조각장식을 한 소비(疏匕) 안에 따른다.(『의례』「유사철」 참조.)

⑥ 필(畢: 희생의 몸체를 꿰는 기구): 『의례』「특생궤사례」 정현의 주에 "'필

(畢)'은 생김새가 차(叉)와 같다. 필성(畢星)과 비슷하기 때문에 이름을 취한 것이다.['畢', 狀如叉. 蓋爲其似畢星取名焉.]"라고 하였다. '필성'은 28수(宿)의 하나로, 서방 백호의 7수 가운데 5번째 별자리이다. 8개의 작은 별들로 구성되는데, 그 분포하는 형상이 사냥할 때 사용하는 그물망[畢, 網]과 비슷해서 '필(畢)'이라고 한 것이다. 고대인들은 '필성(畢星)'은 군대와 비를 주관한다고 여겼다. 학의행은 "필성은 8개의 별들이 포개어 꿰어져 있는데 양쪽으로 갈라져 나온다. 따라서 '畢의 형상이 叉와 같다.'는 것은 끄트머리를 갈라놓은 형상을 갖고 말한 것으로, 필성이 양쪽으로 갈라져 나오는 형상과 유사하기 때문에 명칭을 취한 것이다. 또 짐승을 가려서 잡는 그물망을 '필(畢)'이라고 한 것도 필성에서 이름을 취한 것이다."라고 하였다.(胡培翬, 『儀禮正義』 권35, 2116쪽 참조.)

⑦ 형(鉶: 국솥): 국을 담는 솥이다. 섭숭의에 의하면, 용량은 1승, 입 지름이 6촌, 다리가 3개 있는데 높이는 1촌이며, 양쪽에 귀가 있고, 뚜껑이 있다. 사는 철로 만들고, 대부는 구리로 만들고, 제후는 백금으로 장식을 하고, 천자는 황금으로 장식을 한다. 또 섭숭의는 '형(鉶)'은 국을 담는 솥으로 곧 '형정(鉶鼎)'이라고 하였다. 국을 담는 측면에서는 '형갱(鉶羹)'이라 하고, 그릇의 형태로 말하면 '형정(鉶鼎)'이라 하고, 그릇 안에 서수(庶羞: 여러 가지 맛난 음식)를 담는 측면에서는 '수정(羞鼎)'이라고 하는데, 기실 모두 같은 것이라고 하였다.([鼎俎圖13: 12-鉶] 참조.) 그러나 황이주(黃以周)는 대갱(大羹) 즉 나물을 넣지 않고 끓인 고기국물은 등(登: 鐙, 질그릇 제기)에 담고, 형갱(鉶羹) 즉 나물을 넣어 간을 맞춘 고깃국은 형(鉶)에 담으므로, '형'은 희생을 담는 정(鼎)에 속하는 것이 아니라고 하였다. 또 『태평어람』에 인용된 『구도(舊圖)』에는 다리의 높이가 1촌이라고 하였는데, 섭숭의는 형(鉶)을 정(鼎)의 일종으로 이해했기 때문에 이

를 바꾸어서 '다리가 3개 있는데 높이는 1촌'이라고 한 것은 잘못이라고 비판하였다. '형(鉶)'은 국을 담는 솥이고, '정(鼎)'은 희생을 담는 솥으로 두 그릇은 구별되어야 한다고 하였다.(黃以周, 『禮書通故』 권47, 187쪽 참조.)

⑧ 예주(단술)를 뜨는 숟가락은 뿔로 만든다: 예주를 뜨는 숟가락은 뿔로 만들기 때문에 그것을 '각사(角柶)'라고 한다. 또 '각사'에는 두 가지가 있다. 하나는 예주나 음식물을 뜨거나 취하기 위한 용도로, 자루가 구부러져 있고 주두를 얕게 만든다. 『의례』「사관례」 정현의 주에 "'사(柶)'는 모양이 비(匕)와 유사한데, 뿔로 만드는 것은 매끄럽게 하기 위한 것이다.['柶'狀如匕, 以角爲之者, 欲滑也.]"라고 하였다. 다른 하나는 상례에서 사람이 막 죽었을 때 반함을 할 수 있도록 이빨을 벌려 놓을 때 사용하는 뿔 숟가락[角柶]이다.(『의례』「사상례」, "楔齒用角柶.") 이 각사는 예주를 뜰 때 사용하는 각사와 달리 숟가락 두 개를 멍에처럼 연결해 놓은 모양이다.

형사(鉶柶)
聶崇義, 『삼례도』(송)

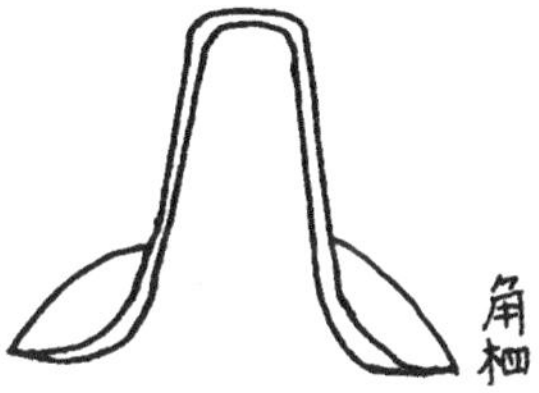

상례의 각사(角柶)
黃以周, 『禮書通故』(청)

⑨ 세(洗: 물받이 항아리): '세'는 손이나 술잔을 씻고 난 후 버리는 물을 받는 기구를 말한다. 시종하는 사람이 구기[枓]를 이용하여 미리 물을 담아 둔 물 항아리[罍水]에서 물을 따라 부어 주면, 손이나 술잔을 씻는 사람

은 그 물로 손이나 술잔을 씻은 후 물을 버리는데, 버리는 물을 받는 기물을 '세(洗)'라고 한다. 섭숭의의 『삼례도』에 인용된 옛 『삼례도』에는 "높이가 3척, 입 지름이 1척 5촌, 밑지름 3척이다. 중앙의 몸체는 작고, 안은 텅 비어 있다."고 하였다.

⑩ 세뢰(洗罍: 물 항아리): 술잔이나 손을 씻을 물을 담아 둔 항아리를 말한다.

⑪ 궤(簋: 둥근 밥그릇): 기장밥을 담는 둥근 밥그릇이다. 밖은 둥글고 안쪽은 네모지며, 뚜껑이 있고, 4개의 짧은 다리가 있으며, 용량은 1두 2승이다. 제사나 연회를 할 때 항상 짝수로 진설한다. 주나라의 제도에서 천자의 제사에는 8개를 진설했다. 『주례』의 「지관·사인(舍人)」과 「추관·장객(掌客)」 및 『예기』 「예기(禮器)」 정현의 주에 의하면 둥근 것을 '궤(簋)'라고 하는데 기장을 담는 그릇이다. 뚜껑이 있고, 거북의 형상을 장식하며, 바깥쪽은 둥글고, 안쪽은 네모지다. 『주례주소』 「지관·사인(舍人)」 가공언의 소에서도 네모진 것을 '보', 둥근 것을 '궤'라고 하였다.[方曰簠, 圓曰簋.]

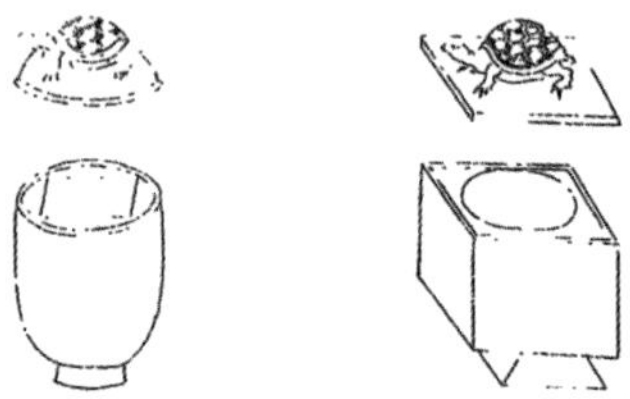

궤(簋)와 보(簠)
『欽定儀禮義疏』(청)

⑫ 변(籩: 대나무 제기): 마른 음식을 담아 놓는 그릇으로, 대나무로 만든다. 이에 비해 '두(豆)'는 채소절임이나 젓갈 등 젖은 음식을 담는 그릇으로, 나무나 질그릇 등으로 만든다. 『의례』 「향사례」 정현의 주에 "두는

젖은 음식을 담는 데에 적당하고, 변은 마른 음식을 담는 데에 적당하다.[豆宜濡物, 籩宜乾物故也.]"고 하였다. 또 『주례』와 『예기』 정현의 주에 의하면 '변'과 '두'는 모두 용량이 4승이다.

⑬ 변건(籩巾: 대나무제기를 덮어 두는 수건): 섭숭의에 의하면, '변건'은 거친 갈포로 만드는데, 바깥쪽은 검은색으로 하고 안쪽은 누런빛을 띠는 진홍색으로 만들며, 둘레는 1폭이다. [鼎俎圖13: 24-籩巾] 참조.

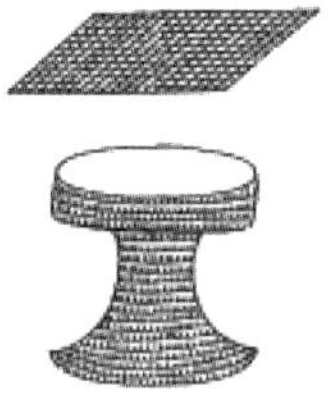

변籩과 변건籩巾
『明集禮』(명)

⑭ 등(登: 질그릇 제기): 흙을 구워서 만든 제기로서, '등(鐙)'이라고도 한다. 『의례』「공사대부례」에는 '등(鐙)'으로 되어 있는데, 정현과 가공언 모두 "흙을 구워서 만든 제기를 '등(鐙)'이라 한다.[瓦豆謂之'鐙']"고 하였다. 『이아』에는 '등(登)'으로 되어 있다. 『이아』「석기(釋器)」에 "나무로 만든 제기를 '豆'라 하고, 대나무로 만든 제기를 '변(籩)'이라 하고, 흙을 구워서 만든 제기를 '등(登)'이라 한다.[木豆謂之'豆', 竹豆謂之'籩', 瓦豆謂之'登'.]"고 하였다. 『모시(毛詩)』「대아·생민(生民)」 모형(毛亨)의 전(傳)에는 "두(豆)에는 야채절임과 고기젓갈을 담고, 등(登)에는 나물을 넣지 않은 고깃국을 담는다.[豆, 薦菹醢, 登, 大羹也.]"고 하였다. 『주례』「고공기」에 의하면 '와두(瓦豆)'는 용량이 4승이고, 높이는 1척, 두께 2.5촌이며, 고깃국을 담기 때문에 뚜껑이 있다.

⑮ 가로 막이[距]: '거(距)'는 본래 수탉이나 꿩 등의 다리 뒷부분에 돌출된 발가락 같은 부분을 가리키는데, 이곳에서는 양쪽 다리를 가로로 연결시켜 다리의 안정성을 지탱해 주기 위해 설치하는 가로 막대를 말한다.

⑯ 구조(椇俎: 은나라의 희생제기): '구(椇)'는 갈매나무과의 헛개나무를 말한다. 호깨나무, 호로깨나무라고도 한다. 한자로는 지구자(枳椇子), 괴조(拐棗), 목밀(木蜜), 목산호(木珊瑚) 등으로 쓴다. 명대 이시진이 쓴 『본초강목』에는 "열매는 숙취를 덜게 하고 간을 보호해 주는 약효가 있다. 나무 조각을 술독에 넣으면 술이 물로 된다."고 했다.

⑰ 방조(房俎: 주나라의 희생제기): 주나라 시대의 희생제기로, 상하 2층으로 되어 있고, 다리 사이에 가로막대가 걸쳐 있고, 그 아래에 받침대[跗]가 있어 집의 구조에서 당(堂)의 뒤쪽으로 동서 양쪽의 방(房)이 있는 것과 모양이 유사하다. 그래서 '방조(房俎)'라고 한 것이다. 『예기』「명당위」 정현의 주에 "'방(房)'은 다리 아래의 받침대를 가리키니, (받침대의) 위아래 양쪽 사이가 당(堂) 뒤쪽의 방(房)이 있는 것과 유사함을 가리킨다.['房', 謂足下跗也, 上下兩間, 有似於堂房.]"고 하였다.

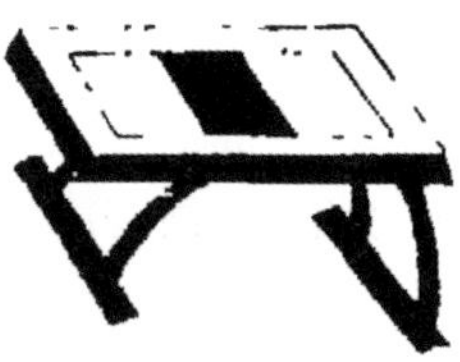

방조(房俎)
聶崇義, 『三禮圖』(송)

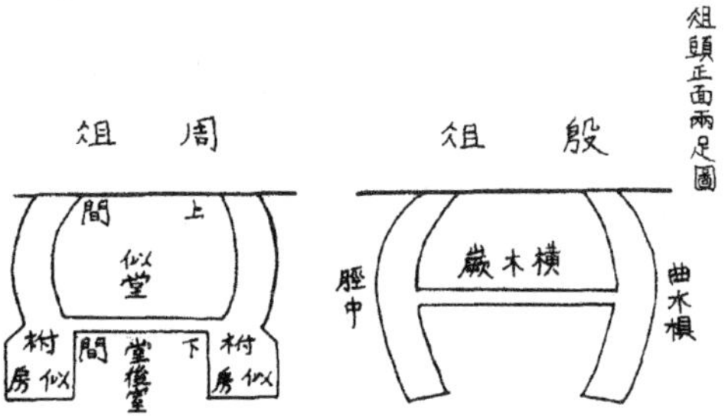

黃以周, 『禮書通故』(청)

【目錄20: 尊彝준이 제14】

[尊彝圖14 :01-雞彝]

계이(**雞彝**: 닭의 문양을 장식한 술동이)[①]【명수(明水)[②]를 담는다. 아래쪽에 받침대가 있는데, 풀과 꽃을 그려 넣어 문식을 한다. (술동이의) 제도를 드러내고자 했으므로 (술동이와 받침대를) 서로 연결하여 도상으로 나타내지는 않았다.】

[雞彝.【盛明水. 下有舟, 畫草華爲飾. 欲顯制度, 故不相連.】]

[尊彝圖14 :03-鳥彝]

조이(**鳥彝**: 봉황의 문양을 장식한 술동이)[③]【울창주를 담는다. 아래 유이(蜼彝)에 이르기까지 모두 받침대와 연결하여 도상으로 나타냈다.】

[鳥彝.【盛鬱鬯. 下至蜼彝, 皆連舟.】]

[尊彝圖14 :04-斝彝]

가이(**斝彝:** 벼 이삭의 문양을 장식한 술동이)⑷【('斝)'의 음은 '稼(가)'이다. 명수를 담는다.】

[斝彝. 【音稼. 盛明水.】]

[尊彝圖14 :05-黃彝]

황이(**黃彝:** 황금의 눈을 장식한 술동이)⑸【울창주를 담는다.】

[黃彝.【盛鬱鬯.】]

[尊彝圖14 :06-虎彝]

호이(**虎彝:** 호랑이의 문양을 장식한 술동이)⑹【명수를 담는다.】

[虎彝.【盛明水.】]

[尊彝圖14 :07-蜼彝]

유이(蜼彝: 긴 꼬리 원숭이의 문양을 장식한 술동이)⑦【울창주를 담는다.】

[蜼彝.【盛鬱鬯.】]

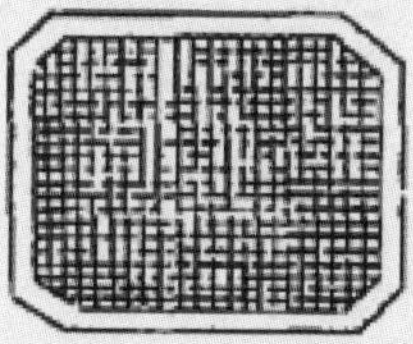

[尊彝圖14 :08-畫布巾]

화포건(畫布巾: 고운 베로 만든 덮개보)⑧

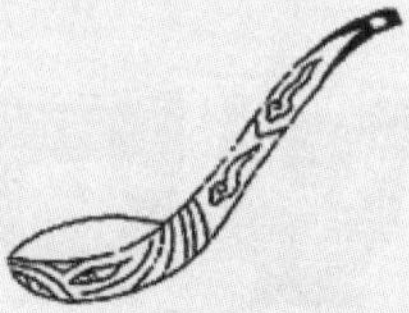

[尊彝圖14 :09-龍勺]

용삭(龍勺⑨: 용의 머리를 장식한 술 국자)⑩【울창주를 따른다. 속에는 붉은 칠을 하고, 자루에는 붉은 구름 문양을 새겨서 그려 넣는다.】

[龍勺.【酌鬱酒, 漆赤中, 柄畫赤雲氣.】]

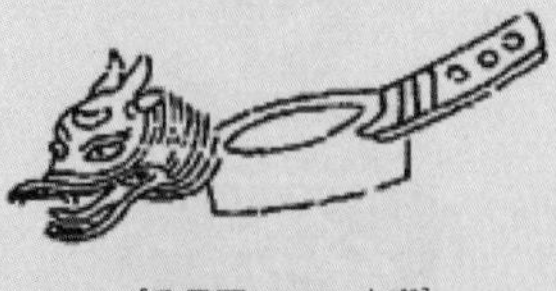

[尊彝圖14 :10-圭瓚]

규찬(**圭瓚**)⑪

[圭瓚.]

[尊彝圖14 :11-瓚盤]

찬반(**瓚盤:** 장찬과 규찬을 받치는 쟁반)⑫

[璋瓚.]

[尊彝圖14 :13-獻尊(鄭氏)·獻尊(阮氏)]

사준(**獻**⑬**尊:** 봉황의 형상을 새겨 넣어 장식한 술동이)【소의 형상을 새겨 그려 넣는다는 것은 완심의 해석이다. 봉황의 형상을 새겨 그려 넣는데, 그 깃이 너울거리는 듯하다는 것은 정현의 해석이다.⑭】

[獻尊.【畫牛形, 阮諶義. 畫鳳鳥, 其羽婆娑然, 鄭玄義.】]

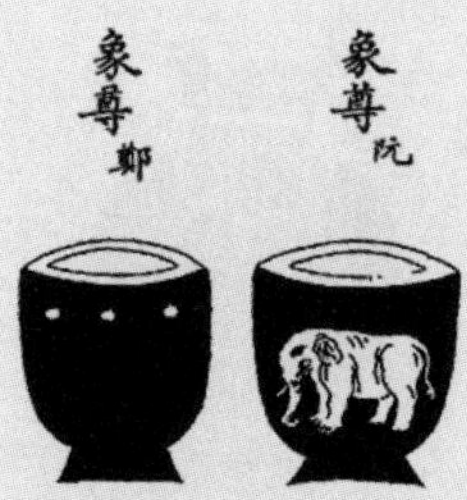

[尊彝圖14 :14-象尊(鄭氏)·象尊(阮氏)]

상준(象尊: 코끼리의 형상을 장식한 술동이) **2개**【술동이에 코끼리 형상을 새겨 그려 넣는다는 것은 완심의 해석이고, 상아로 술동이를 장식한다는 것은 정현의 해석이다.】

[象尊二.【畫象形於尊, 阮諶義, 用象骨飾尊, 鄭玄義.】]

[尊彝圖14 :15-著尊]

착준(著尊: 다리가 없는 술동이)[15]【(술동이가) 땅에 붙어 있어 다리가 없다.】

[著尊.【著地無足.】]

[尊彝圖14:16-壺尊]

호준(壺尊: 호리병 형상의 술동이)⑯

[壺尊.]

[尊彝圖14:17-太尊]

태준(太尊: 질그릇 술동이)⑰【천지와 사직에 제사 지낼 때 모두 이 술동이를 사용한다.】

[太尊.【祭天地·社稷, 皆用之.】]

[尊彝圖14:18-山尊]

산준(山尊: 산의 문양을 장식한 술동이)⑱【오악(五嶽)·사진(四鎭)·해독(海瀆)을 제

사 지낼 때 모두 이 술동이를 사용한다.】

[山尊.【祭嶽鎭·海瀆, 皆用之.】]

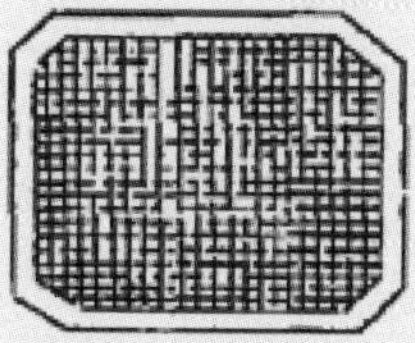

[尊彝圖14 :19-疏布巾]

소포건(疏布巾: 거친 베로 만든 덮개보)⑲

[疏布巾.]

[尊彝圖14 :20-玉爵]

옥작(玉爵: 옥으로 장식한 술잔)⑳

[尊彝圖14 :21-爵坫]

작점(爵坫: 술잔 받침대)【살펴보건대, 예문(禮文)에는 받침대[坫]에 두 가지가 있다. 술잔을 되돌려 놓는 받침대는 작고, 홀[圭]을 떠받치는 받침대는 크다. 그러므로 『예기』「명당위」에 "반점(反坫)은 술잔 바깥쪽에 설치하고, 숭점(崇坫)은 홀[圭]을 떠받치니, 천자의 종묘에 설치하는 장식물들이다."라고 하였다. 정현의 주에는 "'반점(反坫)'은 술잔을 되돌려 놓는 받침대[坫]를 말한다. '술잔 바깥쪽에 설치한다[出尊]'는 것은 술동이의 남쪽에 놓는다는 뜻이다. 두 군주가 회합을 할 때 헌주의 예가 끝나면 그 위에 (술잔을) 올려놓는다. '숭(崇)'은 높다는 뜻이다. 또 높은 받침대를 만들어 그 위에 홀[圭]을 올려놓는다."고 하였다. 작점은 전체 높이가 1척이다. 어떤 사람은 "『개원의감(開元義鑑)』[21]에는 '받침대는 너비 3척이다.'라고 하였고, 또 『오례정의(五禮精義)』[22]에서는 '받침대는 희생제기[俎]와 유사하니, 너비는 2척이고 높이는 3척이다.'라고 하였으니, 이곳에서 전체 높이가 1척이라고 말한 것은 너무 낮은 것이 아닌가?"라고 하였다. 그러나 항규(抗圭: 홀을 떠받침)와 반작(反爵: 술잔을 되돌려 놓음)이라는 말은 본래 명문규정이 있는 것인데, 『개원의감』과 『오례정의』는 어느 경문에 의거하여 말한 것인가? 만약 두 책의 문장이 스스로 어긋난 것이 아니라면, 바로 숭점(崇坫: 높게 만든 받침대)에 비유될 것이니, 반점(反坫: 술잔을 되돌려 놓는 받침대)에 해당시켜 힐란할 수는 없을 것이다.】

[爵坫.【案禮文, 其坫有二. 反爵者小, 抗圭者大. 故「明堂位」曰, "反坫出尊, 崇坫康圭, 天子之廟飾也." 注云, "反坫, 反爵之坫. 出尊, 當在尊南. 唯兩君爲好, 既獻之爵, 覆於坫上. 崇, 高也. 又爲高坫, 奠圭於上." 其爵坫通高一尺. 或曰, "『開元義鑑』云, '坫廣三尺', 又『五禮精義』云, '坫似俎, 廣二尺, 高三尺', 此言通高一尺, 無乃太下邪? 然抗圭·反爵, 固有明文, 『義鑑』·『精義』依何經說? 若使二文制度自不差違, 正比於崇坫, 未可難於反坫也.】]

[尊彝圖14:17-罍]

뢰(罍: 술동이)㉓【뚜껑이 있다.】

[罍.【有蓋.】]

① 계이(雞彝: 닭의 문양을 장식한 술동이): 육이(六彝) 가운데 하나로, 닭의 형상을 새겨서 그려 넣은 술동이를 말한다. 『주례』「춘관·사준이(司尊彝)」 정현의 주에 "계이와 조이는 새겨서 닭과 봉황의 형상을 그려 넣은 것을 말한다.[雞彝·鳥彝, 謂刻而畫之爲雞·鳳皇之形.]"라고 하였다. 관(祼: 강신)의 예를 행할 때 사용한다. 1988년 태원(太原) 금승촌(金勝村)의 무덤에서 새의 형상이 새겨진 술동이가 출토되었는데, 등 위에 손잡이가 있고, 부리가 있으며, 부리 위에 덮개가 있다. 학자들은 이것이 옛날의 계이(鷄彝) 혹은 조이(鳥彝)일 것으로 해석하였다. 정정(丁鼎)은 이에 의거하여 계이나 조이는 술동이 위에 닭이나 새의 형상을 새기는 것이 아니라 술동이 그 자체가 닭이나 새의 형상일 것으로 추론했다.(丁鼎, 『新定三禮圖』, 444쪽 참조)

계이(鷄彝)
聶崇義, 『三禮圖』(송)

계이(鷄彝)
『欽定周官義疏』(청)

太原 金勝村 M251 鳥尊冀瑞宝,
「太原金胜村M251 出土青铜器初步研究」(2015)

② 명수(明水): 제사에 사용하는 맑은 물을 말한다. 『주례』「추관·사훤(司

烜)」 정현의 주에 "'감(鑒)'은 거울의 등속이다. 물을 취하는 기구를 세상에서는 '방저(方諸: 달 아래에서 이슬을 취하는 기구)'라고 한다. 해에서 불을 취하고, 달에서 물을 취하는 것은 음과 양의 맑은 기운을 얻고자 하는 것이다. 명촉(明燭)으로 음식물을 비추고, 명수(明水)를 진설하여 현주(玄酒)로 삼는다.['鑒', 鏡屬. 取水者, 世謂之方諸取. 日之火, 月之水, 欲得陰陽之潔氣也. 明燭以照饌, 陳明水以爲玄酒.]"고 하였다.

③ 조이(鳥彝: 봉황의 문양을 장식한 술동이): 육이(六彝) 가운데 하나로, 봉황의 문양을 새겨 넣어 장식한 술동이를 말한다. 울창주를 담아서 봄과 여름의 종묘 제사에서 관(祼: 강신)의 예를 행할 때 사용한다.

조이(鳥彝)
聶崇義, 『三禮圖』(송)

조이(鳥彝)
『欽定周官義疏』(청)

④ 가이(斝彝: 벼 이삭 문양을 장식한 술동이): 육이(六彝) 가운데 하나로, 벼 이삭의 문양을 새겨 넣어 장식한 술동이를 말한다. 명수를 담아서 가을과 겨울의 종묘 제사에서 관(祼: 강신)의 예를 행할 때 사용한다.

가이(斝彝)
聶崇義, 『三禮圖』(송)

가이(斝彝)
『欽定周官義疏』(청)

⑤ 황이(黃彝: 황금의 눈을 장식한 술동이): 육이(六彝) 가운데 하나로, 황금의 눈을 새겨서 장식을 한 술동이를 말한다. '황목준(黃目尊)'이라고도 한다. 술동이와 받침대에 모두 황금색의 칠을 한다. 울창주를 담아서 가을과 겨울의 종묘 제사에서 관(祼: 강신)의 예를 행할 때 사용한다.

황이(黃彝)
聶崇義, 『三禮圖』(송)

황이(黃彝)
『欽定周官義疏』(청)

⑥ 호이(虎彝: 호랑이 문양을 장식한 술동이): 육이(六彝) 가운데 하나로, 호랑이 문양을 새겨서 그려 넣은 술동이를 말한다. 추향(追享)과 조향(朝享) 즉 체협(禘祫)의 제사에서 관(祼: 강신)의 예를 행할 때 사용한다. [尊彝圖14: 06-虎彝] 참조.

호이(虎彝)
聶崇義, 『三禮圖』(송)

호이(虎彝)
『欽定周官義疏』(청)

⑦ 유이(蜼彝: 긴 꼬리 원숭이의 문양을 장식한 술동이): 육이(六彝) 가운데 하나로, 코가 위로 들리고 꼬리가 긴 원숭이를 장식한 술동이를 말한다.(『주례』

「춘관·사준이」 정현의 주) 추향(追享)과 조향(朝享) 즉 체협(禘祫)의 제사에서 관(祼: 강신)의 예를 행할 때 사용한다. [尊彝圖14: 07-蜼彝] 참조. 황이주에 의하면 섭숭의는 『이아』「석수(釋獸)」에 "유(蜼: 긴 꼬리 원숭이)는 코가 들려 있고 꼬리가 길다.[蜼, 卬鼻而長尾.]"라고 한 것에 의거하여 도상을 나타냈다.(黃以周, 『禮書通故』 권95, 2420쪽 참조)

유이(蜼彝)
聶崇義, 『三禮圖』(송)

유이(蜼彝)
『欽定周官義疏』(청)

⑧ 화포건(畫布巾: 고운 베로 만든 덮개보): 정현에 의하면, 구름의 문양을 그려 넣은 고운 베로 만든 수건을 말한다. 이것으로 육이(六彝)를 덮는다. 천지 제사를 지낼 때는 질박함을 숭상하므로 성근 베로 만든 수건[疏布巾]을 사용하고, 종묘 제사를 지낼 때는 문식을 숭상하므로 고운 베로 만들어 문양을 장식한 '화포건'을 사용한다. '계이'·'조이'·'가이'·'황이'·'호이'·'유이'의 '육이(六彝)'는 모두 울창주를 담는데, 화포건으로 덮는다. 제사에 올리는 오제(五齊: 범제·예제·앙제·제제·심제)와 사람들이 마시는 삼주(三酒: 사주·석주·청주)를 담는 '팔준(八尊)'의 술동이는 모두 소포건으로 덮는다.(『周禮』「天官·冪人」, "祭祀, 以疏布巾冪八尊, 以畫布巾冪六彝.") 정현은 '구름 모양'이라고 했지만, 진상도(陳祥道)는 주대(周代)에는 보불(黼黻) 무늬로 장식했다고 하였다. 덮개의 형태는 원형과 방형 두 가지가 있다. 섭숭의의 『삼례도집주』에서는 화포건과 소포건이 모

두 원형이라고 했지만, 도상은 팔각형으로 되어 있다. 주희의 『석전의(釋奠儀)』에서는 “『삼례도(三禮圖)』에 포(布)의 폭(幅)은 2척 2촌인데 이를 둥글게 하였으나, 지금은 포(布) 1폭으로써 네모를 취하여 이를 만든다.”라고 하여 송대에는 방형이었음을 알 수 있다. 양갑(陽甲)의 『육경도(六經圖)』도 원형으로 표현하였지만, 진상도의 『예서(禮書)』에는 방형으로 그려져 병존되었다가 『석전의』 이후 술잔 덮개[冪]는 대부분 방형으로 바뀌었을 것으로 보인다.

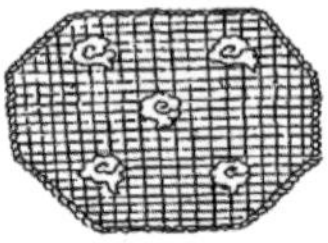

화포건(畫布巾)
聶崇義, 『三禮圖』(송)

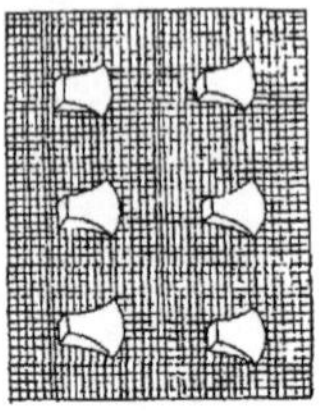

화포(畫布)
陳祥道, 『禮書』(송)

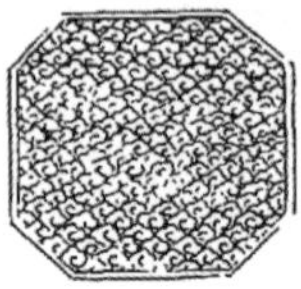

화포건(畫布巾)
陽甲, 『六經圖』(송)

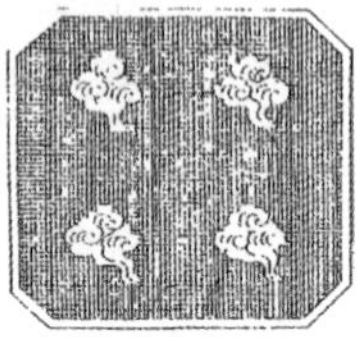

화포(畫布)
『欽定周官義疏』(청)

⑨ 勺: 육덕명의 『경전석문』 권8, 「주례음의」에 ‘勺’은 ‘上’과 ‘酌’의 반절(삭)이라고 하였다.

⑩ 용삭(龍勺: 용의 머리를 장식한 술 국자): 자루 끝머리에 용의 문양을 장식하여 술을 뜨는 국자를 말한다. 손희단(孫希旦)은 울창주를 떠서 찬(瓚)에 담는 것이라고 하였다.(『禮記集解』 「明堂位」의 주) 섭숭의 『삼례도집주』

용삭(龍勺)
聶崇義, 『三禮圖』(송)

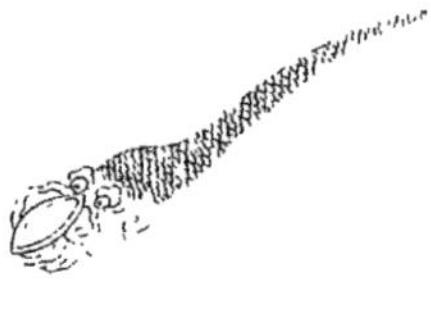

용삭(龍勺)
陽甲, 『六經圖』(송)

용삭(龍勺)
『欽定禮記義疏』(청)

에는 용의 문양장식이 보이지 않는다.

⑪ 규찬(圭瓚): 종묘 제사에서 관(祼: 강신)의 예를 행할 때 울창주를 뜨는 구기로서, 자루를 규(圭)로 만든다. 자루를 규로 만든 것을 '규찬'이라 하고, 장(璋)으로 만든 것을 '장찬'이라 한다. 군주는 규찬을 사용하고, 부인(夫人)은 장찬을 사용한다. 『주례』「고공기·옥인(玉人)」에 "관규(祼圭: 규찬의 자루)는 길이 1척 2촌이며, 찬(瓚: 국자)이 달려 있는데, 종묘 제사에 사용한다.[祼圭尺有二寸, 有瓚, 以祀廟.]"고 하였다.

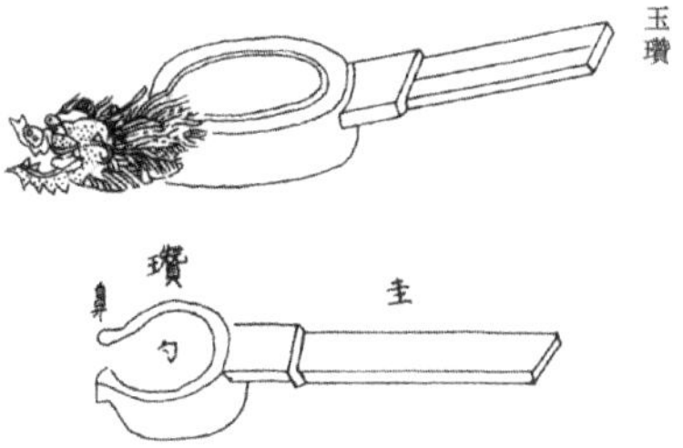

옥찬(玉瓚)
黃以周, 『禮書通故』(청)

⑫ 찬반(瓚盤: 장찬과 규찬을 받치는 쟁반): '규찬(圭瓚)'과 '장찬(璋瓚)' 등 찬(瓚)에 부속된 쟁반으로, 찬을 받치는 기능을 한다. 『주례』「전서(典瑞)」 정현의 주에 의하면 쟁반의 입 지름은 1척이며, 섭숭의는 깊이 1촌, 다리의 지름 8촌, 높이 2촌이라고 하였다. [尊彝圖14: 11-瓚盤] 참조.

⑬ 獻: 정중은 '獻'은 '犧[희생]'의 뜻으로, '犧尊'은 비취(물총새)로 장식을 한다고 하였다.(『주례』「춘관·사준이」 정현의 주, "'獻'讀爲犧, 犧尊飾以翡翠.") 육덕명의 『경전석문』 권8, 「주례음의」에서도 '獻'은 '犧'와 같은 글자로, 음은 '素'와 '何'의 반절(사)이라고 하였다.("'獻', 本或作'戲', 注作犧同, 素何反.")

⑭ 소의 형상을~정현의 해석이다: '사준(獻尊)'은 육준(六尊) 가운데 하나인데, 술동이 장식에 대한 해석은 다르다. 완심의 『삼례도』에는 소의 형상을 새겨 그려 넣어서 장식을 한다고 하였고, 정현은 봉황의 형상을 새겨 그려 넣어서 장식을 한다고 하였다. 그런데 왕숙(王肅)은 사준(獻尊)과 상준(象尊)은 각각 소와 코끼리의 형상을 새겨서 만든 것으로 등에 구멍을 내어서 술동이를 만드는 것으로 해석하여 완심이나 정현의 해석과 완전히 다르다. [尊彝圖14: 13-獻尊(阮氏)·獻尊(鄭氏)] 참조.

⑮ 착준(著尊: 다리가 없는 술동이): 육준(六尊) 가운데 하나로, 다리가 없이 밑이 땅에 붙어 있는 술동이를 말한다. 용량은 5두이고, 안에 붉은 칠을 한다. 가을과 겨울의 종묘 제사에서 시동에게 술을 올릴 때 사용한다. [尊彝圖14: 15-著尊] 참조.

⑯ 호준(壺尊: 호리병 형상의 술동이): 육준(六尊) 가운데 하나로, 형태가 호리병처럼 생긴 술동이를 말한다. 용량은 5두이다. 가을과 겨울의 종묘 제사에서 시동에게 술을 올릴 때 사용한다. [尊彝圖14: 16-壺尊] 참조.

⑰ 태준(太尊: 질그릇 술동이): 육준(六尊) 가운데 하나로, 태고 시대의 질그릇 술동이를 본떠서 질박한 형태로 만든 것이다. 용량은 5두이다. 체협(禘祫)의 대제에 사용한다. [尊彝圖14: 17-太尊] 참조.

⑱ 산준(山尊: 산의 형상을 장식한 술동이): 육준(六尊) 가운데 하나로, 산의 형상과 구름 문양을 새겨 넣어서 장식한 술동이를 말한다. '산뢰(山罍)'라고도 칭한다. 용량은 5두이다. [尊彝圖14: 18-山尊]참조.

⑲ 소포건(疏布巾: 거친 베로 만든 덮개보): 천지(天地)에 제사 지낼 때 소포건으로 팔준(八尊)을 덮는다. 『주례』「천관·멱인(冪人)」 정현의 주에 의하면 천지의 신령은 질박함을 중시하기 때문에 소포건을 사용한다.

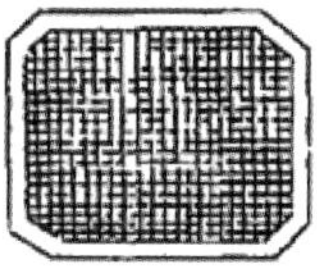

소포건(疏布巾)
聶崇義,『三禮圖』(송)

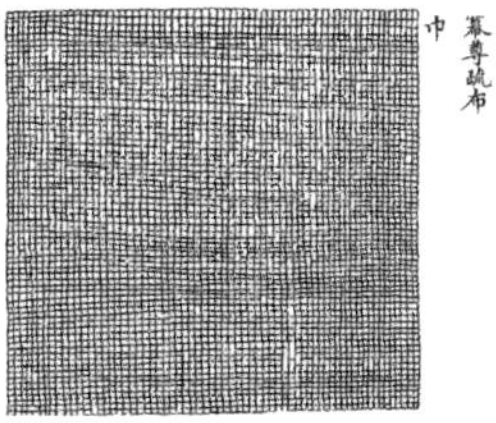

멱준소포(冪尊疏布)
朱熹,『釋奠儀』(송)

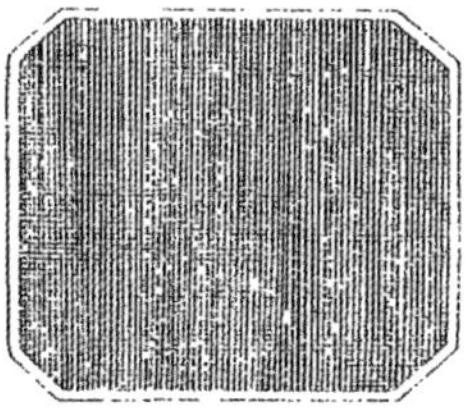

소건(疏巾)
『欽定周官義疏』(청)

⑳ 옥작(玉爵: 옥으로 장식한 술잔): 옥으로 장식하여 만든 1승 용량의 작은 술잔으로, '옥잔(玉琖)' 혹은 '옥배(玉杯)'라고도 한다. 조근(朝覲)의 의례에서 먼저 왕이 빈객인 제후에게 술을 따라 주는 '헌(獻)'의 예를 행하면, 이어서 제후가 보답의 의미로 왕에게 술잔을 올리는 '작(酢)'의 예를 행한다. 이 '옥작'은 제후가 왕에게 '작'의 예를 행할 때 사용하는 술잔이다. 또 종묘에서 술을 올릴 때도 옥작(玉爵)을 사용한다.

㉑『개원의감(開元義鑑)』: 송대 왕요신(王堯臣)의 『숭문총목(崇文總目)』 권28에 『개원례의감(開元禮義鑑)』 100권으로 저록되어 있다. 당나라 소숭(蕭嵩)이 『개원례』를 찬정한 후에 예학자들의 명물이 번다하여 다시 역대 연혁을 취해서 문장에 따라 의미를 풀이하였다.

㉒ 오례정의(五禮精義)』: 『신당서』 권57, 「예문지(藝文志)」에 당나라 태상박사 위동(韋彤)의 『오례정의(五禮精義)』 10권으로 저록되어 있다.

㉓ 뢰(罍: 술동이): 술이나 물을 담아 두는 동이로, 타원형에 배 부위는 크고, 입구는 작으며, 다리는 비교적 가늘고, 뚜껑이 있으며, 구름 문양을 넣어 장식을 하였다. 대부분 흙을 구워서 만드는데, 청동으로 만든 것도 있다. [尊彝圖14: 22-罍] 참조.

【目錄20: 喪服上상복상 제15】

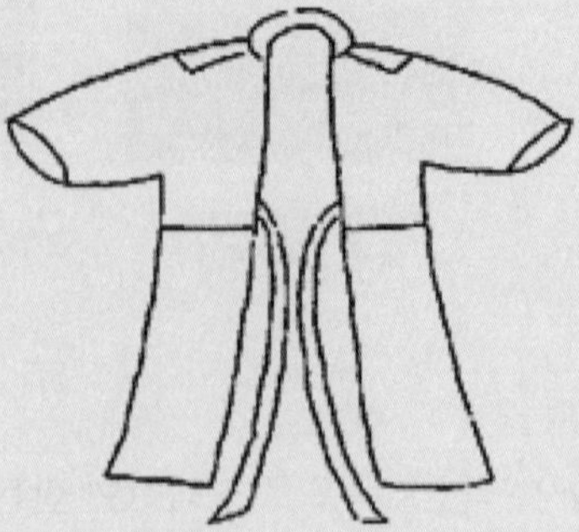

【喪服圖上15: 01-斬衰衣】

참최의(**斬衰衣:** 참최복의 상의)【오복(五服)에서 남자의 경우, 최(衰: 상의)와 상(裳: 하의)은 이어져 있지 않고, 의(衣: 상의)와 최(衰: 상의)는 명칭을 통용한다. 거(袪: 소맷부리)·메(袂: 소매)·최(衰: 가슴 앞부분에 붙인 길이 6촌 너비 4촌의 베 조각)·부(負: 등 위쪽의 네모난 베 조각)의 4가지 물건을 제외하고, 상의의 몸체만을 계산하여 말하면, 이것이 의(衣: 상의)이다.① 다만 최(衰)를 너비 4촌 길이 6촌으로 만들어 심장 부위에 붙이는 것은 슬픔이 온몸에 있다는 뜻을 취한 것이다. 그러므로 의(衣: 상의)를 또한 '최(衰)'라고 칭할 수 있다.】

[斬衰衣.【五服, 男子衰裳不連, 衣(裳)[衰][1]通名. 以[除][2]袪·袂·衰·負四物, 計衣身而言, 是衣也. 但衰是當心, 廣四寸長六寸者, 取哀摧在於遍體, 故衣亦得名衰.】]

1 (裳)[衰]: 저본에는 '裳'으로 되어 있으나, 이곳의 '衣'는 상복을 의미하는데 이와 통용되는 것은 '최복[衰]'이므로 '衰'로 교감하였다.

2 [除]: 저본에는 '除'가 없으나, [喪服圖上15: 01-斬衰裳·斬衰裳]에 의거하여 보충하였다.

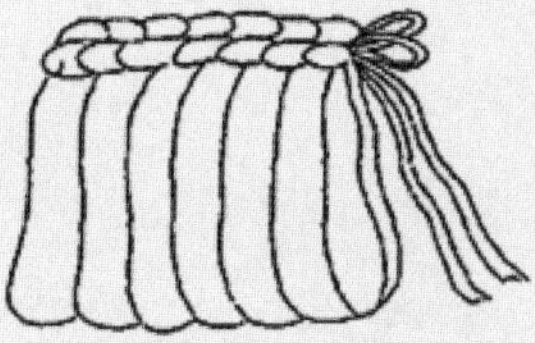

[喪服圖上15: 01-斬衰裳]

참최상(斬衰裳: 참최복의 하의)【최(衰: 상의)와 상(裳: 하의)은 모두 저마(苴麻: 암마)로 만든다.】

[斬衰裳.【衰·裳皆用苴麻.】]

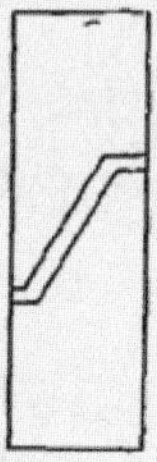

[喪服圖上15: 02-斬衰衽]

참최임(斬衰衽: 참최복의 옷섶)[2]【또한 저마(苴麻: 암마)로 만든다. 옷섶[衽]은 각각 길이 2척 5촌의 베로 만드니, 그것으로 하의의 위 끝부분을 가리고 상복의 상의가 드러나지 않도록 한다. 두 개의 옷섶은 총 베 한 폭을 사용하여 만드는데, 길이는 3척 5촌이다. 비스듬히 잘라서 위아래로 각각 1척을 남겨 두어 정(正)을 만든다. '정'은 네모지고 바르게 하여 자르지 않은 것을 말한다. '비스듬히 자른다.'는 것은 상정(上正) 1척의 아래 경계에서 옆으로 들어가 6촌이 되는 곳에서 자르고, 이에 비로소 비스듬히 아래로 향하여 하정(下正) 1척의 아래 경계에 이르러 또 옆으로 들어가 6촌이 되는 곳에서 잘라서 2개의 조각으로 나누어 만드는데, 각각 1척 5촌으로 제비의 꼬리[燕尾]와 같으니, 정(正)과 합하여 총 길이 2척 5촌이 된다. 무릇 베 3척 5촌을 사용하여 옷섶을 만든다.】

[斬衰衽.【亦用苴麻. 衽各長二尺五寸, 上屬於衣, 以掩裳際, 不令露見衰衣也. 兩衽共用布一幅, 長三尺五寸, 斜破之, 上下各留一尺爲正. '正'者, 方正不破之謂也. '斜破'者, 從上正一尺之下畔, 傍入六寸斷之, 乃始斜向下, 至下正一尺之下畔, 又傍入六寸斷之, 分作兩條. 各尺五寸, 如燕尾, 與正共長二尺五寸. 凡用布三尺五寸.】]

[喪服圖上15: 03-苴絰]

저질(**苴絰**: 저마로 만든 참최복의 수질)【수질은 굵기가 9촌이다.】

[苴絰.【首絰九寸.】]

[喪服圖上15: 04-腰絰]

요질(**腰絰**)【(수질과 마찬가지로) 또한 저마(苴麻: 암마)로 만드는데, 굵기는 7.1촌이다.】

[腰絰.【亦用苴麻, 七寸一分.】]

[喪服圖上15: 05-絞帶]

효대(絞帶: 저마로 만든 참최복의 허리띠)【저마(苴麻: 암마)로 만든다. 요질은 대대(大帶)를 본뜬 것이고, 이 효대는 혁대(革帶)를 본뜬 것이다.】

[絞帶.【苴麻. 腰絰象大帶, 此象革帶.】]

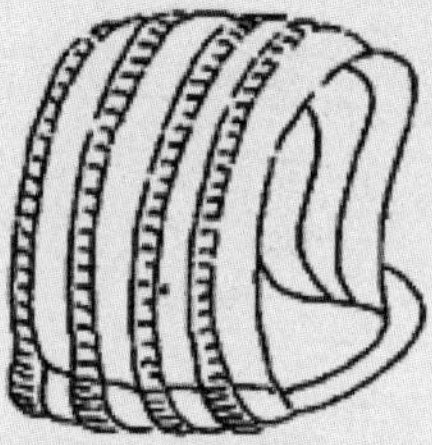

[喪服圖上15: 06-斬衰冠]

참최관(斬衰冠)【거친 베 6승으로 만든다. 관으로 머리의 문식을 삼는다. 그러므로 상복의 두 배로 하여 6승으로 만드는 것이다. 또 물로 씻어 내고 방망이로 두들겨서 만드는데, 다만 잿물에 넣어 부드럽게 마전하지는 않는다. 그렇다면 자최와 대공 등의 상복은 모두 잿물에 넣어 부드럽게 마전하는 것이다.】

[斬衰冠.【草布六升. 以冠爲首飾, 故倍衰裳而用六升. 又加水以濯之, 但不用灰而已, 則齊衰·大功等冠皆用灰也.】]

[喪服圖上15: 07-冠繩纓]

관승영(**冠繩纓:** 참최관에 매다는 숫마로 만든 한 가닥의 끈)③【이 끈은 저마(암마)로 만들지 않는다. 한 가닥의 줄을 통째로 구부려서 이마로부터 목의 뒤쪽에 이르고, 교차하여 앞쪽으로 향해서 각각 귀에 이르러 묶어서 관의 테두리를 만드니, 아래로 늘어뜨려진 것이 관끈이 된다.】

[冠繩纓.【此纓不用苴麻, 通屈一條繩, 自額至項後, 交過向前, 各至耳, 綴之爲武, 垂下者爲纓.】]

[喪服圖上15: 08-苴杖]

저장(**苴杖:** 대나무로 만든 지팡이)④【거칠고 세밀한 정도는 요질과 같다.】

[苴杖.【麤細如腰經.】]

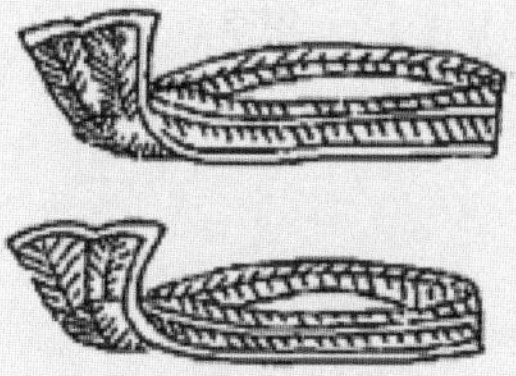

[喪服圖上15: 09-菅屨]

관(菅: 억새풀)[5]【『이아』「석초(釋草)」에 "백화(白華)는 야관(野菅)이다."[6]라고 하였고, 『모시(毛詩)』「소마·백화(白華)」 정현의 전(箋)에서는 "들판에 백화가 자라는데, 물에 담근 후에 '관(菅)'이라 칭한다. 그것으로 신발을 만들면 부드럽고 질기다."라고 하였다.】

[菅.【『爾雅』, "白華, 野菅", 『詩』箋云, "白華於野, 已漚之名菅, 爲屨柔韌."】]

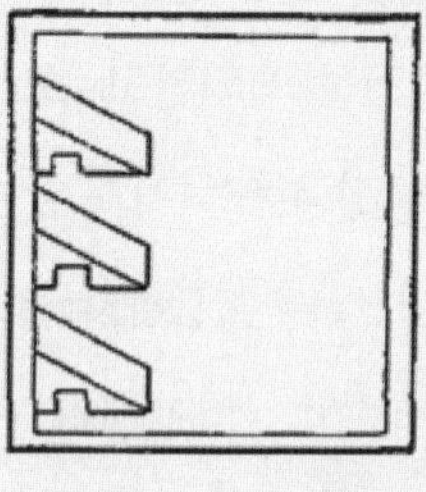

[喪服圖上15: 10-倚廬]

의려(倚廬)【부(附).】

[倚廬.【附.】]

① 거(袪: 소맷부리)~이것이 의(衣: 상의)이다: 이는 상의[衣]를 만들 때 사용하는 베의 길이를 계산하는 법을 말한 [喪服圖上15: 01-斬衰衣·斬衰裳]의 문장을 인용한 것인데, 앞뒤로 생략되어 문맥의 이해를 어렵게 한다. 그곳의 원문은 다음과 같다. "상의는 목에서 허리까지 2척 2촌의 베를 사용하여 만드니, 양쪽 몸의 전후는 각각 4척 4촌이다.【이는 등뼈 부위를 꿰맨 한쪽의 앞뒤에 의거하여 말한 것이다.】 양쪽으로 합해서 8촌이니, 8촌에 궐중과 벽령 1척 6촌을 더한다. 그렇다면 이는 거(袪: 소맷부리)·메(袂: 소매)·최(衰: 가슴 앞부분에 붙인 길이 6촌 너비 4촌의 베 조각)·부(負: 등 위쪽의 네모난 베 조각)의 4가지 물건을 제외하고, 오직 상의의 몸체만을 계산하여 말한 것이다. 무릇 베 1장 4촌을 사용하여 상의를 만든다.[衣自領至衣腰二尺二寸, 兩身前後四尺四寸,【此據脊縫一傍前後而言也.】兩傍共有八寸, 八寸加闕中與辟領尺有六寸. 然則此除袪·袂·衰·負四物, 唯計衣身而言. 凡用布一丈四寸.]"

② 참최임(斬衰衽: 참최복의 옷섶): 『예기』「옥조」'衽當旁(옷섶은 몸의 양옆에서 맞닿아 있다.)'에 대한 정현의 주에 "'옷섶[衽]'은 치마폭(앞쪽의 세 폭·뒤쪽의 네 폭)이 교차하는 곳의 갈라진 부분을 말한다. 무릇 옷섶은 베를 줄여서 아래로 늘어뜨리기도 하고 줄여서 위로 올리기도 한다. 이 때문에 '소요(小要: 양 곁으로 前幅과 後幅을 합쳐서 꿰맨 곳, 즉 허리 부분에서 가장 좁은 곳)'라는 명칭이 여기서 생겨났다. 옷섶은 상의에 이어 붙일 때는 아래로 늘어뜨려서 풀어놓고(朝服·祭服·喪服), 하의에 이어 붙일 때는 꿰매서

앞뒤를 합쳐 놓아서(深衣) 위와 아래가 서로 변한다.['衽', 謂裳幅所交裂也. 凡衽者或殺而下, 或殺而上, 是以小要取名焉. 衽屬衣則垂而放之, 屬裳則縫之以合前後, 上下相變.]"고 하였다.

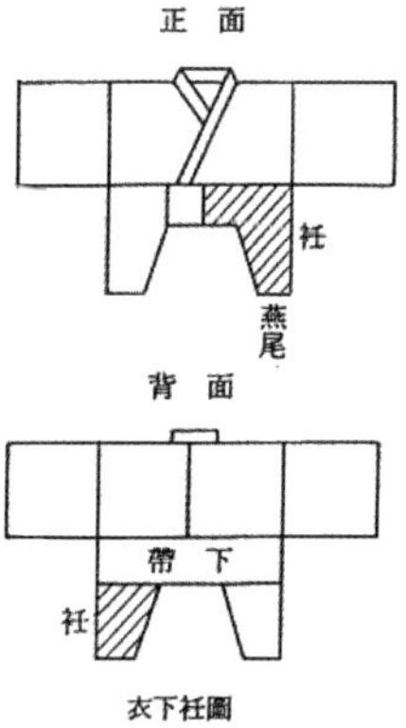

이케다 스에토시(池田末利),
『儀禮(III)

③ 관승영(冠繩纓: 참최관에 매다는 숫마로 만든 한 가닥의 관끈): 숫마[枲麻]로 만든 참최관의 끈을 말한다. 가공언은 『의례주소』「상복」의 소에서 "관승영은 6승의 베로 관을 만들고, 또 한 가닥의 줄을 구부려서 관의 테두리를 만들고, 아래로 내려뜨려 관끈을 만든다. 자최관의 관끈은 베로 만들므로, 이 승영은 저마(암마)가 아니라 시마(숫마)로 만든다는 것을 알 수 있다.[冠繩纓者, 以六升布爲冠, 又屈一條繩爲武, 垂下爲纓. … 齊衰冠纓用布, 則知此繩纓不用苴麻, 用枲麻.]"고 하였다. 손희단(孫希旦)은 "승영은 참최관의 끈이다.[繩纓, 斬衰冠之纓也.]"라고 하였다.(『禮記集解』)

④ 저장(苴杖: 대나무로 만든 지팡이): 참최 삼년의 상에 '저장(苴杖)'을 짚고 효대(絞帶)를 두르는 것에 반해 자최 삼년의 상에는 삭장을 짚고 포대를

두른다. '저장'은 검푸른 대나무로 만든 지팡이이고, '삭장'은 오동나무로 만든 지팡이이다.

⑤ 관(菅: 억새풀): 이는 '관구(菅屨)' 즉 억새풀로 만든 신발을 말한다. '관(菅)'은 줄기와 잎은 백모(白茅)와 같은데 그 줄기의 형태는 가는 갈대와 유사하다. 줄기의 높이는 3m에 달한다. 예로부터 그 줄기로 취침용 돗자리를 만들었는데 이를 관석(菅席) 혹은 천(薦)이라 하였다. 또한 물에 담가 적셔서 새끼줄이나 짚신을 만들기도 하였다.(潘富俊, 『詩經植物圖鑑』, 上海書店出版社, 2003)

⑥ 백화(白華)는 야관(野菅)이다: 『이아주소』「석초(釋草)」형병(邢昺)의 소에 "백화 또한 띠풀의 일종이다. 물에 담그면 부드럽고 질겨서 그 명칭을 달리하여 그것을 '관'이라고 한다. 따라서 물에 적시지 않고 들에 있는 것을 가리켜 '야관'이라 할 뿐이다.[白華, 亦是茅之類也. 漚之柔韌, 異其名謂之爲菅. 因謂在野未漚者爲野菅耳.]"라고 하였다.

【目錄20: 喪服下상복하 제16】

[喪服圖下16: 01-齊衰衣·齊衰裳]

자최(齊衰)【'자(齊)'는 하의 아랫단을 꿰맨다는 뜻이다. 아랫단을 꿰매는 4가지 상복[1]은 모두 시마(枲麻: 숫마)를 사용한다. 자최 3년의 정복(正服)은 4승의 베로 상의를 만들고, 7승으로 관을 만든다.[2] 계모와 자모는 (친모와 마찬가지로) 자최 3년의 정복으로 복을 한다. 아버지가 살아 계실 때 어머니를 위해·처를 위해 (자최) 기년으로 복을 하는데, 그 최복은 5승의 베로 만들고, 관은 8승의 베로 만든다. 비록 기년으로 복을 하지만 오히려 정의를 펼쳐 담제(禫祭)를 지내고 지팡이를 짚는다.[3]】

[齊衰.【齊, 謂裳下緝也. 四齊皆用枲麻. 三年齊衰正四升, 冠七升. 繼母·慈母同正. 父在爲母·爲妻期, 其衰五升, 冠八升, 雖期猶申禫杖.】]

자최상(齊衰裳)【승수는 상의와 동일하게 한다.】

[齊衰裳.【升數同衰.】]

[喪服圖下16: 02-牡麻絰]

모마질(牡麻絰: 모마(숫마)로 만든 자최복의 수질)【굵기는 7.1촌이다.】

[牡麻絰.【七寸一分.】]

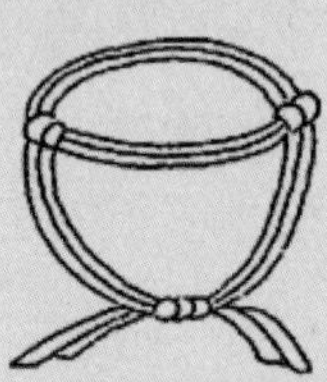

[喪服圖下16: 03-冠布纓]

관포영(冠布纓: 자최관에 매다는 대공포로 만든 한 가닥의 관끈)【또한 (관승영과 마찬가지로) 한 가닥의 베로 관의 테두리를 만들고, 아래로 늘어뜨려 관끈으로 삼는다.】

[冠布纓.【亦通屈一條布爲武, 垂下爲纓.】]

[喪服圖下16: 04-削杖]

삭장(削杖: 오동나무로 만든 지팡이)【저장(苴杖)과 마찬가지로 모두 뿌리 부분이

아래쪽으로 오게 하여 짚는다.】

【與苴杖皆本在下.】

요질(**腰絰**)【굴기는 5.78촌이니, 또한 모마(牡麻: 숫마)로 만든다.】

[腰絰.【五寸七分八釐, 亦用牡麻.】]

[喪服圖下16: 05-布帶]

포대(**布帶:** 베로 만든 자최복의 허리띠)④【혁대(革帶)를 본뜬 것이다.】

[布帶.【象革帶.】]

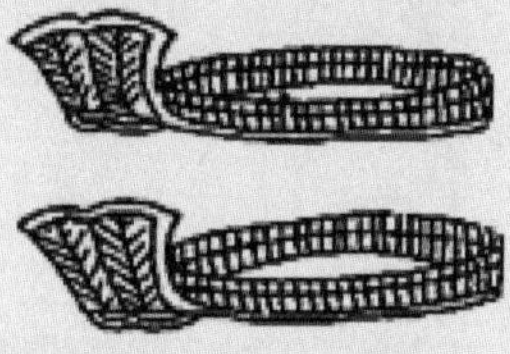

[喪服圖下16: 06-疏屨]

소구(**疏屨:** 띠풀로 만든 자최복의 짚신)【거친 신발이니, 곧 누런 띠풀로 만든 짚신이다.⑤】

[疏屨.【麤屨也, 即藨蒯之菲也.】]

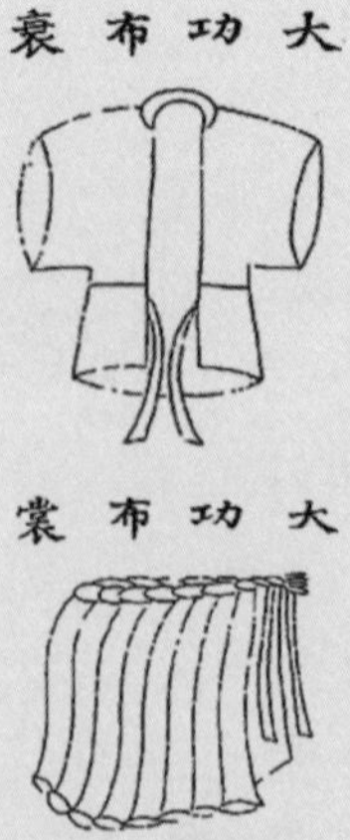

[喪服圖下16: 07-大功布衰 · 大功布裳]

대공포최(**大功布衰:** 대공의 베로 만든 상복의 상의)【본복(本服: 정복)은 자최나 참최이지만, 이제 상(殤)⑥으로 죽었기 때문에 낮추어서 대공으로 복을 하는 경우이다. 그러므로 정복(正服) 대공(大功)의 위에 둔 것이다.】

[大功布衰.【本服齊 · 斬, 今爲殤死, 降在大功者, 故次在正大功之上.】]

대공포상(**大功布裳:** 대공의 베로 만든 상복의 하의)

[大功布裳.]

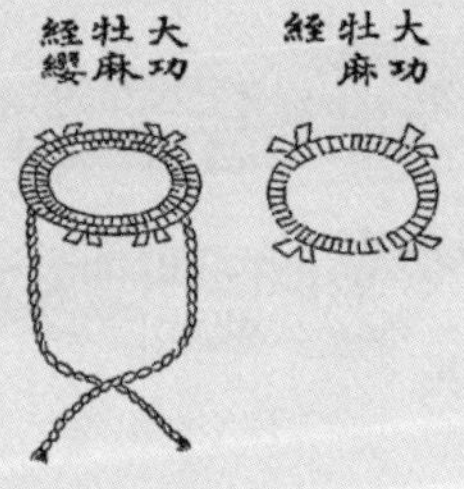

[喪服圖下16: 08-大功牡麻絰 · 大功牡麻絰纓]

대공(**大功**)**의 모마질**(**牡麻絰:** 모마(숫마)로 만든 대공복의 수질과 요질)【수질은 굵기가 5.78촌약이고, 요질은 4.71촌약이다. 이는 정복의 대공이지만, 중상(中殤)으로 죽어서 낮추어서 소공으로 복을 하는 경우에는 수질에 끈을 달지 않는다.】

[大功牡麻絰.【首絰五寸七分八釐, 腰絰四寸七分一釐弱. 此正大功, 中殤, 降在小功者, 絰無纓.】]

대공(大功)의 모마질영(牡麻絰纓: 모마(숫마)로 만든 대공복의 수질에 매다는 끈)【장상(長殤)으로 죽은 경우, 정복의 대공과 마찬가지로 수질에 끈을 단다.】

[大功牡麻絰纓.【長殤與正大功同有纓.】]

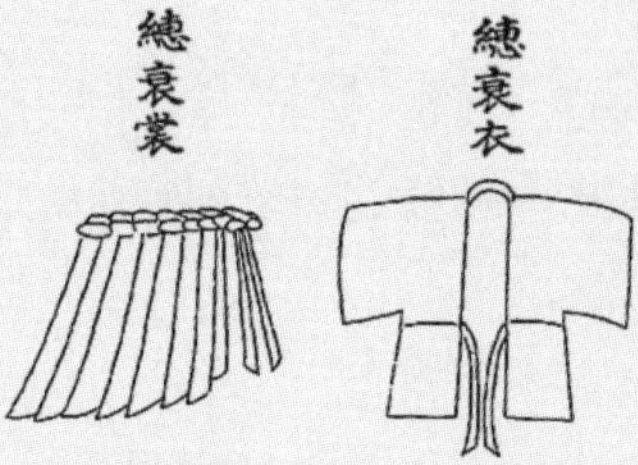

[喪服圖下16: 09-繐衰衣·繐衰裳]

세최의(繐衰衣⑦: 세최의 상의)【실 가닥은 소공(小功)의 인공을 가하여 세밀하면서도 거칠다.⑧】

[(細)[繐][1]衰衣.【縷加小功, 細而疏.】]

세최상(繐衰裳: 세최의 하의)

[(細)[繐]衰裳.]

1 (緦)[繐]: 저본에는 '緦'로 되어 있지만, 『의례』「상복」에 의거하여 '繐'로 교감하였다. 아래의 '細'도 마찬가지다.

[喪服圖下16: 10-殤小功]

상소공(殤小功)【상의와 하의를 연결하는 것은 부인의 의복이다. 특별히 이것(상의와 하의가 연결되어 있는 상소공)을 도상으로 나타낸 것은 참최복에서 시마복에 이르기까지 부인의 상의와 하의가 모두 그렇게 만든다는 뜻을 밝힌 것이다.】

[殤小功.【連衣裳, 婦人服. 特圖此者, 明斬衰至緦麻, 婦人衰·裳皆然.】]

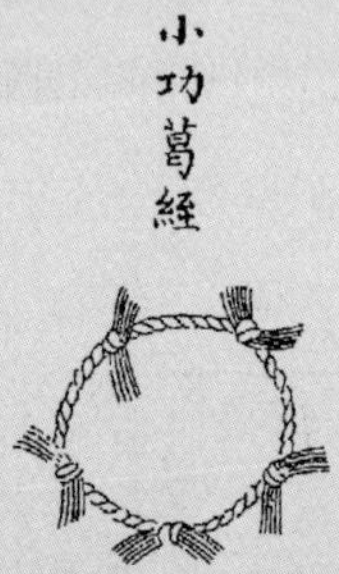

[喪服圖下16: 10-小功葛絰]

소공(小功)의 갈질(葛絰: 칡으로 만든 소공복의 수질)[9]【초상(初喪: 成服) 때 소공복의 수질은 굵기가 4.71촌약이다.[10]】

[小功葛絰.【初喪首絰四寸七分一釐弱.】]

[喪服圖下16: 10-小功腰經]

소공(小功)의 요질(腰經: 베로 만든 소공복의 요질)【초상(初喪: 成服) 때 소공복의 요질은 3.65촌강이다. 이 소공복의 칡으로 만든 요질[葛腰經]은 시마복의 성복 때의 요질과 굵기가 같다.】

[腰經.【初喪三寸六分五釐强. 此葛腰經與緦麻初喪腰經同.】]

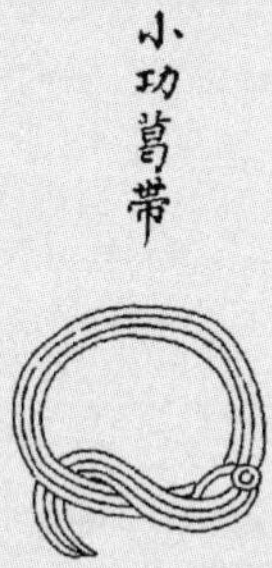

[喪服圖下16: 10-小功葛帶]

소공(小功)의 갈대(葛帶: 칡으로 만든 소공의 요질)【또한 혁대(革帶)를 본뜬 것이다.】]

[小功葛帶.【亦象革帶.】]

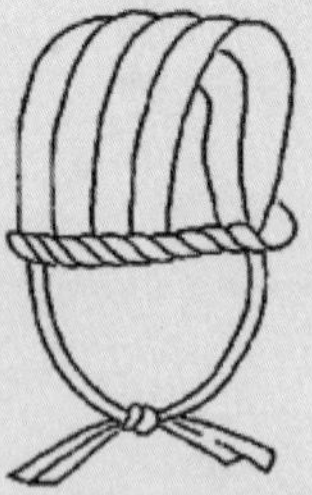

[喪服圖下16: 11-緦冠澡纓]

시관조영(緦冠澡纓: 시마관에 매다는 잿물에 씻어낸 베로 만든 끈).【옛날에는 '緦'와 '絲' 두 글자는 통용되었으니, '시마(緦麻)'라고 말한 것은 시마의 베 가닥이 명주실과 같다는 뜻이다. 소공복과 시마복의 관은 모두 왼쪽으로 꿰매고, 대공 이상의 경우에는 오른쪽으로 꿰맨다. 참최복의 관에는 숫마로 만든 한 줄의 끈을 매다니, 관끈이 관보다 중한 것이다.⑪ 자최 이하의 복에는 베로 만든 한 가닥의 끈을 매다는데, 관끈은 관과 동등한 것이다.⑫'시관조영(緦冠澡纓)'은 잿물로 씻어 낸 베로 만들어 그 관끈을 다듬고, 관과 최복은 그 베를 다듬지 않는 것을 말한다. 그러므로 시마복의 상의와 하의는 드러내지 않고, 단지 관과 거기에 매단 관끈만을 도상으로 나타내어 나누어서 달리하였다.】

[緦冠澡纓.【古'緦'·'絲'二字通用, 言'緦麻'者, 謂緦麻布縷如絲也. 小功緦冠皆左縫, 大功已上右縫. 斬衰冠繩纓, 纓重於冠也. 齊衰已下布纓, 纓與冠等也. 緦冠澡纓爲以灰澡治其纓, 不治冠衰也. 故不著衰裳, 特圖冠之與纓, 分異之也.】]

역주

① 아랫단을 꿰매는 4가지 상복: 자최·대공·소공·시마의 4가지 상복을 말한다. 대공·소공·시마의 상복에는 비록 '자(齊. 꿰맨다)'라는 말을 사용하지 않았지만, 이들 상복도 실제로는 모두 베를 자른 후에 꿰맨다.

② 자최 3년의 정복(正服)~7승으로 관을 만든다: 순수한 혈연관계에 따른 본래의 복을 하는 것을 '정복'이라 하는데, 아들이 아버지를 위해 참최 3년의 복을 하는 경우 등을 말한다. 혼인이나 군신 관계 등 인위적인 관계 변화에 따라 의리상 복을 하는 것을 '의복(義服)'이라 하는데, 신하가 군주를 위해 참최 3년의 복을 하는 경우 등을 말한다. 정치적 신분이나 출가와 혼인 등 귀속되는 종의 인위적 변화, 성년이 되기 전에 죽는 등의 이유로 본복보다 낮추어 복을 하는 것을 '강복(降服)'이라 한다. 호배휘(胡培翬)는 '자최 3년의 정복'으로 복을 하는 경우로 ① 아버지가 돌아가신 후 어머니를 위해 복을 하는 경우[父卒爲母], ② 계모를 위해 친모와 마찬가지로 복을 하는 경우[繼母如母], ③ 자모를 위해 친모와 마찬가지로 복을 하는 경우[慈母如母], ④ 어머니가 장자를 위해 복을 하는 경우[母爲長子]의 4가지를 들고 있다. 『개원례』에서는 ① 자식이 어머니를 위해 복을 하는 경우(子爲母), ② 할아버지의 후사가 된 자가 할아버지가 돌아가신 후 할머니를 위해 복을 하는 경우[爲祖後者祖卒則爲祖母], ③ 어머니가 장자를 위해 복을 하는 경우[母爲長子]의 3가지를 들고 있다.

③ 기년으로 복을 하지만~지팡이를 짚는다: 『예기』「잡기 하」에 "기년의

상은 11개월 만에 연제(練祭)를 지내고, 13개월 만에 상제(祥祭)를 지내고, 15개월 만에 담제(禫祭)를 지낸다."고 하였다. 정현의 주에는 "이는 아버지가 살아 계실 때 어머니를 위해 복을 하는 경우이다."라고 하였다. 어머니는 아버지와 더불어 은애가 본래 동일하지만, 아버지로 인해 눌리고 굽혀서 기년으로 복을 한다. 이 때문에 비록 굽히기는 하지만 오히려 담제를 지내고 지팡이를 짚고서 그 정의(情意)를 펼 수 있다. 처를 위해 복을 할 때도 마찬가지로 정의를 펼 수 있다. 처는 비록 의리로 합쳐진 관계이지만, 처는 남편을 하늘로 여기기 때문에 남편을 위해 참최의 복을 한다. 남편은 처를 위해 담제를 지내고 지팡이를 짚음으로써 보답한다. 다만 남편은 존귀하고 처는 비천하기 때문에 자최와 참최의 차이가 있다.

④ 포대(布帶: 베로 만든 자최복의 허리띠): 베로 만든 허리띠로서, 참최복에서는 암마를 꼬아서 만든 효대(絞帶)를 착용하고, 자최 이하의 복에서는 포대(布帶)를 착용한다. 정현에 의하면, 수질은 관례(冠禮) 등 길례에 착용하는 치포관(緇布冠: 검은 베로 만든 관)의 규항(缺項: 치포관을 머리에 고정시키는 부속물)을 본뜬 것이며, 길례에서는 대대(大帶: 옷을 묶는 허리띠)와 혁대(革帶, 패옥을 차는 허리띠)를 두르는데 상복에서도 이를 본떠서 요질과 효대(자최 이하는 포대)의 두 가지 허리띠를 갖추어 두른다.(『儀禮』「喪服」'斬衰三年章', 鄭玄의 注, "首絰象緇布冠之缺項, 要絰象大帶, 又有絞帶, 象革帶.") 주희는 요질은 길례의 대대를 본뜬 것으로 양끝을 길게 아래로 늘어뜨리지만, 효대는 길례의 혁대를 본뜬 것으로 한쪽 끝에 고리가 붙어 있어 다른 한쪽 끝을 그 안에 넣고서 묶는다고 하였다.(『朱子語類』 권85 禮2 '喪服經傳', "腰絰象大帶, 兩頭長垂下, 絞帶象革帶, 一頭有扣子, 以一頭串於中而束之.")

⑤ 누런 띠풀로 만든 짚신이다: 학경(郝敬)은 '표(藨)'와 '괴(蒯)'는 모두 풀인데, '관(菅)'보다 조금 세밀하다고 하였다.('藨'·'蒯', 皆草, 而較細於菅.) '표(藨. 물고랭이)'는 '괴(蒯. 황모)'의 일종으로 물가에서 자라는데, 높이가 4척 정도이고, 줄기로 자리, 새끼, 신발 등을 만든다. '괴(蒯)'도 풀이름으로, 물가에서 자란다. (胡培翬, 『儀禮正義』 권21, 1385쪽 참조.)

⑥ 상(殤): 성인이 되지 못하고 죽은 것을 '상(殤)'이라 한다. 나이 19세에서 16세 사이에 죽으면 '장상(長殤)'이라고 하고, 15세에서 12세 사이에 죽으면 '중상(中殤)'이라고 하고, 11세부터 8세 사이에 죽으면 '하상(下殤)'이라고 한다. 8세 미만에 죽으면 모두 '무복(無服)의 상(殤)'이라고 한다.

⑦ 세최의(繐衰衣): '세최'는 제후의 대부가 천자를 위해 7개월의 복을 할 때에 착용하는 상복이다. 『의례』「상복·기」에 세최(繐衰)는 4승반의 베로 상의와 하의를 만들고, 8승의 베로 관을 만드는 것으로 규정되어 있다.(繐衰四升有半, 其冠八升.)

⑧ 실 가닥은~세밀하면서도 거칠다: 같은 승수의 베라고 해도 그 마 가닥을 어떻게 다듬는가에 따라 거칠고 세밀한 정도가 달라진다. '세최'는 4승반이므로 360올의 실 가닥을 사용하여 만들고, 소공은 10승(강복)이므로 800올의 실 가닥을 사용하여 만든다. 따라서 당연히 소공이 세밀해야 하지만, 세최의 실 가닥에 회치(灰治)와 조치(澡治)의 인공을 가하여 마전을 하면 그 거칠고 세밀함의 정도가 소공과 같아질 수 있다. 이 때문에 『의례』「상복」 편에서 베의 승수 측면에서는 세최가 한참 낮음에도 불구하고 소공의 앞에 규정을 두어 기술했다. [喪服圖下16: 09-繐衰衣·繐衰裳] 역주 [2] 참조.

⑨ 소공(小功)의 갈질(葛絰: 칡으로 만든 소공복의 수질): 상례에서는 죽은 지 2일째 되는 날(죽은 날을 포함하면 3일)에 빈(殯)을 하고, 빈을 마친 후 주인

은 다팔머리장식[髦]을 제거한다. 그 이튿날, 즉 죽은 지 3일째 되는 날에 오복의 친속들은 모두 상관(喪冠)을 쓰고, 최복(衰服)을 입고, 상구(喪屨)를 신는데, 이를 '성복(成服)'이라 한다. 장례를 마친 후 무거운 복을 이어받아 가벼운 복으로 바꾸어 착용하는데, 이를 '수복(受服)'이라 한다. '소공복'의 경우, 성복 때는 소공포로 만든 상의와 하의를 입고, 물로 씻어 낸 숫마[牡麻]로 만든 수질과 요질을 두른다. 장례를 치른 후에는 숫마로 만든 수질과 요질을 칡으로 만든 수질과 요질로 바꾸어 두르고 5개월을 채운다. 즉 마질(麻絰)에서 갈질(葛絰)로 수복을 하는 것이다. 『의례』「상복」'소공 오월'장의 정현 주에 "'즉(即)'은 나아간다[就]는 뜻이다. 소공은 가벼우므로 3개월 만에 마로 만든 수질과 요질을 바꾸는데, 입고 있던 최복에 칡으로 만든 수질과 요질을 두르고 5개월을 채운다."고 하였다.

⑩ 초상(初喪: 成服) 때~4.71촌약이다: 상복에서 질대(수질과 요질)의 굵기는 1/5을 감쇄하는 원칙에 의거하여 만든다. 즉 참최의 질대에서 1/5을 감쇄하여 자최의 질대를 만들고, 자최의 질대에서 1/5을 감쇄하여 대공의 질대를 만드는 식이다. 또 이 원칙은 수질과 요질 사이에도 적용되어 수질에서 1/5을 감쇄하여 요질을 만든다. 아울러 장례를 마친 후 가벼운 복으로 갈아입어 '수복'을 한다. 수복을 할 때는 '마질'에서 '갈질'로 바꾸어 착용하는데 이를 '수갈(受葛)'이라고 하며, 그 질대 역시 성복(초상, 죽은 지 3일) 때의 질대에서 1/5을 감쇄하여 만든다. 이 원칙에 따라 계산하면 오복의 질대의 굵기는 아래 표와 같다. 그런데 섭숭의는 참최복의 경우, 수질 9촌·요질 7.1촌으로, 자최복의 경우 수질 7.1촌·요질 5.78촌, 대공복의 경우 수질 5.78촌·요질 4.71촌으로, 소공복의 경우 수질 4.71촌·요질 3.65촌으로, 시마복의 경우 수질 3.65촌으로 규정하

고 있다. 수치상에서 약간의 차이가 있는데, 어떠한 계산법에서 도출된 것인지 명확하지 않다.

기장 수갈표(旣葬 受葛表)(김용천, 「旣葬 '受服'의 규정과 예학적 논쟁」)

크기 \ 服		斬衰	齊衰	大功	小功	緦麻
首絰	成服麻絰	9촌(苴麻)	7.2촌(牡麻)	5.76촌(牡麻)	4.608촌(牡麻)	3.6864촌(澡麻)
	旣葬葛絰	7.2촌(苴麻)	5.76촌(牡麻)	4.608촌(牡麻)		
	練祭葛絰	5.76촌	4.608촌			
要絰	成服麻帶	7.2촌 二糾之	5.76촌	4.608촌	3.6864촌(牡麻)	2.94912촌(澡麻)
	旣葬葛帶	5.76촌 四糾之	4.608촌	3.6864촌		
	練祭葛帶	4.608촌	3.6864촌			

⑪ 참최복의 관에는~중한 것이다: 참최복의 경우 관은 베로 만드는데, 관끈은 숫마로 만들므로 관끈이 관보다 중한 것이다.

⑫ 자최 이하의 복에는~동등한 것이다: 자최복 이하의 경우 관을 베로 만드는데, 관끈 역시 베로 만들므로 관과 관끈이 동등한 것이다.

【目錄20: 襲斂습렴 제17】

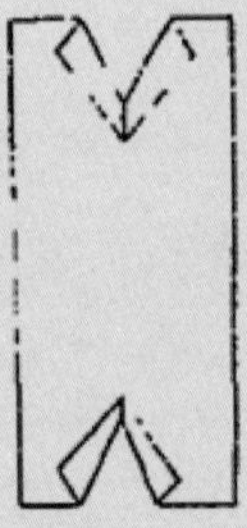

[襲斂圖17: 01-掩]

엄(掩: 머리싸개)① 【누인 비단으로 만드는데, 그 끝부분을 갈라서 4개의 끈을 만들어 시신의 머리를 감싼다. 살펴보건대, 『의례』「사상례」에서 '습(襲)'과 관련한 일을 진술하면서, 먼저 상의[衣]와 하의[裳]를 서술하여 밝혔고, 이어서 괄계(鬠笄: 머리카락을 묶는 비녀)·엄백(掩帛: 누인 비단으로 만든 머리싸개)·멱목(幎目: 얼굴덮개)·악수(握手: 손싸개)·결(決: 깍지)·극(極: 골무)·모(冒: 시신을 감싸서 덮는 자루)·함패(含貝: 반함을 할 때 입 안에 넣는 조개껍질)·중력(重鬲: 중에 매다는 솥)·이반(夷盤: 시신을 받치는 쟁반)을 서술하였다. 『의례』「기석례(旣夕禮)·기(記)」에서는 또 먼저 욕상(浴牀: 시신을 목욕시킬 때 사용하는 평상)을 서술하였고, 이어서 괄계(鬠笄)를 서술하고, 이어서 명의(明衣)의 상의와 하의를 서술하였다. 『삼례도』의 차례와 모두 다르다. 그러므로 거듭 밝힌 것이다.】

[掩.【用練帛, 析其末爲四脚, 裹尸首. 案「士喪禮」陳襲事, 先叙明衣裳, 次鬠笄·掩帛·瞑目·握手·決·極·冒·含貝·重鬲·夷盤.「士喪禮下·記」云, 又先叙浴牀, 次鬠笄, 次明衣裳. 與『圖』次第並異, 故申明之.】]

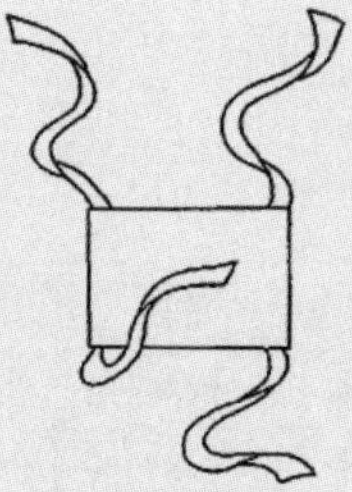

[襲斂圖17: 02-幎目]

멱목(幎目: 얼굴덮개)[2]【('幎'의) 음은 '縈(영)'이다.[3]】

[幎【音縈】目.]

[襲斂圖17: 03-鬠笄]

괄계(鬠笄: 머리카락을 묶는 비녀)[4]【('鬠'의) 음은 '膾(회)'이다.[5]】

[鬠【音膾】笄.]

[襲斂圖17: 04-冒]

모(冒: 시신을 감싸서 덮는 자루)[6]【군주의 상에는 화려한 비단으로 모(冒)를 만든다.[7] 습(襲)[8]을 하고 나서 시신을 감싸서 덮는 것은 형체를 중시하기 때문이다.】

[冒.【君錦冒. 既襲, 以韜尸, 重形也.】]

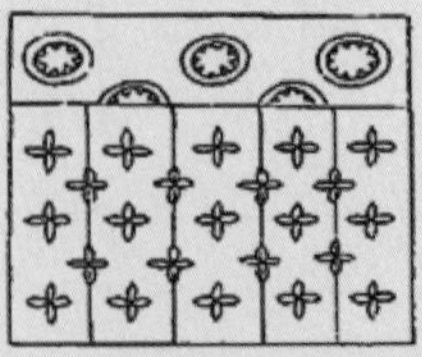

[襲斂圖17: 05-衾]

금(衾: 소렴 때 사용하는 비단으로 만든 홑이불)[9]【소렴 전에는 모(冒: 시신을 감싸서 덮는 자루)로 시신을 감싸서 덮고 금(衾: 비단으로 만든 홑이불)을 사용하지 않는데, 소렴(小斂)[10] 때 이르러 금(衾)을 사용한다.[11] 군주의 상에는 화려한 비단 이불[錦衾]을 사용하고, 대부의 상에는 흰색 비단 이불[縞衾]을 사용하고, 사의 상에는 짙은 검은색 비단 이불[緇衾]을 사용한다. 소렴을 마치면 별도로 이금(夷衾)을 만들어서 시신을 덮는다. 사실은 모두 대렴 때도 사용하는 이불이니, 모두 대렴의 옷 안에 포함되는 것이기 때문이다. 『의례』「사상례」에는 또 널을 덮는 이금(夷衾)이 있다.】

[衾.【小斂前有冒, 不用衾. 至小斂時用衾. 君錦衾, 大夫縞衾, 士緇衾. 小斂訖, 別制夷衾以覆之. 其實皆大斂之衾也, 以其皆入大斂衣内故也.「士喪禮」又有覆柩之夷衾.】]

[襲斂圖17: 07-夷衾]

이금(夷衾: 소렴 후 시신을 덮는 비단으로 만든 홑이불)【위쪽 부분[上質]은 붉은색

의 비단으로 하고, 아래쪽 부분[下殺]도 붉은 비단으로 하는데, 바탕에는 도끼 문양의 수를 놓는다.】

[夷衾.【上質朱錦, 下殺朱, 地黼文.】]

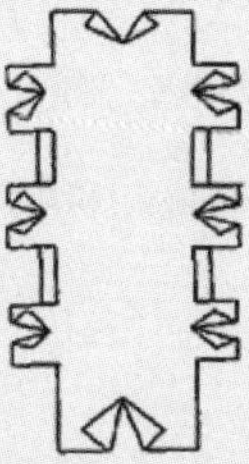

[襲斂圖17: 08-絞(小斂絞)]

소렴(小斂)의 포교(布絞: 소렴 때 사용하는 베로 만든 시신을 묶는 띠).【세로로 된 것이 1조각이고, 가로로 된 것이 3조각이다. 소렴을 마친 후 사용하는 것으로, (시신을) 단단히 묶기 위한 것이다. 소렴 때는 옷이 적으므로 단지 온폭을 사용하여 그 끝을 갈라서 사용한다.】

[小斂布絞.【縮者一, 橫者三. 既斂所用, 束堅之也. 小斂衣少, 但用全幅布, 析其末而用之.】]

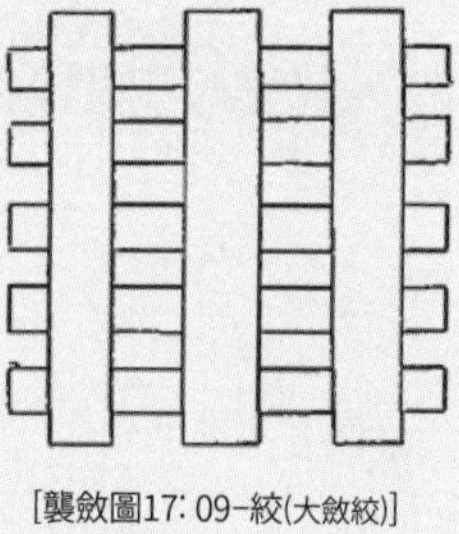

[襲斂圖17: 09-絞(大斂絞)]

대렴(大斂)의 포교(布絞: 대렴 때 사용하는 베로 만든 시신을 묶는 띠)【세로로 된 것이 3조각이고, 가로로 된 것이 5조각이다. '세로로 된 것이 3조각[縮三]'이라는 것은 베 한 폭을 취하여 갈라서 3조각으로 만든다는 뜻이다. '가로로 된 것이 5조각[横者五]'이라는 것은 베 두 폭을 취하여 갈라서 6조각으로 만들고, (그 가운데) 5조각을 사용한다는 뜻이다. 대렴 때는 옷이 많으므로 폭마다 셋으로 갈라서 사용하여 묶는 일을 급하게 하는 것이다. 무릇 물건이 세밀하면 묶기를 단단히 하고 급하게 하는 것이다.】

[大斂布絞.【縮者三, 横者五. 縮三者, 謂取布一幅, 裂爲三片. 横者五, 謂取布二幅, 裂爲六片, 而用五也. 以大斂衣多, 每幅三析用之, 以爲束之急也. 凡物細則束縛堅急也.】]

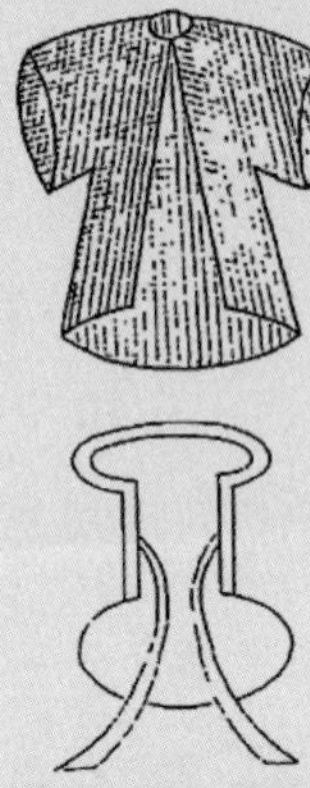

[襲斂圖17: 10-明衣]

명의(明衣)⑫【하의까지 함께 도상으로 나타냈다.】

[明衣.【并裳.】]

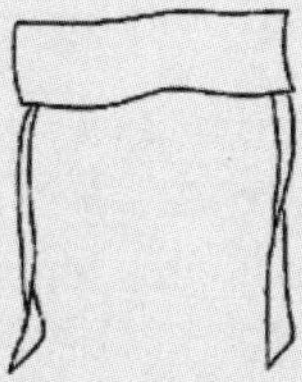

[襲斂圖17: 11-握手]

악수(握手: 손싸개)[13]【옛날에는 끈 하나로 네 번 묶었는데, 오늘날에는 끈 하나로 두 번 묶는다.】

[握手.【舊組繫四, 今組繫二.】]

[襲斂圖17: 12-纊極·決]

광(纊: 숨이 끊어졌는지 살피는 새 솜)[14]

[纊.]

극(極: 명주실로 만든 골무)[15]**과 결(決:** 가시나무로 만든 깍지)[16]

[極·決.]

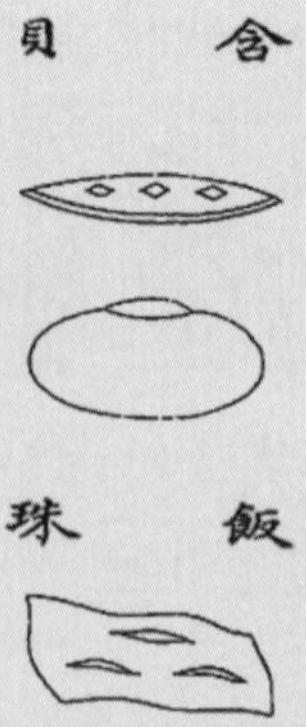

[襲斂圖17: 13-含貝·飯珠]

반주(**飯珠:** 반함을 할 때 입 안에 넣는 옥)⑰

[飯珠.]

함패(**含貝:** 반함을 할 때 입 안에 넣는 조개껍질)⑱【둥근 폐백바구니에 넣어 둔다.】

[含貝.【盛於笲.】]

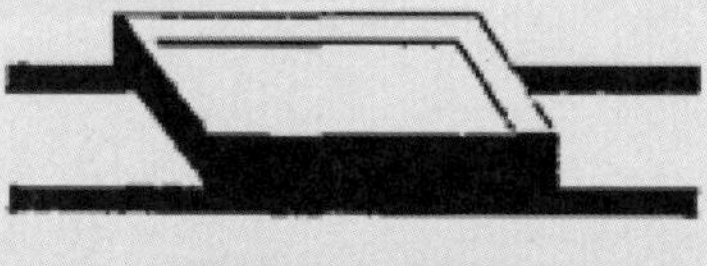

[襲斂圖17: 14-浴盤]

욕반(**浴盤:** 목욕물을 받는 대야)⑲

[浴盤.]

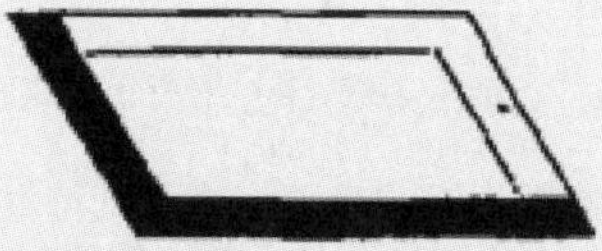

[襲斂圖17: 15-夷盤]

이반(夷盤: 얼음을 담아 두는 큰 대야)⑳

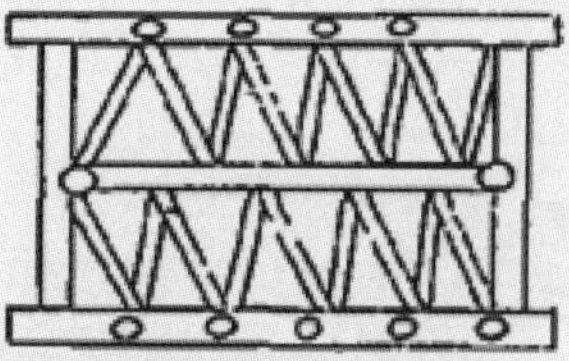

[襲斂圖17: 16-夷床]

이상(夷牀: 시신을 옮기는 평상)㉑【『의례주소』「사상례」 하편(「기석례」)㉒에 "당 위의 두 기둥 사이에 널[柩]을 바르게 안치하는데, 이상(夷牀)을 사용한다."고 하였다. 정현의 주에는 "이때 널은 머리를 북쪽으로 향하도록 하여 둔다."고 하였다. '머리를 북쪽으로 향하도록 하여 둔다.'는 것은 조묘(祖廟)를 알현할 때 이상(夷牀) 위에 있는 널을 바로잡는다는 뜻이다. 이미 '조묘(祖廟)를 알현한다.'고 하였으므로 다리를 북쪽으로 향하게 할 수 없다. 그러므로 머리를 북쪽으로 향하도록 하여 둔다는 것을 알 수 있다. 또 가공언의 소에서는 위의 정현의 주에서 "'이(夷)'라는 글자는 시신[尸]이라는 뜻이다."라고 한 것을 풀이하면서, "('夷牀'이란) 당으로 시신을 옮기는 평상을 뜻한다. 이금(夷衾)·이반(夷盤)도 모두 시신[尸]에 의거하여 말한 것이다. 그러므로 (정현이) '이(夷)라는 글자는 시신이라는 뜻이다.'라고 하였던 것이다."라고 하였다. 그렇다면 당으로 시신을 옮기는 것도 또 하나의 평상의 등속이니, 모두 '이상'이라는 명칭을 얻을 수 있으며, 모두 평평하고 훌륭한 평상이다. 비록 제도를 바꾸더라도 그 평상은 서로 유사한 것이다. 이제 옛 『삼례도』에서는 여기(轝機)를 만들고, 다시 하상(下殤)의 예(禮)는 이곳에서 설명을 하

였으니, 어찌 이리도 한결같이 비루한가![23]】

[夷牀.【「士喪禮」下篇云, "正柩於兩楹之間, 用夷牀." 注云, "時柩北首." 北首者, 謂朝祖正柩於夷牀之上. 既言朝祖, 不可以足向之. 故知北首也. 又賈疏釋上注云"夷之言尸也", "其遷尸於堂之牀. 夷衾·夷盤, 皆謂依尸而言. 故云'夷之言尸也.'" 然則遷尸於堂, 又一牀之屬, 皆得夷牀之名, 並是平善之牀. 縱或改制, 其牀相類. 今舊『圖』作輿機, 復是下殤之禮施之於此, 一何陋也!】]

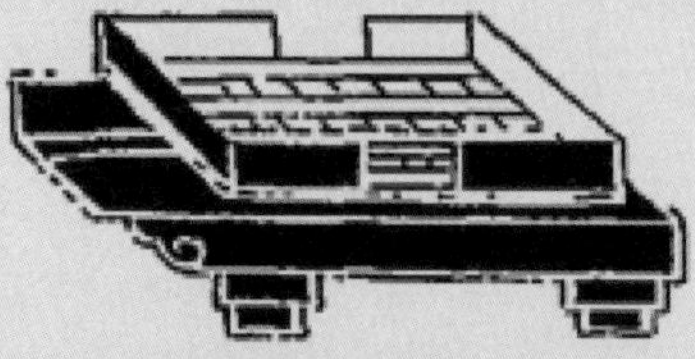

[襲斂圖17: 17-浴床]

욕상(浴牀: 시신을 목욕시킬 때 사용하는 평상)[24]

[浴牀.]

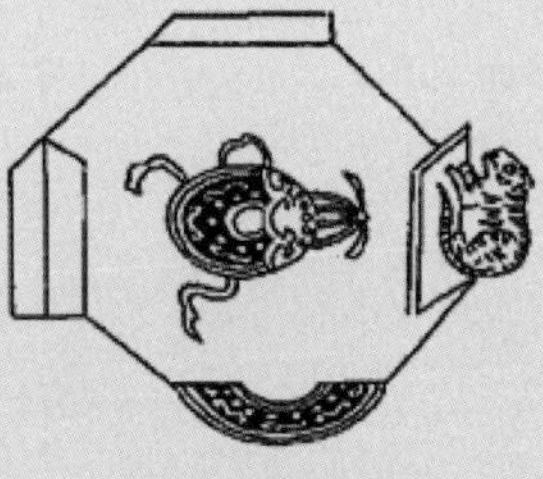

[襲斂圖17: 18-駔圭]

조규(組圭: 끈으로 꿴 규)【끈으로 규(圭)·장(璋)·벽(璧)·종(琮)·호(琥)·황(璜)의 여섯 가지 옥을 꿰어서 연결하는 것을 말한다.[25] 대렴을 할 때 시신의 배와 등·손과 발·몸의 왼쪽과 오른쪽에 두는 것이니, 방명신(方明神)의 위치를 취하여 본뜬 것이다.[26]】

[組圭.【爲以組穿連圭·璋·璧·琮·琥·璜六玉, 大歛時加於尸之腹背手足左右, 取象方明神之位也.】]

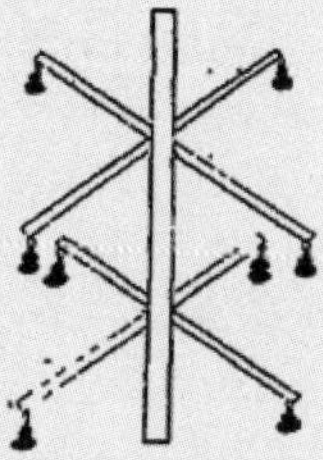

[襲斂圖17: 19-重]

중력(重鬲: 중에 매다는 솥)㉗

[重鬲.]

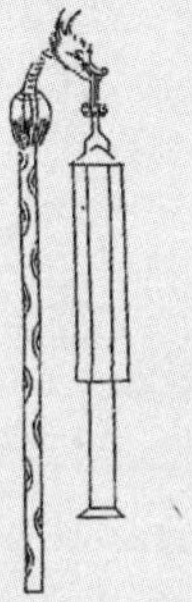

[襲斂圖17: 20-銘旌]

명정(銘旌: 죽은 이의 이름을 써 넣은 깃발)㉘

[銘旌.]

[襲斂圖17: 21-蓍]

시(蓍: 시초)[29]【시초를 넣어 두는 통[櫝]도 함께 도상으로 나타냈다.】

[蓍.【并櫝.】]

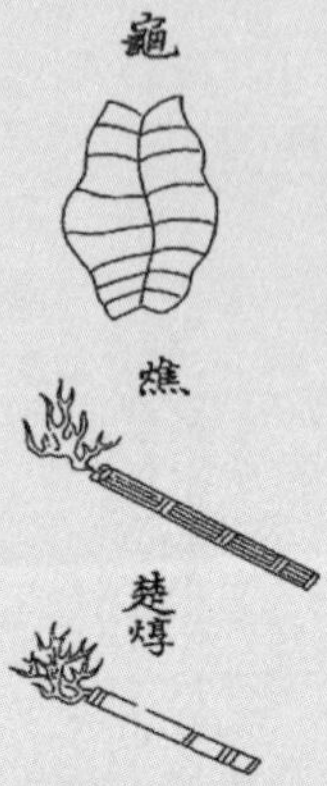

[襲斂圖17: 22-龜·燋·楚焞]

귀(龜: 거북)**와 작(燋:** 불을 점화시키는 횃불)【('燋'의) 음은 '雀(작)'이다.】

[龜·燋.【音雀.】]

초준(楚焞: 거북을 사르는 불)【'준(焞)'은 곧 준(焌: 거북을 굽는 불)의 뜻이다. 똑같이 음은 '鐏(준)'이다. 위에서는 거북의 껍질을 가공하여 처리하고, 거북의 껍질에 희생의 피를 발라서 제사를 지내는 때([弓矢圖08: 21-龜])·거북을 불사르고 시초를 쳐서 점괘를 판단하는 법 및 준(焞)·준(焌)·계(契)·작(燋)의 명칭을 밝혔고,([弓矢圖08: 22-燋]) 여기서는 장지(葬地)에 대한 거북점을 치는 것과 상대부 이상에서 천자에 이르기까지는 거북점을 치고 시초점을 치지 않는 의리를 밝혔다. 그러므로 거듭해서 도상으로 나타낸 것이다.】

[楚焞.【焞, 即焌也. 同音鐏. 上明取龜·衅龜之時, 灼龜·擊筮之法及焞焌契燋之名. 此明卜葬及上大夫已上至天子卜而不筮之義, 故重出.】]

역주

① 엄(掩: 머리싸개): 죽은 이의 머리를 감싸는 두건으로, 길이 5척의 누인 비단으로 만든다. 끝부분의 중앙에서 둘로 갈라서 나누어 턱 아래에서 묶고, 다시 돌려서 목 가운데에서 묶는다. 『의례주소』「사상례」 가공언의 소에 "엄(掩)은 지금 사람들의 복두(幞頭)와 같다. 다만 죽은 사람의 경우는 뒤쪽의 두 갈래를 턱 아래서 묶는다는 점에서 살아 있는 사람과는 다르다[掩, 若今人幞頭. 但死者以後二腳, 於頤下結之, 與生人爲異也.]"고 하였다. 호배휘는 엄(掩)은 관(冠)의 역할을 대신하는 것이라고 하였다.(『儀禮注疏』, 774쪽 및 胡培翬, 『儀禮正義』 권26, 1674쪽 참조.)

② 멱목(幎目: 얼굴덮개): '멱(幎)'은 복(覆) 즉 덮는다는 뜻으로 '멱(冪)'으로도 쓴다. '멱목(幎目)'은 시신의 얼굴을 덮는 것으로 수의의 한 부분이다. 겉면은 검은 천을, 안쪽은 붉은 천을 각각 사용하고, 가운데에 솜을 넣는다. 그리고 네 귀퉁이에 명주실로 된 끈을 달아서 시신의 목 뒤에서 양쪽으로 묶을 수 있게 한다.

③ ('幎'의) 음은 '縈(영)'이다: 육덕명의 『경전석문(經典釋文)』 권10, 「의례음의(儀禮音義)」에서도 정현의 주에서 '縈'으로 발음한 것에 의거하여 '幎'의 음을 '於'와 '營'의 반절이라 하였다.('幎'依注音縈, 於營反.) 이에 따르면 '幎'의 음은 '영'이라 해야 하지만, 일반적으로 '멱'으로 발음하는 것에 따른다. 다만 「사상례」의 정현의 주에서 '幎'을 『시』「주남(周南)·규목(樛木)」의 '縈'으로 읽으라고 한 것은(幎讀若『詩』云'葛藟縈'之'縈'.) '幎'을 '縈'의 뜻 즉 '휘감다[縈]'의 뜻으로 읽으라는 것이지 발음을 취하라는

것은 아니다. 육덕명은 '縈'의 음을 취해서 '幎'을 '於'와 '營' 즉 '영'으로 발음한 것이다. 또 이 '幎'은 이곳 섭숭의의 주에서처럼 '瞑'으로 표기하는 경우가 있는데, '영'으로 발음하는 것은 '瞑'에 대한 발음이 아닐까 생각된다.

④ 괄계(鬠笄: 머리카락을 묶는 비녀): 상례에서 머리카락을 묶는 비녀로, 뽕나무로 만들며, 길이는 4촌이다. 『의례』「사상례」 정현의 주에 "'상(桑)'이라는 말은 여의다[喪]의 뜻이다. 뽕나무를 이용하여 비녀를 만드는 것은 그 이름을 취한 것이다. '길이가 4촌'인 것은 관을 하지 않기 때문이다.['桑'之爲言, 喪也. 用爲笄, 取其名也. '長四寸', 不冠故也.]"라고 하였다. 성세좌(盛世佐)는 "괄계(鬠笄)는 머리카락을 묶은 후에 꽂는 비녀이다. 반드시 머리를 묶는다[鬠]는 말과 연결하여 말한 것은 관을 고정하는 비녀와 구별하기 위해서일 뿐이다.[鬠笄者, 鬠訖所加之笄也. 必連鬠言之者, 以別於固冠之笄耳.]"라고 하였다. 채덕진(蔡德晉)은 "살아 있을 때 머리를 고정하는 비녀는 짐승의 뼈로 만드는데, 이제 뽕나무로 만드는 것은 살아 있을 때와 달리하는 것이다.[生時固髮之笄, 用骨爲之, 今用桑, 變於生也.]"라고 하였다.(胡培翬, 『儀禮正義』 권26, 1672쪽 참조.)

⑤ ('鬠'의) 음은 '膾(회)'이다: 『흠정의례의소』 권26, 「사상례」 등에도 모두 '鬠'의 음을 '膾' 또는 '户最反'이라 하였다. 다만 이곳에서는 '髻'과 통하는 글자로 보고, '괄'로 발음한다. 『의례주소』「사상례」 가공언의 소에 "髻을 '鬠'이라고 한 것은 머리카락을 모으는 뜻을 취했기 때문이라고 하였다.(以髻爲鬠, 義取以髮會聚之意.)

⑥ 모(冒: 시신을 감싸서 덮는 자루): 시신을 감싸는 것으로, 형태는 곧은 자루처럼 생겼다. 상체를 감싸는 부분을 '질(質)' 혹은 '모(冒)'라고 하고, 하체를 감싸는 부분을 '쇄(殺)'라고 한다. '질(質)'은 곧다는 뜻이다. 사용할

때는 먼저 쇄로 발쪽을 감싸 올라온 뒤, 질로 머리 쪽을 감싸 내려 손에서 가지런히 모은다. 상체를 감싸는 부분은 검은색[玄]으로 만들고, 하체를 감싸는 부분은 누런빛을 띤 진홍색[纁]으로 만든다. (『의례』「사상례」 정현의 주 참조.)

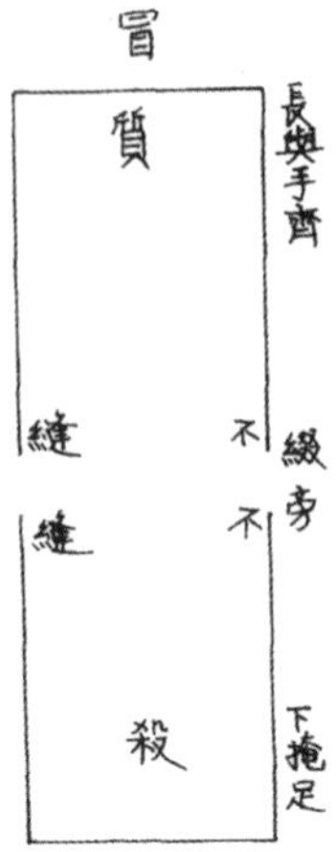

모(冒)
黃以周, 『禮書通故』(청)

⑦ 군주의 상에는~만든다: 『예기』「상대기(喪大記)」에 의하면, 군주의 상에는 화려한 비단으로 모(冒)를 만들고 하체를 감싸는 부분[殺]에 도끼 문양을 그려 넣으며, 대부의 경우에는 현색(玄色)의 비단으로 모를 만들고 하체를 감싸는 부분에 도끼 문양을 그려 넣으며, 사의 경우는 치색(緇色)의 비단으로 모를 만들고, 하체를 감싸는 부분[殺]은 붉은색으로 한다. 무릇 모(冒)는, 상체를 감싸는 부분[質]의 길이는 손과 나란히 하고, 하체를 감싸는 부분[殺]의 길이는 3척으로 한다.(『禮記』「喪大記」, "君錦冒黼殺, 綴旁七. 大夫玄冒黼殺, 綴旁五. 士緇冒赬殺, 綴旁三. 凡冒, 質長與手齊, 殺三尺.")

⑧ 습(襲): 죽은 첫날에 목욕(沐浴)과 반함(飯含: 시신의 입에 쌀과 조개를 채우는 의식)을 한 후, 멱목(幎目: 얼굴덮개)으로 시신의 얼굴을 가리고, 베로 만든 명의(明衣)를 입히며, 비단으로 만든 모(冒: 시신을 감싸서 덮는 자루)로 시신을 감싸는 등 '습(襲)'의 의절을 진행한다.

⑨ 금(衾: 소렴 때 사용하는 비단으로 만든 홑이불): 시신을 덮는 이불을 말한다. 염을 할 때 금(衾)으로 시신을 덮는데, 소렴 때는 이불 한 장을 사용하고, 대렴 때는 두 장을 사용한다.

⑩ 소렴(小斂): 죽은 이튿날에 실(室) 안에서 죽은 이에게 옷과 이불을 덮어주는 의절을 말한다. 죽은 당일에 목욕을 시킨 후 옷 3벌을 입히는데, 이를 '습(襲)'이라 한다. 소렴 때 다시 19벌을 입힌다. 그 의절은 다음과 같다. 호(戶: 실의 출입문)에 자리[席]를 펼치고, 자리 위에 시신을 덮은 옷을 묶는 띠[絞]와 이불[衾]을 놓는다. 이불 위에는 산의(散衣: 제의를 제외한 평상시에 입던 모든 옷)·제의(祭衣)를 진설하는데, 모두 합해서 19벌이다. 이어서 시신에 염을 할 옷 위로 옮겨서 옷과 이불로 시신을 싸맨 후 끈[絞]으로 묶는다.

⑪ 소렴(小斂) 때 이르러 금(衾)을 사용한다: 대렴 때의 이불을 '이금(夷衾)'이라고 하는 것에 반해, 소렴 때의 이불은 '염금(斂衾)'이라고 한다.

⑫ 명의(明衣): '명(明)'은 깨끗하다는 의미이다. 원래는 평상시 재계(齋戒)할 때 입는 정결한 옷을 가리킨다. 여기서는 시신을 목욕시킨 후 안에 입히는 옷을 가리키는데, 시신의 몸에 직접 닿기 때문에 정결한 옷을 사용하는 것이다.(胡培翬, 『儀禮正義』 권26, 1672쪽 참조.)

⑬ 악수(握手: 손싸개): 시신의 손을 감싸기 위해 직사각형의 주머니 모양으로 만든 것으로, 한 손에 한 짝씩 감싼다. 보통 명주로 만드는데, 길이는 1척 2촌, 너비는 5촌이며, 안쪽의 천은 붉은색으로 겉면의 천은 검

은색으로 한다. 중간 부분의 양옆은 각각 1촌씩 줄여 잘록하게 하고 죽은 이의 손을 그 안에 놓으며, 입구 양 끝에 끈을 매달아 가운뎃손가락을 에워싸고 팔에서 묶을 수 있게 한다. 악수(握手)의 모양에 대한 설명은 여러 견해가 분분하다.(錢玄, 『三禮辭典』, 809쪽 및 白玉林·遲鐸, 『三禮文化辭典』, 532쪽 참조.)

⑭ 광(纊: 숨이 끊어졌는지 살피는 새 솜): 새 솜으로, 병자의 코끝에 대어서 숨이 끊어졌는지를 살필 때 사용한다.

⑮ 극(極: 명주실로 만든 골무): 활을 쏠 때 손가락을 보호하기 위해서 끼우는 골무를 말한다. 붉은 가죽으로 만들어서 오른손의 식지·중지·무명지에 끼운다. 상례에서 사용하는 것은 명주실로 만들어서 죽은 이의 오른손 식지와 중지에 끼운다.

⑯ 결(決: 가시나무로 만든 깍지): 활쏘기를 할 때 손 부위를 보호하기 위하여 엄지손가락에 씌워 끼우는 깍지를 말한다. 상아 뿔, 가죽, 비단 등으로 만든다. '결(抉)', '결(玦)', '섭(韘)'이라고도 한다. 또 죽은 이의 부장으로 깍지[決]를 만드는데, 재질이 좋은 가시나무의 일종인 왕극(王棘)과 택극(檡棘)으로 만들어서 살아 있을 때 사용하는 상아 등으로 만드는 활깍지와 구별한다. 살아 있을 때 깍지는 식지·중지·무명지의 세 손가락에 끼우는데 죽은 이에게는 상징적으로 두 손가락에만 끼운다.

玉韘

서한묘(산동 거야) 출토 '옥섭玉韘'

孫機, 『漢代物質文化圖說』

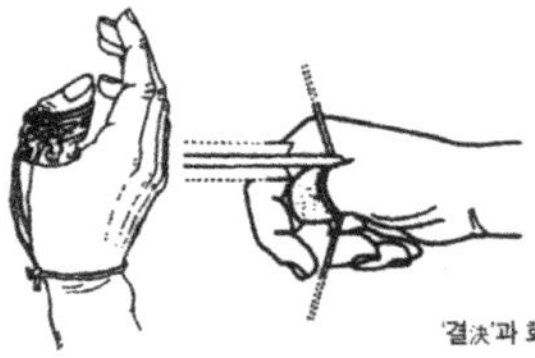

'결決'과 화살 잡는 법

⑰ 반주(飯珠: 반함을 할 때 입 안에 넣는 옥): 죽은 첫날에 시신의 입 안에 쌀과 조개, 옥 등을 채우는 의식을 행하는데, 이를 '반함(飯含)'이라 한다. 천자의 경우 입 안에 옥을 넣는데, 이를 '함옥(含玉)' 혹은 '반옥(飯玉);이라고 한다. 대상(大喪)을 당했을 때 하관을 한 후 무덤에 벽옥(璧玉)을 넣는데, 이를 '증옥(贈玉)'이라 한다.(『주례』「천관·태재」 및 『예기』「잡기 상」의 정현 주 참조.)

⑱ 함패(含貝: 반함을 할 때 입 안에 넣는 조개껍질): 『의례주소』「사상례」에 "조개껍질 3개를 둥근 폐백바구니[笲]에 담아 놓는다. 쌀 네 되를 네모진 대광주리[筐]에 담아 놓는다.[貝三, 實于笲. 稻米一豆, 實于筐.]"고 하였다. 정현의 주에서는 "'조개껍질[貝]'은 물에서 생산되는 물건이다. 옛날에는 화패로 사용하였는데, 강수(江水)에서 나온다. '변(笲)'은 대나무로 만든 기물의 명칭이다.['貝', 水物. 古者以爲貨, 江水出焉. '笲', 竹器名.]"라고 하였다. 가공언의 소에서는 "이곳에 '조개껍질 3개'라고 하였고 아래에서 '쌀'이라고 하였으므로, 사(士)의 반함(飯含)에는 쌀과 조개를 사용하는 것이다.[此云'貝三', 下云'稻米', 則士飯含用米貝.]"라고 하였다.

⑲ 욕반(浴盤: 목욕물을 받는 대야): 길이 9척, 너비 4척, 깊이 1척으로 만드는데, 사방 테두리가 있어 수레상자[輿]처럼 생겼으며, 안쪽에는 붉은 칠을 한다. 목욕물을 받아서 시상(尸床) 아래에 놓는다. [襲斂圖17: 14-浴盤] 참조.

⑳ 이반(夷盤: 얼음을 담아 두는 큰 대야) :얼음을 담는 나무로 만든 쟁반으로, 시신을 올려놓은 시상(尸床) 아래에 두어서 시신이 부패하지 않게 한다. 군주(제후)는 대반(大盤)을 사용하고, 대부는 이반을 사용한다. 『예기』「상대기(喪大記)」에 "군주의 상(喪)에는 대반(大盤)을 설치하고, 그 안에

얼음을 만들어 넣는다.[君設大盤造冰]"고 하였다.

㉑ 이상(夷牀: 시신을 옮기는 평상): 길이는 1장 2척, 너비는 7척이며, 옆으로 4개의 고리가 있고, 앞과 뒤에도 고리가 있으며, 양옆에 꼭지 장식을 만들어 줄로 곧게 가운데 부분을 꿴다. 시신을 내릴 때는 그 곧은 줄을 끌어당기면 꼭지들이 모두 풀린다. [襲斂圖17: 16-夷床] 참조.

㉒ 『의례』「사상례」의 하편(「기석례」): 저본에는 '「사상례」의 하편(士喪禮下篇)'으로 되어 있다. 「사상례」의 하편'은 금본 『의례』「기석례(旣夕禮)」를 말한다. 금본 『의례』의 「사상례(士喪禮)」와 「기석례」는 본래 한 편이었는데, 그 편폭이 길어서 2편으로 나눈 것이다. 상편은 그대로 「사상례」라고 하였고, 하편은 「기석례」로 칭하였다.(丁鼎, 『新定三禮圖』, 586쪽 참조.)

㉓ 옛 『삼례도』에서는~비루한가!: '여기(輿機)'는 기(機) 위에 시신을 받쳐 들고 가는 것을 말한다. '기(機)'는 시신을 올려놓는 평상을 말한다. 『예기』「증자문(曾子問)」에 "하상(下殤)으로 죽었을 경우 구운 벽돌로 관 주위를 두르고 동산에다 매장을 하는데, 기(機: 시신을 들고 가는 평상)에 시신을 받쳐 들고 가는 것은 길이 가깝기 때문이다.[下殤土周, 葬于園, 遂輿機而往, 塗邇故也.]"라고 하였다. '여기'는 하상(下殤)의 상에 사용하는 평상인데, 옛 『삼례도』에서는 '여기'의 도상을 만들고, 하상의 예는 이상(夷牀)과 관련지어 설명함으로써 여기와 하상의 예를 분리시킨 것을 비판한 것이다.

㉔ 욕상(浴牀: 시신을 목욕시킬 때 사용하는 평상): '욕상'은 시신을 목욕시키기 위한 평상으로 '이상(夷牀)'이라고도 하는데, 시신을 올려놓는 '이상'과는 다르다. 길이는 1장 2척, 너비는 4척 4촌이다. 위쪽에 나무로 만든 평상이 있으며, 앞쪽과 뒤쪽 양끝에 난간을 만든다. 사는 검은 칠을 하

고, 대부는 주옥의 장식을 추가하고, 제후는 구름 문양을 새겨서 그려 넣고, 천자는 벼와 온갖 화초를 추가하여 새겨서 그려 넣는다. [襲斂圖 17: 17-浴床] 참조.

㉕ 끈으로~연결하는 것을 말한다: 원문의 '組圭'에서의 '組'는 본래 『주례』「춘관·전서(典瑞)」에는 '駔'으로 되어 있다. 정현이 그곳의 주에서 "'駔'은 '組(끈)'의 뜻으로 읽는다.[駔讀爲組]"고 하였는데, 섭숭이가 이에 의거하여 글자를 바꾼 것이다. 『주례』「춘관·전서」에 "끈으로 규(圭)·장(璋)·벽(璧)·종(琮)·호(琥)·황(璜)의 아래쪽과 그 옆쪽에 아로새긴 조각 문양[渠眉]의 구멍을 꿰어서 연결하고, 벽(璧)과 종(琮) 위쪽에 아로새긴 조각 문양의 구멍을 아래위로 관통시켜서 시신을 거둘 때 사용한다.[駔圭·璋·璧·琮·琥·璜之渠眉, 疏璧琮, 以斂尸.]"고 하였다.

㉖ 대렴을 할 때~본뜬 것이다: 『주례』「춘관·전서(典瑞)」 정현의 주에 "염을 할 때 규(圭)를 왼쪽에 놓고, 장(璋)을 머리 부분에 놓고, 호(琥)를 오른쪽에 놓고, 황(璜)을 다리 쪽에 놓고, 벽(璧)을 등 쪽에 놓고, 종(琮)을 배 쪽에 놓는다. 대체로 방명(方明)을 취하여 본뜬 것이니, 죽은 이를 신으로 여기는 것이다.[以斂尸, 圭在左, 璋在首, 琥在右, 璜在足, 璧在背, 琮在腹, 蓋取象方明, 神之也.]"라고 하였다.

㉗ 중력(重鬲: 중에 매다는 솥): '중(重)'은 사람이 처음 죽었을 때, 신주를 만들기 전에 잠시 물건을 매달기 위해 설치하는 나무막대를 말한다. 우제(虞祭)를 지낸 후 '중'을 땅에 묻고 비로소 신주로 대체한다. '중(重)'은 나무로 만들기 때문에 '중목(重木)'이라고도 한다. 반함을 하고 남은 쌀로 죽을 만들어 솥[鬲]에 담고 그 솥을 '중(重)'에 매단다. 죽을 담은 솥[鬲]을 중(重)에 매다는 것의 의미에 대해서 방포(方苞)는 "솥을 중에 매다는 것은 대체로 부모에 대한 봉양이 이때에 이르러 끝나게 된다. 아침저녁으

로 그것을 보면 효자의 마음에 측은함이 생겨나니, 이른바 '일부러 흥기시키는 물건을 둔다.[以故興物]'는 것이다.[鬻縣于重, 蓋親之養, 至是而終矣. 朝夕見之, 孝子之心, 有隱焉, 所謂以故興物也.]"라고 하였다.

㉘ 명정(銘旌: 죽은 이의 이름을 써 넣은 깃발): 죽은 이의 이름을 써 넣은 깃발로서, 명(銘) 혹은 명정(銘旌)이라 칭한다. 명정은 살아 있을 때 사용하던 깃발을 사용하여 죽은 이의 등급과 신분을 표시한다. 왕의 경우는 태상(太常)의 깃발을 세우고, 제후는 기(旂)를 세우고, 고·경은 전(旜)을 세우고, 대부와 사는 물(物)의 깃발을 세운다.

㉙ 시(蓍: 시초): 엉거시과에 속하는 여러해살이풀로 시초점을 치는 도구이다. 시초로 점을 쳐서 길흉을 판단하는 것을 '서(筮)'라고 한다. 거북의 껍질을 살라서 조짐을 취하는 것을 '복(卜)'이라 한다. 서(筮)로 수(數)를 취하고, 복(卜)으로 상(象)을 취한다. 큰일[大事: 征伐·出師·巡狩]에는 거북점을 치고, 작은 일에는 시초점을 친다.(『예기』「곡례 상」 정현의 주, "大事卜, 小事筮.")

【目錄20: 喪器上상기상 제18】

[喪器圖上18: 01-輁軸]

공축(輁軸: 관굄 수레)①

[輁軸.]

[喪器圖上18: 02-龍輴]

용춘(龍輴: 천자의 널을 싣는 수레)②

[龍輴.]

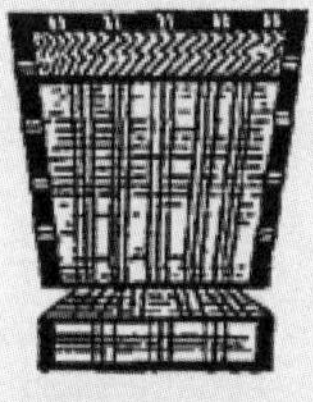

[喪器圖上18: 03-熬筐]

오광(熬筐: 볶은 곡물을 담는 대광주리)③

[熬筐.]

[喪器圖上18: 04-耒耜]

뇌사(耒耜: 무덤에 부장하는 쟁기의 자루와 보습)④

[耒耜.]

[喪器圖上18: 05-蓑·笠]

사(蓑: 도롱이)**와 립(笠:** 삿갓)⑤

[蓑·笠.]

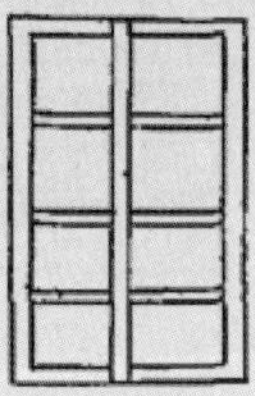

[喪器圖上18: 06-折]

절(折: 항석을 떠받치는 나무판자)⑥【형태는 평상처럼 생겼는데 다리가 없다. 항석

(抗席)을 떠받친다.】

[折.【如牀無足, 承抗席.】]

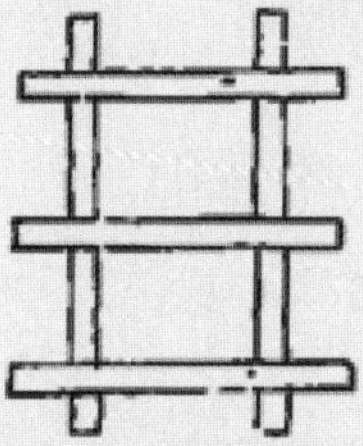

[喪器圖上18: 08-抗木]

항목(抗木: 관에 들어오는 흙을 막는 나무시렁)⑦

[抗木.]

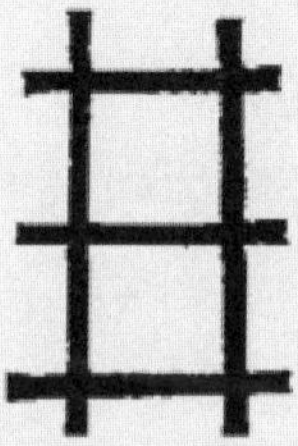

[喪器圖上18: 09-茵]

인(茵: 관을 받치는 깔개자리)⑧【『의례』「기석례·기(記)」에 "인(茵)의 안과 밖에는 도(荼)를 사용하여 붙이고, 수(綏)와 택(澤) 등을 채워 넣는다."라고 하였다. 정현의 주에는 "'도(荼)'는 띠풀의 이삭[茅秀]이다. '수(綏)'는 생강[廉薑]⑨이다. '택(澤)'은 국화[澤蘭]⑩이다. 모두 그 향을 취하고 또 습기를 막기 위한 것이다."라고 하였다.】

[茵.【「士喪禮下篇·記」云, "茵著用荼, 實綏·澤焉." 鄭注云, "荼, 茅秀也. 綏, 廉薑也. 澤, 澤蘭也. 皆取其香且禦濕."】]

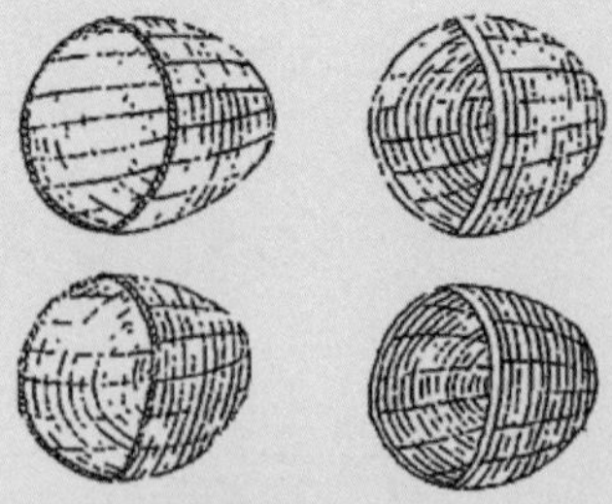

[喪器圖上18: 10-苞]

포(苞: 희생고기 싸개)【갈대를 엮어서 만든다. 대부 이상은 모두 태뢰(소·양·돼지)의 희생을 사용하는데, 천자의 경우는 9개의 포(苞)를 진설하고, 제후는 7개의 포를 진설하고, 대부는 5개의 포를 진설한다. 사(士)는 소뢰(少牢: 양·돼지)의 희생을 사용한다. 천자의 사는 포(苞) 3개를 진설한다. 제후의 사는 포 2개를 진설한다. 『의례』「기석례」에 "포(苞) 2개를 진설한다."고 하였는데, 제후의 사의 경우를 가리킨다. 또 『예기』「잡기 상」에 "견거(遣車: 상여의 뒤를 따르는 수레)는 견전(遣奠)⑪에 올린 희생의 수에 맞추어 갖춘다."고 하였다. 가공언은 『주례주소』「춘관·거복(車僕)」의 소에서 "왕의 견거는 9승(乘)이니, 혁거(革車)·광거(廣車)·궐거(闕車)·평거(苹車)·경거(輕車)의 5승 이외에 금로(金路)·옥로(玉路)·상로(象路)·목로(木路) 4승을 더하니, 9승이다."라고 하였다. 아래 문장([喪器圖上18: 11-遣車])에서 금로·옥로·상로·목로의 4가지 수레에 장식을 한다고 하였으니, 그 포(苞: 희생고기 싸개)에도 4가지 문양을 넣어 장식을 해야 한다. 나머지 상황은 모두 알 수 있을 것이다.】

[苞.【以葦爲之. 大夫已上皆用太牢, 天子苞九箇, 諸侯苞七箇, 大夫苞五箇. 士少牢. 天子之士苞三箇, 諸侯之士苞二箇. 「既夕禮」云, "苞二", 諸侯之士也. 又"遣車視牢具." 賈公彦「車僕」疏說, "王遣車九乘, 除革·廣·闕·苹·輕五乘外, 加金·玉·象·木四者, 則九乘矣." 下文既畫金·玉·象·木四車, 其苞亦須畫四. 餘狀皆可知矣.】]

[喪器圖上18: 11-遣車]

견거(遣車: 상여의 뒤를 따르는 수레)⑫【(견거는) 희생의 수에 맞추어서 갖춘다. 이제 9승(乘) 가운데 금로·옥로·상로·목로의 4가지 수레는 평상시 타던 수레 가운데 뚜렷한 것이므로 이 4가지 수레를 도상으로 나타내어서 나머지 수레의 제도를 밝혔다.】

[遣車.【視牢具. 今於九乘之中, 以金·玉·象·木四車平生乘駕之顯者, 故圖此四乘以明餘制.】]

[喪器圖上18: 12-筲]

소(筲: 삼태기)⑬【억새풀로 만든다.】

[筲.【用菅爲之.】]

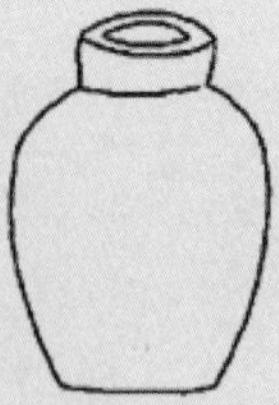

[喪器圖上18: 13-甕]

옹(甕: 옹기)[14]

[甕.]

[喪器圖上18: 14-甒]

무(甒: 질그릇 술동이)[15]

[甒.]

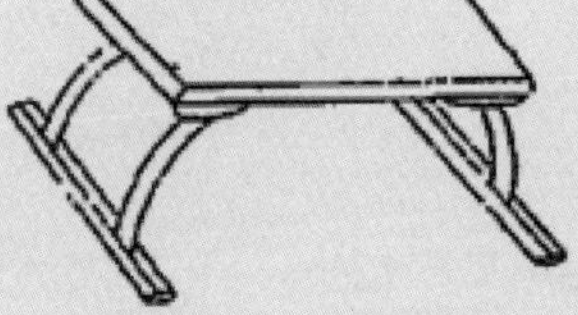

[喪器圖上18: 15-桁]

항(桁: 옹기나 술동이를 올려놓는 나무탁자)[16]

[桁.]

[喪器圖上18: 16-賵方]

봉방(賵方: 부의를 보내온 사람의 명단과 물품을 기재하는 목판)⑰

[賵方.]

[喪器圖上18: 17-遣策]

견책(遣策: 부장품의 목록을 기재하는 간책)⑱【길이는 1척 2촌이다.】

[遣策.【長尺二寸.】]

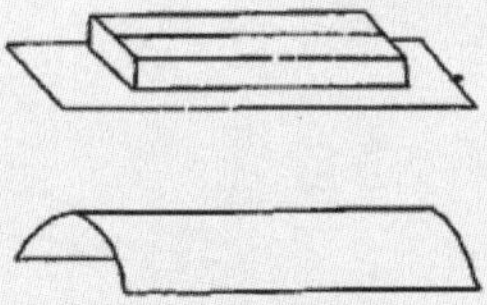

[喪器圖上18: 18-椑]

비(椑: 속관)⑲【이관(杝棺)이니, 시신에 가까이 닿는 관이다.】

[椑.【杝棺, 親尸者.】]

[喪器圖上18: 19-功布]

공포(功布: 상여를 인도하는 깃발)[20]

[功布.]

[喪器圖上18: 20-纛]

독(纛: 상여를 끄는 인부들을 지휘하는 깃발)[21]

[纛.]

역주

① 공축(輁軸: 관굄 수레): 관을 운반하는 수레로, '축(軸)'으로 간칭하기도 한다. 그 형태는 크고 낮게 만드는데, 공축의 위쪽은 방형으로 기다란 침상(寢牀) 모양과 같이 하여 그곳에 관을 놓는다. 공축의 아래쪽에는 굴대가 있는데, 굴대를 공축의 양옆 횡목[桯]의 구멍 안으로 끼워 넣고, 공축의 양쪽 앞머리에 바퀴[軸]를 설치하여 인력으로 끌어당기면서 운행한다.(白玉林·遲鐸, 『三禮文化辭典』, 812쪽 '輁軸' 항목 및 [喪器圖上18: 01-輁軸] 참조.)

② 용춘(龍輴: 천자의 널을 싣는 수레): 천자의 널을 싣는 수레로, 수레의 끌채 위에 용의 문양을 새겨 넣어 장식한다. 『예기』「단궁 상」 정현의 주에 "천자의 빈례(殯禮)에 춘거(輴車)를 사용하는데, 수레끌채에 용을 새겨 넣는다.[天子殯以輴車, 畫轅爲龍.]"고 하였다. [喪器圖上18: 02-龍輴] 참조.

③ 오광(熬筐: 볶은 곡물을 담는 대광주리): 염을 할 때 볶은 곡물을 대광주리에 담아 관 옆에 두어서 개미와 하루살이 등이 볶은 곡물의 향기를 맡고 시신에 가까이 다가가는 것을 방비하기 위한 것이다. 볶은 곡물을 담은 대광주리를 진설하는 방식에 대해서는 [喪器圖上18: 04-熬筐] 참조.

④ 뇌사(耒耜: 무덤에 부장하는 쟁기의 자루와 보습): 쟁기는 '뇌(耒)'와 '사(耜)'의 두 부분으로 이루어진다. '사'는 흙을 일구어 파는 보습으로, 초기에는 나무로 만들다가 후대에는 청동기 혹은 쇠붙이로 만들었다. '뇌'는 사의 자루부분으로, 일반적으로 나무로 만든다.

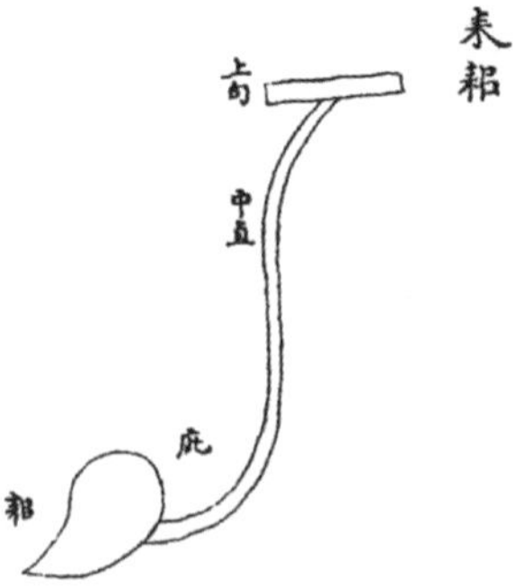

뇌사(耒耜)
王禎, 『王氏農書』(명)

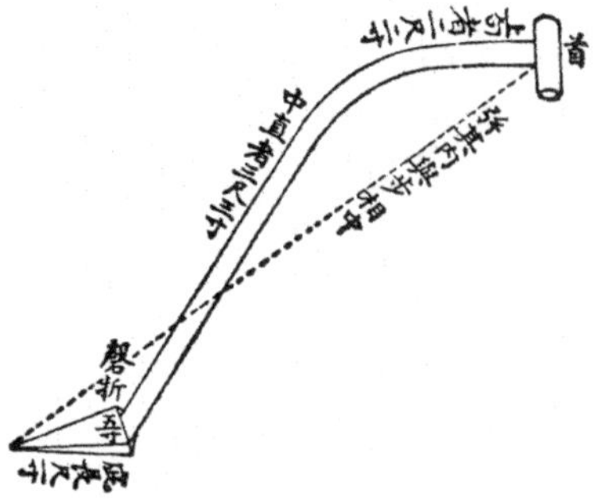

뇌(耒)
戴震, 『考工記圖』(청)

⑤ 사(蓑: 도롱이)와 립(笠: 삿갓): 도롱이와 삿갓은 비에 대비하거나 더위를 막는 데에 사용한다. 『의례』「기석례·기」에 의하면 고거(槀車)로 도롱이[蓑]와 삿갓[笠]을 싣는다고 한다. [喪器圖上18: 05-蓑·笠] 참조.

⑥ 절(折: 항석을 떠받치는 나무판자): 관을 무덤에 넣은 후 무덤에 절(折)을 넣어서 항석(抗席: 먼지를 막는 부들로 만든 자리)을 떠받친다. 황진(黃震)의 『황씨일초(黃氏日抄)』에 "절(折)은 항석을 떠받치는 것이니, 형태는 평상과 같은데 다리가 없다. (가로세로로 나무를) 엇갈리게 놓아 만들기 때문에 '절(折)'이라고 한다.[折者, 承席也, 形如牀無足. 曲折爲之, 故曰'折.']"고 하였다. [喪器圖上18: 06-折] 참조. 호배휘는 "관을 무덤에 넣은 후, 관 위에 절(折)을 놓으니, 절의 위에 항석을 놓고, 항석의 위에 또 항목을 놓는다. 절(折)에서 인(茵)에 이르기까지 명기(明器)는 아니지만 명기의 부류와 함께 진설하는 것은 그것들이 모두 무덤에 넣는 물건들이기 때문이다.[棺入壙後, 加折於上, 席在折上, 而抗木又在席上. 自折至茵, 非明器而與明器類陳者, 以其皆爲入壙之物也.]"라고 하였다. (胡培翬, 『儀禮正義』 권29, 1853쪽 참조.) 이에 따르면, 내관[棺]-관을 덮는 보[見]-

독[甕]·단지[甒]·둥구미[筲]－절(折)－항석(抗席)－항목(抗木)－인(茵)－외관[槨]의 층을 이루며 진설하는 것이다.

⑦ 항목(抗木: 관에 들어오는 흙을 막는 나무시렁): 무덤 입구에 진설하는 커다란 나무시렁으로, 가로 3개, 세로 2개의 나무를 놓아서 만든다. 하관을 할 때 관 위에 절(折: 항석을 떠받치는 나무판자)을 놓고, 절 위에 항석(먼지를 막는 부들로 만든 자리)을 놓고, 항석 위에 항목(흙을 막는 나무시렁)을 놓고, 항목 위에 흙을 덮어서 무덤[塚]을 만든다. [喪器圖上18: 08-抗木] 참조.

⑧ 인(茵: 관을 받치는 깔개자리): 관을 받치는 깔개자리로, 짙은 검은색의 거친 베로 만들고, 가선장식을 하며, 세로로 2줄 가로로 3줄로 만든다. [喪器圖上18: 09-茵] 참조.

⑨ 생강[廉薑]: 생강[葰]으로, 향채의 일종이다. 좌사(左思)의 『오도부(吳都賦)』 유규(劉逵)의 주에 인용된 『이물지(異物志)』에 "수(葰)를 일명 '염강(廉薑)'이라고 하는데, 모래 돌 가운데서 자라니, 생강의 일종이다. 맵고 향기로우며, 껍질을 벗겨서 검은 매실이나 소금에 절이면 완성된다.['葰', 一名廉薑, 生沙石中, 薑類也. 辛而香, 削皮, 以黑梅并鹽汁漬之, 則成也.]"라고 하였다.

⑩ 국화[澤蘭]: 국화의 일종으로, 다년생의 초목 식물이다. 잎이 짝을 이루어 생겨나고, 잎 조각은 피침상 난형이다. 가을에 흰 꽃을 피운다. 줄기와 잎새에 향유를 머금고 있어 향의 원로로 사용한다.

⑪ 견전(遣奠): 상례에서 매장하기 전에 조묘(祖廟)에서 거행하는 제전(祭奠)을 말하는데, 이때 부장품을 수레에 꾸리고, 예를 마치면 장지로 떠난다. 『주례』「춘관·태사(大史)」 정현의 주에 "'견(遣)'은 조묘의 뜰에서 올리는 성대한 전(奠)이니, 장차 장지로 출발하려고 할 때 올리는 것이다. 사람의 도가 여기에서 끝난다.['遣', 謂祖廟之庭大奠, 將行時也, 人

之道 終於此.]"고 하였다. 장례를 거행하는 날에 진설하기 때문에 '장전(葬奠)'이라고도 한다. 또 대렴전(大斂奠)에서 삼정(三鼎)의 희생을 사용한 후 조전(祖奠)에 이르기까지 모두 삼정을 사용하는데, 견전(遣奠)에 이르러 처음으로 오정(五鼎)의 희생을 사용하기 때문에 '성대한 장전[盛葬奠]'이라고도 한다.

⑫ 견거(遣車: 상여의 뒤를 따르는 수레): '견거'는 견전(遣奠) 때 진설한 희생의 몸체를 싣고 묘지로 가서 광중(壙中)에 함께 부장하는 의장용 수레이다. 장지로 출발하기 전에 견전(遣奠)에 올렸던 희생 가운데 하체 즉 다리 부분을 취해서 노끈[苞: 희생싸개]으로 묶어 싣고, 상여를 뒤따른다. 장례 때 무덤 안에 관을 놓고 관의 네 귀퉁이에 이 견거를 놓고 그 옆에 풀을 묶어 사람 모양으로 만든 추령(芻靈)을 세워 놓는다.(錢玄, 『三禮辭典』, 967쪽 '遣車' 항목 참조.) 견거의 수는 천자 9승(乘), 제후 7승, 대부 및 천자의 상사는 5승이며, 제후의 사는 견거가 없다. 『예기』「단궁 하」 정현의 주에 "견거 승수(乘數)의 차등은 대부가 5승이고, 제후가 7승이니, 천자는 9승이다. 제후가 명수(命數)대로 하지 않는 것은 상례에서의 기물의 수는 대략의 수만 쓰기 때문이다.[遣車之差, 大夫五, 諸侯七, 則天子九. 諸侯不以命數, 喪數畧也.]"라고 하였다. '포(苞)'는 3척 길이의 갈대를 엮어서 만든 것으로, 견전(遣奠)의 예를 행할 때 이것으로 희생 고기를 싼다. 대부 이상은 모두 태뢰(太牢: 소·양·돼지)의 희생을 사용하는데, 천자의 경우는 9개, 제후는 7개, 대부는 5개의 포(苞)를 각각 진설한다. 사(士)는 3개의 포(苞)를 사용한다.

⑬ 소(筲: 삼태기): 식량을 담는 기물로, 대나무나 억새풀을 엮어서 만든다. 용량은 1곡, 즉 한 말 두 되[一斗二升]이다.

⑭ 옹(甕: 옹기): 정현에 따르면 '옹(甕)'은 흙을 구워서 만든 질그릇으로, 그

용량은 대체로 1곡(斛)이다. 그 안에 초장[醯]·고기젓갈[醢]·생강과 계피 가루[屑] 등을 넣으며, 거친 베로 덮는다. [喪器圖上18: 13-甕] 참조.

⑮ 무(甒: 질그릇 술동이): 흙을 구워서 만든 질그릇 술동이로, 용량은 1곡(斛)이다. 중간부위는 넓고 아래는 곧으며, 아래 바닥은 뾰족하지 않으며, 위쪽은 평평하고 낮다. 옹(甕: 옹기)은 아래 바닥이 뾰족하여 무(甒)와 다르다.

⑯ 항(桁: 옹기나 술동이를 올려놓는 나무탁자): 포(苞: 희생고기 싸개)·소(筲: 삼태기)·옹(甕: 옹기)·무(甒: 질그릇 술동이) 등을 덮개로 덮은 후 올려놓는 나무로 만든 탁자를 말한다. 그 형태는 기다란 궤(几: 안석)처럼 생겼다고 하는데 분명하지는 않다. [喪器圖上18: 15-桁] 참조.

⑰ 봉방(賵方: 부의를 보내온 사람의 명단과 물품을 기재하는 목판): 장례를 돕기 위해 봉(賵)·전(奠)·부(賻)·증(贈)을 보내온 사람들의 명단과 물품을 기재하는 목판을 '봉방(賵方)'이라 하는데, 판마다 9행·7행·5행으로 적는다. '봉(賵)'은 거마(車馬)와 포백(布帛)으로 송장(送葬)을 돕는 것을 말한다. '전(奠)'은 초상 이후 장례 전까지 거행하는 다양한 상전(喪奠)에 필요한 물품을 보내는 것을 말한다. '부(賻)'는 '보충하다'·'돕다'는 뜻으로 재화를 보내어 상주를 돕는 것을 말한다. '증(贈)'은 죽은 이가 생전에 가지고 놀던 진기한 노리갯감을 보내어 부장품으로 사용하도록 하는 것을 말한다. [喪器圖上18: 16-賵方] 참조.

⑱ 견책(遣策: 부장품의 목록을 기재하는 간책): 무덤에 보내어서 매장할 부장품을 기록하는 간책을 말한다. 조문객이 보내오는 봉(賵)과 증(贈) 등은 그 기록할 분량이 많지 않으므로 목판[方]에 기재하지만, 부장품으로 무덤에 매장할 기물들은 그 수량이 많으므로 간책에 기록한다. 한 개의 대쪽을 '간(簡)'이라 하고, 여러 개의 '간'을 이어서 엮은 것을 '책(策)'이라

한다. 1행 안에 다 쓸 수 있는 경우에는 '간(簡: 한 개의 대쪽)'에 기재하고, 몇 행에 걸쳐 써야 하는 경우에는 '방(方: 목판)'에 기재하고, 그래도 다 쓸 수 없는 경우에 '책(策)'에 기재한다. 채옹(蔡邕)은 책의 길이는 2척이라고 하였다. [喪器圖上18: 17-遣策] 참조.

⑲ 비(椑: 속관): 내관(內棺), 즉 관 가운데 가장 안쪽의 관을 가리킨다. 천자의 관은 4겹으로 만드는데 가장 안쪽의 관을 '비(椑)'라고 한다. 정현은 이를 '이관(杝棺)'이라 칭하였는데, '이(杝)'로 만들기 때문이다. '이(杝)'는 나무의 명칭으로, '단(椴)'이라고도 한다. 그 형태는 백양나무와 비슷한데, 재질이 가볍고 습기에 잘 견뎌서 관(棺)의 재목으로 많이 사용한다. 『이아』「석목(釋木)」에 "'단(椴)'은 이(杝)이다.['椴', 杝.]"라고 하였고, 곽박(郭璞)의 주에는 "백단(白椴)이다. 나무가 백양과 비슷하다.[白椴也. 樹似白楊.]"고 하였고, 형병의 소에서는 "그 재질이 습기에 잘 견딘다. 『예기』「단궁」에 '이관(椸棺: 椸木으로 만든 관)'이라고 하였는데, 정현의 주에는 '이른바 비관(椑棺)이다.'라고 하였다. (곽박이) 이 문장을 인용하여 증명한 것이다.[其材能濕. 『禮記』「檀弓」云, '椸棺', 鄭注云, '所謂椑棺也.', 即引此文證之.]"라고 하였다. [喪器圖上18: 18-椑] 참조.

⑳ 공포(功布: 상여를 인도하는 깃발): '공포'는 '단탁회치(鍛濯灰治)' 즉 방망이로 두드리고 물로 씻어 내며 다시 잿물에 넣어 부드럽게 마전한 베를 뜻한다. 방망이로 두드리고 물로 씻어 내는 '단탁(鍛濯)'의 인공만 가하면 그것을 '소포(疏布)'라 하고, 여기에 다시 잿물에 넣어 부드럽게 마전을 하는 '회치(灰治)'의 인공을 가하면 그것을 '공포(功布)'라고 한다.(「既葬 '受服'의 규정과 예학적 논쟁」 참조) 사(士)가 장례를 거행할 때, 상축은 이 '공포'를 들고 상여를 인도하면서 지휘한다. 공포(대공의 베) 3척을 깃대 머리에 거는데, 형태는 휘(麾)의 깃발과 유사하다. '공포'는 상여를 인도

하는 용도 이외에도 상여의 끈[披]을 잡은 사람에게 지시를 내리거나 널의 먼지를 털어 내는 용도로도 사용된다.[喪器圖上18: 19-功布] 참조.

㉑ 독(纛: 상여를 끄는 인부들을 지휘하는 깃발): 새의 깃털, 꿩의 꼬리털 혹은 모우(牦牛)의 꼬리털로 장식한 깃발을 말한다. 장례를 지낼 때 상여를 끄는 역도들을 지휘할 때 사용한다. '독(纛)'은 '예(翳)' 혹은 '도(翿)'라고도 한다. 『이아주소』「석언(釋言)」에 "'독(纛)'은 예(翳: 춤추는 사람이 잡고 있는 깃발)이다.['纛', 翳也.]"라고 하였는데, 곽박의 주에는 "춤추는 사람이 스스로를 덮고 가리는 것이다.[舞者所以自蔽翳]"라고 하였다. 형병의 소에서는 "이순(李巡)은 '도(翿)는 춤추는 사람이 잡고 있는 깃발이다.'라고 하였고, 손염(孫炎)은 '독(纛)은 춤추는 사람이 잡고 있는 것이다.'라고 하였다. 곽박은 '오늘날의 우보당(羽葆幢)이다.'라고 하였다. '독(纛)'은 또 예(翳)라고도 한다. 그렇다면 '도(翿)'는 일명 '독(纛)'이고, '독(纛)'은 예(翳)가 되는 것이다.[李巡曰, '翿, 舞者所持纛也.' 孫炎曰, '纛舞者所持羽也.' 郭云, '今之羽葆幢.' 然則翿又名爲纛, 纛所以爲翳.]"라고 하였다.

【目錄20: 喪器下상기하 제19】

보삽(**黼翣**: 도끼 문양을 그려 넣은 삽)① 【2개를 장식한다.】

[黼翣.【二】]

불삽(**黻翣**: 등지고 있는 '己' 문양을 그려 넣은 삽)② 【2개를 장식한다.】

[黻翣.【二】]

화삽(**畫翣**: 구름 문양을 그려 넣은 삽)③ 【2개를 장식한다.】

[畫翣.【二】]

용삽(**龍翣**: 용 문양을 그려 넣은 삽)【2개를 장식한다.】

[龍翣.【二】]

[喪器圖下19: 02-柳車]

유거(柳車: 상여)【장례(葬禮)에 사용할 때는 '유거(柳車)'라고 하고, 빈례(殯禮)에 사용할 때는 '천거(輲車)'④라고 한다. 수레가 땅에 바싹 붙어서 운행되는 측면에서는 '신거(蜃車)'⑤라고 하고, 수레 바퀴살이 없는 측면에서는 '전거(輇車)'라고 한다. 『개원례』에서는 '별갑거(鼈甲車)'⑥라고 하였다. 살펴보건대, 『주례』「지관·수사(遂師)」 정현의 주에 "'신거(蜃車)'는 구로(柩路: 널을 싣는 수레)이다. 구로에는 휘장[柳]⑦을 싣는다. 네 바퀴가 땅에 바싹 붙어서 가는 것이 마치 대합조개와 유사함이 있다."고 하였다. 또 『예기』「잡기 상」에 "대부는 천거(輲車)로 널을 싣는다."고 하였는데, 정현의 주에 "'천(輲)'은 '전(輇: 바퀴살이 없는 수레)'의 뜻으로 읽는다. 허신(許愼)의 『설문해자』에 '바퀴살이 있는 수레를 륜(輪)이라 하고, 바퀴살이 없는 수레를 전(輇)이라 한다.'고 하였다. 『주례』에 따르면, '신거(蜃車)'는 천자가 널을 싣는 수레이다. '신(蜃)'과 '전(輇)'은 성음이 서로 비슷하니, 그 수레의 제도 역시 동일할 것이다. 전거(輇車)의 수레바퀴 높이는 아마도 승거(乘車)⑧의 수레바퀴에 절반쯤 될 것이다."라고 하였다. 정현은 천자의 '신거'와 대부의 '전거'는 '신'과 '전'의 성음이 서로 비슷하므로 그 제도 역시 동일할 것이라고 생각한 것이다. 신거는 땅에 바싹 붙어서 가므로 그 수레바퀴는 당연히 낮을 것이다. 그러므로 전거의 수레바퀴 높이는 승거의 수라바퀴에 절반쯤이 될 것이라고 추측한 것이다. 『주례』「고공기·총서(總序)」에 "승거(乘車)의 수레바퀴 높이는 6척 6촌이다."라고 하였다. 이제 그것으로 절반으로 한다면 3척 3촌을 얻게 된다.】

[柳車.【葬謂之柳車, 殯謂之(輤)[輲][1]車. 以其迫地而行, 則曰蜃車, 以其無輻則曰輇車. 『開元禮』謂之鼈甲車. 案『周禮』「遂師」注, 云"蜃車. 柩路也. 柩路載柳, 四輪迫地而行, 有似於蜃." 又「雜記」云, "大夫載以輲車", 注云, "'輲'讀爲輇. 許氏『說文解字』曰, '有輻曰輪, 無輻曰輇.' 『周禮』'蜃車', 天子以載柩. '蜃'·'輇'聲相近, 其制宜同乎? 輇崇,

1 (輤)[輲]: 저본에는 '輤'으로 되어 있으나, '輤'은 수레 위를 덮는 장식물이다. 여기에서는 빈의 예를 행할 때 사용하는 수레를 말하므로 '輲'이 되어야 한다.

蓋半乘車之輪." 鄭意以天子蜃車, 大夫之輇車, 蜃輇聲相近, 其制宜同也. 以蜃車迫地而行, 其輪宜卑, 故疑輇崇蓋半乘車之輪. 「考工記」"乘車輪高六尺六寸." 今半之, 得三尺三寸矣.】]

[喪器圖下19: 03-鄉師]

향사(鄉師)⑨【독(纛: 상여를 끄는 인부들을 지휘하는 깃발)을 잡는다.】

[鄉師.【執纛.】]

[喪器圖下19: 04-方相氏]

방상씨(方相氏)⑩【광부(狂夫)가 담당하는데, 그 형상이 광인처럼 생겼기 때문이다.】

[方相氏.【以狂夫爲之, 以其狀若狂故也.】]

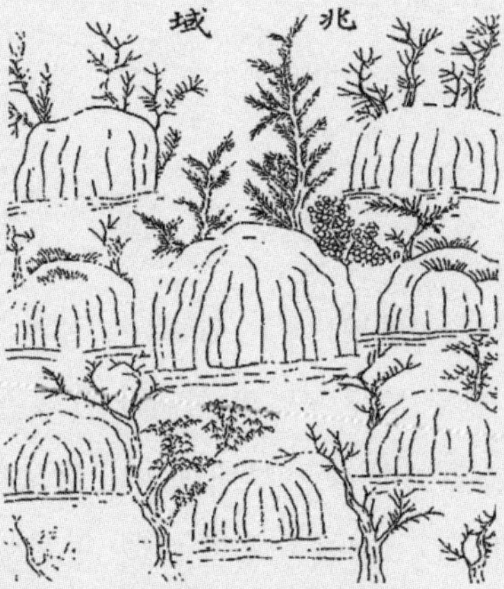

[喪器圖下19: 05-兆域]

조역(兆域: 묘역)【주나라는 필(畢) 땅에 매장을 하였는데, 소목(昭穆)을 배열하는 것이 이와 같았다.⑪】

[兆域.【周葬於畢, 列昭穆如是.】]

① 보삽(黼翣: 도끼 문양을 그려 넣은 삽): '삽(翣)'은 상여와 널을 가리기 위해 사용하는 나무로 만든 부채 모양의 상여와 관의 장식을 말한다. '보삽(黼翣)'은 도끼 문양을 그려 넣은 부채 모양의 장식을 말한다. 나무로 네모진 광주리 형태의 테두리를 만들고, 테두리 위를 흰 베로 씌워서 흑색과 백색으로 도끼 문양을 그려 넣는다. 상여가 진행할 때 사람들로 하여금 잡고 들게 해서 수레를 가리고, 매장할 때는 관의 양옆에 세워서 널을 가린다. 『예기』「상대기(喪大記)」에 (제후의 관의 장식으로) "보삽(黼翣) 2개, 불삽(黻翣) 2개, 화삽(畫翣) 2개를 장식하는데, (양 모서리에) 모두 홀 모양의 옥[圭]을 떠받들고 있다.[黼翣二, 黻翣二, 畫翣二, 皆戴圭.]"고 하였다. 또 『예기』「예기(禮器)」에 따르면, 천자는 8개의 삽

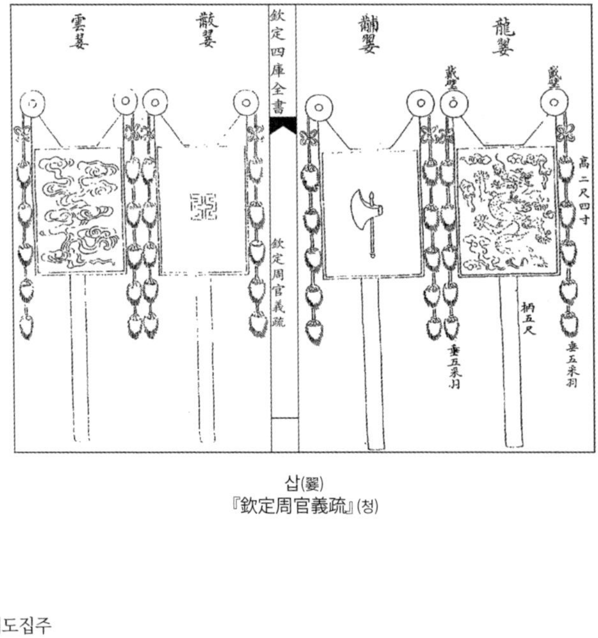

삽(翣)
『欽定周官義疏』(청)

을 장식하고, 제후는 6개의 삽을 장식하고, 대부는 4개의 삽을 장식한다.(天子崩, 七月而葬, 五重, 八翣. 諸侯五月而葬, 三重, 六翣. 大夫三月而葬, 再重, 四翣.) 또 『예기』「상대기」 정현의 주에는 한대의 제도를 인용하면서 "한(漢)의 예제에서 삽(翣)은 나무로 광주리 형태로 만드는 것인데, 너비가 3척이고 높이는 2척 4촌이다. 방형으로, 양쪽 모서리가 높고, 흰 베로 입힌다.[漢禮, 翣以木爲筐, 廣三尺, 高二尺四寸. 方, 兩角高, 衣以白布.]"고 하였다. 섭숭의에 의하면, 삽의 자루 길이는 5척이다. [喪器圖下19: 01-黼翣·黻翣·畵翣·龍翣] 참조.

② 불삽(黻翣: 등지고 있는 '己' 문양을 그려 넣은 삽): 흑색과 청색으로 등지고 있는 '己'의 문양을 그려 넣은 부채 모양의 상여와 관의 장식을 말한다. '亞'의 문양을 그려 넣는다는 설도 있다.

③ 화삽(畵翣: 구름 문양을 그려 넣은 삽): 구름의 문양을 그려 넣은 부채 모양의 상여와 관의 장식을 말한다.

④ 천거(輲車): 나무 전체로 수레바퀴를 만들고, 별도의 바퀴살이 없는 수레이다. 빈(殯)을 할 때 사용하는 상거(喪車)이다. 『예기』「잡기 상」에 "(대부가 객지에서 죽었을 경우) 대부는 흰 베로 상여의 덮개휘장을 두르고 출발한다. 집에 도착하면 덮개휘장을 벗기고, 천거(輲車)로 널을 싣는다. 대문 안으로 들어가 동쪽 계단 아래에 이르러 수레에서 내리고 동쪽 계단으로 들어 올려 빈(殯)을 할 곳으로 나아간다.[大夫以布爲輤而行, 至於家而說輤, 載以輲車, 入自門, 至於阼階下而說車, 擧自阼階, 升適所殯.]"고 하였다.

⑤ 신거(蜃車): 널을 싣는 수레이다. 정현은 『주례』「지관(地官) · 수사(遂師)」에 대한 주에서 "신거는 구거[柩路]로서, 구거에 유(柳: 휘장)를 싣고 네 바퀴가 땅에 바짝 붙어 가는 것이 마치 모시조개[蜃] 같아서 그런 이

름이 붙은 것이다.[蜃車, 柩路也. 柩路載柳, 四輪迫地而行, 有似於蜃, 因取名焉.]"라고 하였다. 공영달은 『예기정의』「상대기」의 소에서 "바큇살이 없는 전(輇)이 곧 신거이다.[輇則蜃車也.]"라고 하였다.

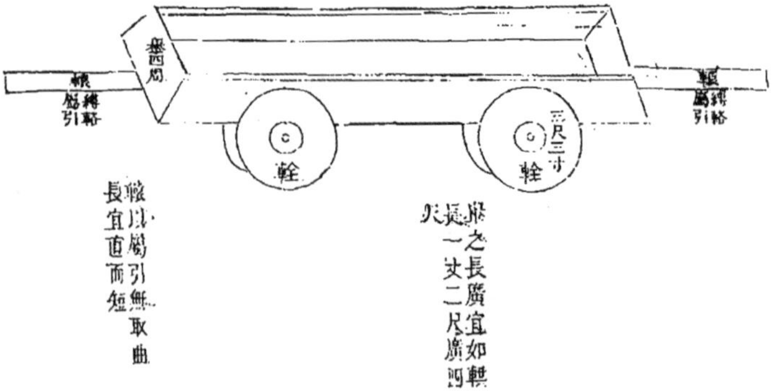

구거(柩車)
張惠言, 『儀禮圖』(청)

⑥ 별갑거(鱉甲車): 널을 싣는 상여의 일종으로, 수레의 덮개가 자라 껍질의 모양과 유사해서 생긴 이름이다. 안지추(顔之推)의 『안씨가훈(顔氏家訓)』「종제(終制)」에 "별갑거에 널을 싣고, 흙을 깔아서 내려놓으며, 땅을 평평하게 하여 봉분을 세우지 말라.[載以鱉甲車, 襯土而下, 平地無墳.]"라고 하였다. 『수서』 권8, 「예의지(禮儀志)」에는 8품의 관리 이하 서인에 이르기까지 사용하는데, 헌(幰: 수레 휘장)·선(襈)·유소(旒蘇: 벼이삭 문양의 오색 깃털)의 장식이 없는 것으로 규정되어 있다.("八品已下, 達於庶人, 鼈甲車, 無幰襈旒蘇畫飾.") 『통전』 권86에도 수 문제 초기의 규정으로 같은 기록이 보인다.

⑦ 휘장[柳]: '유(柳)'는 수레의 위쪽과 옆에 둘러치는 휘장을 말한다. 손이양(孫詒讓)은 '유(柳)'를 널을 실은 수레의 옆을 둘러친 휘장인 '유(帷)'와

수레의 위쪽을 덮은 휘장인 '황(荒)' 두 가지를 포괄하는 것으로 해석하였다. 손이양은 "무릇 구거(柩車)를 덮는 것은, (관을 실은 수레의) 위쪽을 '유(柳)'라 하고 아래쪽을 '장(牆)'이라 하는데, 유의(柳衣: 유에 옷을 입혀 씌우는 휘장)를 '황(荒)'이라 하고, 장의(牆衣: 장에 옷을 입혀 씌우는 휘장)를 '유(帷)'라 한다.…총괄하여 말하면, 장(牆)은 또한 유(柳)로 통칭한다. 그러므로 『예기』 「단궁 상」 정현의 주에서 '장(牆)'을 유의(柳衣)로 풀이하였고, 『예기』 「상대기(喪大記)」 정현의 주에서는 유(帷)와 황(荒)은 모두 유(柳)에 옷을 입혀 씌운 휘장이라고 하였다. '유(柳)'는 또한 장(牆)으로 통칭하니, 『의례』 「기석례(旣夕禮)·기(記)」에 '수건으로 전(奠)의 물건을 덮은 후 이어서 장(牆: 휘장)을 친다.'고 하였으니, '장(牆)' 안에는 유(帷)와 황(荒)이 포함되어 있는 것이다.[凡覆柩車者, 上曰帷, 下曰牆, 柳衣謂之荒, 牆衣謂之帷.…若總言之, 則牆亦通名柳, 故檀弓注釋牆爲柳衣, 喪大記注謂帷荒皆所以衣柳. 柳亦通名牆, 旣夕記云, 巾奠乃牆, 牆中兼帷荒也.]"라고 하였다.(『周禮正義』 권15, 600~601쪽)

⑧ 승거(乘車): 왕이 타는 수레로 옥로(玉路)·금로(金路)·상로(象路)를 가리킨다.

⑨ 향사(鄕師): 대사도(大司徒)의 속관으로, 각 향(鄕)의 교육 및 정무를 관장하는 관직이다. 하대부 4인이 담당한다.

⑩ 방상씨(方相氏): 하관 대사마의 속관으로, 백예(百隸)들을 이끌고 역병을 쫓아내는 일을 관장한다. 광부(狂夫) 4인이 담당한다. '광부'는 무사의 일종으로 작위는 없다.

⑪ 주나라는~이와 같았다: '필(畢)'은 문왕의 아들 필공(畢公) 고(高)가 처음 봉해진 곳으로, 『춘추좌전』 희공 3년 조 두예(杜預)의 주에 의하면 장안현(長安縣) 서북쪽에 있다고 한다. 『사기』 「주본기」에 "9년, 무왕이 필

(畢)에서 제사를 올렸다.[九年, 武王上祭于毕.]"고 하였는데, 마융(馬融)은 "'필'은 문왕의 묘지 이름"이라고 하는 등 각종 문헌에 주나라 초기 왕들이 필 땅에 묻힌 것으로 기록되어 있다. 섭숭의에 의하면, 이 필 땅의 묘역에는 문왕이 가운데에 자리하고, 무왕이 왼쪽의 소(昭), 성왕이 오른쪽의 목(穆)에 위치하는 등 역대 주나라의 왕들이 '좌소우목(左昭右穆)'으로 배치되어 안장되었다고 한다. [喪器圖下19: 05-兆域] 참조.

찾아보기

㉠

ㄴ

ㄷ

ㄹ

ㅁ

ⓑ

ㅅ

◎

ㅈ

㊅

ㅋ

ㅌ

ㅍ

ⓗ

저자 소개

섭숭의聶崇義

섭숭의는 북송 초기 하남 낙양 출신으로, 예학 특히 '삼례(三禮)'에 정통했던 인물이다. 후한·후주·북송 등의 왕조에서 20년 동안 학관(學官)을 맡으면서 예전(禮典)의 일을 함께 관장했다. 후주 세종 현덕 3년에 당시까지 전해지던 각종『삼례도』를 수집·고증하여 교(郊)·묘(廟)에 사용할 제기(祭器)와 옥기(玉器)를 도상으로 그리기 시작했다. 그 작업은 북송 태조 건륭 2년에 완성되어『삼례도』의 이름으로 상주되었으며, 이후 국자감의 강당 벽에까지 그려져 전국으로 유포되었다. 송대 이후 예도(禮圖) 나아가 예제(禮制)의 변화와 전개과정을 고찰하고자 할 때,『삼례도집주』는 그 출발점이 된다. 또 송대 이전 대부분의 예도가 망실된 현 상황에서 이를 완정한 형태로 담고 있는 섭숭의『삼례도집주』는 사료적 가치의 측면에서도 매우 귀중한 자료라고 할 수 있다.

역주자 소개

김용천 金容天

동국대학교 대학원 사학과에서 석사 및 박사학위를 받았으며, 현재 대진대학교 역사문화콘텐츠학과 교수로 재직 중이다. 한대의 종묘제·상복례를 중심으로 예학을 연구하고 있으며, 앞으로 위진남북조 시대의 예제로 그 연구 폭을 넓히고자 한다.

저서로 『전한후기 예제담론』(2007), 『중국고대 상복의 제도와 이념』(2007)이 있으며, 역서로 『중국 전근대사상의 굴절과 전개』(1999), 『중국의 공과 사』(2004), 『후한 유교국가의 성립』(2011), 『삼국지의 정치와 사상』(2017) 등이 있고, 『천지서상지』(2007), 『의례역주』(2015), 『예기천견록2』(2022), 『주례주소(1, 2, 3)』(2023)를 주해하였다. "후한시대 묘의와 종법관념"(2007), "『석거예론』의 분석과 전한시대 예치이념"(2007), "『순자』·『예기』「왕제」의 예치구상"(2009), "전국시대 선양론의 전개와 입현공치"(2017), "기장 '수복'의 규정과 예학적 논쟁"(2019), "당대 복제담론과 변례"(2021) 등 다수의 논문이 있다.